U0533707

现代欧洲史

[美] 卡尔顿·海斯 —— 著　　邱荷芸 —— 译

1500

History of Europe

CARLTON HAYES

HISTORY of EUROPE 1500–1815

1815

重庆出版集团 重庆出版社

图书在版编目（CIP）数据

现代欧洲史：1500—1815 /（美）卡尔顿·海斯著；邱荷芸译. — 重庆：重庆出版社，2024.3
书名原文：History of Europe 1500-1815
ISBN 978-7-229-18162-8

Ⅰ.①现… Ⅱ.①卡… ②邱… Ⅲ.①欧洲－历史－1500—1815 Ⅳ.①K503

中国国家版本馆CIP数据核字（2023）第205884号

现代欧洲史：1500—1815
XIANDAI OUZHOUSHI:1500—1815

[美] 卡尔顿·海斯 著 邱荷芸 译

出　　品　人：华章同人
出版监制：徐宪江　秦　琥
责任编辑：何彦彦
责任校对：陈　丽
责任印制：梁善池
营销编辑：史青苗　刘晓艳
装帧设计：人马艺术设计·储平

重庆出版集团
重庆出版社 出版

（重庆市南岸区南滨路162号1幢）
北 京 华 联 印 刷 有 限 公 司　印刷
重庆出版集团图书发行有限公司　发行
邮购电话：010-85869375
全国新华书店经销

开本：889mm×1194mm　1/32　印张：17.375　字数：389千
2024年3月第1版　2024年3月第1次印刷
定价：88.00元

如有印装质量问题，请致电023-61520678
版权所有，侵权必究

目录

第一卷

16世纪伊始的欧洲国家 1

    第一章　商业革命 25
    第二章　16世纪的欧洲政局 73
    第三章　新教革命和天主教改革 109
    第四章　16世纪的文化 167

第二卷

17、18世纪的王朝与殖民竞争 195

    第五章　法兰西绝对主义的发展以及波旁王朝与哈布斯堡王朝的斗争（1589—1661） 197
    第六章　绝对主义在法兰西的发展以及波旁王朝与哈布斯堡王朝的斗争（1661—1743） 223
    第七章　议会制在英格兰的胜利 247
    第八章　法兰西与大不列颠的世界霸权之争 281
    第九章　英帝国的内部变化 305
    第十章　18世纪的德意志 325

第十一章　俄罗斯的崛起与奥斯曼、瑞典、
　　　　　波兰的衰落 349

第三卷
资产阶级的崛起 375

　　第十二章　18世纪的欧洲社会 379
　　第十三章　18世纪的欧洲政治 413
　　第十四章　法国大革命 447
　　第十五章　拿破仑时代 499

第一卷

16世纪伊始的欧洲国家

1

新兴民族君主国

在开始讲述欧洲过去三百年的分分合合之前,我们首先有必要了解,在近代的开端,欧洲存在哪些主要国家,以及这些国家各自有着怎样独特的政治体制。

纵览1500年的欧洲版图,我们会看到许多不熟悉的区划和地名,尤其是在中部和东部,只有在最西边的大西洋沿岸地区,才能找到与今天相似的地理边界。在那里,英格兰、法兰西、西班牙和葡萄牙四国已经形成。四国都是货真价实的单一民族国家,拥有唯一的君主和独特的语言文字。这四个16世纪的民族国家,自然会吸引我们的注意力。

英格兰

1500年的英格兰王国版图只包括现在地图上的所谓"英格兰"。诚然,西边的威尔士公国早在两百年前就已被并入了英格兰的版图，但是在大不列颠北部，高地氏族和彪悍的低地人依然维持着苏格兰王国的独立；与此同时，在爱尔兰各路豪强的反抗下，除都柏林及其周边地区（被称为 Pale，英王亨利二世于 12 世纪占领）外，英格兰对爱尔兰的统治已经岌岌可危。在英吉利海峡另一边的欧洲大陆上，自 1453 年百年战争结束后，英格兰君主所控制的法兰西的富庶省份只剩下了加莱城，而这些富庶省份自"征服者"威廉时期（1066—1087）起就一直是英法统治者争夺的焦点。

当英格兰王国的疆域日渐成型时，其独特的国家体制开始在这个国家生根发芽，融合了盎格鲁-撒克逊语和诺曼法语的英语也在逐步发展。与法兰西的百年战争，或者说战争的结果，激发了英格兰的民族意识和爱国精神，也令英王不得不全身心地巩固自己对不列颠岛的统治。百年战争结束后没几年，英格兰便陷入了血腥的王位之争，史称"玫瑰战争"。1485 年，亨利七世不但成功加冕，成为都铎王朝的首位君主，而且巩固了君主制，同时也开启了英格兰的历史新篇章。

亨利七世（1485—1509）[1]试图建立"强大的君主制"。传统上，国王的权力一直受到由上下两院组成的议会的限制。由于当时上议院的影响力比下议院大得多，因此最高权力实际上由国王和拥有大片土地的贵族与教会领袖共同把持。玫瑰战争产生了两个有利于国王的影响：（1）这场斗争实际上是两大贵族派系的较量，摧毁了很多贵族家族，使国王得以夺取他们的财产，进而削弱了

---

[1] 书中君王后面所标注的年代皆是其在位时间，其他人物后面所标注的为其生卒时间或其参与某个事件的起止时间。——编者注

这个古老阶级的影响力；(2)这场旷日持久的混战激起了中产阶级或平民对于和平的渴望，并让他们坚信，只有通过镇压贵族和加强君主制，才能维持秩序稳定，获得安全。亨利七世顺势而为，在国内建立起绝对君主制，或称君主专制。绝对君主制贯穿了整个16世纪，其间又历经都铎王朝其他四位君主的主政时期，直到17世纪的那场大革命才告一段落。

亨利七世以铁腕镇压动乱。他还创设了一个特别法庭，专门审理普通法庭无法解决的案件，尤其是涉及贵族的案件，此法庭后被称作"星室法庭"（以暴虐专横著称）。亨利七世十分节俭，为了增加国库收入，他对王室土地的经营十分用心，同时加大了对各种封建税、罚金、恩税[1]、进出口税以及议会之前所拨款项的征缴力度。厉行节约，加之奉行和平的对外政策，政府的支出也大幅下降，亨利七世因此在很大程度上摆脱了对议会拨款的依赖，而议会的权力自然就变小了。事实上，在亨利七世统治期间，议会只召开过五次，在其统治的最后十二年中更是仅召开过一次，国家的所有事务都唯国王马首是瞻。

亨利七世通常不愿卷入对外战争，寻求以其他方式为自己的国家攫取国家利益。他所签订的几个贸易条约，使英格兰商人可以在其他国家买卖货物。在这些条约中，最著名的当数1496年亨利七世与勃艮第公爵签订的《全面通商条约》，此条约允许英格兰

---

[1] 恩税，即统治者以"捐献"的名义向其臣民索要钱财。亨利七世手下就有一名大臣因通过恩税为其主子大肆敛财而臭名昭著。这位大臣认为，如果某人一贯勤俭持家，那就意味着他的积蓄颇丰，有能力向国王有所表示；如果某人生活奢侈，说明他很富有，自然更应该孝敬国王。——编者注

的商品进入尼德兰。他还鼓励英格兰商人组成公司，参与对外贸易，并派遣乔瓦尼·卡博托探索新大陆。亨利七世还通过政治联姻提高了王室的威望。他安排王位继承人亚瑟与西班牙统治者斐迪南和伊莎贝拉的长女凯瑟琳结婚。亚瑟婚后几个月便去世了，但凯瑟琳被安排继续留在英格兰，改嫁亚瑟的弟弟、亨利的次子，也就是后来的亨利八世。亨利七世的女儿玛格丽特则被嫁给了苏格兰国王詹姆斯四世，这桩婚事为英格兰和苏格兰的结合铺平了道路。

16世纪的英格兰是一个切切实实的民族君主国，其国王的权力日益扩张，议会也就很快沦为了纯粹的摆设。

法兰西

到了1500年，法兰西君主国在领土和政治上都有了很大的发展，但这是一个漫长而艰辛的过程。因为早在987年休·卡佩加冕为王时，法兰西只是巴黎附近的一个小国。整整五个世纪后，这个诸侯林立的封建小国才被整合为一个强大的中央集权国家，也就是我们所说的法兰西。百年战争也使得法兰西西部的公爵领（公国）和伯爵领摆脱了英格兰的控制。在历史即将进入16世纪时，狡黠的路易十一（1461—1483）不断扩张法兰西的疆域：在东面，他占领了强大的勃艮第公国；在西面和东南部，他占有了安茹家族的大部分遗产，包括安茹地区和罗讷河以东的普罗旺斯；在南部，法兰西的边界扩展至比利牛斯山脉。路易十一的儿子查理八世（1483—1498）迎娶了布列塔尼公国的女继承人，最终也将这个西部的公国并入了法兰西。

与此同时，中央集权的政治体制也在这个国家缓慢生根发芽，并变得越来越稳固。虽然那些被并入法兰西的各个公国的一些制度和风俗被保留了下来，但如今，从佛兰德斯到西班牙，从罗讷河到地中海的广大地区，已经把法兰西国王视为法律、正义和秩序之源。法兰西拥有了一套由王室发行的统一货币和一支听命于国王的常备军。法兰西君主们勇敢地与封建主义的分裂倾向做斗争，并得到了平民或中产阶级的支持，他们成功地证明了自己相对自由，不受其他政治势力的掣肘。法兰西的三级会议1302年就准许平民参加，这个机构表面上与英格兰的议会大同小异，比如，二者都是由教士、贵族和平民担任代表，但在征税、批准政府开支或审判王室官员方面从未有过最终决定权。与英格兰不同的是，法兰西没有民众参与政治的传统，也没有保障个人自由的书面文件。

在疆域稳定和统治巩固之后，大约从1500年开始，法兰西人开始关注对外政策。1494年，查理八世试图继承那不勒斯王位，从而开启了法兰西对外征战和扩张的历史，这也成为随后几个世纪法兰西历史的主题。虽然查理八世在意大利的战果寥寥，但他的继承人路易十二（1498—1515）不仅继续争夺那不勒斯王位，还想一并夺取米兰公国。1504年，路易十二被迫放弃那不勒斯，把那不勒斯的王位让给了阿拉贡国王斐迪南，在之后的两个世纪中，那不勒斯一直处于阿拉贡的统治之下。对于米兰的争夺则一直在继续，且形势多有反复，这也成为法兰西国王弗朗索瓦一世（1515—1547）与神圣罗马帝国皇帝查理五世之间龙争虎斗的一部分。

1500年的法兰西是一个真正的民族君主国，民族文学初具规模，以国王为中心的民族层面的爱国主义开始萌发，法兰西民族意识开始觉醒。与英格兰类似，法兰西正走向个人专制的道路，但不同的是，法兰西的这条道路上没有自由主义或君主立宪的里程碑。

西班牙和葡萄牙

西班牙和葡萄牙君主国位于比利牛斯山以南。在漫长的统一过程中，它们不仅和英法两国君主一样，要面对同样的分裂倾向，还必须解决两大相互竞争的宗教——基督教和伊斯兰教——共存的问题。早在8世纪，非洲的穆斯林入侵者就几乎在政治上控制了整个伊比利亚半岛。但随着时间的推移，在北部和西部山区出现了几个小的基督教国家：巴塞罗那，地处东北部，位于地中海沿岸；阿拉贡，位于比利牛斯山脉中南部，其领土向南延伸至埃布罗河；纳瓦拉，地处比利牛斯山脉西部，北接今天的法国，南接今天的西班牙；卡斯蒂利亚，位于纳瓦拉以西，以布尔戈斯为中心；莱昂，地处伊比利亚半岛西北角；葡萄牙，位于莱昂以南，地处大西洋沿岸。渐渐地，这些基督教国家不断向南扩张，一点一点蚕食穆斯林的势力范围，并表现出一定的联合倾向。12世纪，巴塞罗那与阿拉贡王国合并。一百年之后，卡斯蒂利亚和莱昂也最终合并。因此，在13世纪末，伊比利亚半岛上出现了三个重要的国家——东部的阿拉贡、中部的卡斯蒂利亚和西部的葡萄牙，以及两个相对不那么重要的国家——位于半岛最北端的基督教国家纳瓦拉和位于半岛最南端的伊斯兰国家格拉纳达。

到了1263年，葡萄牙已经完成了在伊比利亚半岛的领土扩张。而现代西班牙的出现，还要等到阿拉贡的统治者斐迪南（1479—1516）与卡斯蒂利亚的统治者伊莎贝拉（1474—1504）结为连理。穆斯林在半岛上的最后据点格拉纳达于1492年陷落。1512年，斐迪南吞并了比利牛斯山脉南坡的领土——历史上曾属于古纳瓦拉王国。伊比利亚半岛因此被分割为两个现代国家——西班牙和葡萄牙。

相比西班牙，葡萄牙的历史更悠久，但面积较小。至1500年，受益于数位能干的国王及一系列以航海家恩里克王子名义展开的举世瞩目的地理探险活动，葡萄牙一跃成为民族之林中的佼佼者。葡萄牙拥有一种从拉丁语演化而来的独特语言，并且也孕育出远超其体量的文学作品。与那个时代的精神相契合的是，这个君主国正趋向于绝对主义。过去曾扮演重要角色的议会，自1521年后便不再定期召开。葡萄牙王室与卡斯蒂利亚王室关系密切，因此两国都有人希望整个伊比利亚半岛有朝一日可以统一。

从某些角度来看，16世纪初的西班牙君主国不如英格兰、法兰西或葡萄牙具有凝聚力。两个多世纪以来，卡斯蒂利亚和阿拉贡两国的联合仅限于君主个人层面。两国都保留了各自的习俗、议会和行政机构，两国的语言也不同。尽管卡斯蒂利亚语逐步演变成所谓"西班牙语"，阿拉贡的加泰罗尼亚语退居其次，且两国虽然仍为各自的地方传统和制度自豪，但在斐迪南和伊莎贝拉统治期间，对西班牙民族这个共同身份的认同还是有了很大的发展。正是在这对夫妇的统治下，西班牙实现了领土统一；也是这对夫妇，使西班牙人把注意力转向海外，转向殖民扩张。格拉纳达的陷落，标志着穆斯林势力最终被逐出了西班牙。同一年，克里斯托弗·哥伦布首次率领船队出海远征，预示着一个庞大的西班牙殖民帝国即将诞生。在欧洲大陆，西班牙很快便开始在国际事务上发挥主导作用，这在很大程度上要归功于斐迪南的才干。阿拉贡王室长期主张对于那不勒斯王国和西西里王国的权利，而且两百年以来一直介入意大利的政治。1504年，斐迪南对于那不勒斯、西西里和撒丁岛的权利也获得了法兰西的明确承认，西班牙也因此成为威尼斯在地中海地区的主要竞争对手。

斐迪南和伊莎贝拉虽然几乎从不干涉各自王国中的代议制政府，但事实上他们夫妇一直在朝着中央集权和绝对主义的方向努力。他们一边设法迎合中间阶层，一边剥夺贵族的政治影响力，同时积极拉拢教会。议会虽然还在坚持定期开会，但其职能几乎在不经意间转移到了王室委员会和国家官员那里。此前授予城镇的特权如今被逐步取消。如今国王还成为那些曾在对抗穆斯林的战争中发挥过重要作用的古老军事修会的领袖，也因此轻而易举地控制了大笔财富和一支有效作战力量。两位君主说服教皇把宗教裁判所——中世纪时负责审判异端的教会法庭——的控制权移交给君主。这表明，多年以来，教会对异教徒的严厉惩罚，其实并不完全是因为宗教偏执，也是出于对政治统一的渴望。

虽然西班牙在人口和资源方面都比不上法兰西，但斐迪南和伊莎贝拉的远见卓识、殖民地短暂流入西班牙的巨额财富，以及基于外交和军事实力的国际声望，使得西班牙君主国在整个16世纪一枝独秀，完全超越了其真实实力。

2

古老的神圣罗马帝国

西欧的民族君主国——英格兰、法兰西、西班牙和葡萄牙，在1500年还是国际政治中的后起之秀。将语言和习俗相近的人民置于一个强大的中央集权国家的统治之下的观念当时已经萌芽，但直到1500年后才真正开花结果。然而在中欧，一种完全不同的国家形态——"帝国"，仍在勉力维持。帝国所代表的观念相当古老——在这样的国家里，无论其种族和语言如何，所有人被置于一个共同的统治者治下。古罗马帝国就符合这一概念。恺撒大帝几乎将整个西方世界都纳入了古罗马的统治之下，正因如此，居住在埃及或亚美尼亚的人民才得以与不列颠或西班牙人民共同拥戴一君。这个帝国一直控制着东欧的部分地区，直到1453年被奥斯曼人（即奥斯曼土耳其人）最终征服。其实早在一千年前，罗马帝国就已经因为外敌入侵和内部的纠纷而丧失了西部的半壁江山。只不过，"帝国"的观念仍然具有强大的生命力。公元800年，查理曼大帝曾一度统一了如今的法国、德国、意大利、尼德兰和比利时，他坚持把自己的帝国称为"罗马帝国"。近两个世纪后，著名的德意志君主奥托大帝又赋予了这一观念另一种形态——"神圣罗马帝国"，他也成为这个帝国的皇帝，而这个帝国从962年一直延续到了1806年。

从理论上讲，神圣罗马帝国凌驾于中欧和西欧所有基督教统治者和人民之上，在1453年东罗马帝国灭亡后，神圣罗马帝国可以坚称自己是古罗马帝国法统的唯一世俗继承者。神圣罗马帝国的理论主张冠冕堂皇，但实际上并不为人接受，西欧的封建贵族就从未承认过这一点。尽管民族君主国的君主偶尔会心血来潮地炫耀一些华而不实的虚名与头衔，但英格兰、法兰西、葡萄牙、西班牙从未承认它们曾从属于神圣罗马帝国。在中欧，神圣罗马帝国必须对抗封建主义的无政府倾向，对抗那些强大但彼此猜忌的城邦国家的崛起，还要对抗天主教会——至少就世俗事务而言，这个组织与神圣罗马帝国一样，也是古罗马帝国法统的继承者。从11世纪至13世纪，二者的冲突愈演愈烈。这场斗争的结果非常重要，关乎方方面面，并会在16世纪时得到充分展现。

首先，神圣罗马帝国的疆域事实上只限于说德语的各民族居住地。教皇和意大利各城市摆脱了帝国的控制；尼德兰地区（荷兰和比利时）以及瑞士各州与帝国只存在名义上的关联；对于东部的斯拉夫人（俄罗斯人、波兰人等）或者北部的斯堪的纳维亚人，帝国的影响力相对较小。到了1500年，神圣罗马帝国和德意志这两个词几乎可以互换。

其次，中欧不同于西欧，并无建立强大的中央集权民族国家的迫切愿望。在这些地区，封建割据才是主流。意大利和尼德兰虽然城邦林立，但神圣罗马帝国是一个大杂烩——其中既有奥地利这样的大公国，勃兰登堡这样的边地伯爵领地，也有萨克森、巴伐利亚和符腾堡这样的公爵领地，以及普法尔茨这样的伯爵领地，还包括大批各自为政的自由市、形形色色的男爵领地和贵族封地，其中一些比今天美国的城镇还要小。上述林林总总三百多个邦国，勉强在神圣罗马帝国的旗帜下联合起来，组成了当时的"德意志"。神圣罗马帝国的概念不仅局限于一个国家，而且由于未能克服封建主义，它也阻碍了真正的民族君主政体的发展。

那么在名义上把德意志连接起来的脆弱纽带究竟是什么呢？一个徒有其表的中央政府，一个负责执行法律的皇帝和一个负责制定法律的帝国议会。皇帝并非世袭，而是由七个"选帝侯"推选产生。选帝侯都是割据一方的诸侯。七个选帝侯分别是美因茨大主教、科隆大主教、特里尔大主教、波西米亚国王、萨克森公爵、勃兰登堡藩侯和莱茵行宫伯爵。推举皇帝的过程显然成为选帝侯们假公济私的大好机会。而且通过推举产生皇帝的做法，不但加剧了德意志的分裂，还助长了选帝侯们的私欲。帝国议会则由七个选帝侯、较小的诸侯（其中包括高级神职人员，如主教和修道院院长）以及自由市的代表组成，并分成三个独立的议事团。未经帝国议会授权，皇帝不能采取任何行动，而议会成员以及各议事团间的钩心斗角又常常阻碍议案在议会的通过。此外，各邦国在大多数事务上继续自行其是。在西欧，这些事务已交由中央政府处理。因此，帝国议会既没有财政大权，也没能掌控军队，皇帝自然也一样，只有当各邦国认为有利可图时才会响应帝国的号召出钱出兵，所以帝国议会更像是联合国大会而非立法机构。

在这样的重重掣肘下，神圣罗马帝国皇帝注定无所作为。然而由于担忧不断进逼的斯拉夫人，或奥斯曼人进犯东部边境，或出于其他方面的担心，被选举出的皇帝往往本身就是颇具实力的诸侯，他们足以应对入侵或者消弭各种恐惧。正因如此，自1273年哈布斯堡伯爵鲁道夫被选为皇帝起，哈布斯堡家族几乎一直把持着皇帝的头衔,直到1806年神圣罗马帝国最终灭亡。哈布斯堡家族中出了几位颇具影响力的皇帝。但必须注意的是,他们的权力不是源于神圣罗马帝国,而是源于其治下的世袭领地。

哈布斯堡家族最初只是瑞士一个小地方的领主,后来其领地慢慢扩大,直到1273年哈布斯堡家族真正的基业开创者鲁道夫当选神圣罗马帝国皇帝,并在三年后征服了富庶的奥地利大公国及其首都维也纳。随后,哈布斯堡家族通过积极联姻,与匈牙利、意大利、波西米亚以及帝国境内其他邦国的统治阶层建立了联系。1477年,皇帝马克西米利安一世(1493—1519)迎娶了勃艮第的玛丽。玛丽是勃艮第公爵"勇士查理"的女儿,也是富庶的尼德兰省的女继承人。1496年,马克西米利安一世的儿子腓力迎娶了斐迪南和伊莎贝拉的女儿胡安娜——卡斯蒂利亚和阿拉贡王位的女继承人。哈布斯堡家族的势力自此一发而不可收。

当然,在德意志,也出现了不少民族国家的迹象:大多数人讲同一种语言;某种形式的民族统一已存在于帝国议会中;许多爱国者在为建立一个更加强大、更加集权的中央政府奔走呼吁。1495年,帝国议会在沃尔姆斯市召开,与皇帝马克西米利安一世讨论改革事宜。经过漫长的讨论后,各方同意废除封建时代的残余——私人战争,并宣布各邦国间维持永久和平;同意建立一个帝国法庭,用于解决各邦国间的争端。与之前或之后的许多努力一样,这些措施大都无疾而终。尽管偶有反复,16世纪的德意志事实上依然四分五裂,即使"神圣罗马帝国"的旗号从不曾被放弃。

3

城邦

在基督时代来临之前，希腊人和罗马人对政治组织普遍抱有一种对今天的大多数人而言颇为奇怪的观念。他们认为，每个城市及其周边地区都应构成一个独立的国家，拥有自己的立法机构、行政机构、军队、货币和外交关系。对他们来说，帝国的统治方式是无法忍受的；而像我们今天常见的民族国家的概念，对他们而言同样不可思议。

无独有偶，我们将会在下一章中发现中世纪的商业促进了意大利、德意志和尼德兰主要贸易城镇的发展。这些城镇通过这样或那样的方式，在很大程度上取得了自治权，因而到了1500年，它们已经变得有点类似古代的城邦。在德意志，尽管城镇依旧维持着地方自治，但与神圣罗马帝国存在着松散的联系，还在政治上受到其他邦国的影响。然而在意大利和尼德兰，情况则有所不同。由于城邦在这两个国家的政治生活中扮演了主要角色，所以不首先了解这些城邦，就无法理解16世纪的意大利和尼德兰的政治局势。

1500年的意大利，统一仍遥不可及，即使许多意大利爱国者都在翘首以待。〔这些爱国者中就包括马基雅维利。他在《君主论》中写道："我们的国家几乎失去了生机，她等待有人将来能够医治她的创伤，制止伦巴第的劫掠，以及结束（那不勒斯）王国和托斯卡纳的勒索，抚平她那些因长期忽视而流脓的伤口。我们看到她是如何祈求上帝派人把她从蛮族的残暴与压迫中拯救出来。我们还看到,只要有人举起旗帜,她就准备并且迫切渴望追随。"〕意大利当时已经出现了一种共同语言,在但丁和彼特拉克这样的大师手中,共同语言已经成为文学表达的重要媒介。但亚平宁半岛上的人们并没有像西欧那样,建立起民族君主国,甚至不屑于维持对神圣罗马帝国形式上的效忠。这要归咎于早期发生的几个重大历史事件。首先,中世纪的德意志皇帝们一直试图控制意大利,虽然彻底失败了,却在意大利制造了水火不容的两大政治派系——希望与德意志维持传统联系的"吉伯林派"(保皇党)与持相反主张的"归尔甫党"(教皇派)。其次,手握政治和宗教大权的罗马教皇认为,意大利政治上的统一,会严重削弱其宗教号召力;只要假以时日,一个获得整个意大利支持的强势世俗君主,会迫使至高无上的教皇沦为附庸,而教皇在国际上的威望也会因此被削弱。因此,教皇们积极参与意大利各邦间的纵横捭阖,时刻提防一家独大局面的出现。再次,由于意大利城镇的商贸发展相对较早,进而刺激了贸易竞争,导致各城镇纷纷以独立和富有为荣;且随着城市的发展,经济空前繁荣,城市之间的联合也变得越来越困难。最后,意大利人富有但并不团结,再加上教皇的挑拨,意大利就变成了外国势力干涉和征服的目标。也正因为如此,亚平宁半岛沦为西班牙人、法兰西人和德意志人鏖战的战场。

在检视意大利北部的各主要城邦前,还需要对这个国家的另外两个政治区划介绍几句。亚平宁半岛南部的三分之一由那不勒斯王国控制着。这个王国龙兴于那不勒斯城,也因此而得名。那不勒斯王国还控制着西西里岛,于是也被称作"两西西里王国"。

那不勒斯王国创建于11世纪，其建立者是一群来自斯堪的纳维亚的冒险家，之后那不勒斯成为教皇的藩属，后又被德意志纳入囊中，最终于1266年落入法兰西之手。1282年，西西里爆发了一场起义，史称"西西里晚祷"。战争使两西西里王国陷入分裂——西西里岛落入阿拉贡王室手中，动荡不安的那不勒斯依然由法兰西人控制着，直到1442年。阿拉贡国王于1442年重新统一了两西西里王国，这导致法兰西与西班牙纷争不断。直到1504年，法兰西才最终放弃了对那不勒斯的领土主张，转而支持阿拉贡的斐迪南。无论在政治层面还是社会层面，那不勒斯都是意大利最落后的地区。

罗马城历经数百年才形成了所谓教皇国，也就是官方所称的"圣彼得的遗产"。当初由于蛮族入侵，罗马皇帝无力再行使其权力，罗马城中最显赫的人物——罗马城主教便接管了罗马，并把这座城市变成了其禁脔。公元8世纪，查理曼大帝明确承认并授予罗马城主教对罗马城及其周边地区的管辖权。当初的罗马城主教就这样一步步成了政教合一的教皇。从台伯河到亚得里亚海，教皇的领土慢慢扩张到整个意大利中部。长期以来，教皇仅仅把这些领土视为保卫其宗教和教职特权的堡垒。然而到了1500年，教皇们看待自身的方式已经与那些热衷于争霸意大利半岛的王公贵族无异：臭名昭著的亚历山大六世（1492—1503），其政策的核心就是扶持儿子恺撒·博尔吉亚成为整个意大利的统治者；尤里乌斯二世（1503—1513）的治国之道和军事才能显然比他的宗教热忱更为世人所知。

教皇国以北和以西有许多城邦。16世纪伊始，这些城邦在意大利政局中独树一帜。相比同时期欧洲其他地方，这些城邦的物质财富和思想文化都更为发达，但它们彼此间的猜忌根深蒂固，动辄就会爆发武装冲突，而真正冲锋陷阵的是拿钱卖命的职业士兵和海盗，也就是雇佣军。1500 年，意大利各城邦中最著名的当数米兰、威尼斯、热那亚和佛罗伦萨。

这些城邦中，米兰理论上仍是神圣罗马帝国的公爵采邑，但事实上，米兰长期以来一直都是来自两大家族——维斯康蒂和斯福尔扎——的专制统治者的囊中之物。这些人既是艺术赞助者，也是政治上工于心计的意大利僭主。维斯康蒂家族从 13 世纪开始统治米兰，到了 15 世纪中叶，斯福尔扎家族夺取了米兰，建立了政权。然而，1499 年，法兰西国王路易十二以维斯康蒂家族继承人的身份夺取并控制了米兰，直到 1512 年他被由教皇、威尼斯、西班牙和英格兰组成的神圣同盟驱逐，斯福尔扎家族暂时重拾政权。

米兰是由专制君主或僭主统治的意大利城市，而威尼斯则是由商业寡头统治的城邦。威尼斯是当时亚平宁半岛上最强大的国家。它位于亚得里亚海出海口，坐落于群岛和潟湖之上。这个国家通过十字军东征建立了一个海上帝国和令人垂涎的东地中海贸易，并将其势力拓展至意大利东北部的肥沃土地。1500 年，威尼斯号称拥有三千艘船，三十万名水手，一支兵力雄厚、久经沙场的军队，著名的玻璃板、丝织品和金银器工场，以及一个异常强大的政府。威尼斯名义上是共和国，但实际上是一个寡头政治国家。其政治权力被联合委托给了几个机构：由商业巨头控制的大议会；十人"中央委员会"；选举产生的总督或公爵；1454 年后，又设立了三名监察官,而他们此后也成为这座城市真正的主人。监察官可以宣判死刑、处置公款、颁布法令。他们长期维持着一个特务系统,审讯、判决和处决全部都是秘密进行。匿名检举信一旦被投入圣马可狮子口中,就会有尸体被叹息桥下的河水冲走。当其他意大利城市内战不断时,威尼斯却享有难得的和平与稳定。直到1798年共和国覆灭,威尼斯都不曾爆发过政治革命。在外交事务上,威尼斯同样拥有巨大影响力,它也是首个向其他国家的宫廷定期派遣使节或大使的欧洲国家。1500年,威尼斯似乎出奇地富有和强大,但衰落和屈辱的种子已悄然种下。尽管威尼斯仍旧控制着希腊的摩里亚半岛、克里特岛、塞浦路斯岛以及众多爱奥尼亚和爱琴海岛屿,但奥斯曼人的扩张威胁着其在东欧的地位。美洲的发现以及通往印度的新航路的开辟,也注定会动摇威尼斯的商业霸权根基。而威尼斯对付意大利时的不择手段,使其在西方陷入了空前的孤立:1508年,由神圣罗马帝国皇帝、教皇、法兰西和西班牙所组成的强大的康布雷同盟,剥夺了威尼斯的诸多利益。

热那亚是商业地位仅次于威尼斯的城市。与其竞争对手形成鲜明对比的是,热那亚经历了各式各样的政治动荡,直到1499年法兰西国王路易十二入侵并占领了该城。在此后一段时间内,热那亚一直受制于法兰西。1528年,一位果决善战的公民——安德烈亚·多利亚,从外国侵略者手中解放了这座城市,并恢复了热那亚的共和体制。

声名远播的佛罗伦萨城,或许可以被视为由政治领袖控制的民主社会的最佳典范。15世纪上半叶,这座以自由制度和艺术闻名的城市，被富有的商人和银行家——美第奇家族所控制，并在形式上保留了共和制度。之后在洛伦佐·德·美第奇（1449—1492）统治下，佛罗伦萨一度成为意大利文化和文明的中心，洛伦佐也因此被称作"伟大的洛伦佐"。

洛伦佐死后不久，在一位名叫萨沃纳罗拉的狂热修士的领导下，民主势力开始反弹。1494年，萨沃纳罗拉对法兰西国王查理八世入侵意大利表示欢迎，并在驱逐美第奇家族的过程中提供了实质性的帮助。萨沃纳罗拉在佛罗伦萨四面树敌，加之公然冒犯当时的教皇，于是在1498年被以莫须有的罪名处决，但民主政体一直维持到1512年美第奇家族复辟。之后佛罗伦萨由城邦转变为托斯卡纳大公国。

在告别1500年的意大利国家之前，还需要了解当时不起眼的萨伏依公国。隐匿在阿尔卑斯山西北部要塞中的萨伏依公国，其统治者历经种种风云变幻，在19世纪成为统一的意大利王国的国王。

城邦不仅是意大利的主要政治组织形式，也是尼德兰的主要政治组织形式。尼德兰，意为低地国家，由占据北海沿岸平坦低地的十七个省份组成，也就是今天的荷兰、比利时和法国北部。其大多数居民（佛兰芒人和荷兰人）讲一种类似德语的语言，但南部的瓦隆人则讲一种法兰西方言。这些省最初只是一些相互攻伐的封建贵族的领地，但历经12、13和14世纪的发展，一些重要城镇变得人口稠密、富甲一方，因此有了与领主讨价还价的实力，并获得了各式各样的特许状。当地于是出现了一些自治城市——实际上是自治共和国——半独立于封建贵族的附庸。在许多城市中,早期的寡头制政府很快便让位于更加民主的体制。根特、布鲁日、安特卫普、布鲁塞尔、列日、乌特勒支、代尔夫特、鹿特丹等城市的工业和经济都令人瞩目。

从1384年开始直到15世纪末,身为法王封臣并长期领有法兰西东部的勃艮第公国的历代勃艮第公爵,通过联姻、购买、阴谋诡计或武力,在长达一个世纪的时间里先后将尼德兰的十七个省逐一纳入其治下。勃艮第公爵统治范围的延伸,意味着一个强大的君主政权的形成。这得到了贵族和神职人员的支持,但遭到众多城市的反对。1465年,布鲁塞尔成立了一个名为"联省议会"的平民议会,由来自十七个省的代表组成;八年后,又成立了一个兼具最高法院和财政职能的委员会。1477年,"勇士查理"战死。他本可以在法兰西和德意志之间建立一个强大的王国,却遭到其宿敌——精明的法王路易十一的阻挠。正如我们所看到的,法王路易十一在"勇士查理"死后夺取了勃艮第公国,从而拓展了法兰西的东部疆域,但尼德兰由"勇士查理"的女儿玛丽继承。1477年,玛丽嫁给奥地利的马克西米利安,尼德兰自此开始被置于哈布斯堡家族的统治之下。

经过这些政治变革后,尼德兰各城镇依旧享有此前所获得的诸多特权,经济也稳步发展。尼德兰成为当时最富有的欧洲国家,而公爵宫廷的富丽堂皇超越了同时代的任何一位君主。著名的"金羊毛骑士团"便是对这段辉煌过去的永久纪念。金羊毛骑士团由勃艮第公爵在15世纪创立,其名源自从英格兰进口的羊毛,因为佛兰德的织布机使用的都是英格兰羊毛,而纺织业又是整个尼德兰财富的根基。

4

1500 年的北欧和东欧

现在，我们已经检视了将在 16 世纪的历史事件中扮演主要角色的国家：英格兰、法兰西、葡萄牙和西班牙这四个民族君主国，神圣罗马帝国，以及意大利和尼德兰各城邦。不过有必要指出的是，在欧洲的北部和东部也存在着一些将在很大程度上影响近代历史的国家，比如斯堪的纳维亚各王国、莫斯科公国、波兰和匈牙利的封建王国，以及奥斯曼帝国。

早在 1500 年，丹麦、挪威和瑞典这三个王国就已成为北欧人的家园，这些北欧人曾长期蹂躏英格兰、法兰西和意大利南部沿海地区，并在冰岛和格陵兰岛殖民。这三个国家的疆域基本与现在相同，在种族和社会层面上有许多相似之处。政治上，三国于 1397 年建立卡尔玛联盟，拥戴丹麦国王为共主。但这个联盟并不受瑞典人的欢迎，经过长达五十多年的起义和动乱，古斯塔夫·瓦萨（1523—1560）建立了独立的瑞典王国。挪威一直处于丹麦国王的统治之下，直到 1814 年。

在斯堪的纳维亚半岛和中欧德语区以东，散居着许多民族。这些民族拥有许多共同的特征，其中就包括一组亲缘关系非常近的语言——被统称为斯拉夫语。1500 年，当时的斯拉夫人包括：俄罗斯人；波兰人和立陶宛人；居住于神圣罗马帝国疆界内的捷克人或波希米亚土著；东南欧的一些民族，比如塞尔维亚人和保加利亚人。

1500年的俄罗斯还远不像今天这样，那时的俄罗斯人分散在几个大公国中。其中执牛耳者当数以莫斯科为中心的莫斯科大公国。莫斯科大公国的统治者其实是斯堪的纳维亚人，但各公国所拥有的文明和基督教是希腊传教士从君士坦丁堡带来的。在从13世纪中叶到15世纪中叶的两百年间，俄罗斯人一直在向蒙古可汗纳贡。〔蒙古人在成吉思汗（1162—1227）的率领下，建立起一个从中国海一直延伸至第聂伯河的大帝国。正是蒙古人将奥斯曼人赶出了他们的亚洲故土，迫使他们向欧洲迁徙。成吉思汗死后，蒙古帝国分裂为多个汗国。随着时间的推移，这些汗国逐渐销声匿迹。16世纪时，黑海以北的蒙古人不是臣服于奥斯曼人就是臣服于俄罗斯人。〕这些蒙古可汗在黑海以北地区建立起亚细亚式专制统治。俄罗斯的崛起始于伊凡三世（1462—1505），他也因此被尊为"伊凡大帝"。〔伊凡三世的继承人伊凡四世（1533—1584）1547年才开始使用"沙皇"的尊号，他也被称作"伊凡雷帝"。〕他将他的人民从蒙古人的统治下解放了出来，统一了众多公国，征服了诺夫哥罗德和普斯科夫这两座重要城市，并将其势力扩张至遥远的北冰洋和乌拉尔山脉。然而那时的俄罗斯还很难被称作近代国家，其政治生活和社会生活依旧带有亚洲的色彩而非欧洲的。俄罗斯所信奉的东正教源于君士坦丁堡，与西欧的天主教有所不同。直到18世纪，俄罗斯才成为一个耀眼的欧洲国家。

波兰王国位于莫斯科大公国的西南边、神圣罗马帝国以东，其治下不光只有波兰人，还有立陶宛人。尽管有着广袤的领土和数位能干的统治者，波兰依旧是一个脆弱的君主国。由于无险可守，波兰很难防御外敌入侵。组成这个国家的波兰人和立陶宛人之间的内战，以及与周边德意志人的战争给波兰带来了浩劫。由于受到大领主所组成的议会的掣肘，行政机构无法发挥作用。贵族拥有财产，操控政治，逐渐把国王变为他们手中的傀儡。当西欧国家正努力摆脱封建桎梏，向着中央集权的民族国家发展时，波兰却抱着封建社会和封建政府的成规不放。

匈牙利王国表现出与波兰王国类似的封建倾向。10世纪，被称为匈牙利人或马扎尔人的亚洲游牧部落入侵匈牙利，像楔子一样嵌入巴尔干半岛的斯拉夫人、波兰北部的斯拉夫人和俄罗斯人之间。起初，在圣伊什特万（997—1038）等国王的努力下，匈牙利国力蒸蒸日上，大有发展为一个强国的势头，但由于13世纪时君主权力弱小、西方封建主义渗入，以及持续不断的内讧，一个强大、贪婪的男爵阶级被推到台前，最终使王权黯然失色。马加什·匈雅提（1458—1490）的文治武功只是一个例外。匈牙利的君主们必须为了王位而与贵族斗智斗勇——匈牙利的王位由选举产生，而且他们还要和周围的强敌抗争：北边是宿敌奥地利的哈布斯堡家族与神圣罗马帝国的大军；东边是生活在今罗马尼亚境内的弗拉赫人（即现代罗马尼亚土著），双方时常爆发战事；在南边，匈牙利的对手起初还只是希腊人和斯拉夫人——也就是塞尔维亚人和保加利亚人，之后则变成了令人生畏的奥斯曼人。

16世纪时，奥斯曼人的帝国（即奥斯曼帝国，又称奥斯曼土耳其帝国，1299—1923）已经彻底征服了以君士坦丁堡为首都、希腊人占统治地位的东罗马帝国，以及由保加利亚人与塞尔维亚人在中世纪建立的王国。奥斯曼人是一个亚洲穆斯林游牧部落，其名字源自奥斯曼一世（1326年去世）。正是在此人的领导下，奥斯曼人在小亚细亚站稳了脚跟,并跨过博斯普鲁斯海峡威胁君士坦丁堡。此后,奥斯曼帝国相继征服了叙利亚、希腊和巴尔干半岛,只有黑山这个山区小国得以幸免。1453年,奥斯曼人攻占了君士坦丁堡。奥斯曼帝国把用武力征服的土地分割为大庄园,或用于赏赐军事领袖,或用于维护清真寺和学校,或改建成公地和牧场。被征服的基督徒则沦为了农奴,需要缴纳贡赋。在之后的两个世纪里,奥斯曼人一直是欧洲的心腹大患。

第 一 章

商业革命

五百多年前，欧洲人的"世界地图"上还没有美洲、澳大利亚或者太平洋。不论经验丰富的航海家，还是学富五车的地理学家，也完全没有意识到在大西洋的另一边，还存在两块有印第安人居住的大陆；对于非洲，他们只知道北部海岸；至于亚洲，则只听闻过无数荒诞不经的传说。对于15世纪那些无知的欧洲人来说，大西洋这片未经探索的荒凉海域，充斥着妖魔鬼怪。而对于普通的欧洲人来说，我们在前面所提到的那些国家，再加上地中海对岸的穆斯林邻居，就是已知世界的全部。

就在15世纪行将结束之际，勇敢的船长们开始驶向大洋深处，并发现了"新大陆"的存在。从那时起一直到今天，欧洲人一直忙于全球性的探索和征服——美其名曰"欧洲化"。尽管宗教和商业在推动这一进程中扮演了重要角色，但从一开始，这场运动就伴随着贸易路线、贸易方式和商品种类的惊人转变。这一系列的转变通常被称作商业革命。到了16世纪末，商业革命已经深入欧洲，其成果已足以证明这是人类历史上最具影响性的历史事件之一。

商业革命注定要在日常生活中产生最深远的影响。因此，为了理解商业革命的本质和意义，必须回溯欧洲的祖先在1500年左右究竟是怎么生活的，是如何维持生计的。在详述海外探险和殖民的故事之后,我们对于欧洲本土的城镇和农村的状况就会有新的评价。

1

16世纪的农业

农业一直以来都是社会的根基,但在16世纪,其重要性相比现在要更大。那时候,人们不是根据手中持有的股票和债券来计算财富,而是以名下持有土地的多少来评估。欧洲各国的绝大多数人口依旧以务农为主,因为当时城镇的规模不大且数量不多。普罗大众居住在乡村,而不像今天这样居住在城市。

20世纪的观察者会对16世纪农业的特别之处感到困惑。观察者可以发现稀奇古怪的乡村社会组织、形形色色的土地所有制理论,以及非常陌生的耕作方式。此外,他还会发现,几乎每个农场都是自给自足的,而产品仅限于可供其所有者消费的那些,因此几乎没有可用于外部贸易的农产品。透过这些事实,观察者会很容易理解,尽管16世纪初村庄星罗棋布,但彼此隔绝,村庄也更容易成为保守主义和愚昧无知的坚固堡垒。

然而就某些方面而言,全欧洲的乡村地区又存在明显的一致性。无论是在德意志、匈牙利,还是英格兰、法兰西,农业人口显著地划分为两个阶级——贵族和农民。在不同地区,这两个阶级之间的分野可能会有所变化,但这种划分普遍存在于整个欧洲。

贵族,包括那些不需要付出劳动却依靠土地的收入过活者(16

世纪伊始,许多天主教会的高级神职人员——大主教、主教和修道院院长——也被归入贵族之列,因为他们和世俗贵族一样拥有大片地产)。他们按照封建制度占有土地,也就是说,他们有权要求居住在其土地上的农民供养他们。而同样的,他们也对国王或者地位更尊贵、更富有的贵族负有某些特定的义务,比如为国王出征(只有世俗贵族有此种义务,高级神职人员则没有),在特定时间前往宫廷朝觐,以及不定期地缴纳各种税(封建捐税)。贵族的地产可能只包括一个农场,或所谓"庄园"——包括一个小村庄或村落,但也可能包括几十个这样的庄园。那些势力强大的封建领主或高级教士,其领地可能遍布整个郡。

每个贵族都拥有一座府邸,甚至一座城堡,只要他足够富有。他就在那里向住在茅草屋中的农民发号施令。在他的马厩中,有矫健的骏马和装饰着家族纹章的马车。他还有大批仆人和侍从:为他打开马车门的男仆,阻止偷猎者的猎场看守,以及处理各种麻烦的武装扈从——或协助他对付咄咄逼人的邻居,或在战场上为他出生入死。贵族生前会占据乡村教堂里最好的座位,死后则会被安葬在教堂中——这是只有贵族才能享受的殊荣。

在封建社会早期,贵族的确扮演着农民人身财产保卫者的角色,对抗外敌和无处不在的土匪强盗。贵族的本业是作战,所以为了确保贵族能够负担得起昂贵的战斗装备——马匹、盔甲、刀剑和长矛,国王和农民都要保证贵族有丰厚的收入。

然而进入16世纪后,封建时代的好日子一去不复返。新一代的贵族们虽然依仗其高贵的血统,继续享受着祖先所获得的收入和社会声望,但不再像过去那样为国王和国家效力,更不用说保卫治下的庶民了。至少在民族君主国家，国王们承担起了保卫领土、维护和平的责任。贵族们则失去了用武之地，终日无所事事，要么打猎，要么与其他贵族斗来斗去，要么参与到各种政治阴谋中。越来越多的贵族痴迷于宫廷娱乐和奢华生活，尤其是在法兰西，贵族已经不再发挥实质性作用，但仍保留着旧时代的特权。

农民，也就是当时社会中的普罗大众，与贵族则形成鲜明对比：他们为了维持生计而胼手胝足，还被视作卑贱、愚昧和粗鲁的下等人，在土地上的辛勤耕作也被视作"奴役性劳动"。由此可见，只能从事苦力活的普罗大众，与"出身高贵"者之间存在巨大的社会鸿沟。

在中世纪早期，欧洲大多数农民都是农奴。造成这一局面的原因有很多，我们稍后会进行讨论。农奴制在西欧逐渐消亡，但在16世纪初，东欧和中欧的大多数农民还是农奴，甚至许多法兰西的农民也是如此。他们因循传统，在贵族的庄园里生活和工作，这种形式被统称为封建庄园制。

由于我们与乡村社会间已经有了相当的隔阂，所以很难理解农奴如何在乡村社会中占据一席之地。农奴，既不是南北战争前美国南部各州常见的奴隶，也不是今天农业社会中常见的雇农或佃农。农奴并非奴隶，因为他可以自由地为自己工作，至少部分时间属于他自己，他不能被出售给另外一个主人，也不能被剥夺为自己耕种并获得收益的权利。他不是雇农，因为他没有工资；也不是佃农，因为他被束缚在土地上，即他必须留在自己的土地上耕作，除非逃亡或者用钱赎身。一旦如此，他就不再是农奴，而是一个自由人。

农奴承担着各种各样的义务，以下义务是最基本的：(1)农奴每周必须在领主的土地上义务劳动两三天。在收获的季节，农奴还要放下自己的农活为领主额外劳作几天（称为"布恩日"）。农奴也可能临时被派到森林里为领主拾柴火，或者修路（也就是封建徭役）。(2)农奴时常要缴纳各种税赋，且常以实物形式支付。因此在一些节日，常会看到农奴赶着十几只家禽或者扛着一蒲式耳谷物前往庄园。(3)因为烤炉、葡萄榨汁机、磨坊和桥梁通常属于贵族的私人财产，所以农民每次使用这些设备都必须支付租金，或美其名曰"使用费"——几块面包、一些葡萄酒、一蒲式耳谷物或一笔过路费。(4)如果农奴去世时没有继承人，他的财产将由领主继承；如果有继承人，则贵族有权收取租地继承税，即分到去世农奴的最好的牲畜；贵族还有权收取补偿金，即要求指定的继承人缴纳一笔额外的费用，相当于遗产税。

前文提到，16世纪时，庄园制已趋于没落，尤其是在西欧。相当多曾是农奴的农民，如今成为自由佃户或雇农。当然，现在意义上的土地租佃——土地所有者将地产租给佃户耕种，并收取尽可能多的金钱作为回报——尚未出现。但是，越来越多的农民被称为自由佃户。不同于农奴佃户，自由佃户虽然也定期缴纳各种税赋，但除了农忙时节——比如收获季——每周不必抽出两三天替领主耕种土地；他们可以自由离开耕作的土地、嫁女或出售自己的牛，而不必经领主同意。渐渐地，他们将定期缴纳给领主的费用视为土地的租金而非保护费。

当经济状况较好的农民逐渐成为自由佃户时，他们穷困潦倒的邻居发现做农奴已经越来越难以维持生计，于是自愿放弃了自己的份地，并把全部时间都投入到领主的土地上——即所谓"领主直领地"——以换取固定的工资，因此出现了大批雇农。除了他们茅草屋的宅基地，雇农可能还拥有一个小菜园，而这是他们全部的财产了。

除了雇农和自由佃户之外，还出现了一类农民——领主把土地分配给几个农民，再为他们配上牲畜和犁，而作为回报，这些农民则要缴纳固定比例的收成。在法兰西，这个比例通常是二分之一。缔结这种契约的农民，在法兰西被称作分益佃农，在英格兰叫作租地农。这种经营方式本质上与今天按股份经营的农场并无差别。

到了16世纪，法兰西和英格兰的农奴大都变成了雇农、自由佃农或分益佃农。农奴所担负的义务被证明对农奴个人来说太过繁重，而领主也无利可图。领主按照需求雇用人手要比指挥农奴劳作简单和廉价得多，毕竟打发走偷懒的农奴并不容易。而且农奴为自己耕作时的热情要远高于为领主耕作时。正因如此，许多领主乐于让农奴用金钱或谷物来偿付劳役。此外，在英格兰，许多领主发现圈地（过去的庄园没有围栏）养羊获利更多，于是自愿释放了自己的农奴。其结果便是，16世纪之前，农奴制已经在英格兰消失了。在法兰西，早在14世纪时，许多农奴就用钱赎得了自由。但在某些地区，农奴制依旧保持着旺盛的生命力，直到法国大革命时代才寿终正寝。

在其他国家，农业生产更加落后，所以农奴制维持的时间更长。普鲁士和奥地利的领主们直到19世纪还保留着他们的农奴，而沙皇俄国直到1861年才开始大规模解放农奴。在东欧部分地区，农奴制的残余仍然长期存在。

农民从农奴制下解放出来,却并没有摆脱过去作为农奴时的恶劣劳动环境。作为自由人,农民不再需要每周替领主工作,支付代役金就行;至少在理论上,农民可以自由婚配和迁徙。只不过他可能仍会偶尔被领主叫去干一天活,仍会被召集起来修路,仍要为使用烤炉、葡萄榨汁机和磨坊支付恼人的费用。同样,他田里的作物可能会被领主鸽舍中飞出的鸽子肆意啄食,或者因为领主盛大的狩猎派对而被随意践踏。农民不可以打猎,甚至不能射杀啃食他的菜园的鹿。一些陈规旧俗也变得越来越惹人厌烦,甚至还有些滑稽。当然这些习俗最初源于贵族与农民之间的亲密关系。据说在一些地方,新婚夫妇被要求必须跳过教堂墓地的围墙,而某些夜晚农民必须敲打城堡的壕沟,以使领主一家免受聒噪的蛙鸣打扰。

除了恶劣的生存环境,庄园制的另一个重要部分——耕作方法,在农奴制开始没落后,仍然维持了相当长的一段时间。中世纪封建庄园的传统耕作方法——"三圃制"(三区轮作制),有可能原封不动地沿用到了近代。封建时代的庄园,面积从几百至五千英亩不等,但并不像现在这样被分割成形状和面积大小不一的农场。那些只能被用作草场的荒地以及其周边的林地,一般被当作公地,也就是说,无论是领主还是农民,都可以在此随意拾取柴火,或者放猪来吃林地中的橡子,以及随意放牧牲畜。可耕种的土地一般被划分为几大块,通常是三块。每块土地再被分割成一条一条的,而地块间的分界线是田脊或由未开垦的草地所形成的田埂,通常长40杆(1杆约为5米)或1弗隆(约合201米),

宽 1～4 杆。每个农民在每块田地上都拥有一条或多条土地，加起来总共可能有 30 英亩（在某些地区，份地通常每年都会重新分配。分配结束后，庄园的大部分耕地理论上会成为"公地"，而农民对份地并没有所有权）；领主也有权分得一些份地。

三圃制明显存在诸多弊端。农民在分散的份地之间来回奔波会浪费大量时间。此外，农民必须严格遵循成例，按照前人的方式来耕种土地，不能引入任何改良措施，与邻居种植一样的作物——通常会在第一块土地上种小麦或黑麦，在第二块土地上种豆类或大麦，第三块则抛荒。农民们对于如何通过施肥或轮作来保持土壤肥力知之甚少。尽管每年都有三分之一的土地为了恢复地力而休耕，但农作物的单位产量几乎只有如今的四分之一。农具是最粗糙的那种：收割工具就是长柄大镰和镰刀，犁是木制的，偶尔会使用铁制犁铧，打谷则使用梿枷。在收割结束后，牲畜会被随意赶到田里，任其啃食上面的残株，因为田地是共有财产。但粗放型的放养，根本无法培育出优良品种，所以牲畜的品种越来越差，牛羊体形瘦小，当时一头发育成熟的公牛几乎不比现在发育良好的小牛犊大多少。而且当时还没有开始种植土豆和芜菁，也很少有人种植苜蓿或其他草料作为冬季饲料，因此无法大量饲养越冬的家畜。大多数家畜会在秋天被宰杀，人们用盐将肉腌制起来以备漫长的冬季食用。

原始的耕作方法，再加上庄园主沉重的剥削（除了向世俗领主缴纳赋税，农民还有义务定期向教会缴纳什一税，相当于年收成的十分之一），致使穷苦农民的生活一直捉襟见肘。相比今天，16 世纪农民的贫困令人触目惊心。刺骨的寒风吹进这些赤贫者昏

第一章　商业革命　　33

暗的茅草屋中的惨况,是我们难以想象的。他们冬天以腌肉为主,没有蔬菜,居住环境肮脏不堪,并缺乏相应的卫生健康知识,这都为疫病横行创造了条件。如果收成不好,饥荒与瘟疫往往会接踵而至。

另一方面,我们也不能忘记,19世纪时大城市逼仄的公寓里挤满了命运比中世纪农奴更悲惨的劳工。农奴不管怎样,至少是在户外工作,而不是一天到晚待在工厂里。收成好的年景,农民就会拥有充足的粮食和肉类,可能还会有葡萄酒或者苹果酒。当然,农民是不敢奢望用挂毯装饰的卧室、缀着宝石的衣服和有香料调味的食物的,因为他们认为这些东西属于另一个世界。

只有一个地方,贵族和农民会被一视同仁——乡村教堂。每到星期日或者宗教节日,同为基督徒的贵族和农民会一道前往教堂参加弥撒。之后,领主可能会大发善心,出钱举办赛事或露天舞会,让农民暂时忘却劳作的辛苦。乡村神父(与拥有大片地产的高级教士不同,乡村神父只有微薄的收入,且其收入均来自教区居民缴纳的什一税,所以他们常常要在分配给教堂的土地上辛苦劳作,才能勉强维持生计。修士们同样一贫如洗,也经常要在土地上劳作,但修道院可能非常富有)虽然是庄园里最博学的人,但一般出身卑微。他们是穷人的朋友,会给予穷人帮助,也是领主的精神导师。主教偶尔会到村里为孩子们举行坚信礼,为全村上下带来节日的喜庆气氛。

其他时候,农村生活大都千篇一律,令人几乎忘却了外面的世界。只有偶尔出现的小贩所带来的八卦新闻,以及启程前往宫廷或外出打仗的领主,才打破了乡村的这种单调沉闷。除非当地缺少铁匠或磨坊，否则村庄之间都没有相互交流的必要。乡村的道路破败不堪，雨天根本无法通行，人们出远门大都需要骑马，少量商品的运输也主要依靠驮马。只有一些老兵或者神父经常出远门，他们是村里的"旅行手册"与"地理百科"，毕竟农民几乎不会读写。

自给自足、与世隔绝的乡村，世世代代传承着各种传统，保持着古老的旧习俗。村民们如此保守，本能地质疑一切新鲜事物，也偏爱老派的做法，他们可发现不了美洲。正是城市的进取精神以及手工业和贸易的蓬勃发展，带来了商业革命。现在，我们要把注意力转向商业、手工业和城镇的发展。

2

商业革命前夕的城镇

值得注意的是，除了富有的意大利城邦和一些可追溯至罗马时代的城市，大多数欧洲城镇直到中世纪晚期才开始出现。起初，城镇的存在只是为了向农民售卖盐、鱼、铁和犁。但是随着商业的兴起，尤其在13—15世纪（这一点我们之后会谈到），越来越多的商人开始往来于全国各地，消费方式更加多样化，小农村落也不再认为城市只是购买奢侈品的地方，它也是购买诸如工具、衣服和鞋子等物品的地方。相比笨拙的乡下人，城市的工匠生产这些物品更加娴熟。此外，城镇也成了交易剩余农产品的地方，人们可以在这里用葡萄酒交换毛料，或用小麦交换亚麻布。随着城镇规模逐渐变大，富裕的城市居民成为外国奢侈品的最佳顾客，对外贸易飞速发展。城镇、贸易和手工业相互促进：贸易刺激手工业，手工业助力贸易，而城镇则从前两者的发展中获益匪浅。到了16世纪，城镇的发展已初具规模，并且在政治和经济上维持着相当程度的独立。

起初，许多城镇都隶属于某个贵族的大庄园，其居民也和乡村的农奴一样，对领主负有封建义务。但是随着时间的推移和城镇的发展，城镇的居民开始为摆脱封建义务与获得自由而抗争。他们不愿再履行封建义务，代之以每年支付一笔金额固定的代役金；他们要求拥有管理自己集市的权利；他们希望能把案件交给自己的法庭而不是由贵族主持的封建法庭审理；他们要求一次性缴清城镇应缴纳的税款，并自行厘定和征缴每个人应分摊的金额。最终城镇居民迫使领主做出了让步，城市获颁特许状，其上所罗列的特权都获得了贵族或国王的首肯，而城市也因此宣誓效忠贵族或国王。在英格兰，特许状一般由商人行会向贵族缴纳一大笔钱后获得；在法兰西，城镇居民常组成名为"公社"的组织，并成功地反抗了封建领主；在德意志，为了相互保护和谋求共同的特权，城市之间结成联盟。其他那些由主教、修道院院长或伯爵建立的城镇，在建立之初就获得了特许状。

为了反抗封建领主的压迫，也是为了对付小偷、骗子和不诚实的工人，城市自治组织应运而生，一般被称作商人行会或"公司"。1500年，各地的商人行会都走向了没落，但仍保留了许多历史悠久的传统。在商人行会的巅峰时期，其旗下汇聚了商人、屠夫、面包师、烛台匠人等各式各样的人士，简言之，所有在城镇做买卖的人都被囊括其中。商人行会的职能可谓无所不包。

商人行会的社会和宗教职能承袭自其前身,包括纪念某个主保圣人,帮助患病或遭遇不幸的行会成员,出席葬礼,以及举办为行会的生意疏通关节的各类聚会。

作为一个防御组织,行会尤为有效。依靠其所有成员的团结一致,行会得以成功地抵制那些声称对城镇享有领主权的领主,并坚持所有逃入城镇且居住满一年零一天的农奴应被视作自由人,不应再被抓回庄园服劳役。城镇居民旅行时也会受到行会的保护。在所有陌生人都被视为不怀好意者的年代,商人前往另一个城镇时,常会遭遇陷害和抢劫,或被投入监狱,在这种情况下,就需要行会出面赎回狱中的"弟兄",并尽可能惩罚加害者。如此一来,行会成员的自由才能获得尊重。为了扩大行会的生意,某个城市的行会与其周边城市达成特殊约定,以保障其成员的权利及生命财产安全。另外,行会作为一个组织,也有为其成员提供债务担保的责任。

行会最重要的职责是管理当地的市场。针对那些想利用市场优势又不愿分担市场维护费用的外来者,行会施加了重重限制。只要是本镇居民想购买的物品,就不允许将其运出城。凡是运进城的货物都要征税,这在法兰西被称作"入市税"(octroi,从 14 世纪开征的一种消费税)。此外,众所周知,行会有在道义上保障诚信交易的义务,所以行会任命了监督市场交易的"执事"。他们除了负责制止欺诈行为,还需要取缔一些不合规矩的行为:私下交易（在市场之外的地点交易）、惜售（联合交易限制）[1]以及高价转售（以高于市场的价格销售）。那些不老实的菜贩根本没有机会使用底部动过手脚的量器，因为称量工作都是由市场官员完成的。不诚信者将遭受重罚，如果屡教不改，可能会被逐出行会。

这些兼具社会职能、防御职能和调节功能的行会于11世纪开始崛起。在英格兰，行会的发展尤为迅速，至13世纪末，102个城镇中有82个拥有商人行会（如伦敦、科尔切斯特和诺威奇这样的大城市，属于少数没有成立商人行会的地方）。欧洲大陆许多城镇的情况则大为不同，尤其是在德意志，当地的商人行会一般只由某一行业的商人组成，是一种排外的自利性团体。

13、14世纪的贸易和手工业蓬勃发展，商人行会的规则却没有与时俱进，要么变得更具压迫性、限制性，要么沦为一纸空文。在德意志和欧洲大陆的其他地区，商人行会演变成具有压迫性的寡头组织，但在更具民主色彩的"手工业行会"的反抗下，逐渐丧失了其权力。在英格兰，手工业行会、帮工行会和交易商协会逐步实现了对工业和贸易的专业化掌控，取代了老牌商人行会的全面监督。在失去重要职能之后，16世纪的商人行会要么默默无闻，要么继续在有限的贸易领域中维持其权力，要么作为一个偶尔举办庆祝活动的协会而存在，甚至成为"市政团"[2]的同义词（最初二

---

[1] 联合交易限制（combination in restraint of trade），指两人或两人以上缔结的非法协议，旨在以不正当行为限制竞争，或通过控制生产、流通和定价环节以及其他非法手段来垄断商品或服务。这种行为之所以广受诟病，很可能是因为大众对囤积居奇极为痛恨。——编者注

[2] "市政团"（town corporation），一种地方政府体制，可以指（但不限于）城市、县、镇、乡以及宪章乡、村庄和市镇。——编者注

者是截然不同的）。最后一种情况在英格兰尤其常见。

正如商人行会与商业发展、城镇兴起密不可分，手工业行会也与工业的发展联系紧密，并且在 1500 年之后相当长的时间里依然维持其影响力。（手工业行会也被称作"公会"或"社"，法语中称作"métier"，德语中称作"zunft"。）手工业行会崛起于 13、14 世纪，在有的地方，比如德意志，它们代表民众反抗腐败的、寡头化的商人行会；在有的地方（通常是英格兰），它们会与自己的成员所属的商人行会通力合作、和谐共处。手工业行会同样具有宗教和社会方面的功能，同样坚持公平交易，只不过手工业行会的成员行业单一，并严格控制着一种商品从生产到销售的各个环节。当时有面包师行会、酿酒师行会、铁匠行会、马鞍匠行会、鞋匠行会、织工行会、裁缝行会和制革匠行会，甚至还有教师行会——由来自学院和大学的教职人员组成。

如今，当我们提到某个男孩在"当学徒"，正在学习一门手艺时，很少会想到这一表述其实可以追溯至中世纪手工业行会的惯例，而且这一惯例在行会消亡后延续至今。学徒制的目的是保证刚入行的新人能够得到良好的培训。师傅会收一些男孩子为徒，并与之签订契约——即无偿为师傅工作几年，当然在此期间师傅会提供食宿。通过这段时间的学习，如果学徒已经彻底学会了这门手艺，便可以出师成为"帮工"，即有资格被其他人雇用。但只有当他获得许可加入行会成为师傅后，他才有权开设自己的作坊，收徒或雇用帮工，也才有权直接出售自己生产的商品。

身份资格的限制并非行会监管某个行当的唯一方式。行会还规定了原料的质量标准以及产品的制造方式。行会禁止夜间工作，并规定了商品的"公平价格"。通过这些由执事或检查员执行的规定，行会不仅保证了产品的"正宗"，还确保消费者以合理的价格购买到质量上乘的产品。

到了16世纪初，手工业行会虽然不像商人行会那样大势已去，但也因为内部的各种弊病而元气大伤。行会逐渐趋向排外，热衷于把持权力和财富。它们不断提高入会的费用和门槛。那些彼此相关的行会，比如纺纱、织布、漂白和染色行会，互相争斗，致使这几个行会的地位出现了下降。对于生产过程的种种规定，曾经是为了保证手艺的水准，如今渐渐成为技术发展的桎梏。在生产方法和产量方面，有进取心的作坊主发现自己被束缚住了手脚。甚至古老的工匠精神也让位给了贪婪，以致手艺不佳者也能得到行会的认可。

在15和16世纪，许多手工业行会表现出类似今天劳资分离的趋势。一方面，要么旧的行会组织被富有的工人师傅——华服者（livery men），因为总是身着昂贵的礼服——把持和控制，要么出现一群经销商，组成商人公会，从事某种商品的批发生意。如此一来，富有的呢绒商就只负责布匹的销售而不必过问生产。另一方面，帮工和学徒晋升为师傅的通道却越来越窄，常常一辈子都只能靠打工为生。为了改善处境，这些人组成了新的组织——在英格兰，这些协会被称作帮工公会或熟练工公会。这些新组织除了反映出社会的不公不义，并没有什么实际作用。手工业行会尽管弊端重重，但其权势仍维持了相当长的一段时间，只是随着不受其控制的新行业的不断出现才逐渐失势，最终在与拒绝受行会规则约束的资本家们的竞争中彻底落败。这些资本家建立起一种新的"散工包销制"。此外,王室的干预也让手工业行会的声望每况愈下。

到了1500年,欧洲各城镇在政府体制或自由度上几乎没有展现出一致性:有一些是袖珍共和国,只以非常模糊的方式臣服于一个不相干的强权;有些仅仅每年向某个领主纳贡;有些由国王或者封建诸侯委派的官员管理;其他的则由带有寡头色彩的商业组织控制。至于16世纪城镇的总体面貌和生活倒是大同小异。

值得注意的是,当时城镇的规模相对较小,毕竟大多数人口仍然生活在乡村。一个拥有五千名居民的城镇在当时就已经算是大城市了,但即使是当时最大的都会如纽伦堡、斯特拉斯堡、伦敦、巴黎和布鲁日等,在今人看来也只能算是小城市。那时候,进城需要先穿过大片的郊区、农场和园圃,因为城镇居民还在把小规模农业当作工业的补充。城镇通常有一道厚厚的城墙,只能通过城门才能进入,城门口会有士兵收取通行费。城里各式各样的房屋簇拥在一起。在摇摇欲坠的民居之中,可能矗立着宏伟的大教堂、市政厅或行会大厅。富商的豪宅则散布在城内各处,其建筑风格是所谓"哥特式"——饰有尖拱和飞扶壁。为了更有效地利用空间,房屋的二层通常会向街道凸出。

街道的状况通常很糟糕,或许会有一两条主干道,但大部分都是昏暗肮脏的曲折小巷。巷子常常狭窄到马车无法通过。行人要鼓起勇气,才敢跨过泥泞和垃圾。居民养的猪和鸡就在街道上跑来跑去,行人偶尔还会碰上一只死狗挡路。这里没有人行道,只有主干道铺设了路面。垃圾污垢一般没人清理,只有等到老天赐一场好雨,这些污物才会被冲向街道中间或两边的排水沟。城镇里不仅没有下水道，也没有供水系统。房屋后面的菜园里大都有为家庭提供用水的水井，而游客也可能会遇到卖水的商贩。为了预防火灾，每个城市都劝说其居民用石头建造住宅，并在屋前放置一桶水。城内每个区域都有一个特别任命的官员，配备了钩子和绳索，以便能及时推倒着火的房屋。夜幕降临，热闹的城镇归于死寂：城门紧闭；宵禁的钟声响起后，整座城市便漆黑一片；没有路灯，偶尔有好心人或举办宴会的人家可能会在自家窗前挂上一盏灯……仅此而已。城中也没有办事高效的警察，只有临时征召的"更夫"负责维持秩序。打更，与其说是为了保护居民的生命和财产，倒不如说是为了通知居民就寝或是扰人清梦。在这种情况下，为了防范歹徒盗贼，居民们夜里都会乖乖待在家里，早早上床睡觉。16世纪的城镇或许风景如画、古色古香，但卫生条件极差，非常不适宜居住。

3

商业革命前的贸易

如果说农业是人类社会的根基，那么城镇生活就是文化和文明的指征。城镇生活的兴衰一直依赖于贸易和商业的变迁。因此，中世纪晚期欧洲与东方之间的商业复苏，意味着城市的发展，也预示着文明的进步。

亚欧间的贸易曾是古希腊-罗马世界的一大特色，但由于5世纪的蛮族入侵以及后来的穆斯林与基督徒之间的冲突，欧亚之间的贸易几乎被摧毁殆尽。在之后的几个世纪里，只剩下一些犹太人和叙利亚人在传统贸易路线上游走。不过，在10世纪时，意大利南部的一些城镇——布林迪西、巴里、塔兰托和阿马尔菲开始向东地中海派遣船只。威尼斯很快便开始效仿，热那亚和比萨也紧跟其后。

在第一次十字军东征前，东西方之间的交流就已经开始了，十字军东征（1095—1270）加速了这一进程。威尼斯、热那亚和比萨由于地理位置便利，开始为十字军提供运输和补给，精明的意大利居民也趁机大赚了一笔。往返圣地的意大利船只让船主们赚得盆满钵满。虽然许多意大利城市都从中获利了，但威尼斯无疑是获利最丰的——正是在十字军东征期间，威尼斯还在爱琴海获得了许多沿海地区和岛屿，再加上其在君士坦丁堡的豁免权和特权，其海上霸主的地位就此奠定。

十字军东征不仅让意大利商人将东方商品带入了西方，也使得西方扩大了对这类商品的需求。从圣地归来的十字军——朝圣者和冒险家，也带回了很多关于东方生活奢靡和国民富庶的惊人传说。他们在小亚细亚或巴勒斯坦逗留期间，爱上了东方的丝绸和香料；他们还带来了从堕落的异教徒身上掠来的奇珍异宝，这引发了当地人的妒忌。此时欧洲的财富迅速增长，而众多富裕的人热衷于炫耀，这也为意大利商人进口的商品提供了市场。

需要注意的是，这些商品究竟是什么，为何需求如此迫切？首先是香料。香料在当时很重要，因为当时的饮食千篇一律，并没有如今这样丰富的蔬菜、调味酱和甜品，而肉类即使是鲜肉，肉质比较硬而且腥味很重。只有香料能为这样的膳食加入风味，

第一章 商业革命

如果没有它们，16世纪的美食家定会痛不欲生。麦芽酒、葡萄酒与肉制品一样，也会加入香料。胡椒甚至会被作为一道美味佳肴单独食用。于是乎，只有富人才消费得起的香料开始在欧洲大行其道，每年经威尼斯人之手的胡椒就有42万磅（约合191吨）之多。这些产自锡兰、苏门答腊岛或印度西部的胡椒，历经重重险阻，被运到埃及，再由埃及苏丹卖给威尼斯人。肉桂皮也来自上述地区。生姜产自阿拉伯半岛、印度和中国，而肉豆蔻、丁香和甜胡椒只生长在遥远的香料群岛（马来群岛的部分岛屿）。

宝石也成为需求量很大的商品。宝石在当时一般被用于个人饰品，或装饰教堂和神职人员的礼服。在中世纪，许多人认为宝石拥有魔力，这使其价值倍增。〔这种观念在中世纪的著作中随处可见。在一部托约翰·蒙德维利爵士之名的游记中，可以读到这样的话："如果你想知道钻石的好处，我来告诉你，海外的科学和哲学巨擘拍着胸脯跟我说，钻石能让佩戴它的人变得强壮无比，阳刚气十足，保佑他无病无灾。钻石能让人在法庭上和战场上战无不胜，只要他是正义的；钻石可以让人头脑灵光；它还能使人避开冲突和暴乱，远离不幸和妖术，免受恶灵制造的幻象和幻境影响……（它）还能治愈疯子和那些饱受魔鬼折磨或纠缠的人。"〕那时候，钻石、红宝石、珍珠以及其他宝石几乎全都来自波斯、印度和锡兰。

东方的其他杂项产品也因各种用途而需求量巨大：来自苏门答腊和婆罗洲的樟脑和荜澄茄，来自中国的麝香，来自阿拉伯半岛和波斯的蔗糖，来自印度的靛蓝、檀香和龙涎香以及小亚细亚的明矾，等等。

东方不仅盛产香料、珠宝、贵金属和药材，也盛产西方无法匹敌的精美商品和器皿，如玻璃、瓷器、丝绸、绸缎、地毯、挂毯和金属制品等。亚洲在这些制造业中的传统优势一直延续至今，比如织锦缎、瓷器、漆器、波斯地毯和羊绒披肩。

东方的产品琳琅满目，而欧洲用来交换的却只有粗糙的毛料、砷、锑、水银、锡、铜、铅和珊瑚等。因此，为了保持平衡，欧洲商人只好用金银来偿付，这导致西方的金银币越来越少。如果没有发现美洲这个贵金属的新供给地，很难说历史会发生怎样的改变。

说回我们的故事。

亚欧间的交流存在无法逾越的地理障碍：几乎无法穿越的大片不毛之地，从乌拉尔山脉两侧的荒凉平原一直延伸到中亚草原和阿拉伯半岛的沙漠，直至撒哈拉大沙漠。东西方之间的贸易通道便是穿越这道沙漠屏障上的几处缝隙形成的。15世纪时，三条主要的贸易路线——即中路，南路，北路——岌岌可危地连接着两个大陆。

（1）中路贸易路线利用的是底格里斯河流域。来自中国、香料群岛和印度的商品被当地特制的船只沿着海岸线运送到位于波斯湾入口处的交通重镇——霍尔木兹，然后将商品运往底格里斯河口，之后再沿河谷溯流而上至巴格达。巴格达的商队则会将货物运往地中海东北部的阿勒颇和安条克，或者穿越沙漠运往大马士革和叙利亚沿岸的港口。商队有时还会绕道南边，前往埃及的开罗和亚历山大港。无论是在安条克、雅法还是亚历山大港，商队都要与威尼斯的船主打交道，由他们把货物运至欧洲。

第一章　商业革命

（2）南路走的是红海。阿拉伯人从印度和远东扬帆起航，穿过印度洋，进入红海，并在此把货物交给商队。商队则带着货物前往开罗和亚历山大港。在季风——特定季节稳定刮起的顺风——的帮助下，不到三个月，商船就可以从印度到达埃及。通常更快的做法是，商船在霍尔木兹海峡卸货，然后由商队带着货物穿越阿拉伯沙漠，经麦加，最终抵达红海。但商队有时要花费更长的时间，而且陆路有时比海路还危险。

（3）所谓北路，一般是指从印度和中国的"后门"出发，前往黑海的一系列路线。从印度和中国出发的商队会在天山西麓的两座名城——撒马尔罕和布哈拉集结。从布哈拉向西出发的商队会分作几路：一路朝里海北部进发，穿越俄罗斯，最终抵达诺夫哥罗德和波罗的海；一路经伏尔加河河口的阿斯特拉罕，抵达亚速海沿岸各港口；还有几路会绕过里海海岸，经大不里士和亚美尼亚，抵达黑海沿岸的特拉比松。

来自黑海和东地中海的货物运输主要掌握在意大利城市手中（一般来说，从远东到黑海沿岸各港口或地中海东部的这段贸易路线掌控在阿拉伯人手中，但一些野心勃勃的意大利商人在开罗和特拉比松等港口建立了定居点或商站，还在小亚细亚、波斯和俄罗斯的内陆城市建立了商站），主要是威尼斯、热那亚、比萨和佛罗伦萨，马赛和巴塞罗那也负责一小部分。贸易路线从意大利出发，穿过阿尔卑斯山脉的重重关口，到达欧洲各地。来自纽伦堡、奥格斯堡、乌尔姆、雷根斯堡和康士坦茨湖的德意志商人，在威尼斯的市场上购入东方商品，然后将之输往德意志、英格兰和斯堪的纳维亚各国。香料这样的商品，在遥远的摩鹿加群岛装船后,要历经数月甚至数年,才能抵达欧洲的集市或市场,成千上万的乡下人都会去那里购买。在集市上,贵族的管家可以一次购买足够用一年的调料,而商贩的包里则塞满了丝绸和饰品,足以让生活在城堡中的太太小姐们眼前一亮。

在欧洲,纵然困厄重重,商业活动的规模还是在逐渐扩大。各地的道路状况依然十分糟糕,商品无法用马车运送,只能靠驮马。商人们不得不冒着损失成捆丝绸的风险,涉水过溪,因为桥梁太少且往往年久失修。旅途不仅充满艰辛,还花费不菲:封建领主们会向过路、过桥或过河的旅客收取高额的过路费。从莱茵河上的美因茨前往科隆,就要缴纳十三次过路费。贵族们常常阻挠修建更短、更好的道路,因为他们担心失去收取过路费的权利。巨额的过路费成为沉重的负担。从南特沿着卢瓦尔河溯流而上前往上游的奥尔良,路程虽不长,商品价格却翻了一番。除了过路费,商人还必须支付各地市场的入市费,城镇向商品征收的"进口税",并要设法应付城市或村庄针对"异乡人"的种种规定以及不熟悉的度量衡单位和货币。凡此种种,都给商业活动带来了严重阻碍。

不过对于贸易而言,最可怕的威胁是途中无处不在的强盗。穷困潦倒的骑士并不介意暂时落草为寇。谨慎的商人也会携带武器防身,并结伴赶路。但即便如此,也不免会遭遇这些来者不善的绿林好汉,在海上则会遭遇更加凶恶的海盗。商人的船队虽然常常有一艘战船护卫,但还是会遭到海盗船的袭击和洗劫,商船也会被作为战利品卖给穆斯林。在波罗的海和地中海,随处可见代表海盗的黑色旗帜。那些临时起意的海盗,尽管实力相对弱一些,但数量不少,其船只大都装备有黄铜加农炮,这表面上是为了保护自己，实则是方便攻击外国船只，顺便"借走"对方装载的货物。

这些贸易往来中的危险和困难，主要是因为没有出现能够打击海盗和强盗、养护道路或取缔各种乱收费的强权。每个城市都试图维护自己的商业活动。像威尼斯这样强大的城邦，能够派出舰队打击地中海的海盗，能够发动战争打击竞争对手热那亚，能够与东方的统治者订立条约，甚至建立起自己的海上帝国。小城镇则孤立无助，但小城镇无法单独完成的事情，可以通过相互联合来实现部分目标，德意志的城镇就是如此。

汉萨或者汉萨同盟，是由科隆、不伦瑞克、汉堡、吕贝克、但泽、哥尼斯堡和其他德意志城市组成的联盟。该联盟打击波罗的海的海盗，维护贸易路线的畅通，为了获得额外的特权而与各个君主和市政当局进行谈判。汉萨商人从设立在波罗的海的各个商站——诺夫哥罗德、斯德哥尔摩、哥尼斯堡等——把琥珀、蜡、鱼、皮货、木材和焦油贩运到布鲁日、伦敦和威尼斯的市场上售卖，再把小麦、葡萄酒、盐、金属、布匹、啤酒贩卖给斯堪的纳维亚和俄罗斯的顾客。德意志人依靠设立在威尼斯的商站，收购产自北方的金属、皮货、皮革制品和羊毛，并出售香料、丝绸和其他东方商品，以及威尼斯制造的玻璃器具、上等的织物、武器和纸张。波罗的海和威尼斯的贸易路线在尼德兰交汇，因此14世纪的布鲁日成为西欧的贸易重镇。这里汇集了产自英格兰和西班牙的羊毛、佛兰德斯加工的羊毛制品、法兰西的红葡萄酒、伊比利亚半岛的雪利酒和波特酒、瑞典的树脂、挪威的动物油脂、法兰西和德意志的谷物、英格兰的锡，更别提来自东方的奢侈品、威尼斯制造的工艺品和德意志南部工匠制造的雕刻品了。

4

地理大发现时代

15世纪，欧洲商业空前繁荣，但两个欧洲民族——葡萄牙人和西班牙人——几乎被排除在外。就欧洲大陆的贸易而言，葡萄牙与西班牙的地理位置不如德意志和尼德兰优越，而威尼斯和其他意大利城市还垄断了与亚洲的直接贸易。但与中欧各民族一样，西班牙人和葡萄牙人也喜欢东方的香料和各种商品，因此不得不以高价向意大利商人购买，他们对此很是不满。还要注意的是，这两个民族与穆斯林在伊比利亚半岛和北非进行了长达数个世纪的战争，宗教狂热已深入其骨髓。也正是这股热忱驱动他们不远万里，前往异教徒的土地传播"福音"。传教的狂热促使这两个民族决心找到通往亚洲的新的贸易路线，以免受自私自利的竞争对手意大利人的阻挠，因此也就不难理解15世纪时西班牙人和葡萄牙人为何如此急切地寻找通往"印度"的新航线了。

在寻找通往丝绸和香料之地的新航线过程中，葡萄牙人和西班牙人并非如我们有时所认为的那样无知。尽管相关的地理知识在中世纪早期尚不存在，但1245年方济各会的修士还是穿越中亚到达了蒙古可汗的宫殿。后来的一些商人和旅行家也完成了类似的壮举，比如马可·波罗，他曾在忽必烈的宫廷任职，并对这位皇帝以及"黄金岛"（日本）进行过描述。这些旅行提供了大量有关亚洲的信息，也激励了后来的探险家。

当时广为流传的一些说法——热带地区的海水是滚烫的，大海的西边布满妖魔鬼怪,地球是一个巨大的扁平圆盘……在知识渊博的地理学家中间已经失去了市场。尤其是古代学者托勒密的著作在15世纪再度风行欧洲后,饱学之士断言地球是球形的,甚至还计算出了赤道的周长,且误差只有两三千英里。当时一度认为,大西洋的尽头就是印度,无论向西或向东航行,最终应该都能到达;但同时也认为,可以在欧洲东北部或非洲南部找到更短的路线。

除了关于各个大陆的地理常识,15世纪的水手也掌握了很多航海知识。13世纪,意大利航海家首次使用了指南针,14世纪时又引入了罗经刻度盘。纬度则依靠星盘(一种测量北极星地平高度的仪器)来测量。有了地图和准确的航向,即使水手看不见陆地,也能确定自己的位置。不过对于15世纪的探险家而言,无论是驾驶着脆弱的帆船沿着无人探索过的非洲海岸航行,还是横渡充满未知的大西洋,都需要过人的胆量。

在引发商业革命并经常被视作现代史开端的一系列地理大发现中,有一个名字无法绕过:航海家恩里克王子(1394—1460)。在前后两位葡萄牙国王的支持下,恩里克王子开始有计划地尝试证明地理学家的理论。他的动机很复杂:有十字军战士式的狂热,有传播"福音"的热忱——他曾派遣方济各会修士前往亚洲腹地,有与"约翰长老"治下的东方基督教王国重建联系的幻想,也有对探索未知的热爱,更有让葡萄牙在东方贸易中分一杯羹的现实盘算。

恩里克王子在萨格里什以及附近的港口拉各斯设立了训练基地,并四处招揽技术最娴熟的意大利航海家和最博学的地理学家。他年复一年地派出探险队,重新发现了马德拉群岛和亚速尔群岛,并将之作为殖民地，然后步步为营，沿着从未被探索过的非洲海岸线继续前进。1445年，距离恩里克王子首次探险尝试已经过去了二十五年，迪尼什·迪亚士终于到达佛得角。他认为已经胜利在望了。但直到四十多年后的1488年，巴尔托洛梅乌·迪亚士才最终到达非洲最南端，并称其为"风暴角"。为寓意吉祥，葡萄牙国王若昂二世将之改名为"好望角"。1497年，瓦斯科·达·伽马沿着迪亚士的路线，绕过好望角，继续沿非洲东海岸航行，到达了马林迪。他在当地找到了一个领航员，得以向东横渡印度洋抵达印度。1498年5月，达·伽马在卡利卡特登陆。他在那里竖起一根石柱，以纪念发现通往印度的新航路的壮举。

就在葡萄牙人探索前往印度的新航线时，意大利人的财富之源——传统的地中海海上和陆上贸易路线，不断落入奥斯曼人之手。（传统观点认为，奥斯曼人占据了中世纪的贸易路线，迫使葡萄牙人和西班牙人进行海上探险，继而引发了商业革命。但艾伯特·豪·莱比尔教授指出，1500年以前，整个西欧的香料价格并没有出现普遍的上涨，且在那之前奥斯曼人未真正阻碍东西方的贸易。葡萄牙人在1500年以前就已经开启其划时代的海上探险，而克里斯托弗·哥伦布也已经自"西印度群岛"返航。上述事实就足以证明其观点。）我们都知道，这些奥斯曼人是尚武的游牧民族，信仰伊斯兰教，且"作为穆斯林，他们蔑视基督教；作为战士，他们蔑视商人"。意大利商人意识到，几乎不可能与这样一个民族建立有利可图的经贸关系。他们惊慌失措地看着奥斯曼军队不断推进——小亚细亚、色雷斯、马其顿、希腊和爱琴海诸岛先后沦陷。东罗马帝国的首都君士坦丁堡虽然多次击退穆斯林军队的进攻，但在1453年，东罗马帝国皇帝君士坦丁十一世被奥斯曼苏丹穆罕默德二世击败，圣索菲亚教堂上的希腊十字架被新月所代替。八年后，特拉比松也被攻占——这意味着北路贸易被奥斯曼人掐断了。威尼斯试图保卫其在黑海和爱琴海的领地，却徒劳无功。到了1500年，威尼斯在黎凡特的大部分领土都已丢失，奥斯曼人如今已完全控制北路贸易，并继续向节节败退的威尼斯人施压，以打击其贸易地位。佛罗伦萨和其他意大利城市的处境还不算太糟，其商人继续频繁出没于黑海地区。但由于奥斯曼人的横征暴敛，加之其与另一个亚洲民族——蒙古人的战争，整个东西方间的贸易活动深受其害。

于是乎，一段时间内中路和南路的贸易活动有所增加，这两条路线的终点分别是叙利亚和埃及。威尼斯人在亚历山大里亚获利颇丰，从而弥补了其在黑海的损失。只不过好景不长——奥斯曼人在1516年和1517年分别攻占了大马士革和开罗，并把苛捐杂税也带到了埃及和叙利亚。东方的奢侈品经过海路和陆路的长途运输，本就数量稀少、价值不菲，如今再加上运输风险陡增和奥斯曼人的巧取豪夺，意大利人便丧失了其在东西方贸易中的大部分份额。就在此时，葡萄牙人独立开辟了前往东方的新航线，令亚洲商品的价格开始下降，并逐渐从威尼斯人手中夺取了海上霸权和商业霸权。威尼斯人的不幸正是葡萄牙人的机遇。

与此同时，西班牙人也加入竞争者的行列，但结果令他们大失所望。早在瓦斯科·达·伽马那次著名的航行开始的十年前，意大利航海家克里斯托弗·哥伦布就带着一份航海计划向西班牙王室毛遂自荐过——他打算一直向西航行前往印度。哥伦布此前曾受雇于葡萄牙国王，但后者拒绝赞助他的这项计划。虽然多次受到冷遇，但哥伦布的计划最终还是获得了斐迪南和伊莎贝拉的支持，当时这两位西班牙君主还沉浸在从穆斯林手中夺回格拉纳达（1492年1月）的喜悦中。1492年8月，他带着一百个人，驾驶三艘帆船，从帕洛斯出发。其最大的一艘船的排水量也只有一百吨。在经历了一段枯燥乏味的航行后，哥伦布一行终于在巴哈马群岛的一个岛屿——"圣萨尔瓦多"登陆了（1492年10月12日）。横渡大西洋的壮举一举奠定了哥伦布的历史地位。他从未试图证明地球是球形的，因为这个观点已为饱学之士普遍接受。他也不是在寻找新大陆，如果他意识到自己发现的并非亚洲，而是一块新大陆时，该会多么失望啊。毕竟他只是在寻找另一条通往满是香料和财宝的东方新航线。他还携带了一封西班牙王室开具的介绍信，准备呈交给"契丹"的大汗。哥伦布的计划无疑是失败了，尽管1493年、1498年和1502年，他曾三度尝试在加勒比海、委内瑞拉海岸和中美洲寻找"黄金岛"和"大汗"的领地，但等待他的只有"荒芜贫瘠之地，与卡斯蒂利亚的墓园无异"，他至死也不清楚自己发现的重大意义。

即使哥伦布死于航行途中，美洲大陆的"发现"也不会推迟太久。1497年，受雇于英格兰国王亨利七世的意大利人约翰·卡伯特抵达了加拿大海岸，位置可能就在布雷顿角岛附近。1500年，卡布拉尔所率领的一支葡萄牙探险队在前往印度的途中受到赤道洋流的影响，偏离了航线，鬼使神差般地到达了巴西。他立即宣称巴西为葡萄牙国王的领土。然而这块"新大陆"并非以哥伦布、卡伯特或者卡布拉尔的名字命名的，而是以一个意大利人——

佛罗伦萨的阿美利哥·维斯普西命名的。他自巴西返回（1499—1500）后，发表了一封信，描述了这片刚刚被欧洲人发现的"新大陆"。于是，他就被视作这片新大陆的发现者，这个新世界也以他的名字命名——阿美利加。

但此时距欧洲人彻底揭开美洲的神秘面纱还有相当长的时间。在此之前，他们坚持把这片陆地称为"印度"。即使后来巴尔博亚已经发现巴拿马地峡的另一边还有一片海洋，但人们还是认为只需再航行几天就能到达大汗的边境。直到1519年，麦哲伦从西班牙出发，穿过以他的名字命名的海峡并横渡太平洋时，人们才放弃了上述一厢情愿的幻想。麦哲伦虽然死在了菲律宾群岛的土著之手，但1522年他麾下的一艘船终于返回了塞维利亚，从而令这段传奇般的航行永载史册。

在环球航行完成后，探险家们仍在苦苦寻找可以穿越或绕过美洲大陆的通道。这便是后来的韦拉扎诺[1]（1524）、卡蒂埃[2]（1534）、

---

1 乔瓦尼·达·韦拉扎诺（Giovanni da Verrazano，1485—1528），为法王效力的意大利航海家，是自11世纪以来第一个造访北美大西洋沿岸南卡罗来纳至纽芬兰岛段海岸线的欧洲探险家，并于1524年发现了美国东海岸重要的海湾——纽约港和纳拉甘西特湾。——编者注
2 雅克·卡蒂埃（Jacques Cartier, 1491—1557），受法王资助的法国航海家，第一位描述圣劳伦斯湾并绘制地图的欧洲人，他对圣劳伦斯河流域的考察也为法国在北美的殖民地——"新法兰西"的建立奠定了基础。——编者注

弗罗比舍[1]（1576—1578）、戴维斯[2]（1585—1587）和亨利·哈德逊[3]（1609）所要完成的使命。

5

殖民帝国的建立

1499年，瓦斯科·达·伽马返回里斯本时，带回了一船货物，所得的收益是探险开销的六十倍。葡萄牙人于是把东印度群岛的财富视作其囊中之物。1500年和1503年，卡布拉尔和阿尔伯克基沿着达·伽马的航线到达了亚洲。此后年复一年，葡萄牙舰队绕过好望角，控制果阿（印度）、霍尔木兹、第乌（印度）、锡兰、马六甲海峡和香料群岛，并从上述地方以及苏门答腊岛、爪哇岛、西里伯斯岛和南京（中国）带回不计其数的"香料"。1517年奥斯曼征服埃及后，东西方之间的大多数贸易通过好望角进行，因为相比付给奥斯曼人的税金和商队的运费，海运要更便宜。里斯本

---

[1] 马丁·弗罗比舍（Martin Frobisher, 1535/39—1594），英格兰探险家，多次前往北大西洋探索"西北航道"，加拿大的弗罗比舍湾便是以他的名字命名的。——编者注
[2] 约翰·戴维斯（John Davis, 1550—1605），伊丽莎白一世时代的著名领航员，曾多次参与探索"西北航道"的航行，1592年他发现了马尔维纳斯群岛（英国称"福克兰群岛"）。——编者注
[3] 亨利·哈德逊（Henry Hudson, 1565—1611），英格兰航海家，曾受英格兰东印度公司和莫斯科公司以及荷兰东印度公司的雇用，探索"西北航道"，哈德逊湾、哈德逊郡、哈得逊海峡及哈得逊河皆以他的名字命名，1611年遭哗变船员流放，自此生死不明。——编者注

很快成了东方商品的重要集散地。

然而葡萄牙人的成功只是昙花一现。虽然在葡萄牙王室的统治下，世界的一半都被他们收入囊中——葡萄牙声称自己首先发现了非洲、南亚和巴西，因此有权占有上述地方——但是葡萄牙既没有产品可以销往亚洲，也没有实力保卫其在东印度群岛的贸易独占权。腓力二世吞并葡萄牙的战争（1580）更是一场灾难：因为腓力二世正与法兰西、英格兰和荷兰交战，里斯本的港口也只能对上述国家的商人关闭，而葡萄牙殖民帝国的大部分领土也被荷兰占领了。

哥伦布的首次航行结束后，西班牙便要求与葡萄牙共同瓜分世界。为了让这两个天主教国家和谐共处，教皇亚历山大六世在1493年5月4日发布了一道有名的训谕（教宗训谕是教皇发布的重要文告）：以亚速尔群岛以西100里格（约合556千米）"教皇子午线"为分界线，将未开化的世界划分给西班牙和葡萄牙。一年之后，这条线又移动到了佛得角群岛以西360里格（约合2002千米）。分界线以东所发现的土地均归葡萄牙所有，包括巴西、非洲以及其他异教徒生活的地区；分界线以西所发现的土地则分给了西班牙。

西班牙的探险家们起初对教皇的这一仲裁结果备感失望，因为他们发现西印度群岛既不出产香料，也不生产丝绸，只出产少量黄金，哥伦布也因此被讽刺为"蚊子上将"。但是他们寻找财富的热情并未消退。在此后的半个世纪里，西班牙人以海地岛（Hispaniola，又名伊斯帕尼奥拉岛，即"西班牙人的岛屿"）为大本营，相继占领了波多黎各、古巴（1508）以及其他一些岛屿。

年迈的探险家庞塞·德莱昂为了寻找"不老泉",于1513年探索了佛罗里达海岸。在随后的几次探险中,他曾到过密西西比,穿越得克萨斯平原,甚至到达了今天的加利福尼亚地区。

蒙特苏马是以阿兹特克(在欧洲人到来前,墨西哥的阿兹特克人与中美洲以及秘鲁的许多印第安部落一样,文明程度极高)为首的联邦的统治者。1519年被鲁莽的埃尔南·科尔特斯所率领的一小支西班牙军队推翻。西班牙人终于在那里发现了梦寐以求的黄金白银。在那之后,皮萨罗还在秘鲁发现了大量的贵重金属(1531)。在那个时代,几个胆大妄为之徒就能征服一个王国并掳走无数财富。

在下一章中我们将会看到,16世纪的西班牙君主国如何依靠从美洲掠夺的巨大财富,一举实现了"西班牙梦":西班牙的旗帜飘扬在大半个欧洲和整个美洲(巴西除外)的上空。但腓力二世并不满足。1580年,他吞并了葡萄牙,并将其在东方和巴西的领地也尽数收入囊中。盛产黄金的美洲、盛产香料的亚洲和欧洲最繁忙的市场——安特卫普,都要向"天主教徒的王者"[1]腓力二世俯首称臣。

然而西班牙对这个庞大的帝国进行了不明智的管理,采取了杀鸡取卵的做法。成批的印第安土著在皮鞭的驱赶下进入秘鲁和墨西哥的银矿工作,这导致当地的文明快速消失,人口大量死亡。这种暴行本身并不会动摇西班牙的根基。真正严重削弱其国力的,

---

1 "天主教徒的王者"(Catholic Majesty),教皇授予西班牙王室的一个尊号,最早出现于教皇亚历山大六世1493年发布的训谕中。——编者注

第一章 商业革命

是鼠目寸光、自私自利的各级官员。他们的傲慢无能阻碍了殖民地农业和手工业人口的健康增长,而大量的白银要么被大贵族肆意挥霍,要么流入了德意志投机商的腰包,真正被用来充实国库的少之又少。西班牙对殖民地的贸易活动课征重税,致使与美洲的贸易落入了英格兰和荷兰走私者手中。西班牙还垄断了通往非洲的商路,只要管理得当同样能赚得盆满钵满。但由于腓力二世忙于其他事务,这笔收入自然也无从谈起。

西班牙君主国从其遍布全球的殖民地中获利寥寥,同时又忽视了国内的发展。16世纪时,西班牙的贸易和手工制造业在犹太人和摩尔人手中欣欣向荣,养活了当地近1/3的人口。当地的丝绸生产也变得举足轻重。据记载,圣玛丽亚港周边地区的盐场经常一次性运出50船盐。

然而好景不长,西班牙很快出现经济凋敝和人口下降的迹象。罪魁祸首还是重税。16世纪时西班牙的各种税赋大幅提高。据说土地税提高了30%,令农民难以生存,而消费税(在商品买卖环节征收的间接税)不断上涨,直到国内大批商人破产、大批手工作坊关门歇业。驱逐国内的犹太人(1492)和摩尔人(1609),对已经病入膏肓的西班牙工商业更是致命一击(犹太人是西班牙的银行家,而摩尔人则是手工业者)。如今,为伊比利亚半岛提供商品的是英格兰和荷兰走私者,西班牙的黄金流也源源不断流入了他们的腰包,德意志银行家则开始主导这个王国的金融。

整个帝国最富庶的尼德兰揭竿而起,为"西班牙梦"彻底画上了句号。尼德兰地区囊括了当时欧洲最富有的几个城市。布鲁日在当年也是一个大城市,1566年的布鲁日依然有实力购买价值近200万美元的羊毛作为纺织原料。但说到商业金融中心，当数佛兰德斯地区的安特卫普。据说，在1566年，每天都有300艘船与同样多的马车满载货物进入安特卫普，以供城内上千家商铺售卖。安特卫普是全欧洲的财富中心，在这里，奥斯曼帕夏的钱会被当地银行家借给法兰西国王。然而，安特卫普只是尼德兰众多城市中最大的那座而已。

16世纪上半叶，尼德兰成为西班牙国王查理五世最主要的收入来源，因此他竭尽所能维持着尼德兰的繁荣。但在第三章我们将看到，16世纪下半叶，腓力二世任命的总督不但处处针对新教徒，还对每一笔土地或商品交易征收5%~10%的税，这沉重打击了当地的贸易和手工业的发展，致使民心尽失。1566年，尼德兰爆发起义，北方各省，即北荷兰省，历经多年苦战，终于成功地摆脱了西班牙的统治。

西班牙失去的远不止几个荷兰省份。佛兰德斯地区同样饱受战火蹂躏，田地被毁，织布工纷纷移居英格兰，商业活动也转移至阿姆斯特丹。经历了1576年"西班牙之怒"[1]的摧残，安特卫普的商业霸主地位一去不复返。在战争期间，荷兰水手夺取了葡萄牙的领地，而英格兰则利用海盗袭击西班牙运输美洲财宝的船队，并趁机扩充本国的海上实力。北美自然条件最佳的地区也落入英法两国之手。此时的西班牙帝国，还剩下中美洲和南美洲（巴西除外）、墨西哥、加利福尼亚、佛罗里达、西印度群岛大部以及东

---

[1] "西班牙之怒"（Spanish Fury），指在1572—1579年间，西班牙军队对一系列尼德兰城市的围攻和洗劫，其中最广为人知的是洗劫安特卫普。——编者注

方的菲律宾群岛和婆罗洲的部分地区。

荷兰人生活在狭长的海岸地带，资源贫瘠，因此把触角伸向了海洋。他们以渔业起家，"用鲱鱼交换黄金"。16世纪时，荷兰人建立了相当规模的转口贸易，把布匹、焦油、木材和谷物运往西班牙和法兰西，再把葡萄酒、烈酒和西南欧洲的其他商品，以及来自葡属东印度群岛殖民地的商品输往波罗的海国家。

荷兰商人此前都是向里斯本的葡萄牙商人收购东方商品，而1580年西班牙与葡萄牙的合并，以及尼德兰反抗西班牙的起义，成了荷兰人崛起的契机。1594年，里斯本港不再向荷兰商人开放，但次年荷兰的船只就首次抵达了印度。荷兰人长期垂涎葡萄牙的殖民地，于是便有计划地与香料群岛开展贸易。到了1602年，已经有65艘荷兰商船到过印度。1602—1615年，荷兰人在这13年里俘获了545艘葡萄牙和西班牙船只，占领了多个非洲和印度港口，并在香料群岛站稳了脚跟。葡萄牙殖民帝国的大部分领土都落入了荷兰人之手——非洲和印度的港口、马六甲海峡、大洋洲和巴西〔1624—1654年，巴西基本被荷兰控制，直到1654年葡萄牙殖民者揭竿而起，巴西才重新回到葡萄牙手中。在1662年的条约中，荷兰承认了葡萄牙对巴西的所有权。自此之后，荷兰人在南美洲的殖民地仅剩下圭亚那的部分地区（今苏里南）〕。1609年，得益于亨利·哈德逊的发现，荷兰人在北美洲获得了立足之地。1621年，荷兰人在此建立起聚落。他们把哈德逊河两岸的土地称作"新尼德兰"，把位于曼哈顿岛上的城镇称作"新阿姆斯特丹"。1664年，这片土地落入英格兰国王查理二世之手，并被更名为纽约。

荷兰人就这样接过了葡萄牙的衣钵。随着荷兰人实力逐渐增强，他们从汉萨（德意志）商人手中夺取了波罗的海的贸易。在16世纪，汉萨商人因为安特卫普的衰落而元气大伤。整个17世纪，荷兰人几乎垄断了亚欧之间的转口贸易，也把持着西南欧与波罗的海地区之间的转口贸易。荷兰的繁荣让整个欧洲羡慕不已。

直到16世纪末，英格兰和法兰西才真正加入殖民竞争。整个16世纪，大不列颠的海上活动仅限于探险和劫掠，只有吉尔伯特和雷利曾试图在纽芬兰和北卡罗来纳殖民，但都失败了。1497—1498年，受英格兰雇用的意大利航海家约翰·卡伯特的航行成为日后英格兰宣称拥有北美的依据。为了寻找所谓"西北航道"，弗罗比舍（1576—1578）、戴维斯（1585—1587）、哈德逊（1610—1611）和巴芬（1616）探索了北美大陆的最北端，这不但使他们可以用自己的名字来为新发现的海湾、岛屿和海峡命名，这也支持了英格兰对加拿大北部的领土主张；为了开辟"东北航线"，威洛比和钱塞勒绕过了拉普兰（1553），詹金森（1557—1558）则抵达了封冻的俄国北方港口——阿尔汉格尔斯克。尽管伊丽莎白一世治下的英格兰既没有白银，也没能控制香料群岛，但英格兰有大批私掠船。大奴隶贩子霍金斯、第二个完成环球航行的德雷克、戴维斯和卡文迪什，四个大胆的私掠船船长，曾俘虏过西班牙多艘满载金银的盖伦船。至于香料，1600年特许成立的英格兰东印度公司很快将在东方建立起一个帝国，并与葡萄牙人、荷兰人和法兰西人展开竞争，不过那是后面章节才会讲到的故事。

法兰西对于海外开拓相对不那么积极，但法王弗朗索瓦一世和西班牙国王查理一世之间的明争暗斗还是延伸到了新大陆：韦拉扎诺（1524）沿着海岸线从卡罗来纳一路航行至拉布拉多；探索西北航道的卡蒂埃沿着圣劳伦斯河溯流而上（1534—1535），到达了今天的蒙特利尔。上述行动表明法兰西从不承认西班牙对美洲大陆的主权。然而自1535年之后，直至16世纪末，法兰西在殖民活动中再无建树。至于在印第安纳、圣劳伦斯河以及密西西比河沿岸建立殖民地，那已经是17世纪的事了。

欧洲16世纪以来在全球的扩张，成为人类历史上最令人震惊的一幕。欧洲各国并不满足于发现未知的世界，并带着极端的自信，去瓜分了"新大陆"，征服、教化当地土著，大肆传教，派遣数百万移民在海外建立起"新英格兰""新法兰西""新西班牙"和"新尼德兰"。今天，在阿根廷、智利、秘鲁、委内瑞拉、哥伦比亚、中美洲和菲律宾群岛，说西班牙语的人口远远超过了西班牙本土。

推动这场殖民运动的不仅是对黄金的贪婪和对荣耀的渴望。商人渴望找到贵重金属和昂贵的香料，探险家渴望挑战欧洲人未曾经历过的冒险，而葡萄牙和西班牙的探险家更为其探险运动的推动加入了高尚的理想：传教。在征服新大陆的过程中，神父和教堂的重要性堪比士兵和堡垒。殖民地的命名往往蕴含宗教色彩：圣弗朗西斯科（纪念亚西西的圣方济各）、奥斯丁（纪念希波的奥古斯丁）、萨尔瓦多（"救世主"之意）、圣克鲁兹（"十字架"之意）和圣达菲（神圣的信仰之意）。无所畏惧的神父们深入美洲内陆地区，在所到之处布道和施洗。但不幸的是，在基督教的"福音"到来之前，贪婪的西班牙冒险家，以及其他在西班牙殖民地拥有矿井的欧洲人，为了攫取财富利益而驱策大批土著人在矿井中夜以继日地工作。在殖民者残酷的剥削和压榨下，土著人口锐减。随着时间的推移，土著居民的处境有了改善。这多亏了西班牙主教巴托洛梅·德拉斯·卡萨斯的奔走呼号，南美的印第安人也因此没像美国的印第安人那样，变成一个苟延残喘、几近消失的种族，相反，他们的人口一直远超西班牙人，还可以与西班牙人自由通婚。于是乎，当今拉美各国仍以印第安血统为主（南美洲的南部除外），多讲西班牙语或葡萄牙语（巴西），也多信仰天主教。

驱动西班牙传教士深入不毛之地的那份宗教热情，也同样驱动着法兰西耶稣会教士穿越北美大陆，向印第安人传播"福音"，但17世纪推动新教徒殖民新大陆的宗教动机已大不相同。他们不是为了传播教义而是为了躲避宗教迫害。还有一些人是政治上的失意者或穷困潦倒之徒。这意味着17世纪的殖民者终将驱逐和消灭印第安人，而不是让他们皈依基督教。

贯穿17和18世纪的争夺殖民地的故事另有章节来讲述。现在，我们把注意力从高歌猛进的大西洋沿岸各民族转回到传统的商业霸主——德意志和意大利的大小城邦，了解一下它们的悲惨处境。德意志的汉萨同盟，被野心勃勃的荷兰和英格兰商人夺走了波罗的海的贸易，他们的城市也动荡不安，联盟于是逐渐解体了。1601年，一位英格兰人如此揶揄道："它们（汉萨同盟）的大部分牙齿都掉了，剩下的牙根也松了。"事实上，除了吕贝克、不来梅港和汉堡，其他的"牙"也马上要掉了。

威尼斯以及意大利城市的没落没那么快，但依然触目惊心。当葡萄牙人从印度运回第一批货物时，胡椒和香料的价格就开始大幅下跌，致使威尼斯一蹶不振。奥斯曼人继续在黎凡特干扰意大利的贸易活动，且奥斯曼的海上力量已经颇具威胁。1571年，威尼斯人不得不向西班牙寻求帮助。除了恐怖的奥斯曼人，他们还要应对难缠的巴巴里海盗。这些海盗以北非海岸线为基地，经常突袭意大利海港——威尼斯的商业帝国坍塌了。依靠残存的财富，威尼斯在艺术和文学方面的辉煌又延续了一个世纪（17世纪）。其他意大利的城市早已退出了云谲波诡的国际政治舞台，现在轮到威尼斯黯然退场了。

6

商业革命的影响

上文述及的所有殖民活动，某种程度上可以看作是商业革命最初的，也是最重要的成果——就是说，可以简单地把商业革命理解为新航路的发现，但由于探索活动和殖民活动很难截然区分，因此我们用"商业革命"这个术语将二者都涵盖在内。我们所说的"商业革命"，是指欧洲的商业通过扩张突破了地中海区域并引领全世界的过程。现在，我们来看看这场运动的次要方面或影响。

首先值得一提的是重商主义的出现。这种新的政治经济思想，正是商业霸权从意大利和德意志的城邦转移至各民族国家的产物。

随着意大利和德意志的商业城市逐渐没落，由各城市主导贸易的时代永远地终结了。如今大西洋沿岸的各民族成为海洋的新主宰。他们的民族意识已然大有发展，中央政府不断完善，并把民族精神带入商业活动。葡萄牙和西班牙的殖民帝国与其王室的进取精神密不可分；为了民族独立而抗争的荷兰也控制了一条贸易路线；作为当时最强大民族君主国的英法两国，将在18世纪成为贸易方面的死敌。

这些新民族国家的强大实力并非源于英勇无畏的骑士精神，而是取决于其所能掌握的财政资源——维持军队、建造军舰以及收买使节都需要钱。由于国家的财富源于税收，所以能够缴纳税金的富裕国民便成为一切的关键，而国民财富也成为立法者关注的重中之重。为了能让其臣民不断增加和积累财富，欧洲君主们认为，国家应该向殖民地出口高价的商品，并从殖民地进口便宜的原材料，那么流入本国的钱财会远超流出，这样的贸易顺差会为国家带来真金白银。这一经济理论及构建于理论之上的贸易体系被称作重商主义。为了追求贸易顺差，各国政府要么禁止进口外国商品，要么对外国进口商品征收重税，还会禁止出口原材料或对出口商品提供补贴，并通过制定一系列的法规扶持本国产业、抑制来自殖民地的竞争。因此，自克伦威尔之后的英格兰统治者才会规定某些商品必须由英格兰的船只运输。

为了发展出有利可图的殖民地贸易，各国最通行的做法是建立贸易特许公司，在16世纪末以及整个17世纪尤其如此。英格兰（1600）、荷兰（1602）、法兰西（1664）、瑞典、丹麦、苏格兰和普鲁士，都特许建立了各自的"东印度公司"。在北美大西洋沿岸的殖民地，英格兰建立了伦敦公司和普利茅斯公司（1606）。为了控制在俄罗斯、奥斯曼、摩洛哥、圭亚那地区、百慕大群岛、加那利群岛和哈得逊湾的贸易，形形色色的英格兰贸易公司不断被创建和重组。法兰西的贸易公司也同样令人惊叹。

这些公司被赋予独占某个殖民地的贸易以及统治其居民的权利，同样也负有保卫该殖民地的特权和义务。有时特许公司被要求向国库缴纳一定数量的金钱。当公司周转困难时，国家又会给予补贴。荷兰西印度公司（1621）被授权建造堡垒、维持军队，可以在陆上和海上宣战；公司还接受了政府100万弗罗林的补贴以及16艘船和4艘快艇，公司名下所有船只的通行费和特许费也被免除。英格兰东印度公司最早成立于1600年，统治印度长达两个多世纪，直到1858年其行政权才被收回。

大型商业公司是一种新的经营模式。在中世纪，生意大都由个体或合伙经营，且合伙人往往都是家族成员。在商业活动扩展之后，与另一个国家进行贸易必然需要构筑堡垒、装备舰队，以抵御暴徒、海盗或其他国家的进攻。由于个人拥有的资源毕竟有限，无力承担这些开销，因此有必要组建大型公司，让众多投资者共同分担费用和风险。一些公司最初只是为了经营欧洲贸易而组建，但公司的大量出现其实得益于长途贸易。这些公司最初的形式是"规约公司"，即每个成员都要缴纳一笔钱作为基金，用于支付建筑堡垒等开销，公司也会制定一些规则管理全体成员。在遵守这些规则的前提下，商人可以自行其是，收益也完全归属个人。规约公司是商业公司的最初形式，由君主支持创建。君主向某个公司颁发特许状，授权该公司在某一地区占据垄断地位。君主们相信这样的经营形式比个人更能促进贸易的发展，还不会像个人那样逃税。

但经过十多年的实践后，许多规约公司发现其成员常常把个人利益置于公司之上。既然一般认为合作会让收益更高且风险更小，莫不如公司所有成员只负责出资，而将生意交给最具才干者打理，令其全权负责经营。公司成员则会按照出资或股份的多少获得分红或部分利润。由于意识到公司作为一个整体可以永久存在，而所有成员都可以自由买卖所持的股份，故而这类合股公司在17世纪初开始大行其道。1600年建立的英格兰东印度公司，最初是一家规约公司，历经半个世纪才一点点重组为一家合股公司。之后，大多数殖民地的特许公司纷纷效仿。我们在这些早期的合股公司中，可以发现当今最典型的商业组织——股份公司的种种特征。但在17世纪，这种商业组织形式尚处于早期发展阶段，还未被应用到生产领域，当然也不会有腐败高管一手葬送公司的经验教训。

合股公司的发展伴随着银行业务的激增。中世纪早期，天主教会禁止放贷，因为放债被视作不劳而获，所以被认为是不道德的。但犹太人并无此顾虑，他们发现贷款业务的利润相当丰厚，即使王室偶尔会拒绝还钱。不过随着意大利商业的发展，基督徒不再反感赚取利息，来自意大利（伦巴第人）以及后来的法兰西和德意志的放债人与钱币兑换商变得赫赫有名。由于封建领主和国王铸造的钱币只能在有限地区流通，假币和成色不足的劣币也比现在更常见，因此买卖不同国家货币的钱币兑换商出现了。16世纪早期，安特卫普的钱币兑换生意相当兴隆。后来，阿姆斯特丹、伦敦、汉堡和法兰克福取代了安特卫普，并发展出更高水平的金融机构。（新大陆的黄金和商业交易规模的不断扩大，使金融交易的规模也在不断扩大，通过比较三大银行业家族的资产就可以证明这一点——1300年的佩鲁兹家族，450万美元；1440年的美第奇家族，超过1亿美元；1546年的富格尔家族，近6亿美元。）放债人成为银行家，他们以较低的利息吸收存款，再以较高的利息发放贷款。商业公司的股份可以在交易所买卖，早在1542年就出现了针对股票投机行为的投诉。

很快，中世纪式的商人让位于大型股份公司，犹太放债人将被银行和腰缠万贯的银行家取代，而汇票等多种今天仍在被广泛使用的银行票据已经出现。上述种种改变不啻为一场"商业革命"。对外贸易不但深深卷入了这场革命，而且正是对外贸易的变化在某种程度上导致或推动了这场革命。

对外贸易不仅从欧洲南部和东部转向西部，主导者也由城邦变为民族国家，运输由陆路转向海路，而且航行在大西洋上的帆船更多、更大、更结实，与几个世纪前破旧的快帆船和划桨帆船相比，操纵起来更得心应手，航行时也更加安全。船只运载的货物也发生了变化。由于海运变得更廉价，运输粮食、肉类与运输香料、丝绸等体积不大的奢侈品一样有利可图，手工制品也随之成为主要货物。当然有不少新商品加入，比如茶叶和咖啡。从美洲运往欧洲的货物有土豆、玉米、烟草、可可、蔗糖、糖蜜、大米、朗姆酒、鱼、鲸油、鲸须、染料、木材和皮货。欧洲则将制成品、奢侈品和奴隶输往美洲。

自远古时代起，奴隶就已经成为一种商品。到了15世纪末，据说威尼斯有三千名奴隶。1500年以前，葡萄牙人就已经在掳掠非洲人为奴了。新大陆急需大量廉价劳动力来采矿、种植甘蔗和烟草，这也为奴隶贸易注入了新的动力。西班牙人很早就开始奴役美洲土著了，但受到多明我会修士、主教巴托洛梅·德拉斯·卡萨斯的极力反对。但是美洲土著的人口下降严重——在英格兰殖民地，印第安人并未遭到奴役，而是遭到屠杀，所以16世纪时欧洲认为有必要从非洲引入黑人奴隶。首先尝试黑奴贸易的是英格兰船长霍金斯，随后英格兰人、荷兰人纷纷加入。由于利润丰厚，奴隶贸易直到很久之后才被取缔，而彻底废除奴隶制所需要的时间更加漫长。

贸易的扩张是对农业和手工业发展最强有力的刺激。新兴产业——比如丝绸和棉纺业——在陈旧的行会体系之外得以蓬勃发展。传统产业的发展则到达了新高度，且常常由更具实力的产业新贵控制。英格兰的毛纺织业尤为典型。这些商人只从事单一商品（比如布料）的批发业务。资本家通过代理人采购羊毛，再将之分发给纺纱工和织布工，并按工作量支付他们报酬，然后出售成品。这种形式叫作"散工包销制"。虽然生产过程是在工匠的家中完成的，但已经具备资本主义的特征，因为占有原料和产品的并非工人，而是资本家或富商。信奉重商主义的政治家们又该如何应对这些变化呢？我们将在后面的章节谈到这些。

商业革命对农业的影响虽不那么直接，但也切实存在。土地必须更加悉心耕种，才能产出足够多的粮食以供应人口稠密的城市和运往海外的港口。各国之间的分工更加明确——法兰西生产红酒，英格兰生产羊毛，而某些产品的生产也变得更为重要。在新作物的引进上，没有哪个国家像爱尔兰那样取得如此立竿见影的效果。从美洲引进的土豆成为爱尔兰人的主食，而"爱尔兰土豆"[1]这种似是而非的名称的出现，充分证明这种作物在当地早已深

---

1 "爱尔兰土豆"（Irish Potatoes），一种用奶酪、奶油和椰子制成的爱尔兰甜点，原料中并没有土豆。——编者注

入人心。

前面我们提到了商业革命（广义上包括商业活动的扩张和贸易路线的变化）的具体影响，比如威尼斯和汉萨同盟的衰落、殖民帝国的形成、商业公司的崛起、银行业的扩张、新商品的引入以及农业、手工业的发展。每一个方面的变化都是相当重要的。

但是，商业革命还有更为普遍的意义：

（1）正是商业革命开启了欧洲征服世界的过程。在欧洲大陆上，几个相互攻伐的封建国家，逐渐演变为当今世界几大强权，瓜分了非洲、亚洲和美洲，建立起一个个帝国。无论是疆域还是维持的时间都远超过亚历山大大帝所建立的帝国。欧洲殖民者把自己的语言引入了南美洲，并把北美洲变成与欧洲在文化上一脉相承的第二个欧洲。欧洲的探险家、传教士和商人深入各个大陆，把欧洲的礼仪、服饰和制度传播至全世界。时至今日，这种欧洲化仍没有停下来的迹象。

（2）商业的扩张意味着财富和知识的增长，生活变得更加舒适。其他大陆把财富源源不断地送往欧洲。随着对新大陆的了解，以及对其他众多的民族、丰富的物产和种种神奇之处的了解，中世纪愚昧无知的观念被驱散了。欧洲人从世界各地进口商品，他们住在用美洲的木材建造的房子里，地板上铺着波斯地毯，印度乌木造的桌子上铺着爱尔兰的亚麻桌布，他们手持用秘鲁白银打造的叉子，品着中国茶，茶里放着来自古巴的糖。

（3）商业革命所带来的舒适生活、知识和财富并不专属于贵族和高级教士，被称为"资产阶级"（bourgeoisie,bourg 是城镇的意思）的新兴阶级才是最大的获益者。在欧洲城镇中，生活着银行家、商人和小店主——他们聪明、能干、富有，完全可以像王公贵族那般生活。资产阶级或城镇居民在政治、经济和文化上的影响力不断提高。他们终将在政治和工业领域掀起一场革命，从而建立起他们对工厂的个人统治和对立法机构的集体统治。

第 二 章

16世纪的欧洲政局

1

查理五世皇帝

回顾云谲波诡的16世纪，我们的注意力会被两个主要的历史人物所吸引——神圣罗马帝国皇帝查理五世（在西班牙称卡洛斯一世）以及其子腓力二世——这一时期的政治事件大多与这对父子有关。父亲在16世纪上半叶占据了政治舞台的中心，儿子则在下半叶唱主角。

1500年，查理在尼德兰的根特出生。他的身世十分显赫：父亲是哈布斯堡的腓力，神圣罗马帝国皇帝马克西米利安一世和勃艮第女公爵玛丽之子；母亲胡安娜公主，是阿拉贡和那不勒斯的斐迪南与卡斯蒂利亚和西印度群岛的伊莎贝拉的女儿和继承人。但在查理六岁时，其父亲因病去世，母亲则由于精神失常，丧失了行为能力，变成孤儿的他在祖父马克西米利安一世和外祖父斐迪南的监护下长大。1516年，斐迪南去世，查理继承了西班牙的全部领土。三年后，马克西米利安一世也去世了，查理又继承了哈布斯堡家族的世袭领地。这个十九岁年轻人治下的领土和人口，超过了历史上任何一位基督教君主。维也纳、阿姆斯特丹、安特卫普、布鲁塞尔、米兰、那不勒斯、马德里、加的斯，甚至连墨西哥城，都处于他的统治之下，光是他的各种尊号都能写满好几页纸。

马克西米利安一世不仅打算让哈布斯堡家族世代拥有这些领土，还打算让孙子接替他成为神圣罗马帝国的皇帝。然而这个抱负实现起来有点儿困难。法王弗朗索瓦一世（1515—1547）担忧德意志、西班牙和意大利联合起来围攻他，于是开始实施所谓"均势"战略——防止任何一方势力独大，以免损害其他国家的利益。查理一方面大打民族牌和家族牌，一方面大肆贿赂投票者，这才得到了大多数选帝侯的选票，成功击败了法兰西的竞争对手（英格兰的亨利八世也是候选人之一），斩获了梦寐以求的皇帝头衔。他在亚琛加冕时，年仅二十一岁。

没有任何一位君主在位期间所面临的挑战能超越查理五世，也没有任何一位君主比他更勤勉。在一个重要的历史关头，查理五世成为中心人物：他的性格以及他在尼德兰所接受的严苛的教育，让他非常在意自己的地位，也让他执拗地承担起所有责任。无论是治理庞大的领土还是对付外敌，查理五世都是一个勤勉且深谋远虑的君主。他的很多计划都没有成功，但并非因为志大才疏，而是因为他治下的帝国国情过于错综复杂，常常出现牵一发而动全身的局面。

我们来回顾一下查理五世所面临的主要挑战，对于这些问题的梳理有助于我们理解16世纪大部分的政治史。查理五世首先面临着巨大的治理难题。虽然尼德兰一直被视为查理五世的个人领地，但组成尼德兰的十七个省都是各自为政的政治单元，仅有一个尚处于起步阶段的中央政府和共同的代议制机构。而勃艮第伯爵领地同样有一套自成一体的政治组织。卡斯蒂利亚王国包括刚刚被征服的格拉纳达王国、新开辟的美洲殖民地以及零散的北非贸易据点；阿拉贡王国则囊括了四个独立王国——阿拉贡、巴伦西亚、加泰罗尼亚和纳瓦拉（比利牛斯山以南的地区），还要加上那不勒斯王国、西西里岛和撒丁岛。上述地区都有自己的习俗和政府。在他治下的西班牙-意大利领土上，还至少存在着八个互不隶属的议会。这些都大大增加了治理的难度。哈布斯堡家族的领地（包括奥地利、施蒂里亚、卡尔尼奥拉、卡林西亚、蒂罗尔等）情况也大同小异。查理五世很快将这些地区的统治权交予其弟斐迪南（1521），总算卸下了一部分责任。他的弟弟则通过联姻和选举，把波希米亚王国（包括波希米亚王室领地摩拉维亚和西里西亚）和匈牙利（1526）也并入了哈布斯堡的领地。除此之外，帝国还有一大堆各式各样的问题需要处理，这不但需要消耗大量的时间、金钱和精力，甚至最后只能得到一些虚名而非任何实际的利益。查理五世必须处理治下所有领地的财政、法律和宗教问题，还要协调各方的冲突，争取各族人民的支持。在统治期间，他不止一次出兵平叛。在德意志，自1521年首次召开帝国议会开始，他就面临着日益壮大的新教势力的挑战，在他看来，这是对其信仰的亵渎和对其王位的威胁。

已经无解的治理难题又每每因为对外政策而雪上加霜。首先，在位的大部分时间里，查理五世都在与法兰西交战，因为他不但继承了哈布斯堡家族与法兰西王室的旧怨，还在与弗朗索瓦一世争夺神圣罗马帝国皇帝的过程中结下新仇。其次,奥斯曼人正沿着多瑙河一路攻城拔寨,而穆斯林在地中海的海军实力也正在增强。为了对抗德意志的新教徒,天主教君主可能希望能得到教皇的帮助,而英格兰的支持则能成为其对抗法兰西的助力。但教皇因为不喜欢查理五世的意大利政策而不愿给予其任何实质性的帮助,英格兰的君主则因为国内原因而对查理五世抱有敌意。简单地介绍一下查理五世的外交事务可能有助于我们理解当时的国际形势。

弗朗索瓦一世比查理五世年长六岁,1515年加冕为法兰西国王。他性格轻率、不负责任,喜欢炫耀武功。当时的法兰西王国正逐渐陷入哈布斯堡王朝领地的包围中,再加上弗朗索瓦一世在性格上与执拗的查理五世水火不容,双方的冲突自然不可避免,况且也不缺少令双方矛盾激化的导火索:(1)弗朗索瓦一世开始重新主张对那不勒斯的所有权,尽管路易十二在1504年已经放弃了该主张;(2)弗朗索瓦一世决心夺回前任法王于1512年失掉的米兰,在即位的第一年便率军进攻米兰公国,并在马里尼亚诺之战中大获全胜,一举攻陷了米兰城,然而查理五世坚称米兰公国是神圣罗马帝国的领地,誓言要将其收复回来;(3)弗朗索瓦一世声称自己是纳瓦拉王国王室的旁系,但这个王国的大部分领土已经被西班牙吞并(1512);(4)弗朗索瓦一世企图染指尼德兰地区说法语的各省,而查理五世不仅决心坚决回击,还打算收复路易十一从其外祖母手中夺走的勃艮第公国;(5)1519年,神圣罗马帝国的皇位之争让这两个君主对手彻底撕破了脸。自1521年战争爆发,兵戈就几乎没有中断过,直到两人去世战争还没有结束。

意大利成为主要的战场。第一阶段,神圣罗马帝国的军队在教皇军队的帮助下，很快将法兰西驻军驱逐出了米兰。斯福尔扎家族因此得以控制米兰公国，而教皇也得到了帕尔马和皮亚琴察，教皇国的领土也因此大幅扩张。帝国一方于是乘胜追击，跨越阿尔卑斯山脉，围困了马赛。弗朗索瓦一世此前一直被国内问题所牵制（这些麻烦与波旁家族重要地产的处置有关——法兰西的王室统帅波旁公爵认为国王损害了自己的利益，于是转投查理五世阵营），但弗朗索瓦一世并没有乘胜追击，消灭帝国的主力，而是分兵去进攻那不勒斯和封锁帕维亚城，这个错误的决定给了帝国一方重整旗鼓的机会。帝国军队很快便赶到帕维亚城，与被围的军队会合。1525年2月24日，也是查理五世二十五岁生日，他的军队在帕维亚城下大获全胜。这天有八千名法兰西士兵殒命沙场，而酣战中的弗朗索瓦一世也被迫投降，他在给母亲的信中写道："除了荣誉和生命，我在世上已一无所有。"对查理五世而言，一切似乎都进展顺利。被关押在西班牙的弗朗索瓦一世很快便重获自由，条件是放弃对勃艮第、尼德兰和意大利的所有主张，并迎娶查理五世的妹妹为妻。

弗朗索瓦一世以福音书和佩剑起誓，接受了上述条件。但用他的话说，那是被迫的，所以誓言可以不算数。他一回到法兰西，就立刻宣布条约无效，并与意大利各种反对查理五世的势力结成同盟。这些势力都因为查理五世在亚平宁半岛的地位陡增而忧心忡忡，其中包括教皇以及威尼斯、佛罗伦萨，甚至还有斯福尔扎家族——这个家族的飞黄腾达完全托查理五世的福。战火重燃后，这个同盟和所有意大利城邦联盟一样，缺乏统一指挥和活力，帝国一方很快便控制了意大利的大部分地区。1527年，发生了轰动一时的"罗马之劫",尽管这并不是由查理五世直接促成的,但他显然也乐意看到教皇因支持法兰西而受到惩罚:在意大利征战的帝国军队多由西班牙人和德意志人组成,由于缺少食物和军饷,士兵发生哗变,冲入了"永恒之城"罗马,并很快控制了城市,约四千人因此丧生。对罗马的劫掠持续了九个月,直到可怕的瘟疫爆发、乱兵大量死亡,此事才算告一段落。修道院被闯入,圣坛被洗劫,陵墓被亵渎,梵蒂冈图书馆也遭到洗劫,大量艺术珍品被当作偶像崇拜的标志物而遭到破坏。时任教皇的克雷芒七世(1523—1534)是教皇利奥十世(1513—1521)的侄子,同样来自美第奇家族。他虽然躲进了坚不可摧的圣天使堡,但也不得不设法与查理五世讲和。

罗马城的这场浩劫激起了信奉天主教的整个欧洲的愤怒。彼时英格兰国王亨利八世仍忠于教皇,于是高调派兵支援弗朗索瓦一世。尽管查理五世在战事中并没有取得什么进展,但弗朗索瓦一世由于一系列战略上的失误以及同盟的瓦解,已无法在意大利立足。按照《康布雷条约》(1529)的规定,弗朗索瓦一世将放弃对那不勒斯、米兰和尼德兰的主张,而查理五世也不再坚持割让勃艮第。弗朗索瓦一世随后迎娶了查理五世的妹妹。

历经八年的战争,查理五世和哈布斯堡家族终于成为意大利无可争议的主宰。那不勒斯由查理五世直接统治,统治米兰的斯福尔扎家族也再次效忠于他。他恢复了美第奇家族对佛罗伦萨的统治,于是出身美第奇家族的教皇也成为他的盟友。1529年,查理五世首次视察自己的意大利领土。在博洛尼亚(1530),教皇为他戴上了古老的伦巴第铁王冠和神圣罗马帝国皇冠。这是教皇最后一次为神圣罗马帝国的统治者加冕。

《康布雷条约》事实上只是一个临时停战协议而非和平条约。查理五世与弗朗索瓦一世很快再度开战。为了尽可能地给查理五世制造麻烦，弗朗索瓦一世与形形色色的势力——苏格兰人、瑞典人、丹麦人、奥斯曼人，甚至是反对查理五世的新教诸侯，结成同盟。1536—1538年以及1542—1544年，战事一直间歇性爆发。冲突并没有因为弗朗索瓦一世的去世以及查理五世的退位而告一段落。前者的儿子亨利二世（1547—1559）延续了其父的政策。1552年，双方战事再起，直到1559年《卡托-康布雷齐条约》签订。根据条约，哈布斯堡家族继续控制意大利，而法兰西占领了三个重要的主教区——梅茨、土尔和凡尔登，并把其东北部边界向莱茵河一线推进，神圣罗马帝国的领土受到了蚕食（由于英格兰女王玛丽是西班牙国王腓力二世的妻子，所以1558年法兰西从英格兰手中夺回了加莱，英格兰自此丧失了欧洲大陆上的全部领地）。

查理五世与弗朗索瓦一世之间的明争暗斗所引发的长期战争，除了让哈布斯堡家族成为意大利的主宰，法兰西的疆界不断向莱茵河一线推进，也引发了一些间接后果。经年累月的战争使欧洲保持了"均势"，也阻止了法兰西君主国被一个已经与时代脱节的帝国吞并的命运。战争还为奥斯曼帝国在东欧的崛起提供了可乘之机；法兰西与奥斯曼的联盟使法兰西的贸易及企业在黎凡特占据了先机。战争还为新教在德意志的发展壮大提供了良机。

相比与法兰西的战争，奥斯曼人的步步紧逼更让查理五世寝食难安。奥斯曼人在其最伟大的苏丹苏莱曼一世（1520—1566）的领导下，四处扩张，令黑海几乎成为奥斯曼的内湖，而整个幼发拉底河河谷全都落入奥斯曼人手中，包括巴格达城，苏莱曼一世也因此被尊为"苏莱曼大帝"。如今，奥斯曼人已经在波斯湾建立了据点，控制了所有前往东方的传统贸易路线。从埃及到阿尔及利亚，整个北非也都承认苏丹的权威。奥斯曼人的海上实力同样不容小觑，已成为左右欧洲局势的一个因素，不仅威胁着周边的岛屿，也威胁着意大利、西班牙等基督教大国。摩里亚半岛和爱琴海诸岛上的威尼斯人已被赶走，基督教世界的前哨只剩下地中海地区的塞浦路斯、克里特岛和马耳他。

苏莱曼一世多年来一直致力于扩张其在欧洲的势力。他有时与法王结盟，有时自己主动出击，几乎无往而不胜。1521年，他以即位时没收到匈牙利的祝贺为借口，向匈牙利国王宣战。他不但攻陷了贝尔格莱德城，还在1526年的莫哈赤之战中大败匈牙利军队。此役中，匈牙利国王以及麾下的精锐尽数战死。莫哈赤之战标志着一个独立统一的匈牙利王国已不复存在。查理五世的弟弟——哈布斯堡的斐迪南，宣称拥有这个王国，但苏莱曼一世实际控制着这个王国三分之一的领土，苏丹正好以此为借口率军进攻奥地利。1529年，奥斯曼大军围攻维也纳，但因为守军的顽强抵抗，三周后苏莱曼一世便放弃了围攻。十二年后，匈牙利的大部分领土，包括首都布达佩斯城，都成为奥斯曼的省。在许多地方，教堂被改建为清真寺。1547年，查理五世和斐迪南被迫承认奥斯曼对匈牙利的占领，且斐迪南同意每年向苏丹进贡三万达克特。此后苏莱曼一世挫败了对手所有收复匈牙利的企图，不仅如此，苏莱曼一世终其一生都在威胁着哈布斯堡家族的世袭领地。

查理五世一边忙于治理分散在各处的世袭领地，一边要与法兰西和穆斯林交战。在这内外交困的时刻，他还要为帝国的统一问题焦头烂额。如果他能把全部的才干和精力都投入到神圣罗马帝国的国内事务上，他或许能建立一个联系更加紧密的德意志国家。要知道1519年查理五世当选皇帝时，神圣罗马帝国的疆域几乎限于说德语的地区，而英格兰、法兰西和西班牙在建立民族国家的道路上已经遥遥领先。这无疑为德意志的政治发展指明了一条道路。为什么不在这个中世纪帝国扩张的疆域上建立一个近代德意志国家呢？这个国家不仅包括20世纪的德意志第二帝国，还囊括了奥地利、荷兰和比利时——北至波罗的海，南至亚得里亚海，西至英吉利海峡，东至维斯瓦河，疆域如此广阔的"大德意志"必会在席卷欧洲大陆的现代化进程中扮演领军者的角色。统一德意志的过程注定是艰辛的，但法兰西和西班牙的统一也绝不会一帆风顺，所以三者之间并不存在质的区别，只是难度不同而已。更多国家的统一方式是，一位强大的君主扫平各自为政的封建诸侯和野心勃勃的贵族阶层，剥夺了城市的诸多自由权利，并以削弱或损害代议机构的特权为代价，维护国内的稳定与秩序。在这种情况下，这些国家的君主无一例外都得到了臣民中强有力者的全力支持，他们也把实现民族目标当成毕生目标。

16世纪的德意志人并非不缺乏民族主义精神。一种共同语言已存在于他们意识之中，且这种语言已经成为文学表达的媒介。共同的习俗和民族性也已在他们意识中生根发芽。很多时候，他们已经意识到神圣罗马帝国政治体制的荒诞和落后，也极度渴望改革。事实上，德意志人的问题并不是缺乏对政治改革的思考，而是各个群体的改革方案和目标有冲突。德意志人鄙视神圣罗马帝国，就像法兰西人憎恶封建社会的记忆一样。但是在建立一个强大的民族君主国的过程中，德意志人并不像法兰西人那般意见统一。即使德意志的诸侯、自由城市和骑士具有某种程度的民族主义精神，但他们彼此之间争执不休，也与他们名义上的统治者有意见分歧。

皇帝一直是君主集权唯一真诚且坚定的支持者，但他们可能没有神圣罗马帝国的其他人那么爱国。查理五世绝不会为了成为一个国家的强势君主而放弃对世界权力的追求。在统治初期，他就宣称：任何君主国都无法与罗马帝国相提并论。全世界都曾匍匐在其脚下，就连基督也曾赐予其荣耀和尊严，遗憾的是如今罗马帝国只剩下曾经的影子，但查理五世希望能在上帝赐予他的强国和盟友的帮助下，重现帝国昔日的荣光。查理五世不仅努力巩固他对德意志的统治，还要加强他在尼德兰、西班牙和意大利的统治。查理五世的宏图与在德意志境内建立一个民族君主国的理念背道而驰。查理五世当然也不会甘心仅仅作为德意志国王——一个民族的领袖。

在这样的情况下，那些强大的德意志诸侯不断挑战皇帝的权威，并在帝国境内四处煽风点火，为了各自的盘算而去煽动强烈的民族主义情绪，同时还把罪责完全推给不那么热爱德意志的君主。1519年，查理五世当选为神圣罗马帝国皇帝时，参与投票的诸侯即要求把德语或拉丁语作为神圣罗马帝国的官方语言；帝国的官职只能由德意志人担任，各诸侯不应受制于任何外国政治管辖；未经帝国议会批准，任何外国军队不得在战时为帝国效力。查理五世还被要求承认所有诸侯的统治权，并从诸侯中任命成员组成"资政院"，与他共同执政。

根据1521年在沃尔姆斯召开的帝国议会上所达成的协议，查理五世成立了资政院，其二十三名成员大都由德意志诸侯提名，代表了诸侯的利益。这或许是一个起点，只要资政院在财政上有一定的独立性，说德语的民族就可以成为一个更紧密的政治统一体。基于这一点，资政院给出了当时最有希望的提案：新的帝国政府，不再依赖各邦国或多或少的自愿捐输，而是建立一个关税同盟，向外国进口产品征收关税。然而这一计划却激起了德意志市民阶层的强烈反对，因为商人和汉萨同盟坚持认为这个计划会把财政负担悉数转嫁到他们身上，从而损害其生意。他们的激烈反对让诸侯的算盘落空了，政府也不得不重回向各邦国摊派捐输的老路——这种应急之策常常让皇帝和资政院受制于最自私、最不得民心的德意志诸侯。

相比德意志的诸侯和市民阶层，骑士阶层更具民族精神。这些住在山顶或路边的绅士，虽然常常囊中羞涩，但内心坚定。他们从其城堡中俯瞰周边城镇里庸俗的商人，毫不掩饰心中的鄙夷；而看着周边那些比他们更富有、更有权势的世俗诸侯或教会领主侵占土地，他们的心中则充满了愤怒和嫉妒。骑士常与诸侯斗争，有时诉诸法律，更多时候则直接诉诸武力和暴力以及掺杂在私人战争与个人恩怨中的种种不堪手段。部分骑士受过良好的教育，其中一些更是文学素养深厚且博学多闻，但几乎没有骑士会维护公共秩序。不过，几乎所有骑士都以自己是德意志人而自豪。1519年，在乌利希·冯·胡登（1488—1523）和弗兰茨·冯·济金根（1481—1523）的率领下，骑士阶级为查理五世的当选立下了汗马功劳。他们更愿意选择哈布斯堡家族的查理五世，而不是外国候选人，比如法兰西的弗朗索瓦一世或者英格兰的亨利八世。查理五世在与诸侯以及市民阶层对抗的很短的一段时间里，曾十分倚仗德意志骑士的支持，而骑士阶级与皇帝的联合似乎也成功遏制了诸侯的势力，为建立一个强大且统一的德意志民族君主国奠定了基础。

就在这关键时刻，横空出世的新教在骑士阶层的领袖和皇帝之间制造了一道裂痕。对于胡登和济金根这样的骑士而言，1520年马丁·路德与教皇的决裂显然标志着德意志与意大利的决裂，以及"有德意志特色"的基督教的出现。这种"有德意志特色"的基督教将会成为一个真正的民族国家的根基。骑士阶层支持路德，也乐得见到他的教义在整个德意志迅速传播。然而查理五世仍然是罗马天主教的忠实信徒，他发现，秉持父辈的宗教信仰已不只是个人选择。要维护神圣罗马帝国皇帝的权威，很大程度上必须依赖罗马天主教会的传统权威。况且他的许多对外战略都需要教皇的协助。这也就是为什么查理五世会反对那些接受路德宗教义的德意志诸侯，因为他们就是要以此来削弱皇帝的实权的。1521年在沃尔姆斯召开的那届帝国议会，不但成立了资政院，还在查理五世的推动下通过了谴责并取缔路德宗的决议。这一举动致使骑士阶层开始疏远皇帝。

莱茵骑士济金根，是骑士阶层中最有才干的一员。1522年，他趁皇帝不在德意志期间，发动了一场所谓"骑士战争"。济金根率领一支由骑士组成的联军，向富有的天主教诸侯——特里尔主教的领地发动了进攻。德意志世俗诸侯和教会领主暂时放下了宗教分歧，联合起来对付共同的敌人——骑士。他们派遣大军为特里尔主教解围并击退了济金根。1523年4月，济金根在自己的艾伯恩城堡前战死。胡登流亡瑞士，不久之后也在贫病交加中死去。骑士阶层的愿景落空，而诸侯和市民阶层则节节胜利。（骑士战争失败后，德意志又爆发了农民起义。这是一场社会运动而非政治运动。）至此，16世纪建立德意志民族国家的艰苦努力宣告失败。

资政院勉强维持到1531年，不过因无力维护德意志内部的和平而名誉扫地，并在最后的几年中几乎失去了一切权威。许多诸侯于是转投新教，而查理五世对新教的打击收效甚微。继沃尔姆斯之后，他继续在帝国议会上鼓吹取缔新教，同样徒劳无功。他多次派兵攻打新教的支持者，结果依然白费力气，比如针对施马加登同盟[1]战事。由于查理五世长期不在德意志，而他所要关心和处理的问题也实在太多，再加上法兰西的天主教国王弗朗索瓦一世会时不时援助一下德意志的新教徒，这些都间接促进了路德宗的传播。在查理五世统治的最后一年（1555），诸侯与皇帝签订了《奥格斯堡和约》，至此信仰路德宗的德意志诸侯可以与信仰天主教的诸侯平起平坐了。新教在德意志诸侯间的传播，导致德意志走向分裂而非统一。新教的崛起成为压垮德意志民族主义的最后一根稻草。

查理五世与英格兰之间的关系非常有趣，但不如与德意志人、

---

1 施马加登同盟（Schmalkaldic League），16世纪中期由神圣罗马帝国中信仰路德宗的诸侯所组成的军事防御联盟，因图林根的城镇施马加登而得名。——编者注

奥斯曼人或法兰西人的关系重要。起初，他与冲动自负的亨利八世（1509—1547）结为同盟，而亨利八世的妻子——阿拉贡的凯瑟琳——正是他的姨妈。不过后来当亨利八世要求教皇宣布他的婚姻无效时，查理五世便中断了这种盟友关系，并说服教皇拒绝了亨利八世的请求。亨利八世便推动英格兰的天主教会脱离罗马教廷，这令查理五世十分不爽。在亨利八世统治末期，双方关系有所改善，但直到查理五世的表妹玛丽（1553—1558）登上英格兰王位，两国间的关系才得以重建。查理五世让他的儿子及继承人腓力迎娶了这位玛丽女王。

最终，繁重的工作耗尽了查理五世的所有精力。于是，他将领土一分为二，一半交给兄弟斐迪南，另一半交给儿子腓力，然后便退位了。1555年10月25日，在布鲁塞尔金羊毛骑士团的大厅里，他正式宣布放弃对尼德兰的统治权。他对代表们说道："先生们，纵然我在诸位当中已算老朽，但当我流下眼泪时，请不要惊讶，这是出于对你们的爱。"至少在尼德兰，他的这份爱得到了回应。1556年，他交出了西班牙和意大利的王冠（他把神圣罗马帝国皇帝的所有权力都移交给了兄弟斐迪南，只不过在1558年以前他名义上仍是皇帝）。在人生的最后几年里他继续规划着未来世界的样貌。1558年，查理五世去世。查理五世身材匀称，相貌堂堂：下颚前凸，面庞瘦削，面色苍白，但额头宽大，双眼炯炯有神，整个人看上去很柔和。性格迟钝，有时会优柔寡断且固执己见，但责任心强，为人真诚，有英武气，遇事沉着冷静。他虽然没有接受过高等教育，但博览群书，对音乐和绘画有着不俗的鉴赏力。

2

腓力二世与西班牙的世界霸权

在查理五世 1556 年退位后的一个半世纪里，哈布斯堡家族分为了两支——西班牙的哈布斯堡家族和奥地利的哈布斯堡家族，分别沿袭自腓力二世和斐迪南。根据领土划分条约，查理五世的兄弟斐迪南获得了家族东边的领地——奥地利及其属国、波西米亚、未被奥斯曼人占据的部分匈牙利，以及神圣罗马帝国皇帝的称号；剩下部分——西班牙、尼德兰、弗朗什-孔泰（勃艮第的东部）、两西西里王国、米兰以及美洲各殖民地，归查理五世的儿子腓力二世所有。

关于斐迪南及其直系继承人的历史，毋庸赘述，因为他们除了在帝国内部维持教派间的和平与其家族的政治统治地位，以及从奥斯曼手中收复匈牙利，没有什么重要事情可说。但身处西欧的腓力二世，因为种种原因，成为世界性的重要人物，所以我们必须回顾一下其事迹。

很少有历史人物的评价比腓力二世更加两极化。在新教作者笔下，他是恶棍、暴君、冥顽不灵；在西班牙民族主义者眼中，他是腓力大帝，是信仰和权利的捍卫者。虽然对腓力二世的政策和行事方法的评价见仁见智，但对于腓力二世施政的具体内容和具体方式并不存在争议。首先，腓力二世将西班牙视为祖国和立身之本——这点不同于他的父亲，因为腓力二世出生在西班牙，且几乎一生都居住在这里——并决心让西班牙成为世界上最强大的国家。其次，腓力二世是虔诚的天主教徒，他认为新教亵渎了上帝，分裂了原本团结的教会，因此痛恨新教，并决心帮助自己的信仰取得普世性的胜利。如果有一天，腓力二世要在西班牙的利益和教会的利益之间做出抉择，那么他一定会毫不犹豫地牺牲前者，这已经成为一种深入骨髓的信念。即使上述政策出现失败的苗头都不能从根本上动摇他的信心。无论他做什么，都是为了让上帝获得更大荣耀，所以成败取决于全能的上帝那高深莫测的意志，而不是他本人的意愿。这已经内化为腓力二世的信念，也被传递给其继承人。腓力二世不仅有理想、有信念，他还拥有强大的执行力和不屈不挠的意志力。比起战争和武力，他更喜欢运用计谋或外交手腕。但如果目的正确，他也会毫不迟疑地加入战争。比起挥舞刀剑，他更习惯于使用笔杆子，因此这位国王在案牍工作上投入的心血超过了任何一个文员。从早到晚，他都在埋头批阅各式各样的会议记录和报告，处理政务。他生来谨慎保守，因此在公开场合总是表现得庄重威严，但私下里他修身自持，对家人和下人都很亲切。忠诚是腓力最优秀的品质。

不过腓力二世的性格中也有不讨喜的一面。为了铲除治下的异教徒，他肆意利用宗教裁判所，于是成为现代人眼中偏执与狭隘的化身。但我们不要忘记，他本就生活在一个不宽容的时代，而宗教迫害也是新教徒的惯用手段，其残忍程度丝毫不逊于天主教徒。他还经常使用诡计和欺骗手段，时常用暗杀达到政治目的。不过，这同样与当时的风气有关：当时的律师，受到著名历史学者和政治哲学家马基雅维利的影响，主张基督教道义只应成为个人行为的指南而非公共事务的指南，所以"君主"可以为了公共利益凌驾于法律之上,即使有名的新教领袖科利尼和"沉默者"威廉也会牵涉暗杀阴谋。但经过全盘考量,学者们认为,采取除迫害和谋杀之外的手段,会更有利于腓力二世的目标。

腓力二世的统治几乎贯穿了整个16世纪下半叶（1556—1598）。他试图让西班牙成为世界上最强大的国家,更试图重新整合基督教阵营,但这种努力注定要失败。失败的主要原因很简单——腓力二世想要解决的问题和想要实施的计划太多太杂。这位国王整日在不同的事务上疲于奔命。如果他只专注于一件事情,应该就能获得更大成功,但实际上他一边为如何治理这个庞大的帝国费尽心力,一边还要盘算如何吞并葡萄牙；一边积极推动贸易和殖民,一边镇压尼德兰的反抗；一边维护英格兰和法兰西的天主教,一边对抗节节胜利的穆斯林,保卫整个基督教世界。正因为需要维护的利益过于庞杂,才使得这个强大的西班牙君主疲于应付,更何况他的每一次对外行动对于受影响的国家都具有划时代的意义。因此,我们会按时间顺序简单回顾一下腓力二世的活动。

我们看到,腓力二世继承了许多国家,而这些国家的政治体制和社会习俗都自成一体。他主张国家统一,至少在西班牙如此。国家统一意味着统一,而要实现统一,君主必须掌握更大的权力。腓力二世尝试进一步推动其曾外祖父母——斐迪南和伊莎贝拉——的事业,绝对主义和中央集权便成为他治国的要义。政治上,腓力二世不再就立法问题装模作样地咨询议会,但在开征新税时还是会提请议会表决,只不过他规定申请一经批准即表示永久授权,并成为王室常规收入的一部分。他礼遇却不重用贵族,担任王室官员的贵族逐步被律师或其他出身市民阶层者取代。一切事务都以文牍的形式上传下达，最后还要得到国王的批准，结果自然是无休止拖延。

但这段时期西班牙的财政和经济状况都不乐观。庞大的对外战略让西班牙王国不堪重负，而且负担多落在了卡斯蒂利亚王国，因为阿拉贡王国的经济并不宽裕且看重自身权利，自然不愿意贡献什么；来自尼德兰的收入起初很多，但因为当地的起义而中断；意大利各邦勉强可以应付它们的开销；来自美洲矿产的收入一直被过分夸大，而且它充实的是官员个人的腰包，而非国库的。在西班牙本土，大部分土地属于不用纳税的教会团体和贵族阶层，但他们偶尔也会被国家狠狠敲一笔。此外，所有交易都必须缴纳10%的消费税，这也让工商业陷入了困境，而对勤劳富有的犹太人和摩尔人的迫害与驱逐更让西班牙的财源锐减。16世纪末，西班牙已经走到了破产的边缘。

在宗教事务上，腓力二世的目标是维护罗马天主教教义的绝对正统地位。他和同时代的许多统治者一样，认为臣民多元化的信仰会危及国家安全。无论出于政治动机还是宗教热忱，腓力二世都极力标榜自己的天主教徒身份。因此他向教皇提议，密切关注特兰托公会议的议程——这次宗教会议事关教会改革。同时，他不但竭尽全力帮助天主教在他的治下和法兰西站稳脚跟，还要让天主教在波兰、英格兰甚至斯堪的纳维亚卷土重来。在西班牙，他加强了宗教裁判所，并将之作为维持王权专制统治的工具。

在领土方面，腓力二世渴望通过继承葡萄牙的王位，实现伊比利亚半岛的统一。他个人与葡萄牙王室关系密切，1580年，他正式宣称自己有权继承葡萄牙王位。虽然布拉干萨公爵是比腓力二世更合适的继承人，但已被重金收买，西班牙军队遂迅速占领了葡萄牙全境。腓力二世对葡萄牙人采取怀柔政策，完全承认其宪制方面的权利，尤其热衷于争取小贵族或乡绅的支持。即使西班牙、葡萄牙的君主国和广袤的殖民地就这样由同一个国王统治了六十年，但这并没有争取到葡萄牙的民心。1640年，葡萄牙人在布拉干萨家族的领导下，抓住机会恢复了独立。

腓力二世在国内所面临的最大难题是富庶且人口众多的尼德兰爆发的起义。我们接下来就谈谈这场起义。尼德兰起义并不是腓力二世遭遇的唯一一场叛乱。腓力二世试图逼迫仍居住在西班牙南部地区的摩尔人后裔——摩里斯科人彻底放弃其习俗，并一举铲除了他们当中的"异端"。腓力二世的政策激起了当地人的反抗。1568—1570年，揭竿而起的摩里斯科人企图恢复格拉纳达的独立，但遭到残酷镇压。幸存的摩里斯科人被迫迁往那些条件较差的地区居住，直至1609年被悉数逐出西班牙。1591年，阿拉贡的叛乱被卡斯蒂利亚的军队镇压；阿拉贡王国的宪制权利遭到削弱，对卡斯蒂利亚更加顺从。

导致尼德兰起义爆发的原因有四个。（1）经济原因。查理五世曾对尼德兰课征重税，腓力二世不但变本加厉，还经常用这笔收入来填补西班牙其他领地的财政亏空。此外，腓力二世为了西班牙的商业利益而对尼德兰横加限制，必将严重破坏尼德兰的长期经济繁荣。（2）政治原因。腓力二世试图加强在尼德兰的统治，蛮横地剥夺了当地城市和贵族的许多传统特权。自1559年之后，腓力二世就再没有涉足过这个国家，他把专横的政府完全托付给摄政和西班牙官吏，而不是当地的领袖。本地的名门望族因为这些体面且有利可图的公职被一群狂妄自大的新上任者抢走，而对腓力二世大为不满。（3）宗教原因。尽管加尔文教派只在北方各省份快速和广泛传播，腓力二世还是决心将天主教强加于所有尼德兰的居民。他增加主教的数量，颁布各种规范宗教活动的法令，并积极利用宗教裁判所来推动政策的实施。（4）个人原因。查理五世之所以受到荷兰人和佛兰德斯人的拥护，是因为他生于斯长于斯，并一直把尼德兰当作他的祖国。而腓力二世在西班牙出生和长大，他说的是尼德兰人陌生的语言，当地居民视他为外国人。

最初尼德兰人的反抗主要针对宗教裁判所和驻扎在城镇中的西班牙卫戍部队。负责治理当地的帕尔马的玛格丽特，是腓力二世同父异母的姐姐。她试图通过一些让步来消除公众的不满情绪：西班牙军队被撤出，一些不受欢迎的官员也被撤换。1566年初，一些在当地颇有影响力的尼德兰贵族和市民自发组织起来，向摄政玛格丽特请愿。他们虽然一再表示仍会忠于腓力二世，但担忧尼德兰会发生一场全国性的暴乱，所以请求玛格丽特派遣一名特使，向腓力二世说明废除宗教裁判所以及平息民怨的必要性。起初女摄政因为请愿而感到不安，她的顾问便安慰她说："夫人，难道殿下（腓力二世）会惧怕这些乞丐吗？"自此，那些反对腓力二世统治的尼德兰人便以"乞丐"自居，并像乞丐一样随身携带乞讨用的口袋和碗。这种风气快速扩散，尤其在大城镇中，"乞丐"打扮者随处可见。根据"乞丐"的请求，一名特使被派往西班牙向腓力二世当面陈情。

腓力二世起初承诺撤销尼德兰的宗教裁判所，但很快就后悔了，因为此时出现了比这些体面的"乞丐"更加激进的暴徒——狂热的新教徒，他们聚众冲入天主教堂捣毁圣坛，砸碎圣像，亵渎修道院，对迫害他们的敌人实施以牙还牙的报复。1566年8月，"圣像破坏运动"到达了高潮——安特卫普宏伟的主教座堂遭到了大规模的破坏。腓力二世于是派遣宿将阿尔瓦公爵率军进入尼德兰（1567），以武力弹压。阿尔瓦充分证明了自己理解和执行圣意的能力。他首先建立了一个专门审讯"谋逆者"的"除暴委员会"——因草菅人命的行事作风而臭名昭著，又被称为"血腥委员会"。阿尔瓦公爵治理尼德兰六年，其间大约有八千人被处决，其中包括埃格蒙特伯爵和霍恩伯爵，三万人被没收财产，十万人逃离尼德兰。此外，阿尔瓦公爵还对销售的各种商品课征相当于价格十分之一的重税，而且由于重复征税，最终税金至少相当于某些商品（比如布匹）价格的十分之七。横征暴敛以及官员的肆意妄为，摧毁了佛兰德斯的手工业和贸易。无怪乎信仰天主教的尼德兰南部市民会与北方贵族和新教徒联合起来反抗西班牙的暴政。现在，整个尼德兰都已经揭竿而起。

尼德兰的显贵当中有一位奥兰治亲王——"拿骚的威廉"，他是德意志人，现在常被称作"沉默者"（这个形容词用在他身上似乎没有任何时代依据，但这个错误的称呼一旦被后来的作家们采用，他就无法摆脱这个称呼了）。当阿尔瓦公爵来到尼德兰时，威廉还统治着荷兰省和泽兰省，但由于威廉决定皈依新教，他便返回了德意志，任由其产业被西班牙总督没收。如今起义者取得了一些微不足道的胜利，这促使威廉重返尼德兰并领导了这场民众运动。在经过数年战火的洗礼后，威廉不仅证明自己是一位足智多谋的将军，还是一位出色的外交家和忠诚的民族主义者。最终，他赢得了全体尼德兰人的尊重和爱戴。

阿尔瓦虽然一举击败了威廉组建的第一支武装力量，但到了1569年战局急转直下。那一年，威廉开始向海盗和私掠船颁发特许状，鼓励他们掠夺西班牙船只。这些所谓"海上乞丐"大多是野蛮、无法无天的暴徒，为了报复天主教徒和西班牙人而无所不用其极。他们是尼德兰海上霸权的基础，也给阿尔瓦带去了无尽的麻烦。他们频频在尼德兰的水路上发动袭击，还不断在尼德兰各处散布起义的星星之火。威廉不断组建新的军队，并在与阿尔瓦的交战中逐渐占据上风。

阿尔瓦的血腥镇压没能让尼德兰重归腓力二世的统治。1573年，阿尔瓦的总督之位被更加世故的雷克塞恩斯取代，雷克塞恩斯竭尽全力继续对抗威廉的军队，但他的战绩远不如阿尔瓦。在1576年雷克塞恩斯去世后不久，驻扎在尼德兰的西班牙军队由于领不到食物和军饷而发生哗变，并将其怒火完全宣泄在几个尼德兰城市身上，安特卫普受害尤烈。这一连串的野蛮攻击被称作"西班牙之怒"。尼德兰十七个省的代表立即达成一项协议，史称《根特协定》（1576）。根据协定，各省将联合起来反抗西班牙的统治，直到国王废除宗教裁判所并恢复他们昔日的自由。

腓力二世试图妥协，他派去了新总督——奥地利的唐·胡安。此人雄心勃勃，且刚刚在一场海战中大败奥斯曼人。但唐·胡安很快发现，现在与新教徒妥协已为时已晚——"沉默者"威廉对西班牙的各项提议都充满了警惕，直到1578年去世，唐·胡安都没有取得什么成就。

腓力二世在尼德兰问题上也毫无建树。在1578—1592年间，他幸运地拥有了一位雷厉风行、足智多谋的官员——帕尔马公爵亚历山大·法尔内塞，帮其治理尼德兰。法尔内塞巧妙地利用战争和外交，在尼德兰南方诸省与北方诸省之间种下了不和的种子：前者的居民以佛兰德斯人和瓦隆人为主，信仰天主教，是手工业重镇；后者则以尼德兰人为主，信仰加尔文宗，是商业中心。因此，最令尼德兰南方十省恐惧的，恐怕还不是西班牙的统治，而是北方各省。1579年，南方各省的代表在阿拉斯成立了一个以保卫天主教为目标的军事防御联盟，并公开宣布与腓力二世和解。同年，北方各省建立了乌得勒支联盟，"像一个省一样"联合在一起，为抵抗西班牙暴政、保卫各自的权利和自由而贡献"鲜血和财富"，并赋予整个联盟完全的信仰自由和表达宗教观点的自由。如此一来，《根特协定》便宣告作废，尼德兰则一分为二，开始书写各自的历史。南部继续由哈布斯堡家族统治了两个多世纪，先后被称作"西属尼德兰"和"奥属尼德兰"——简单来说，大致相当于今天的比利时和卢森堡；北部变成自由独立的"联合省"，或简称"荷兰"，开始在世界民族之林中占据一席之地。在相当长的一段时间内，荷兰注定要比比利时繁荣，因为比利时饱尝了战争之苦。荷兰人关闭了斯海尔德河的出海口，并且控制了临近海域，这给予了安特卫普的手工业和商业霸权致命一击，致使整个尼德兰的贸易重心转移到了荷兰的阿姆斯特丹。

西班牙和北方各省的战争又持续了一些年。有时候，法尔内塞和西班牙人似乎有机会取胜，因为他们已经通过外交手段获得了南方各省的支持。但最终的胜利却属于荷兰，其原因是多方面的。

第一，这个国家的地理环境导致西班牙军队的优势无法发挥——运河网构成了天然屏障，而决堤所引发的洪水能轻而易举地消灭入侵的军队。第二，热衷航海的荷兰人派出越来越多的私掠船大肆掠夺西班牙的商品，而这种勾当很快被发扬光大并变得合理合法，阿姆斯特丹也因此在 17 世纪成为全球最大的城市之一，荷兰的商业和殖民地居于世界前列。第三，荷兰人使用外国雇佣兵保卫国家，因此国内人民有更多时间投入生产和经营，所以尽管战争一直在继续，但北方各省的财富稳步增加，日益繁荣。第四，谨慎的威廉采用"费边战略"，并不急于求战。第五，荷兰人从德意志、英格兰和法兰西的新教徒处得到了巨大帮助。第六，腓力二世想要达成的战略目标太多，以至于无法圆满地完成任何一个计划：与英格兰女王伊丽莎白的战争以及对法兰西事务的干涉极大地干扰了他的尼德兰战略。

1581 年，腓力二世对威廉发布禁令，指控他为叛徒、罪人，并悬赏通缉，无论死活。威廉则发表著名的《自辩状》来回应这些针对他的指控，但《誓绝法案》才算得上是对腓力二世的正式回击。在威廉的劝说下，尼德兰北方各省代表聚集在海牙，宣布从西班牙治下独立，毁弃腓力二世的玉玺，剥夺腓力二世对北方各省的所有权力。我们可以把这个 1581 年的法案称作荷兰版的《独立宣言》，该法案预示了战争的最终结果。

虽然威廉最终死于西班牙人的暗杀（1584），安特卫普也在 1585 年被天主教势力夺回，但足智多谋的法尔内塞再也无力抗衡联合省。虽然腓力二世至死也不愿意承认荷兰的独立，但在 1609 年，西班牙的腓力三世还是与海牙的联省议会签订了《十二年休战协定》。在三十年战争(1618—1648)中,荷兰人与西班牙人再次开战,直到1648年《威斯特伐利亚和约》签订,西班牙才正式承认荷兰共和国的独立。

北方七省在结束与西班牙的长期战争之后,一致同意组成一个联盟,各省保留自己的政府和行政机构,但均服从联盟的议会——联省议会——和执政的领导。执政一职后来由奥兰治家族世袭。在17世纪的大部分时间里,联省议会和执政之间存在根本性冲突。前者在富裕的市民阶层的支持下,倾向于建立更大程度的民主政治;后者则在贵族的支持下,倾向于在奥兰治家族统治下发展君主专制。

腓力二世不仅在尼德兰受挫,他针对英格兰和法兰西两大民族君主国的许多大计也同样遭遇失败。两国因为担忧西班牙的过度扩张可能破坏平衡,都天然地妒忌和敌视西班牙。从地理位置来看,两国对腓力二世的敌意也在情理之中:英格兰是个岛国,希望打破西班牙对海上贸易的垄断;法兰西依旧深陷哈布斯堡家族在西班牙、意大利和尼德兰的领地包围中,因此沿用"敌人的敌人就是朋友"的传统策略。同时,教皇的权威在英格兰遭到否定,在法兰西受到质疑,腓力二世的传教热忱使他成为这两个国家天主教势力的坚定支持者。出于宗教、经济和政治方面的原因,西班牙国王似乎都有必要将触角直接伸向法兰西和英格兰。但另一方面,法兰西和英格兰的民族主义者则痛恨外国势力的干涉。最终腓力二世在这场对抗中失败,而获胜的英法两国的民族主义情绪空前高涨。近代法兰西和英格兰的强大始于与腓力二世的抗争。

然而在统治初期，腓力二世在外交事务上似乎相当成功。上文提到，他娶了英格兰女王玛丽·都铎，并与英格兰结成联盟。玛丽短暂地恢复了英格兰教会与罗马教廷的友好关系，在外交政策上也与腓力二世相互配合——也正是因为她的丈夫，加莱城才被法兰西夺走，英格兰也因此而彻底沦为一个岛国（1558）。前文还提到，1559年，腓力二世与法兰西缔结了十分有利的《卡托－康布雷齐条约》，但之后的三十年间，国际形势发生了戏剧性的变化，英格兰和法兰西最终都在西班牙的干涉中得到了喘息的机会。

1558年，玛丽·都铎在郁郁寡欢中去世，没有留下子嗣，她的妹妹伊丽莎白一世（1558—1603）继位。伊丽莎白一世是亨利八世和安妮·博林的女儿。她彻底改变了英格兰和西班牙王室的关系。伊丽莎白一世傲慢跋扈，精力充沛，见识过人，且极具民族主义色彩。她赢得了大臣的信任和人民的尊重，因此常被称作"好女王贝丝"。但事实上，她常常口蜜腹剑、两面三刀，因此被法兰西国王称为基督教世界最大的骗子。腓力二世为了对付这个女人，也不断施展计谋，但都徒劳无功。

腓力二世先是向伊丽莎白一世求婚，但后者十分谨慎，并没有轻易把自己和英格兰交出去。之后伊丽莎白一世宣布皈依新教，更没有表现出任何要帮助腓力二世的意思。腓力二世因此开始密谋推翻她。他偷偷资助违反了英格兰律法的罗马天主教神父，尤其是耶稣会士。他煽动叛乱，甚至计划暗杀伊丽莎白一世。许多针对伊丽莎白一世的阴谋中都有一个中心人物——不幸的玛丽·斯图亚特（1542—1587）。她是苏格兰女王，也是英格兰王位的下一任继承者，且是一名天主教徒。

作为苏格兰斯图亚特王朝和英格兰亨利七世的后裔，玛丽也与法兰西强大的吉斯家族有血缘关系。玛丽·斯图亚特在法兰西宫廷中长大，并嫁给了短命的法兰西国王弗朗索瓦二世。弗朗索瓦二世死后，她于1561年返回了苏格兰。当时年仅十八岁的她发现苏格兰贵族间的派系斗争无孔不入，政府则沦为斗争的牺牲品，而且前一年议会正式宣布苏格兰皈依加尔文宗。玛丽·斯图亚特的温和与智慧还是赢得了贵族的尊重和人民的爱戴。不过在婚姻问题上的一再失策，最终导致她众叛亲离并惨遭流放：她先是嫁给了志大才疏的表弟亨利·达恩利，后又被揭发与谋杀达恩利的浪荡公子博斯韦尔伯爵有一场见不得光的婚姻。玛丽·斯图亚特被迫退位，将王位传给年幼的儿子詹姆斯六世（詹姆斯自幼皈依新教，并将成为英格兰国王詹姆斯一世），自己则去投奔伊丽莎白一世（1568）。她以为英格兰会是她的避难所，但没想到等待她的是监狱。

玛丽·斯图亚特被伊丽莎白一世监禁了二十多年，其间发生了多起颠覆苏格兰和英格兰现任政府的阴谋。玛丽·斯图亚特成为这些阴谋的主角，且每一场阴谋中都少不了西班牙国王的策划和资金。事实上，随着时间的推移，越来越多英格兰人意识到伊丽莎白一世的统治与新教、民族独立和民族繁荣密不可分，所以玛丽·斯图亚特的企图一旦成功，就意味着天主教将卷土重来，西班牙霸权得以复兴，而英格兰的商业前景将毁于一旦。玛丽·斯图亚特的结局就此注定。1587年，这位早已身不由己的苏格兰前女王被伊丽莎白一世下令斩首。

如今，腓力二世的所有图谋都以失败告终，那么他只剩下最后一招——战争。但事到如今，他发动战争的目的还是为玛丽·斯图亚特报仇，同时让英格兰在政治、宗教和商业上都臣服于西班牙的霸权。腓力二世的备战过程和无敌舰队的命运已经家喻户晓，所以无须赘述。1588年，一支所向披靡的舰队从塔霍河河口出发。这是当时基督教世界所能见到的最强大的舰队，包括130艘战舰、8000名水手和19000名焕发着西班牙骑士精神的士兵。在尼德兰，还有亚历山大·法尔内塞麾下33000名经验丰富的士兵所组成的后续部队。但腓力二世还是低估了敌人：他以为自己面对的是一个四分五裂的英格兰。而事实上，英格兰的敌人不是宗教，而是敌对国家，所以天主教徒和新教徒竞相帮助女王。腓力二世面对的是一个团结的英格兰。英格兰舰队的船只相对小，便于操纵，而笨重、行动迟缓的西班牙大帆船根本不是它的对手，因而在战斗中损失惨重。但最终摧毁无敌舰队的还是一场不期而遇的大风暴——大批船只在风暴的裹挟下于苏格兰北部海域触礁沉没，只有不到三分之一的舰船返回了西班牙。

腓力二世对英格兰的大举进攻以失败告终。此后，他继续以不显眼的方式骚扰和刺激伊丽莎白一世。他尝试煽动爱尔兰的天主教徒对抗伊丽莎白一世，最终不了了之。他在尝试组建第二支甚至第三支无敌舰队的绝望尝试中，耗尽了所有的兵力和财力。不过他注定要饮恨而终了，就在他去世的前两年，一支英格兰舰队洗劫了西班牙繁荣的加的斯港，而与英格兰的战争也摧毁了西班牙的海军和贸易。无敌舰队的覆灭，奠定了英格兰的商业霸主地位。

长久以来，人们一直认为16世纪下半叶英格兰和西班牙之间发生冲突的根本原因和主要原因是宗教——即新教和天主教之间旷日持久的斗争的一部分。这种观点或许有一定道理。但近年来，历史学家们普遍认为，这场冲突的主要动机和重要影响本质上与经济有关。自伊丽莎白一世即位起，霍金斯和德雷克等英格兰水手和海盗便对西班牙的贸易和商业进行劫掠：许多满载新大陆的白银和商品的船只本该驶往加的斯港，但在中途遭袭并被拖到了英格兰各港口。女王本人也经常会分得一杯羹，因此倾向于鼓励这种行为。近三十年来，腓力二世一直忍受着商船被劫，殖民地遭袭以及英格兰对叛乱分子的公开援助的痛苦。当他终于意识到，自己在尼德兰和美洲的统治不再稳固时，他派出了无敌舰队。无敌舰队的失败，最终解放了荷兰，这也标志着西班牙丧失了在海洋和新大陆上的垄断地位。

在讨论腓力二世干涉法兰西事务的动机和结果前，我们先要简单了解一下弗朗索瓦一世及其子亨利二世（1547—1559）在位期间，法兰西的局势发生了怎样的变化。亨利二世在位期间，王室的权力迅速膨胀。在查理五世的帝国包围下，亨利二世不仅保住了法兰西的独立，还通过在意大利实施强硬政策以及把疆域扩张到莱茵河，提升了法兰西的威望。亨利二世娶了著名的美第奇家族的成员——凯瑟琳·德·美第奇。这个女人体态肥硕，姿色平平，但不乏野心和智谋，且能力出众。丈夫死后，她施展阴谋诡计，在其三个孱弱的儿子——弗朗索瓦二世（1559—1560）、查理九世（1560—1574）和亨利三世（1574—1589）——统治期间，独揽大权。凯瑟琳认为，她和儿子们的地位一直受到三股势力的威胁：新教徒（胡格诺派）、大贵族和西班牙的腓力二世。

16世纪上半叶，法兰西新教势力一直在发展壮大，直到全国有大约 1/30 至 1/20 的人口不再信仰天主教。然而，新教徒虽然人数不多，但影响力很大，因为这群被称为"胡格诺派"的新教徒大都来自富裕而有学识的市民阶层。他们之前深受历任法兰西国王的信任，被授予了许多要职。因此，胡格诺派代表了一个强大的社会阶层，这个阶层反对王权过度扩张。他们不仅主张宗教宽容，还主张定期召开三级会议，以及由民众代表掌管财政事务。但从国王的角度看，政治上的团结和他们个人的统治取决于国家宗教统一的维持，以及铲除狂妄自大的胡格诺派。弗朗索瓦一世和亨利二世于是对新教徒实施了残酷的迫害。从 1562—1593 年，整个法兰西陷入了一系列宗教战争。

16 世纪下半叶，贵族势力的重新抬头让法兰西的政局变得更加云谲波诡，而所谓宗教战争既是政治战争，也是宗教战争——它们是这一派或那一派贵族向软弱的国王发号施令的结果。尤其是波旁家族和吉斯家族的争权夺利，但任何一方取得压倒性胜利都会给凯瑟琳·德·美第奇的儿子们带来灾难。

波旁家族以王室宗亲自居，因为他们是法兰西国王的直系后裔。他们的血统的确可以追溯至 13 世纪的法王路易九世，但此时他们也不过是王室的远房表亲。只有当在位国王相继去世，且没有直接继承人的情况下，根据法兰西只准男性继承王位的律法，波旁家族的人才可能成为王位继承人。波旁家族的首领叫安托万，他娶了纳瓦拉的女王，也因此成为纳瓦拉国王，只不过这个国家的大部分领土——位于比利牛斯山以南——在 1512 年被西班牙吞并。安托万的弟弟路易是孔代亲王，以勇敢、忠诚和才能出众闻名。

孔代亲王和纳瓦拉国王都是新教徒。

吉斯家族是洛林公爵的后裔，洛林公爵曾追随弗朗索瓦一世。因为洛林当时是神圣罗马帝国的属地，所以吉斯家族的确是一个外来的家族。其家族首领在率军对抗查理五世皇帝、保卫梅茨以及从英格兰手中夺取加莱时所表现出的爱国精神，令吉斯家族在法兰西备受民众的爱戴。吉斯公爵一直是虔诚的天主教徒，而他的弟弟——洛林枢机主教让·洛林统治着多达十二个主教区，富可敌国，成为法兰西最声名显赫的教士。在亨利二世统治期间，吉斯家族的势力达到了顶峰。他们在对外战争中战功赫赫，并鼓动国王迫害胡格诺派。吉斯家族不但扩大了自己的领地，还把家族的一位亲戚——苏格兰女王玛丽·斯图亚特——嫁给了王位继承人。但是在玛丽的丈夫弗朗索瓦二世（1559—1560）即位后不久，吉斯家族就面临着两股势力的夹击：他们的政敌波旁家族及其盟友胡格诺派，以及善妒又诡计多端的凯瑟琳·德·美第奇。

凯瑟琳既担心野心勃勃且势力强大的吉斯家族，又放心不下具有分裂倾向的新教势力。于是在两大家族及其各自狂热的天主教和新教追随者之间，展开了经年累月的混战，而凯瑟琳则左右逢源、见风使舵。这样的流血冲突发生了不下八次。每次冲突结束后，胡格诺派都能获得少许特权，而孱弱的国王则继续坐在宝座上。在凯瑟琳的"清洗"政策下，发生了一起可怕事件——圣巴托罗缪大屠杀（1572）。由于担心正直能干的海军上将科利尼的势力坐大，凯瑟琳联合吉斯家族，并说服优柔寡断的查理九世对新教徒展开大规模屠杀。1572年8月24日深夜两点，以巴黎一教堂的钟声为信号，惨无人道的大屠杀开始了。屠杀在首都持续了一整天，随后蔓延至各省，又持续了几周。科利尼遭到杀害，即使是妇女儿童也未能幸免。据估计，至少有三千人因此丧命，也有人认为有万余人因此丧生。

圣巴托罗缪大屠杀并没有摧毁法兰西的新教势力，也没有吓到胡格诺派的领袖。相反，法兰西的天主教阵营却出现了分裂——一派是吉斯家族的忠实追随者，他们抱怨屠杀没能斩草除根；另一派是常被称作"政略派"的温和派天主教徒，虽然信仰罗马天主教，也会在国王的号令下作战，但强烈反对用暴力或胁迫手段解决宗教问题。政略派具有强烈的民族主义色彩，把法兰西君主国力量的削弱归咎于宗教战争和吉斯家族的不宽容政策。他们因此认为圣巴托罗缪大屠杀不仅大错特错，更是赤裸裸的暴行。

然而政略派的出现并没有让法兰西立即迎来和平，却让原先两大阵营间的冲突演变成三方混战。

经历了多年的政局动荡，再加上凯瑟琳·德·美第奇的儿子们显然不会有直系男性后裔了，法兰西的王位依照法律将由波旁家族首领安托万的儿子来继承。安托万之子波旁的亨利是纳瓦拉国王，也是一名新教徒。这样的结果当然是吉斯家族和腓力二世不愿看到的。1585年，吉斯公爵亨利和西班牙国王腓力二世结盟，后者承诺用军事力量帮助吉斯家族夺取王位。如此一来，西班牙就将控制法兰西政局，进而可以为腓力二世征伐尼德兰和英格兰提供支持。（吉斯公爵的表妹——苏格兰女王玛丽·斯图亚特当时正在被英格兰女王伊丽莎白一世关押。）这一联盟直接导致三个亨利（凯瑟琳·德·美第奇之子——法兰西国王亨利三世，纳瓦拉国王——法兰西王位继承者波旁的亨利，以及受到腓力二世支持的吉斯公爵亨利）兵戎相见。吉斯公爵亨利代表了天主教阵营的极端势力；纳瓦拉国王亨利代表了新教势力；而法兰西国王亨利三世则代表天主教阵营中的温和派——政略派，渴望恢复和平，并愿意实现某种程度的宗教宽容。新教势力和政略派都支持法兰西独立，反对西班牙的干涉。

代表天主教极端势力的吉斯家族虽然很快便控制了亨利二世，但他们在对抗纳瓦拉的亨利时一直没有进展。纳瓦拉的亨利如今获得了政略派的支持和英格兰女王伊丽莎白一世的援手。与此同时，因在其他事务上一再受挫，西班牙国王腓力二世始终无法全身心地投入法兰西的内战，这也让纳瓦拉的亨利获益匪浅。1588年，吉斯公爵亨利被法王亨利三世暗杀，然而这位国王也没有机会证明自己能否驱逐外敌、结束内战，因为他也在1589年遇刺。在弥留之际，他指定纳瓦拉的亨利为继承人。

作为波旁家族中首位登上法兰西王位者，纳瓦拉的亨利以亨利四世（1589—1610）的名号加冕。（诡异的是，纳瓦拉的亨利也同样死于暗杀。）在亨利四世继位后的四年里，他仍不得不继续内战。但在1593年，他放弃新教改宗天主教，这令反叛势力失去了继续反对他的重要口实，叛乱阵营于是瓦解了。然而法兰西国王与西班牙国王之间的战争仍在继续，直到《韦尔万条约》（1598）签订。该条约签订于腓力二世人生的最后一年，并进一步巩固了《卡托-康布雷齐条约》的成果。

腓力二世没能征服或肢解法兰西。他一直没能把对法兰西的战略与对尼德兰或英格兰的战略协调起来。尽管他付出了努力，但法兰西的王冠如今却戴在了他的敌人头上。纳瓦拉的亨利虽然成为新教的叛徒，但给予了"异端"某种程度的宽容。腓力二世的政治和宗教政策的失败，对法兰西来说也不全是负面的结果。西班牙国王的不成功干涉，反而有助于法兰西的独立、民族主义和统一事业。17世纪处于欧洲政治舞台中心的，将不再是西班牙，而是法兰西。

本章虽然用了大量篇幅讲述腓力二世的各种失败，但在本章的末尾还是要提一下他给西班牙君主国带来的荣光：正是在腓力二世的领导下，奥斯曼人的扩张势头首次被遏制住了。

苏莱曼大帝去世后（1566），奥斯曼人继续巩固他们在匈牙利的势力，同时利用其海上力量在地中海四处劫掠。他们长期滋扰西西里岛、意大利南部以及巴利阿里群岛的部分地区。1570年，奥斯曼舰队从威尼斯人手中夺取了塞浦路斯。基督教国家在地中海地区的据点仅剩马耳他和克里特。危急关头，一个拯救意大利的联盟出现了。这个联盟的发起者和倡导者是教皇庇护五世，但热那亚和威尼斯提供了大部分战舰，腓力二世同样出力不少，而其同父异母的弟弟——奥地利的唐·胡安，则担任舰队的总司令。这支联合舰队由208艘战舰组成。1571年10月7日，在希腊海岸线附近的勒班托海湾，联合舰队与奥斯曼的273艘战舰狭路相逢。联合舰队在此役中大获全胜，而奥斯曼战舰几乎全部沉没或搁浅，丧生的奥斯曼人据估计多达8000人。当胜利的消息传到罗马时，教皇庇护五世引用了《福音书》中的名句："有一个人，是神派来的，他叫约翰。"

勒班托海战的胜利具有重要的政治意义。穆斯林的海上势力经此一役后元气大伤，从此止步于地中海，不再继续进犯。事实上，此役可以被视作最后的十字军远征：腓力二世是天主教会和教皇最有力的支持者，西班牙的豪门贵胄几乎悉数上阵，而来自欧洲各地的志愿者更是数不胜数——西班牙著名作家塞万提斯就在此役中失去了一只手臂。自此，西欧国家在一定程度上摆脱了奥斯曼帝国的威胁。

第 三 章

新教革命和天主教改革

1

16世纪初的天主教会

就在五百年前，几乎所有中欧或西欧的居民都自称"基督徒"，并且同属于一个教会——罗马天主教会。1500年的天主教会不同于今天的任何一个宗教团体。首先，孩子一降生便要加入教会，就像如今一个人生来就是某个国家的公民一样；每个人都要遵守教会的教义和行为规范，至少表面上如此，换言之，每个人都被视作天主教会的成员。其次，与今天不同，当时的教会是依靠课税而不是靠自愿捐献来维持运转的；每个人都有义务负担国教的一部分支出。最后，当时的国家会强制要求其子民服从教会；冒犯教会权威者将受到惩罚，英格兰、德意志、西班牙和意大利莫不如此。

但是在1520—1570年的五十年间，在德意志、斯堪的纳维亚、苏格兰和英格兰有大批天主教徒与天主教会分道扬镳，成为众所周知的"新教徒"。低地国家和法兰西改宗的天主教徒数量相对少一些。在1500年以前，还没有新教徒，然而自16世纪以来，中欧和西欧的主要基督教国家便分裂为两大阵营——天主教阵营和新教阵营。我们有必要了解这一分裂的起源和意义，因为基督教和教会在欧洲文明的发展过程中扮演了重要角色，而且自分裂开始，教会和宗教问题就一直受到普遍关注。

我们首先要厘清"天主教"一词，在1500年究竟意味着什么。这个词代表着一种信仰，一种对特定宗教戒律的信仰，而这些戒律被认为是拿撒勒的耶稣在基督时代之初灌输的；这个词代表着道德教化，即向世人传授那些同样来自耶稣的教诲；这个词代表着一个实实在在的组织——教会，据说也是由耶稣一手创立的，目的是教导世人践行他的宗教和道德主张。通过教会，世人可以清楚地知道如何安排尘世的生活，以及为能在来世享受永恒的幸福而净化个人的灵魂。

因此天主教会本身就是一个庞大的人类社会，被认为具有神圣的根基和神意，肩负着比其他任何组织更重要、更崇高的任务。教会和国家各有自己的领域，但几个世纪以来教会一直坚称自己比国家更伟大、更必要。教会成员是所有受过洗的基督徒，也就是几乎中西欧的全部人口。教会的神职人员有固定的等级区分。

位于金字塔最顶端的是罗马城主教，又称教皇。自教会创始之初，罗马城主教就因被视为宗徒长之继承人、圣彼得的继承者而在教会中享有超然的地位，并因此以神圣的首席主教自居。这一宣示在3世纪或者更早的时候便已经得到整个西欧的广泛认同。教皇从一群枢机主教中选举产生，终身履职。负责选举教皇的枢机主教起初只负责管理罗马城各教区，后来通常由教皇从各国拔擢，毕竟枢机主教属于高级神职人员。教皇任命枢机主教，枢机主教选举教皇。一部分枢机主教居住在罗马,连同一众文吏、翻译、律师和特命官员,组成了"教廷",也就是教皇的宫廷,负责处理教会的日常事务。

为了方便管理各地教会的事务,基督教世界按照地域被划分为不同级别的行政单位:(1)宗主教区,由宗主教管理,在诸如罗马、耶路撒冷、亚历山大、安条克和君士坦丁堡等古代基督教中心拥有圣座[1]。(2)宗主教区又被划分为多个总教区,通常以当地最重要的城市为中心,比如米兰、佛罗伦萨、科隆、乌普萨拉、里昂、塞维利亚、里斯本、坎特伯雷、约克,各总主教区的主教被称为"都主教"或"大主教"。(3)总教区再划分为教区——教会的最基本地方管理单位,通常是指一座城市或乡镇及其周边的乡村,教区由主教直接管辖。(4)比教区更小的通常是堂区,管辖一座村庄或一部分城区,拥有自己的教堂和神父。天主教会因此拥有一支等级森严的神职人员队伍,由高至低依次是教皇、枢机主教、宗主教、大主教、主教、堂区神父及其助手——执事。这些神职人员因为身处"尘世",要与三教九流为伍,因此被称作"世俗教士"。

还有一类教士被称作"戒律教士",他们的工作与世俗教士相辅相成。戒律教士由修士[2]组成,即按照特定的规章制度生活的基督徒,他们与世隔绝,要恪守贞洁、贫穷和顺从的誓言,并且尽可能一板一眼地模仿基督的生活。戒律教士由他们所在地方的男修道院院长、(大修道院)副院长、(管辖教区的)大主教或会

---

[1] "圣座"一词源自拉丁语 sedes,指座位或职位。"主教座堂"(cathedral)一词也源自拉丁语 cathedra,指设有主教座位的教堂。——编者注
[2] "修士"一词仅指男性,遵循类似准则的女性常被称作修女。——编者注

长组织管理，除教皇外，世俗统治者无权干涉。戒律教士的一大职责是传教，教会掌管着许多慈善机构和教育机构。随着时间的推移，各种修士团体发展起来，比如以下三种：（1）居住在修道院里的修士，需要下田劳作、抄写手稿和管理当地的学校。这类修士大多数遵循由著名的圣本笃大约于 525 年制定的规章或会规生活，因此这类修士团体被称作本笃会。（2）投身十字军的修士，通常全副武装，照管着与耶稣生平相关的圣地。这类修士团体有圣殿骑士团、马耳他圣约翰主权军事医院骑士团以及条顿骑士团。条顿骑士团后来改变了斯拉夫人的信仰。（3）乞食修士或托钵修士，这些人居无定所，在各地流浪，热衷于布道，依靠施舍维生。这些修士团体在 13 世纪时声名大噪，比如方济各会，秉承其创建者亚西西的圣方济各的教诲，以谦卑和关爱贫苦为宗旨；再者如多明我会（或称"布道兄弟会"），依照其创建者圣多明我制定的规章，全力以赴地投入到传教事业中。托钵修会和本笃会在教育史上占据着重要的地位，而大部分杰出的中世纪学者也都是修士。此外，戒律教士也常常加入世俗教士的行列，成为堂区神父或主教，乃至教皇。

神职人员——主教、神父和执事——构成了大众所熟知的天主教会的神授行政机构。教会的立法权由教皇和公会议把持，但这两个机构都不能撇开《福音书》中确认的上帝的律法，也不能自行创立某种与早期基督教权威相悖的教义。公会议是天主教世界的教长会议，经常涉及公会议决议与教皇本人的决定或指示哪个更权威的问题。（教皇发布的文件有多种称呼，比如"教令""训谕"或者"通谕"。）4 世纪至 9 世纪，在东欧召开的一系列公会议所颁布的各种法令或教规，进一步规范了基督教的教义和教会的戒律，后来由教皇、各地主教和皇帝批准和颁布。12至14世纪，教皇在西欧亲自主持了几次公会议，其间颁布的所有教规都是按照教皇的意愿制定的。但在15世纪初，一些主教和学者发起了一场运动，旨在让公会议的权威凌驾于教皇之上，并成为教会的最高立法机关。为此康斯坦茨公会议（1414—1418）和巴塞尔公会议（自1431年起及之后的数年）试图引入某种代议制形式的管理机构来管理教会（称之为"民主式"可能太过牵强）。教皇极力反对这场运动，并设法在费拉拉-佛罗伦萨公会议（1438—1442）对上述倾向予以严厉谴责。直到1512年，教皇的理论占据上风，天主教徒再次普遍认同教会体制本质上是君主制的。天主教会的法律被称为"教规"，在已制定的几部教会法典中，修士格拉提安于12世纪编纂的《格拉提安教令集》使用最广泛。

现在，我们来归纳一下教皇——也就是罗马城主教——的主张和特权：（1）教皇是最高立法者，有权颁布法令，任何人都无权废止废除，任何公会议未经教皇同意不得颁布任何教规；他还有权豁免个人遵守任何法律的义务，但上帝的律法除外。（2）教皇是基督教世界的最高法官，而教廷应成为整个基督教世界的终审法院，可以接受来自其他国家的上诉。教皇常常亲自担任国际仲裁者，比如介入西班牙和葡萄牙就如何瓜分新发现土地的纷争。（3）教皇是教会的最高行政管理者，有权管理教会的大小事务。大主教只有获得教皇授予的"羊毛披肩"才有资格履职，而当选的主教只有获得教皇批准，才能按照教规就职。教皇有权将主教从一个教区调往另一个教区，有权对出现争议的选举做出最终裁决。教皇可以直接管理戒律教士（修士和修女），可以派遣大使（也就是教皇的特使）前往各国宫廷，以确保其指示得到遵守。（4）除了宗教特权，他还坚称自己拥有一定的世俗权力。他负责为神圣罗马帝国皇帝加冕，有权废黜皇帝或国王，解除其臣民的效忠誓言。如果教皇认为任何国家的法律有损教会的利益，他可以宣布该法律无效并禁止人民遵守。教皇作为罗马城和教皇国的世俗统治者，他在这些领土上行使着与公爵或国王类似的权力。（5）教皇宣称拥有财政权力。为了负担其政府的巨额支出，教皇对罗马城中的某些业务收取费用。他不但有权向所有教区课税，还有权向所有基督徒家庭征收一种小额税金——"彼得捐"。

至此，我们已经对天主教会的组织有了基本的了解。教会的会众以及作为管理者的神职人员，不论世俗教士还是戒律教士，都要服从教皇的领导。但这个庞大的机构为何要存在，又为何会受到人民的尊重、爱戴和奉养？根据教义，教会是遵循神圣的主耶稣基督的教诲，在拯救世人的灵魂。只有教会能够解释基督的教诲，也只有教会能够救赎世人，未加入教会者统统不能获得救赎。（不过有些天主教神学家承认，教会之外的人们也有可能获得救赎。教皇庇护十世因此在《教义问答》中表示："原来那些非因自己的过失，而不知道基督的福音及其教会的人，却诚心寻求天主，并按照良心的指示，在天主恩宠的感召下实行天主的圣意，他们是可以得到永生的。"）救赎世人的灵魂是教会的第一要务。

对灵魂的救赎涉及神学和圣礼体系。接下来我们来解释这两个概念。神学是对上帝的研究。神学想要解释的是：人是如何创造出来的？为什么要创造人？人与上帝之间的关系究竟如何，理论上又当如何？人的命运如何？天主教会最著名的神学家，比如圣托马斯·阿奎那（1274年去世）对基督教的教义、《圣经》、早期基督教著作、教皇和公会议的决议进行了梳理和归纳，建立起一套完整的基督教神学构架，即天主教会的教义和信仰。

圣礼体系在天主教神学中占据非常核心的地位，因为这是灵魂获得救赎的唯一手段，基本上也是教会及其品秩制度存在的目的。据说，圣礼是由耶稣本人创造的，是"透过有形的标记分施无形的恩"。通常认为，圣礼有七种：洗礼、坚信礼、圣餐、忏悔礼、敷油礼、神职授任礼和婚礼。教会以圣礼的方式伴随信徒一生。洗礼，即用清水浇洗受洗者，洗去小孩的原罪和过去的本罪，使其成为基督徒、上帝之子和天国的继承人。施洗者一般为神父，但必要时也可以由其他人来实施。坚信礼，通常由主教通过覆手礼和敷油礼的方式授予年轻人，使圣灵降于其身，成为强壮、完美无缺的基督徒和耶稣基督的捍卫者。忏悔礼，最重要的圣礼之一，旨在赦免受洗后所犯下的罪。为了达到忏悔的目的，忏悔者必须做到以下步骤：（1）审视自己的内心；（2）为所犯的罪感到愧疚；（3）下定决心不再冒犯上帝；（4）向一位神父亲口坦白所犯之罪；（5）得到神父的赦免；（6）在神父的指示下，通过参与特定的仪式来赎罪——去教堂做礼拜、用特定的祷词祈祷或者赈济贫苦。圣餐是主的晚餐圣事，经由神父或主教的祝圣，把面饼与葡萄酒转化为基督的体血（"变体"），然后分给信徒食用。正是围绕着圣餐，弥撒才有了繁复的仪式和典礼，才有了华丽的祭袍、蜡烛、熏香和鲜花，才有了宏伟的大教堂。敷油礼，即神父为临终的基督徒涂抹"圣油"，让信徒的灵魂康健有力，有时也是为了治愈肉体。神职授任礼，是由主教通过按手礼赋予其座下的神父、主教和其他神职人员圣职，从而获得履行圣职的权利和恩典。婚礼是一项不可人为解除的圣礼，男女信徒需要经由合法的基督教婚礼才能结为夫妻。

在七项圣礼中，洗礼和忏悔礼与赦免罪责有关，神职授任礼和婚礼只针对一部分人。洗礼、坚信礼和神职授任礼三项圣礼，每个基督徒一生只能接受一次。坚信礼和神职授任礼由主教主礼，其他圣礼至少需要一位神父来主礼，但洗礼和婚礼在某些情况下可以例外。因此教会举行圣礼时，神父是必不可少的人员。神父负责宽恕忏悔者的罪过，在常规的圣餐中祝圣，以弥撒的形式向上帝献祭。

但无论是神学还是天主教会，在整个基督教时代并非一成不变，在1500年更是如此。虽然受过良好教育的天主教徒坚称一切信仰和宗教活动都间接源自基督，但他们也乐于承认天主教会为了应对各种各样的情况，做出了一些外在改变和机构调整。此外，1500年的天主教会在中欧和西欧取得了显赫地位，但这一过程并非一帆风顺，其地位也并非稳如泰山。纵观基督教的历史，反对重新阐释教义的声音一直存在——许多人坚决不认可教会的教义是神圣的或绝对正确的——同样也有许多人反对教会所主张的世俗权力，因为神职人员和世俗统治者之间的摩擦日益增多。人们常常发现，有些国王在承认教皇的精神领袖和宗教权威以及烧死异端方面唯恐居于人后，但在司法管辖权问题上却处处与教皇针锋相对，还颁布严酷的法令阻碍教皇施展其权力。

随着强大的民族君主国在西欧崛起，双方的矛盾也更加不可调和。一方面,王权决心提升国家地位,不仅要统治贵族和百姓,还要让神职人员俯首称臣。民族国家必须完全掌控每一件世俗事务。另一方面,神职人员坚决捍卫其在各国长期享有的特权,他们认为这些特权是天经地义的。世俗势力和教会势力间的矛盾主要集中在四个方面:(1)主教、修道院院长和其他高级神职人员的叙任权问题。这些职位通常位高权重,握有大片地产,也实际参与政府的管理,因此国王常常主张拥有任命这些职位的权力。另一边,教皇则坚持自己的传统权力,并且常常把持一些重要的主教职位的任命。(2)神职人员的地产和其他财产是否应缴税。神职人员坚称,依照法律他们不必缴税,而且实际上自4世纪起他们就不再纳税了。但国王一方指出,神职人员的财富和国家的支出都在增加,作为国家的一员,神职人员应该为维持国家的运转而纳税。(3)教会法庭。几个世纪以来,教会一直保留着自己的法庭,用于审判违法的神职人员和审理特定的案件——比如遗嘱认证、婚姻关系和亵渎上帝等,这些案件如今都由国家法庭来审理。教皇坚称,各地教会法庭审理的案件可以上诉至罗马教廷。另一边,国王决心用王室法庭取代封建法庭和教会法庭,以此来削弱教会法庭的特权,并禁止案件上诉到罗马。(4)教皇作为公认的教会首脑,应该在多大程度上插手各国的内部事务呢?虽然教皇主张,教皇是教皇权力与权利的唯一裁断者,但一些国家规定,除非获得国王同意,否则禁止在本国公布教皇诏书或接待教皇使节。

民族君主国逐渐争取到一部分叙任权。在英格兰和法兰西,教皇的司法管辖权以这样或那样的方式受到严重限制。在英格兰,教会法庭的权力被削弱（1164）；没有国王的许可，不得向教会赠予财产（1279）；教皇不得指定教职人选（1351）；不得将案件上诉到罗马（1392）。（所有这些反教皇的法令都没能得到很好执行。）14世纪初，法兰西向神职人员征税。教皇谴责了这一做法，但自取其辱——教廷被法兰西国王强行从罗马迁至阿维尼翁，并在那里被法兰西统治者操纵了近七十年（1309—1377）。1438年，法兰西国王查理七世颁布的《布尔日国事诏书》，宣告了"高卢教会的自由"——公会议的权威高于教皇，教皇不能干涉神职的选举，也不能对法兰西境内的主教区征税。该诏书不出意外地遭到了教皇的谴责。在此诏书颁布后的七十五年里，法兰西天主教会和法兰西国王的关系一直很紧张。

世俗统治者与教会之间类似的冲突在所有基督教国家都普遍存在。但相比其他国家，西欧君主国强大的国力和民族主义精神使之有能力进一步遏制教皇的权力。尽管在世俗事务上存在冲突，有时还很激烈，但英格兰和法兰西的统治者从未真正质疑过教会和教皇在宗教和精神领域的权威。1500年，天主教会仍对整个中欧和西欧的宗教事务有绝对的统治权。

只不过，即使是天主教会的宗教权威，也不止一次受到质疑和抵制。最初，西亚、北非和东欧都信奉统一的基督教。但在1500年，上述的地区已经脱离了天主教会的势力，而"天主教"一词只适用于西欧语境。造成这一局面的原因有二：基督教大分裂和伊斯兰教崛起。

东欧脱离天主教会源于5—11世纪基督教日益扩大的分裂。东正教会在做礼拜时使用希腊语，而西欧采用拉丁语。前者更依赖国家，后者更为独立。二者在教义上也出现了细微差别。东正教会认为教皇的权力名不正言不顺，而天主教则指责东正教牧首背叛了教皇，破坏了基督教的统一。一些弥合西方天主教和东方东正教分歧的尝试也不太成功。1500年，希腊、巴尔干半岛和俄国的基督徒不被承认是教会成员，并被教皇指责为宗派分子。

但对天主教徒而言，穆斯林的威胁远远超过了东部的宗派分子。伊斯兰教的开创者穆罕默德，生活在7世纪初的阿拉伯半岛，被尊为受到真主启示的先知。著名的伊斯兰教典籍《古兰经》便收录了这位先知的教诲，从中可以找到伊斯兰教的戒律。伊斯兰教迅速发展壮大：在其创立者去世后的一百年里，伊斯兰教征服了西亚和北非，并在西班牙暂时站稳了脚跟；之后伊斯兰教不断向东传播，席卷波斯和土耳其斯坦，并传入了印度；同时向南传播，进入中非。在14、15世纪，正如我们所见，伊斯兰教势力占据了君士坦丁堡、巴尔干地区、希腊和匈牙利部分地区，威胁着德意志和地中海沿岸的基督教国家。

即使在西欧，天主教会也时常面临"异端"的挑战。"异端"是指那些虽然受洗成为基督徒，但拒绝接受天主教的正统教义者。比如历史上有名的阿里乌斯派，因拒绝承认耶稣的神性而受到谴责，最终在教会的全力镇压下才偃旗息鼓。12、13世纪时，法兰西南部的阿比尔派因抨击圣礼体系和教会组织，遭到武力镇压。14世纪时，英格兰的约翰·威克里夫和波西米亚的约翰·胡斯都宣称，在基督徒个体和上帝之间不需要教士作为中介，而教会的圣礼无论多么可取，本质上都不是救赎所必需的。威克里夫的英国追随者被称作"罗拉德派"，在信奉正统教义的英格兰国王的严厉正统统治下，他们很快就被火与剑铲除了。长期对抗教皇的胡斯派，作为异端则坚持到了 1500 年。

除了上述这些异端和犹太人（想了解犹太人在中世纪和近代的情况，可参阅伊萨多·辛格所著《犹太百科全书》的第 12 卷），还存在着许多所谓怀疑论者。这些人表面上信奉天主教义，但内心却质疑甚至嘲讽基督教的本源。他们本质上是无宗教信仰者，但他们所受的迫害似乎比异端要少。15 世纪时，许多意大利的人文主义者都公开承认自己是怀疑论者。

2

宗教改革

前面提到，1500 年以前，国王与教皇就各自的世俗权力发生了许多冲突。同样，不同的人也对天主教会的权威和教义产生了严重怀疑。但直到 16 世纪，这两股势力才在反抗天主教会的问题上统一起来：德意志、斯堪的纳维亚、苏格兰、英格兰、低地国家和法兰西的部分基督徒，成功地反抗了教宗君主制的统治，通常在世俗君主的庇护下建立起了自己的宗教组织。这些宗教组织被称作"新教"，而这场运动被称为"宗教改革"。宗教改革在1520—1570 年之间发端并实际完成。

与拥有上千年历史的宗教和教会突然决裂，这种举世瞩目的变化是政治、经济和宗教层面的原因共同作用的。在政治层面上，长久以来，宗教权威和世俗权威之间的冲突愈演愈烈，宗教改革不过是这种冲突的又一次升级。毫不夸张地说，在16世纪前的好几百年中，天主教会并不像今天这样只是一个宗教组织，它还拥有巨大的政治势力，也因此很容易与其他政治组织发生摩擦。前文已经提到，天主教会在西欧和中欧各国拥有完善的组织体系，其神职人员——教皇、主教、神父和修士——均不效忠于世俗政府；教会拥有大量的土地和庄园，且通常不必纳税，实际上也不在世俗政府的管辖范围内；教会有独立的强制性收入，其神职人员只接受教会法庭的审判，而教会法庭还可以随心所欲地受理某些类别的案件。在世俗政府力量还不够强大的时期，比如在5—12世纪，教会的这种政治管辖就十分必要，这也是民心所向，教会也因此成为维持基督教世界团结的主要力量以及古罗马帝国普遍统治权的真正继承者。

但世俗统治者逐渐消灭了封建割据状态。由于非宗教人士的政治野心不断膨胀，加之地方自豪感上升为民族主义，到了1200年，民族君主国理念开始生根发芽。上述趋势我们已经在开篇论述过了：英格兰、法兰西、西班牙和葡萄牙在16世纪伊始已经发展成为强权，其政府组织完善、王权强大，治下的人民也焕发着民族主义精神，民族语言和民族文学已经发展成熟并独树一帜。这种民族君主国唯一需要完善的，就是将教会完全置于王权之下。专制君主早就渴望把教会的财富和影响力收为己用，他们对教会名下的土地、税收和法庭虎视眈眈。虽然意大利、尼德兰和德意志尚未发展出统一的强大君主国家，但许多民族主义者已将之视作必由之路。他们认为主要的障碍是以教皇为首的罗马天主教会。从政治角度看，宗教改革是民族主义情绪高涨的产物，而这种情绪与天主教会传统的那种四海一家或普世观念格格不入。宗教改革反映了民族主义与天主教的对立。

在经济层面，引发宗教改革的原因主要有两个。第一，天主教会积聚了巨额财富，令许多人垂涎三尺，尤其是国王和诸侯。第二，教会行政机构的财务腐败，给普罗大众带来了沉重的负担，也令教会声名狼藉。我们将就此展开说一说。

16世纪伊始，许多主教和修道院院长的财富和权力与世俗大领主并无二致：他们拥有大片领地——在德意志，他们占据整个国家的三分之一，在法兰西是五分之一，等等；同样被仆从侍应前呼后拥。这些人大都是贵族之子，他们在父辈的运作下成为主教，这是为了确保其获得优越的地位。即使是修士，有些也是贵族出身，过着非常世俗的生活，他们常常居住在奢华的修道院里，从不知道"贫穷"是何意。天主教会的大量地产和巨额收入自然引来了王室和诸侯的觊觎，他们利用一切可乘之机把教会财产收入囊中。后来，这种巧取豪夺被委婉地称作"世俗化"。

另一方面，普罗大众开始对教会征收的苛捐杂税心生不满，比如农民和工匠。越来越多的人抱怨教会浪费了他们的血汗钱。民众普遍指责罗马教廷压榨他们，在德意志尤其如此。因为无论是主教、修道院院长，还是最普通的神父，每个神职人员都有权领取"圣俸"，即该职位治下土地的收入。领到圣俸后，神职人员需要缴纳一种特别税——"首岁捐"（annate，即"圣职首年收入"，职禄献金），相当于其一年的收入，这笔钱当然同样来自其领地上的农民。教皇会留一些肥缺奖赏"自己人"，而这些人多为意大利人且往往不会真的赴任，所以只是白拿"圣俸"。于是，百姓不但要供养远在天边、挥霍无度的异国教士，有时还要再交一次税以奉养本地教士。此外，大主教为了获得身上的羊毛披肩，还要给教皇支付一笔巨款。办理各种许可以及审理案件，都可以巧设名目收费。大量钱财流向阿尔卑斯山以南，但羊毛始终出在羊身上，至少在德意志盛行着一种说法：教皇和教廷从老实的德意志基督徒身上榨取财富，荒淫无度的意大利人则趁机中饱私囊。

15世纪至16世纪初，教会机构的确存在严重的财务腐败。一项起草于1438年的德意志教会改革计划宣称："什一税、捐税、罚款、绝罚令和通行费统统压在用汗水养活所有人的农民身上，真是天理难容。"在"1508年出现的一本鼓吹末世的小册子的封面上，展示了一个颠倒的教会，农民在主持圣礼，而一旁的神父则在扶犁耕作，修士在驱策马匹"。事实上，德意志的所有社会阶层——王公贵族、市民、骑士和农民——在经济上都对教会心存不满，在许多地方，各阶层已经准备联合反抗教皇了。

虽然我们强调了政治和经济原因在这场运动中的重要性，尤其是后者，但也不要轻视宗教原因。这场革命之所以成功，是因为许多国王、贵族和百姓，为了自身的政治和经济利益，相互结成了实实在在的、强大的宗教改革派联盟。要摧毁教会的统治，不仅需要民怨，也少不了教义分歧。

在16世纪，几乎所有有识之士都意识到了天主教会的腐朽。与教廷有关的丑闻在16世纪闹得沸沸扬扬，好几位教皇过着荒淫无度的生活，买卖圣职（出售教会职务）、任人唯亲（在用人时偏袒亲戚）的现象早已屡见不鲜。教会的肥缺常常由意大利人获得，但这些人几乎从不赴任——有人可能获得了好几个意大利以外教区的主教任命，却依然留在罗马享乐。利奥十世是宗教改革发轫时的教皇。作为洛伦佐·德·美第奇（人称"伟大的洛伦佐"）之子，他在七岁时就被任命为神父，十三岁时被任命为红衣主教，因此很快便富甲一方并爬上了高位。利奥十世挥金如土、穷奢极欲，因此不得不想方设法敛财：他创设了许多新职位以供出售；他通过出售赎罪券、庆祝禧年和增加税收来提高财政收入；他还通过抵押教廷的家具、餐具、祭服上的珠宝，甚至圣徒雕像来筹款——他的死导致好些银行和众多放债人破产。

罗马教廷的堕落也反映在众多低级教士的身上。15世纪的一位教皇认为，一个地位显赫的红衣主教的奢靡生活便可以代表整个教士阶层的荒淫无度，尤其是在德意志。他说："这些荒唐行径激起了人们对整个教会的痛恨。如果不加以改正，恐怕信徒就会像他们所声称那样，效仿胡斯派去攻击神职人员。"他还预言，如果德意志的神职人员不有所收敛，即使波希米亚的异端遭到镇压，也很快会有更危险的新异端出现："他们会说，神职人员已经无可救药，而且冥顽不灵。当他们觉得我们不会有改过自新的可能时，便会发起攻击。人们都在等待着，悲剧似乎即将到来。他们对我们的痛恨与日俱增，很快就会迫害和掠夺我们，并认为此等行径是上帝认可的，因为我们同时受到上帝和人类的憎恶，是最邪恶之人。对圣职仅存的一点敬畏之心也将荡然无存。罗马教廷会被视作罪魁祸首，由于教廷也没有采取必要措施来纠正这些罪恶之举，所以成为万恶之源。"众多有识之士也认为，对教会进行思想道德改造是十分必要的。

对神职人员妄自尊大和愚昧的批判，同样得到了当时大多数饱学之士和人文主义者的响应。民族主义者、四处流浪的学者乌利希·冯·胡登骑士，写出精妙的讽刺作品《蒙昧者书简》，收获大批读者。该作品讽刺了修士的无知，以及教廷对德意志的横征暴敛。

同样，伟大的人文主义学者伊拉斯谟（1466—1536）写出了著名的《愚人颂》，对神学家和修士竭尽讽刺之能，抱怨愚昧的人们认为宗教只是朝圣、向圣人祷告和崇拜圣徒。伊拉斯谟主张解散修道院，结束神职人员的统治，清除所有丑陋的腐败现象。他想让基督教恢复早期的精神面貌。1516年，他整理出版了《新约》的希腊文版和新拉丁文译本，并在注释中毫不留情地批判了那些钻牛角尖的神学家。

在整个15世纪以及16世纪初，常常能听到学者、诸侯和平民谈论教会"改革"的必要性。这并不意味着革新传统，而是要复兴传统。在很长一段时间内，最令人关注的问题并不是剥夺教皇的权威、变革教会体制或更改教义，而是整肃神职人员和制止意大利神职人员从其他国家敛财。

然而到了16世纪，以路德、克兰默、茨温利、加尔文和诺克斯为代表的宗教领袖，比伊拉斯谟和大多数人文主义者更激进：他们口中的"改革"不仅指严肃风纪，更意味着与天主教会的权威和教义的公开决裂。这些改革者推崇的新神学，主要源自威克里夫和胡斯等异端的观点，直接以《圣经》文本作为基础，而非教会的教导。因此就宗教本身而言，宗教改革爆发的原因如下：第一，天主教会的腐朽；第二，天主教神职人员的堕落受到广泛的口诛笔伐；第三，一些宗教领袖主张以新的教义和仪式代替旧的，其理论依据应是《圣经》文本，而非中世纪教会的各种成规。

由于政治、经济和宗教方面的原因，在1520—1570年，北德意志、斯堪的纳维亚、尼德兰北方、瑞士大部、苏格兰、英格兰以及部分法兰西和匈牙利，都摆脱了这个具有上千年历史、被称作天主教会的庞大宗教和政治组织。"新教徒"一词最初特指神圣罗马帝国境内马丁·路德的追随者——1529年，马丁·路德抗议在施派尔召开企图阻止宗教变革的帝国议会。但之后这个词成为历史学家和普罗大众的通俗用语，指的是所有否认教皇权威且不隶属于东欧东正教的基督徒。

新教在16世纪出现了三大分支——路德宗、加尔文宗和盎格鲁宗。我们有必要简单讲述一下这三个主要宗派的起源和发展。

3

路德宗

路德宗得名于伟大的使徒——马丁·路德。1483年，路德出生在艾斯莱本的一个贫苦家庭，其祖上都是农民。马丁·路德从小就展现出爱冒险、固执的个性，不喜欢人云亦云。他天资过人，喜欢刨根问底。马丁·路德曾就读于爱尔福特大学，并在这里了解了人文主义运动。1505年，年轻的马丁·路德加入了一个托钵修会——圣奥古斯丁修会，住进了修道院。1508年，路德和其他一些修士被派往维滕贝格，在当地一所由萨克森选帝侯刚创立不久的大学任教。几年之后，路德被任命为学校的神学教授。

马丁·路德在维滕贝格很受欢迎。他在讲课和布道期间，从使徒保罗和圣奥古斯丁的著作中引申归纳出一些重要的教义，并与天主教会的传统观点大相径庭——他对于世人如何获得永恒救赎有了新的见解。我们知道，根据传统，基督徒获得永恒救赎的唯一途径就是通过教会，而且还必须完成一定的"善功"。然而路德认为，从上帝的角度看，人是没有能力做任何善功的，只能通过信仰上帝获得救赎。换句话说，马丁·路德将他的"因信称义"学说与普遍接受的"因信称义和善功称义"信仰对立了起来。

当时路德还没有想过否定教会的权威。事实上，他1511年前往罗马的时候，还是一个虔诚的朝圣者，而非吹毛求疵的批判者。但1517年发生的一件事，导致他和教会在教义方面产生了严重分歧。那年，教皇派遣一个名叫台彻尔的修士，在美因茨大主教区兜售赎罪券。根据天主教的神学理论，赎罪券可以赦免人因为犯罪而遭受的炼狱惩罚，并且只能由教会发放。只需要告解和上交一笔钱，就能得到赎罪券。路德认为，此举是对基督教教义的亵渎和对穷人的欺骗，于是写下了著名的《九十五条论纲》，张贴在维滕贝格教堂的大门上（1517年10月31日），以示反对。

《论纲》以拉丁文写成，显然只是为了在知识分子中传播。但文本很快便被翻译成德文，在德意志各阶层中广泛传播。路德的基本原则——"因信称义"，与支撑赎罪券的善功理论形成尖锐对立。路德写道："真心悔改的基督徒，不需要赎罪券，就能获得上帝的完全宽恕。这种发自内心的悔改是基督对每个人的要求。"路德的观点引发了整个德意志的激烈讨论。随着讨论的深入，感兴趣者也越来越多。教皇起初并没有把这件事放在心上，他认为这不过是修士之间的争吵罢了。但随着事态的发展,他不得不传唤路德到罗马接受审判。萨克森选帝侯此时出面干涉,劝说教皇不要向路德施压。

路德宗教思想的下一个重要发展,是源于1519年莱比锡的一场辩论。他和著名的天主教卫道士约翰·埃克就教皇的权威问题进行了论战。老谋深算的埃克设法让路德承认,他的部分观点,尤其是个人可以与上帝直接建立关系而不需要教会作为媒介的观点,与一个世纪前的约翰·胡斯所见略同。但约翰·胡斯的观点早已遭到教皇和康斯坦茨公会议的共同谴责。于是乎,路德相当于承认,在他看来公会议和教皇可能都错了,罗马天主教会也失去了神圣权威。

现在摆在路德面前唯一的路,就是与天主教会决裂。他在1520年走上了这条路,他接连发表了三篇檄文,严厉抨击了教会的权威。在第一篇《告德意志基督教贵族公开书》中,路德指出,基督教神职不具有天然的神圣性,应立即取消神职人员的特权;他还劝说德意志诸侯,摆脱外国的控制,并呼吁他们关注教会的财产和权力,因为这些财产和权力归于诸侯或许更加妥当。在第二篇《教会被掳于巴比伦》中,他质疑了教皇和整个圣礼体系。第三篇《论基督教徒的自由》则包含了路德新神学思想的核心:救赎不是通过圣礼和善功就可以达到目标的苦修,而是一种状态——"人一旦对自我努力感到彻底绝望并全身心地相信上帝的保证,就能找到自我。"路德认为,人既然完全依赖于上帝的恩典,那么教会就是多余的了。

路德对教会的大肆批判,致使教皇革除了路德的教籍,并于次年（1521）鼓动在沃尔姆斯召开的帝国议会宣布路德为罪犯。但是这个离经叛道之人平静地烧毁了教皇诏书，并得到了萨克森选帝侯的保护。他立即投身于《圣经》德语版的翻译工作。该版本非常受欢迎，现在依然被誉为德意志文学史上的一座丰碑。（1466年《圣经》首次被翻译为德语出版。在1522年路德发表自己所翻译的《新约》前，当时至少已有十八个德语版本问世，其中包括四个低地德语版本。）

之后的几年中，路德的思想在德意志的北部和中部广泛传播。路德之所以能成功反抗教皇和皇帝，并让自己的学说快速普及，原因不难理解。宗教改革本质上是一场民众运动和民族运动。虔诚的基督徒渴望简洁的教义和易于理解的救赎方式，自然会被路德的神学理论吸引。诸侯们早已觊觎教会的土地和财产，当然会欢迎路德的理论。民族主义者更是早已厌倦了异族的控制和腐化，并将之完全归咎于罗马教廷，成为路德学说最大的拥护者也顺理成章。另一边，神圣罗马帝国皇帝查理五世虽然是个虔诚的天主教徒，但因对外战事和各种治理方面的难题而分身乏术，无暇腾出手来消灭德意志的这些异端。最后，路德的个性也帮助他有效地领导了这场运动——他孜孜不倦地利用小册子、信件和大快人心的言语来向整个德意志灌输自己的思想，睿智地将追随者团结在自己的旗帜下，并且总是表现得无所畏惧、一往直前。于是乎，诸侯、市民阶层、工匠和农民携起手来，共同支持宗教改革。

只不过农民支持的方式太过暴力，违背了路德和诸侯的初衷。德意志农民对旧秩序的痛恨，使得他们比骑士和市民更加有的放矢。因为至少一个世纪以来，他们的处境由于某些原因而每况愈下。

赋税和其他负担不断加重的同时，皇帝保护他们的能力却在减弱。他们受到其他阶级的剥削，尤其是高级教士。因此，在社会和经济状况的促使下，15世纪后半叶，德意志爆发了多次农民起义，这些起义几乎定期在德意志西南部爆发。领导起义的组织被称作"鞋会"——农民们将一只鞋系在杆子的顶端，作为举事的标志。当路德劝说诸侯攻击教会，夺取其领地，以结束其腐化堕落时，农民们真的相信了他的话，并十分乐意将他的建议付诸实践。

路德的新教义对农民们而言或许太过阳春白雪，但他们自认为理解了其意图。那段时期的宗教动荡造就了大批狂热分子（他们中的许多人都坚决维护基督徒自行解释《圣经》的权利，且在这一点上比路德更加坚定。由于他们普遍否认为婴儿施洗的效力，主张洗礼应在信徒成年后再进行，因此常被后世称作"再洗礼派"。许多"再洗礼派"谴责宣誓和死刑；一些人主张财产公有，甚至有人主张"共妻"。在1525年去世的织布工尼古拉斯·斯多奇，与同样死于1525年的路德宗布道家托马斯·闵采尔，可能都曾向农民广泛传播这些教义。路德强烈谴责过"再洗礼派"）。在他们的煽动下，农民们再次拿起武器反抗封建压迫。从农民们的纲领性文件《十二条款》可看出，他们的诉求事实上很温和，如果放在当下，这些要求无论在哪里都会被视为理所应当。他们的要求包括：废除农奴制；拥有狩猎和捕鱼自由；为劳役支付报酬；禁止滥施刑罚。只要农民把矛头对准天主教会，路德就与他们站在同一阵线。但1524年爆发了一场起义，蔓延到德意志中部和南部。农民们不只反对天主教神职人员，还包括了世俗领主——其中许多已是路德宗信徒。路德预见到，自己开创的新宗派将会因农民与贵族间

第三章　新教革命和天主教改革

的撕裂而受到严重威胁。最终,路德选择与贵族站在一起——毕竟他能从贵族那里获得更多。路德对某些起义者的暴行感到震惊。他一面请求人们对他的离经叛道表示宽容,一面又把矛头指向起义的农民,诅咒他们生前和死后都无好报。〔路德尤其谴责"再洗礼派",把农民起义都归咎于他们。虽然"再洗礼派"的信徒遭到血腥镇压,但"再洗礼派"并未销声匿迹。皮货商梅尔基奥尔·霍夫曼四处游历布道,令"再洗礼派"开始在德意志北部和尼德兰传播开来。1533—1535年,在德意志西部的重镇明斯特,伴随着大量流血和个人的肆意妄为,"再洗礼派"占据了优势地位。路德早年的同道和后来的死对头——卡尔斯塔特(1480—1541)将再洗礼派的教义变得更加温和。随着时间的推移,这个教派带上了些许加尔文宗的色彩。〕他请求诸侯联合起来,镇压这场起义:"不管是谁,把他们打死也好,勒死也好,刺死也好,都行,可以在大庭广众之下,也可以在看不见的地方!"

1525年,农民起义被以最残酷的方式镇压了,其间大约有五万人白白丧生。起义导致封建领主的权力变得比以往任何时候都要大。当然在某些地方,农民的境遇有了微弱改善,特别是蒂罗尔和巴登。但其他地方的情况正好相反——在之后的两个多世纪里,德意志农民的生活比欧洲其他地区更悲惨。而在德意志中部和南部的农民中,路德的影响力大幅下降。他们厌恶了这个背弃他们的人;许多之前一直摇摆不定的天主教诸侯,被起义所震慑,认为是路德呼吁宗教改革导致了这样的局面,所以果断地重回教会阵营。农民起义严重阻碍了路德宗的进一步传播。

1526年,神圣罗马帝国议会在施派尔召开,德意志诸侯分裂为路德宗阵营和罗马天主教阵营，新教的合法性并没有获得保证，只有一个模糊的声明：呼吁各诸侯不要辜负上帝和皇帝。1529年帝国议会再次在施派尔召开。皇帝宣称要切实执行那些针对异端的法令，同时规定天主教会的收入不得用于发展新教。路德宗诸侯于是起草了一份法律抗议书，声明他们只会遵守1526年的法律，"新教徒"因此得名。

1530年，路德的挚友麦兰顿，向在奥格斯堡召开的帝国议会呈递了一份陈情书，主要是阐明德意志宗教改革派的信条，就是后世闻名的《奥格斯堡信纲》，其中包括路德宗独具特色的教义。然而，皇帝依然怀疑宗教改革派教义的真实性和价值，宣布要以武力铲除异端。

在此等困境中，路德宗诸侯在施马加登结为军事同盟，互相保护（1531）。1546—1555年，内战断断续续地进行。新教徒获得法兰西国王的一些援助。法王出于政治原因，决心羞辱帝国皇帝。最终，《奥格斯堡和约》（1555）结束了教派冲突。该和约包括以下条款：(1)诸侯可自行决定其臣民的信仰（教随国定）；(2)1552年之前被新教徒占有的教会财产可以保留；(3)除路德宗之外，禁止其他任何形式的新教派；(4)采邑主教治下的路德宗信徒不必放弃自己的信仰；(5)根据"教产留置条款"，采邑主教成为新教徒后必须放弃自己的教区。

1520—1555年间，马丁·路德（于1546年去世，享年六十二岁）宣扬与天主教传统教义相矛盾的新教义，并在整个德意志北部得到广泛认同。1530年，路德宗的教义固定下来。1555年，路德宗得到官方的宽容，然而这种宽容仅限于诸侯间。多年来，路德宗统治者在其领地上表现出的狭隘和不宽容与天主教统治者无异。

路德宗在斯堪的纳维亚国家的胜利大都是源于政治和经济因素。当马丁·路德与天主教会决裂时，当选的丹麦国王克里斯蒂安二世（1513—1523）正统治着丹麦和挪威，且刚刚用武力征服了瑞典。虽然国王与教会之间存在一些政治矛盾，但他依然信仰天主教，认可教皇在精神领域的权威。但克里斯蒂安二世的大多数子民令他束手无策，尤其是具有民族独立意识的瑞典人，一直渴望获得独立。在一场大规模的起义中，国王最终丢掉了王位。很快，瑞典便决绝地脱离了丹麦和挪威。瑞典人推选著名的古斯塔夫·瓦萨（1523—1560）担任他们的国王。而丹麦和挪威的王冠传给了克里斯蒂安二世的叔叔，史称弗雷德里克一世（1523—1533）。

在丹麦，弗雷德里克一世非常渴望加强王权，而马丁·路德宣扬教会要服从王权，似乎正合他意，绝对比刚愎自用的天主教会要好。但弗雷德里克一世意识到，他的人民对天主教会有很深的情感，改变必须循序渐进。于是，他从德意志招揽路德宗教师，并把他的宫廷作为新教义的宣传中心。路德宗教师的传教工作大有成效，至1527年，国王已经能在法律上平等对待两个宗派。1533年，弗雷德里克一世去世，天主教徒决心阻止其子克里斯蒂安三世继位，因为克里斯蒂安三世不仅是众所周知的路德宗信徒，更是尽人皆知的绝对主义者。

丹麦民众对王权专制统治的抵制并没有成功。1536年克里斯蒂安三世顺利继位，这标志着天主教在丹麦和挪威的式微。天主教会的主教们失去了他们在世俗和宗教方面的权威，并"为了民生福祉"要把所有财产都转移至国王名下。在与路德讨论后，1537年，路德宗被丹麦奉为国教。但天主教在丹麦并没有迅速消亡。许多农民和高级教士憎恨这种变革。斯堪的纳维亚当时最重要的学者和人文主义者赫尔格森就对这种新秩序大加挞伐。但王权仍在逐渐加强并取得了胜利。整个16世纪下半叶至17世纪的前二十五年，由于没收了教会财产，丹麦国王的财政收入大增，而丹麦也成为斯堪的纳维亚半岛的霸主。同时，民族主义也逐渐与路德宗交织在一起。

在丹麦和挪威，新教的成功与国王的努力密不可分，瑞典也是如此。在一个民族主义党派的努力下，古斯塔夫·瓦萨获得了瑞典王位，但以乌普萨拉大主教为首的亲丹麦派的实力仍不容小觑。这一派主张与丹麦维持联合。为了除掉其首领，古斯塔夫请求教皇罢黜这个与他为敌的大主教，并指定一位认同民族大义者担任此职。教皇断然拒绝了这一请求，古斯塔夫于是与罗马教廷有了嫌隙。古斯塔夫成功镇压了国内的零星反抗，接着毅然决然地引入了新教。新教的推广非常缓慢，尤其是在农民中，而其最终能成功，很大程度上是因为强势的国王和顺从的议会。

起初，古斯塔夫依然信守天主教的教义和礼仪。他只是压制修道院，把教会的什一税收入的三分之二纳入国库，并推广更通俗的瑞典语版《新约》。1527年，教会的全部财产都被转移到国王名下，两名天主教主教被残忍处决。与此同时，路德宗教师开始入驻瑞典，1531年，首位信奉新教的乌普萨拉大主教被推选出来。自此，路德宗在瑞典以更快的速度发展壮大，尽管在16世纪下半叶遭遇过几次天主教的反扑。1593年，《奥格斯堡信纲》被奉为瑞典教会的信条。1604年，天主教徒不但被剥夺了职务和产业，还被逐出了瑞典。

4

加尔文宗

16世纪出现的第二类新教是当今长老会、公理会和归正宗的前身，曾一度对美国盎格鲁宗、浸礼宗甚至路德宗的神学教义产生过重大影响——我们通常称之为加尔文宗。要了解加尔文宗的崛起和传播，我们可以从其两位伟大的使徒——加尔文和诺克斯——的人生经历谈起。不过首先我们有必要介绍一位年代更早的宗教改革者——茨温利。他为加尔文在瑞士各州的工作奠定了基础。

16世纪的瑞士由十三个州组成。各州理论上都是臣服神圣罗马帝国的封臣，但实际上却是一个个独立的共和国，彼此之间仅仅依靠一些保护性条约绑定在一起。1516年，在施维茨州的艾因西德伦镇，出现了一个名叫乌尔利希·茨温利的天主教神父。他比路德年轻一些，家境优渥，在维也纳和巴塞尔接受了良好的大学教育，当时担任神职约有十年了，虽然有时候他对人文主义所表现出的兴趣要远超传统教义，但很少有人怀疑他是异端，因为他长期领取圣俸。

茨温利对罗马教会的抵制似乎很大程度上始于政治——他极力反对外国统治者雇用瑞士人做雇佣兵，并且痛斥教会从这种无耻交易中牟利，他还持续抨击教会的各种腐化行为。但是直到1518年当选苏黎世大教堂的神父后，茨温利才开始旗帜鲜明地否定教皇的权威，他宣称《圣经》是信仰和道德的唯一指南。他在布道中反对斋戒、崇拜圣人和神职人员的禁欲原则。一些听众开始将他的教义付诸实践：他们亵渎教堂，破坏圣像，砸碎教堂窗户，烧毁圣物。茨温利自己也娶了个妻子。

1523年，教皇要求苏黎世罢黜茨温利，结果苏黎世正式宣布脱离天主教会。自此，反抗的火焰开始在整个瑞士快速蔓延，但五个森林州除外。作为整个国家的中心，天主教传统在当地依然根深蒂固。一些人努力想让茨温利的追随者和路德的追随者结成统一阵线，以对抗共同的敌人——天主教会，但路德宗和茨温利的观点之间存在着不可调和的矛盾。从1523年茨温利在苏黎世发表的《六十七条论纲》就可以看出，茨温利比路德更强调《圣经》的最高权威，与天主教会的决裂也更坚决、更彻底。茨温利要对国家体制、社会风纪和神学进行根本性改革：他憧憬着建立一个"理想国"，在那里，人民的政治活动和宗教活动都在民主的指导下进行。茨温利与路德的本质区别是，他从未怀疑过"人民"。这位瑞士宗教改革派的最独特之处或许是他认为圣餐仪式不是神迹，而仅仅是一种象征和纪念。

1531年，茨温利鼓动瑞士新教徒用武力转变五个森林州的民众的信仰。在他的鼓动下，内战随即爆发。只不过信奉天主教的山地居民大获全胜，茨温利自己也因此丧命。交战双方于是签署了休战协定。这个停战协定仿佛是德意志宗教协定的预演——各州可自行决定其信仰。时至今日，瑞士人仍部分信奉天主教，部分信奉新教。

茨温利死后，瑞士的新教徒群龙无首，但局面很快就有所改观，因为1536年声名更响亮的加尔文在日内瓦定居。从那时起直到1564年去世，加尔文一直是瑞士宗教改革的中心人物。这场运动从瑞士群山中的一小群茨温利追随者开始，不断向四面扩散，其影响的国家和人口超过了路德宗。加尔文宗即将成为天主教最大的死敌。

约翰·加尔文，法兰西人，他是继马丁·路德之后，16世纪最声名显赫的宗教改革家。1509年，加尔文出生在皮卡第省努瓦永的一个市民阶层家庭，从小就立志成为一名神职人员。他后来得到教会的资助，得以前往巴黎求学，并在学习期间展现出神学和文学方面的天赋。然而十九岁时，他在父亲的建议下，放弃了成为神职人员的念头，打算做律师。年轻的加尔文为此又学习了几年法律。

据说在1529年，加尔文突然经历了"信仰转变"。虽然法兰西还没有出现针对天主教会的有组织的宗教改革运动，但和许多国家一样，也充斥着天主教会批评者。成千上万的法兰西人支持改良教会，无论是通过教化、道德感召还是布道。路德宗赢得了一些皈依者，各地也出现了一些宗教狂热分子。最为关键的问题是应该在传统的教会内寻求改革，还是通过反叛教会来实现变革。加尔文认为，他之所以改宗，放弃天主教，是受到神的召唤，是神意让他成为一名过圣洁生活的使徒。他说，他的心灵"被征服，变得顺从，他对别的理论视而不见，即使没有完全抛弃它们，但只热衷于真正的虔诚。尽管他本人还是个初学者，但已有众多追随者向他学习这种纯洁的教义,于是他开始尝试离群索居"。

法王弗朗索瓦一世禁止其臣民发表信仰异见的决定,加快了加尔文寻找隐居之所的步伐。加尔文仓促离开法兰西,来到瑞士的巴塞尔镇落脚。在这里,他亲身了解了茨温利所宣扬的新宗派。之后加尔文开始著书立说,完整地阐释新教完全不同于天主教传统的立场。加尔文的《基督教要义》一书首次发表于1536年,这本书原本是献给弗朗索瓦一世的,目的是说服他支持新教。

虽然加尔文撰写此书的初衷没能实现,但他因此声名鹊起。《基督教要义》阐释了加尔文的宗教观点,其中部分借鉴了茨温利、路德和其他改革者的观点。该书逻辑清晰,论证简明扼要。《基督教要义》对新教神学的贡献不亚于中世纪作家对天主教神学的贡献,后世加尔文宗的所有思想皆发轫于此。

似乎在某段时期,《基督教要义》为所有反抗罗马教廷的基督徒提供了共同的宗教原则和指南。但无论是思想还是性格,加尔文都与路德截然不同。路德冲动、鲁莽且易怒,但爱憎分明;加尔文清心寡欲、喜怒不形于色,但理性到几乎不近人情。再者,路德认为,《圣经》中没有禁止的东西教会都可以保留;加尔文则坚持,只要《圣经》不明确认可的东西,教会都不得保留。《基督教要义》对新教产生了极大影响,但并没有把加尔文和路德的追随者联合起来。加尔文的这本著作堪称经典,而他创作此书时只有二十六岁。

1536年,加尔文来到日内瓦。当地正处在政治和宗教变革的阵痛中,市民们正逐渐摆脱他们的宗主萨伏依公爵,以及受公爵支持的天主教会。加尔文的到来进一步推动了变革,因此被任命为日内瓦市的首席牧师和布道者。除了曾被短暂驱逐，他一直担任着这个职务，直到1564年去世。在这个职位上，加尔文不仅有权处理城镇事务，还创立起了一个重要的新教宗派。

加尔文统治下的日内瓦政府，是一个奇特的神权政体。他本人既是宗教领袖，又是政治领袖。这位归正宗牧师成为上帝在尘世的代言人，用僵化的清教教义来指导日常生活："不再有节日和愉快的聚会，不再有剧院和社交活动，僵化、单调且严苛的教条压得人喘不过气来。一位诗人因自己的诗作被砍头。加尔文希望，将通奸之人处以死刑，就像对付异端一样。他烧死了米格尔·塞尔维特（著名的西班牙宗教改革家），只因为他对神秘的三位一体理论持不同观点。"

在加尔文的神权专制统治下，日内瓦成为完善的新教宣传中心，闻名全欧洲。加尔文，这个不苟言笑且说一不二的人，有时候被称为新教的"教皇"。他不仅每天布道，还撰写了众多神学论著，发行了法文版《圣经》，还建立起重要的新教学府，包括日内瓦大学，吸引遥远国度的学生前来就读。他与欧洲各地的信徒以及志在推动宗教改革的人士都保持着通信，他的私人信件加起来多达三十卷。

加尔文宗因此得以传播。来自法兰西、荷兰、德意志、苏格兰和英格兰的信徒涌入日内瓦，聆听加尔文的布道或者在当地求学。当他们回到自己的国家后，这些星星之火便开始呈现燎原之势。

加尔文宗在不同国家有不同的名字。在欧洲大陆，它被称作归正宗；在法兰西，其信徒被称作胡格诺派；在苏格兰，它变成了长老会；而在英格兰，则被称为清教。但不管传播到哪里，其本质特征是不变的。

我们已经知道，瑞士除了五个森林州，其余地区已经在茨温利的努力下改宗。加尔文是茨温利神学的真正继承人，因此得到了大多数瑞士人的接受，尤其是苏黎世、伯尔尼和日内瓦这些地方。

加尔文宗在法兰西也有了信众。相比之下，路德的教义和著作在这里并没有什么市场。许多法兰西宗教改革者认为，无论如何，天主教会有其价值。相比北欧，法兰西神职人员的腐化堕落的情况似乎更少，因为他们的财产和权力更少。法兰西君主并不那么迫切渴望教会的地产，因为1516年教皇与法王达成一项特殊协议，将任命主教和处置圣俸的权力授予法王。出于这些原因，大部分法兰西民众抵制任何形式的新教，虔诚地信仰天主教。

新教在法兰西的发展要归功于加尔文，而不是路德。我们已经知道，加尔文就出生在法兰西，他的教义和逻辑吸引了一小撮颇具影响力的同胞，其中包括小贵族、商人和众多地方官员，他们公开信奉加尔文宗，还有大批律师和有识之士公开或私下拥护加尔文宗。在全国，信仰加尔文宗的人口约占总人口的1/30～1/20。加尔文运动基本上局限于市民阶级或资产阶级，而且几乎从一开始就不仅具有宗教色彩，还带有强烈政治色彩。这场运动代表了贵族精神在小贵族中的觉醒，也代表了市民阶层对不断加强的王权的抵制。法兰西的加尔文宗在很大程度上吸引了本国的食利者阶层，胡格诺派在法院和三级会议（议会）中有不小的势力，而这些机构一直以来都是王权扩张的主要障碍。

在整个16世纪的大部分时间里，胡格诺派参与了肆虐法兰西全境的内战和宗教战争。这些战争最终通过恰当的政治手段告一段落。国王亨利四世颁布了著名的《南特敕令》(1598)，规定如下：（1）保障全法兰西加尔文宗信徒的信仰自由；（2）可以在指定的 200 个城镇和 3000 多个城堡公开举办新教仪式；（3）为新教学校拨款，允许加尔文宗的书籍合法出版；（4）胡格诺派信徒享有完全的公民权利，可以担任一切公职；（5）胡格诺派对 200 个城镇享有 8 年政治控制权，但当地的驻军由国王控制；（6）胡格诺派拥有某些司法特权，以及举行宗教和政治集会的权利。在之后的 100 年间，法兰西践行着宗教宽容，这在欧洲国家中几乎是独一无二的，而受益的正是加尔文宗。

路德对天主教会的反抗也影响到了紧邻德意志的尼德兰。在尼德兰北方各省，或者说那些讲荷兰语的省份，路德宗原本已经渗透到社会的各个角落。许多不时被德意志各邦驱逐的极端教派也把教义带到了这些地方。神圣罗马帝国的皇帝查理五世试图利用宗教裁判所一举消灭异端，但这仅改变了异端的名称和种类。路德宗从尼德兰消失，但加尔文宗取而代之。（许多德意志的再洗礼派作为难民到尼德兰避难，他们发现茨温利和加尔文的教义更激进，相比路德的教义，加尔文宗更适合他们。这也能解释为什么农民起义结束后，路德宗会在德意志南部无法立足，而加尔文宗则在发展壮大。）加尔文宗自日内瓦经阿尔萨斯，沿着莱茵河传入尼德兰，或许是由于与大不列颠的商业联系频繁，加尔文宗是经由大不列颠传入的。虽然尼德兰南部各省恢复了天主教，但北部各省由于在政治上与经济上与信奉天主教的西班牙君主的矛盾不断激化，最终导致加尔文宗成为荷兰的国教。（1581 年，尼德兰北方各省成立了"联省共和国"，又称"荷兰共和国"。）加尔文宗在荷兰被称作荷兰归正宗。

我们已经知道，德意志南部各邦抗拒贵族化的路德宗，至少部分原因是路德对农民的口诛笔伐。然而天主教也注定不会在这些地区卷土重来，因为带有民主色彩的加尔文宗已经渗透到符腾堡、巴登和莱茵河周边地区，并在市民阶层中赢得了许多皈依者。但1555年《奥格斯堡和约》签订后，加尔文宗在德意志的发展严重受阻，因为和约只承认了天主教和路德宗。直到17世纪惨绝人寰的三十年战争结束后，德意志的加尔文宗才得到正式承认。

和其他欧洲国家一样，16世纪早期的苏格兰同样对天主教会的腐朽和奢靡大为反感。但真正引发宗教改革的，其实是政治因素。一直以来，苏格兰王位都是各大家族明争暗斗的目标。而詹姆斯五世（1542）英年早逝，把王位留给了尚在襁褓中的女儿玛丽·斯图亚特，这给各大家族篡夺王位大开方便之门。通常天主教会总与王室站在同一阵线，宗教改革者于是怂恿那些觊觎王位的贵族支持新教，以削弱教会与王权的联盟。苏格兰天主教会的领袖比顿为维护教会和女王的权威，处死了大批异端；而另一方面，一些贵族公开信奉新教，暗杀了比顿，并把他的尸体挂在圣安德鲁斯堡的城垛上（1546）。这就是约翰·诺克斯到来时，苏格兰的政治局面。

1515年，约翰·诺克斯（约1515—1572）出生在一个农民家庭，曾经是一名天主教神父，但非常赞同一些自欧洲大陆和英格兰传入苏格兰的宗教改革理念。1546年，他公开反对教会的权威，并四处宣讲《福音书》和严苛的清教徒道德规范。他说："其他人只是修枝剪叶，我则要刨根问底。"但他被教廷逐出了苏格兰。经历了充满浪漫色彩的法兰西囚徒生活后，诺克斯又在英格兰待了数年，宣扬极端的清教思想，并在爱德华六世（1547—1553）的宫廷中担任特遣牧师。正是在他的影响下，盎格鲁宗始终保留着清教徒特征。在信奉天主教的玛丽·都铎登上英格兰王位后，诺克斯流亡日内瓦。在那里他结识了加尔文，他发现自己与这位法兰西宗教改革者志趣相投。

在欧洲大陆流亡五年后，诺克斯重返苏格兰，成为"贵族公理会"的发起者和领导者。这个联盟由信奉新教的贵族组成，目的是宣传新教和夺取政治权力。1560年，他以加尔文在日内瓦提出的神学思想为蓝本，起草了长老会的教义和规则；同年，在"贵族公理会"以及英格兰女王伊丽莎白一世的军队的支持下，诺克斯在苏格兰发起了一场政治和宗教革命。苏格兰女王被囚禁，国王治下的议会宣布不再承认教皇的至高权威，并宣布自此之后凡参与天主教礼拜者均判处死刑。此时的约翰·诺克斯大权在握。

玛丽·斯图亚特短暂统治苏格兰期间（1561—1567），曾试图挽回局面，但大贵族们不能容忍王权的加强。刚正不阿的诺克斯在公开布道时不断谴责女王，指责其品行不端。玛丽·斯图亚特于是倒台，随后被长期囚禁在英格兰。苏格兰教会的独立已成定局。除了苏格兰北部的一些高地氏族还留有天主教的残余，整个国家都皈依了加尔文宗。

加尔文宗在英格兰也有不小的影响力。在亨利八世统治末期，加尔文宗传入英格兰，并衍生出许多小教派。对由国王领导的盎格鲁宗而言，这些小教派和罗马天主教一样麻烦。在爱德华六世统治时期（1547—1553），加尔文宗对盎格鲁宗的神学理论产生了巨大影响。但在伊丽莎白一世温和的统治下（1558—1603），盎格鲁宗信徒和加尔文宗信徒之间根本性分歧有了缓和的趋势。从此，加尔文宗以长老会、独立派（"独立派"的一个分支是浸礼宗，这个教派与加尔文宗并无太多直接联系，而与激进的德意志再洗礼派联系密切）和清教的形式存在于英格兰，其教徒大都是市民阶层的商人。但加尔文宗教徒常遭到盎格鲁宗教徒的污蔑甚至迫害，尤其是在斯图亚特王朝时期。在克伦威尔取得彻底但短暂的胜利后，《1689年权利法案》终于让加尔文宗在英格兰获得了法律上的承认。加尔文宗还从英格兰传播到新英格兰的各殖民地，从而成为今天许多美国人的主要宗教信仰。

5

盎格鲁宗

"盎格鲁宗"一般指脱胎于16世纪英格兰教会的新宗派，以美国圣公会和已确立的英国国教为代表。卫理公会是盎格鲁宗一个出现相对较晚的分支。

与同时代欧洲大陆的宗教革命相比，英格兰教会脱离教皇的控制是一个更和缓且屡有反复的过程。新出现的盎格鲁宗也比路德宗和加尔文宗更加保守。

16世纪初，"天主教"一词在英格兰的含义与其在欧洲中西部各国的一样，意味着信仰七种圣礼、弥撒祭祀和崇拜圣徒，意味着承认教皇至高无上的权威和支持修道制度以及中世纪教会的其他制度和习俗。几个世纪以来，法律文书习惯将英格兰的天主教会称为"盎格鲁教会",就像教皇常常在诏书中用"高卢教会""西班牙教会""那不勒斯教会"或"匈牙利教会"的称呼一样。但这种称呼并不意味着上述任何一国的教会从统一的天主教会中分离了出来。近千年来——自盎格鲁教会建立——英格兰人就把罗马主教视为天主教会的核心。然而在16世纪中,大多数英格兰人改变了对"盎格鲁教会"的理解。因此对他们而言,"盎格鲁教会"依然是英格兰的教会,但从此以后只以英格兰人为主,与教皇、东方的东正教会、路德宗和加尔文宗再无瓜葛,并且摒弃了一些早已家喻户晓的传统教义,代之以新教独有的信仰和仪式。被重新定义的"盎格鲁教会"——源于16世纪的宗教改革,就是我们现在所说的作为新教一支的盎格鲁宗,形成于1520—1570年这充满变数的五十年间。

为了理解宗教和教会改革是如何在英格兰发生的,我们有必要了解1525年左右的英格兰有哪些不稳定的因素。

第一,路德宗教义正在向这个国家渗透。早在1521年,剑桥的一个小团体就对这些德意志的新神学理论产生了兴趣,于是路德宗也随之传入牛津、伦敦和其他知识分子聚集地。早期的皈依者主要是下级教士和大城镇的商人,皈依者一直不多。

第二,和整个欧洲一样,英格兰同样充斥着对教会不满的情绪。人们也认为神职人员的道德和作风需要整肃。当时持这种观点者,不仅有人数相对较少的路德宗异端,还有一大群自认为是天主教会正统成员的社会头面人物。在宣扬改革的人中,知识分子的言论尤其具有说服力。伊拉斯谟的著作在英格兰非常流行。著名的伦敦圣保罗大教堂的教长约翰·科利特(1467—1519)是一名敏锐的改革者，他反对耳边忏悔和神职人员终身不婚。那个时代的人文主义巨匠之一——托马斯·莫尔（1478—1535），指责修士们好逸恶劳，认为整个教士阶层都需要改造。但无论是科利特还是莫尔，都没想过要与罗马教廷决裂。对他们以及他们的同道而言，教会能自行改革是最好的。

第三，政治上出现了反对教皇的声音。正如我们所看到的这样，英格兰国王和议会多次试图限制教皇在英格兰的世俗和政治管辖权，但每次施加此种限制都是出于政治原因，这反映的只是君主的意愿而非国民的意愿。事实上，教皇在英格兰的政治管辖权受到最多限制的时代是百年战争时期，当时教皇受到英格兰的影响，因此间接地充当了对抗法王的政治武器。早在战争结束前，对教皇权力的限制就已经放松了。在1525年之前的一个多世纪里，政治上几乎听不到反对教皇的声音。

然而随着英格兰政府的发展，王权与罗马教廷之间出现摩擦是迟早的事。一方面，民族主义意识在英格兰稳步发展，与天主教会传统的普世思想相悖。另一方面，英格兰的王权在15世纪不断加强，尤其是在1485年都铎王朝建立后。亨利七世（1485—1509）降伏了贵族和议会，并且获得了市民阶层中爱国人士的支持。当他的儿子亨利八世（1509—1547）继位后，王室专制主义道路上似乎只剩下享有特权、不受国王控制的天主教会这一严重阻碍了。

在亨利八世把手伸向教会之前的那几年，他以行动证明自己是虔诚的天主教徒。他大肆搜捕路德派异端，试图将之一网打尽。1521年，他甚至亲自动笔撰写批驳新教神学理论的小册子——《七圣礼捍卫论》，并附上讨教皇欢心的献词。基于亨利八世的虔诚以及对正统教义的捍卫，教皇授予他"信仰捍卫者"的头衔。亨利八世对此一直引以为傲，并在死前一直小心翼翼地维护着这个头衔。颇为值得玩味的是，自他之后的历代大不列颠君主也都保留了这个头衔。他似乎从未质疑过教皇的政治主张。在当时的欧洲列强争霸中，他多次与利奥十世结盟。托马斯·沃尔西数年来一直担任亨利八世的首席大臣和顾问，他不但是英格兰权势最显赫的神职人员，还是教廷的枢机主教。

所以很难想象，如果不是因为亨利八世的婚姻问题，英格兰的教会不会这么快与天主教会决裂。亨利八世与阿拉贡的凯瑟琳结婚十八年，生了六个孩子（除玛丽公主外全部夭折）。某天，亨利八世告诉凯瑟琳，这些年来他们都活在弥天大罪中，他们的结合也不算真正的婚姻，凯瑟琳自然难以接受这种说法，于是国王夫妇展开了法律诉讼。

对亨利八世来说，问题其实很简单。他厌倦了凯瑟琳，想甩掉她。因为他认为王后不能再为他生儿育女，而他又迫切想要一个男性继承人。有传言称，意志薄弱的国王最近被一个黑眼睛的漂亮女人迷得神魂颠倒。这个女人叫安妮·博林，是个女侍。亨利八世的意图昭然若揭：因为他想到，凯瑟琳是自己兄长的遗孀，所以根据教会法凯瑟琳本无权嫁给自己，[1]但由于得到了时任教皇的

---

[1] 亨利八世本是英王亨利七世的次子，1502年其兄长亚瑟去世后，才成为王储。英王亨利七世为了维持与西班牙的同盟，于是让亨利八世与其嫂子——西班牙公主阿拉贡的凯瑟琳订婚。1505年因为国际局势的变化，两人的婚约一度告吹。但经过外交斡旋，亨利八世还是在1509年6月11日与凯瑟琳完婚，并在6月24日加冕登基。——编者注

尤利乌斯二世的特许，这桩政治婚姻才得以实现。既然如此，那么为什么不能由现任教皇克雷芒七世撤销这个特许，从而宣告他与凯瑟琳的婚姻无效呢？如此一来，三十六岁的亨利就可以恢复单身，并自由地迎娶某个公主或者安妮·博林。

毫无疑问，克雷芒七世想要帮助他这个伟大的英格兰拥护者，但有两个难题摆在他面前：现任教皇推翻前任教皇的决议，可能会造就一个最危险的先例；更棘手的是，凯瑟琳王后的外甥、神圣罗马帝国皇帝查理五世，全力捍卫其姨妈，并且威胁克雷芒七世，如果宣布婚姻无效，他将遭到可怕的惩罚。教皇左右为难，他形容自己是被夹在了铁锤与铁砧之间。除了暂时拖延时间和尽可能推迟做出决定，他几乎无能为力。

漫长的拖延让这位冲动的英格兰国王愤怒不已。他现在已经彻底爱上安妮·博林了。渐渐地，亨利八世对于罗马教廷溢于言表的忠诚消失了，取而代之的是对教皇滥权的反感。他很快回想起曾经的英格兰统治者是如何限制这一权力的。一些针对教会的法令或许可以逼迫教皇做出支持自己的决定。

1531年，亨利八世正式向天主教会宣战。他以英格兰的教士违反了一条过时的法令为由，用一笔相当于五十多万美元的罚款要挟教会。这条法令禁止教士在未经国王批准的情况下接待教皇使节。同年，亨利八世逼迫神职人员"在基督律法允许的范围内"承认他是教会的最高领袖。然后，受其摆布的议会又授权他停止向教会支付"首岁捐"，并可以在不与教皇商议的情况下任命主教。于是，不等教皇回应，亨利八世就让自己刚任命的坎特伯雷大主教克兰默（也是亨利八世的支持者之一），宣布他与凯瑟琳的婚姻无效，并宣布他与安妮·博林的结合符合教规，是合法的。教皇克雷芒七世于是表明了态度：支持凯瑟琳王后，并以通奸罪绝罚亨利八世。

1534年，英格兰与罗马教廷正式决裂。议会颁布了一系列法律，其中一条宣布国王是"英格兰教会唯一的领袖"，其他的法案则切断了英格兰与教皇的一切联系，并对任何否认国王在教会至高无上地位的人处以叛国罪。

英格兰教会如今已经迈出了转变的第一步。几个世纪以来，英格兰教会一直视教皇为领袖，但自此之后，教会的首脑变成了国王。对于天主教徒而言，此举虽然涉嫌分裂教会，但还算不上异端。亨利八世遭到了来自高级教士、修士、有识之士以及底层民众的反对。民众的反抗运动——求恩巡礼，遭到残酷镇压。托马斯·莫尔爵士与年迈圣洁的罗彻斯特主教约翰·费舍尔都因为坚决维护教皇的权威而被斩首。专制的都铎王朝大获全胜。

英格兰与罗马教廷的决裂助长了路德宗和其他异端的气焰，他们认为英格兰即将倒向新教。然而国王并没有进一步推动宗教改革的想法。对路德的抨击至少在某些方面始终如一。《六条信纲》（1539）重申了天主教的教义和仪式的主要观点，并对异端分子施以严厉惩罚。虽然英格兰与教皇决裂了，但亨利八世坚决维护他所接受的天主教信仰的所有其他原则。然而，他所奉行的这条中间路线相当血腥。一方面，否定国王权威的天主教徒要被砍头；另一方面，否定变体论的新教徒同样要被烧死。据估计，在亨利八世统治期间，有数以千计的人因为宗教政治原因而被处决。英格兰宗教迫害的恐怖血腥，与西班牙不相上下。

同样是在亨利八世统治期间，早期基督教最重要的制度之一——修道制度——在英格兰被取缔。在遍布英格兰的修道院中，有一些滋生了严重的腐败和丑闻，从而激起了强烈的民怨。修士通常也反对国王对教会的控制，并忠于教皇。但解散修道院的决定性因素无疑是经济利益。生活奢靡的亨利八世总是需要金钱。没收的修道院财产部分被用于亨利八世的个人享受，剩下的则被用来收买经过精心挑选的上层人士。那些从没收天主教会财产中分得一杯羹的贵族自然会拥护国王的反教皇政策。

英格兰教会在亨利八世的统治下与教皇决裂，在爱德华六世统治时期（1547—1553）转变为新教的一支。年轻的国王爱德华六世包容了一切形式的宗教改革宣传，加尔文宗和路德宗都能自由传教。新起草的盎格鲁宗教规，无疑受到了新教影响。在坎特伯雷大主教克兰默的主持下，天主教会的拉丁文祈祷书被翻译成英语。1552年出版的《公祷书》明确指出，圣餐礼不再是一种"挽回祭"，并用"圣餐"或"主的晚餐"代替"弥撒"一词，"圣坛"一词也被改为"桌子"。为适应新规，教堂的陈设也发生了变化：圣坛和圣像被移除，旧的祈祷书被烧毁，彩色镶嵌玻璃窗遭到破坏。但一些农民起义表明，宗教改革政策在这个国家远非人心所向。但在改革者的大力推动下，新教迅速发展壮大。

不过盎格鲁宗的发展也曾短暂受挫，那就是在玛丽·都铎在位期间（1553—1558）。玛丽·都铎是阿拉贡的凯瑟琳的女儿，也是一名虔诚的罗马天主教徒。在其统治期间，那些拒绝向王权宣誓的主教得以复职，而顺从者则受到了惩罚。在玛丽女王的力主下，议会废除其父和其弟所颁布的宗教改革法令，并宣布英格兰与罗马教皇和解。很快，教皇使节、枢机主教雷金纳德·波尔所乘的船只便驶入了泰晤士河，十字架在船头熠熠生辉。他在议会全体成员的见证下主持了忏悔礼，免除玛丽女王治下的英格兰所犯下的分裂教会和异端之罪。为了进一步推动复兴英格兰天主教会的政策，玛丽女王嫁给了自己的表兄弟、西班牙国王腓力二世。腓力二世是天主教在欧洲大陆的重要支持者。

但事实证明，即使表面上天主教在英格兰卷土重来，但新教在玛丽女王的统治时期依然在发展壮大，其传教士的人数在不断增长。这些人在热忱地传播着新教。与西班牙结盟，对英格兰的海外领土而言是一场灾难，这也令国内所有民族主义者心生不满。最终，玛丽女王使用暴力手段对付异端，也因此得到一个颇不光彩的绰号——"血腥玛丽"。但适得其反，镇压激起了更多人的宗教热忱。在她的统治期间，近三百名宗教改革者被处决，其中许多是被烧死的，包括大主教克兰默。玛丽女王没有什么政绩，她和腓力二世也没有子嗣。于是王位便传给了安妮·博林的女儿伊丽莎白一世。伊丽莎白一世是一名新教徒，只不过她的皈依是大的政治气候使然。

正是在伊丽莎白一世统治期间（1558—1603），英格兰教会的教义和仪式造就了我们今天所说的"盎格鲁宗"。根据议会的法令，英格兰教会再次与教皇决裂，尊英格兰国王为首脑。伊丽莎白一世也获得"至高统治者"的头衔。国教的仪式完全遵循克兰默的《公祷书》，只不过随着《公祷书》的版本变化而略微有所变化。议会还颁布了统一的教义——《三十九条信纲》，这让盎格鲁宗有了鲜明的新教色彩。这一点主要体现在把《圣经》作为唯一的信仰准则，坚持因信称义，废除弥撒祭礼，并对教会进行了重新定义。玛丽女王所任命的主教，除了一人，全部拒绝接受宗教改革，因此悉数遭到罢黜和囚禁。伊丽莎白一世随即任命了新主教，让"使徒统绪"（宗徒传承）没有中断。表面上，英格兰教会在整个16世纪似乎保持了完整性，但实际上教会内部已经过重大变革，成为新教的一支。

严苛的法律强迫所有英格兰人都遵守伊丽莎白一世的宗教信仰。任何反对国教者都被剥夺了公开举行宗教仪式的自由。"教皇派"和"望弥撒"被视为同一件事，皆会以叛国罪被处以死刑。王室授权一个特殊的宗教法庭——高等委任法庭，缉拿异端，维护信仰的正统性。在伊丽莎白一世统治期间，这个法庭充当了新教的宗教裁判所角色。

虽然绝大多数的英格兰臣民逐渐皈依了官方的盎格鲁宗，但仍有不少人拒绝就范。有一些是罗马天主教徒，依然遵循教皇至上的教义，因此常常被嘲讽为"教皇派"；另一些是各个派别的加尔文宗信徒，比如长老会、独立派或贵格会，他们被称为"异见者"或"不从国教者"。随着时间的推移，罗马天主教徒的数量不断减少，且很大程度上是由于我们在上一章中所提到的那些政治原因。在英格兰，盎格鲁宗几乎成为英格兰爱国精神的代名词。只不过，尽管有严苛的法律和残酷的迫害，在英格兰的达官显贵中，罗马天主教仍占据着一席之地。另一方面，加尔文宗信徒的人数却在不断增加。这也是为什么到了17世纪，他们有能力与盎格鲁宗展开一场声势浩大的政治和宗教斗争。

6

天主教改革

我们已经追溯了宗教改革的根源，也看到了在1520—1570年间，三大新教宗派——路德宗、加尔文宗和盎格鲁宗，是如何出现并分裂北欧国家的。但在这风云变幻的半个世纪里，还有一些民族继续忠于天主教会，正如中世纪那般。这同样是个值得一谈的故事。在南欧，教皇君主制和天主教教义得以保留，同样是出于宗教和政治方面的原因。

不要以为，那些批评教会腐败现象的虔诚信徒只存在于后来皈依新教的各国。16世纪初，在意大利、奥地利、法兰西和西班牙，同样有大批虔诚的天主教徒对丑闻缠身、物欲横流的教会怒不可遏。他们要求整顿教会的纪律，让神职人员回归清贫的生活。只不过他们认为，无论什么样的变革，最好是通过天主教会内部的改革来实现，即以不破坏教会的统一或全盘否定其教条为前提。我们已经看到，北欧的批判者倾向于通过革命手段来实现宗教改革——与历史悠久的天主教会彻底决裂。即使在欧洲北部，那一时期的许多著名学者也倾向于从智识上改造天主教会，而不是鲁莽地推翻一切教条：伟大的伊拉斯谟就不太支持路德宗反抗教皇权威，而英格兰杰出的人文主义者托马斯·莫尔更是为捍卫教皇的神圣权威而献出了生命。

所以，尽管北欧的宗教热忱演变出了不同派别的新教，在欧洲南部却引发天主教体系内的改革。通过教廷风气的变革、教会公会议的努力和新修会的积极进取，天主教改革在宗教层面取得了成功。我们有必要一一说明天主教这些宗教层面的改革措施。

上文已经提到，15世纪教皇统治中的腐败之风，美第奇家族出身的教皇利奥十世混淆了意大利的利益和家族的利益，以及路德宗运动对于德意志的重要意义。利奥十世的侄子克雷芒七世（1523—1534），继续像一个意大利的君主那样行事，但作为天主教会的道德和宗教领袖，他面对茨温利派、盎格鲁宗和路德宗共同推动的宗教改革却几乎无所作为。保罗三世在位期间（1534—1549），颁布了一项新政策，规定教会的高级职务的任命只能依据候选者的品行和学识，而非其家族关系或经济利益。在16世纪下半叶，这一政策得到了几任正直而有远见的教皇的坚持。因此到了1600年，一项举世瞩目的改革在教皇、枢机主教、高级教士甚至堂区神父和修士中逐步展开。

特兰托公会议（1545—1563）的成果增强了教皇的改革热忱。通过公会议来推动"自上而下的改革"，这样的改革思路在宗教改革前就已屡次被提出，只不过在路德出现前并没有取得什么成果。

随着新教和天主教会之间的裂痕不断扩大，天主教改革已经箭在弦上，不得不发。在虔诚的天主教徒看来，应该尽一切努力弥合内部分歧、恢复教会的统一，通过阐明正统教义来驳斥当时不断涌现的各种新教义的谬误，重塑教会的纪律和道德，从而让宗教改革者失去反对教会的最重要的口实。

但在如此动荡的年代，举行公会议绝非易事。不但天主教徒和新教徒之间互不信任，公会议与教皇的相对权力和特权同样存在着不确定性。民族之间，尤其是意大利人和德意志人之间存在着激烈的竞争。信奉天主教的两大王朝——德意志和西班牙的哈布斯堡家族与法兰西王室之间已经兵戎相见。

尽管困难重重，会议的召开被长期推迟，会议进程也屡次被打断，但特兰托公会议（选择特兰托主要出于地理位置的考虑，该城位于说德语民族和说意大利语民族的交界处）仍然实现了教会的大变革，对于天主教信仰的存续起到了实质性作用。虽然受到教皇邀请的新教徒没有出席，然而响应召唤的天主教徒人数之多、声望之高，使特兰托公会议可以轻易与此前召开的18次公会议齐名。（1563年会议结束时，有4名教皇特使[1]、2名枢机主教、3名宗主教、25名大主教、167名主教、7名修道院院长、7名修会首领和33名缺席高级教士的19名代理人，共同签署了一系列法令。）会议的成果有两方面：教义和教会改革。

教义方面，参与特兰托公会议的神父们没有向新教徒妥协。他们明白无误地宣示了天主教神学的主要观点——由托马斯·阿奎那在13世纪提出，并且在新教出现之前已经为整个中西欧所接受。他们宣布，教会的传统和《圣经》是基督教的根基，《圣经》的解释权只能属于教会。他们遣责新教有关神的恩典的解释和因信称义，声明七圣礼是必不可少的。重申圣餐（弥撒）的"神迹"和献祭特质；明确阐述了向圣人祷告、敬奉圣像和圣物，以及炼狱和大赦，但也采取了预防措施，以清除了一些有时与上述信仰相关但有害的宗教行为。罗马教廷至高无上的精神权威在所有天主教中都得到了

---

[1] 教皇特使一般从罗马教廷的枢机主教团中委派，主要负责主持公会议。——编者注

印证：教皇是教规的最高解释者和无可争议的主教长。

在教会改革方面，特兰托公会议制定了许多规章制度：规定买卖圣职属违法行为；主教和其他高级教士必须住在自己的教区，放弃世俗的追求，全身心投入到精神领域的工作中；建立神学院，对神父进行适当教育和培训；保留拉丁语作为官方语言和礼拜用语，但日常布道可以采用本地语言；不得以金钱为目的发放赦免，授予圣礼也不得收取费用。

特兰托公会议播下的种子在随后的几个教皇任期内结出了丰硕的果实。罗马教廷经过了完全重组，教廷还出版了事无巨细的教义问答书，每个教徒都可从中接受宗教教义，了解自己的宗教义务。教会对祈祷书进行了数次修订，并发行了拉丁文《圣经》的新标准版《武加大译本》。《禁书目录》也出台了，禁止虔诚的天主教徒阅读这些书籍。这些措施加强教会纪律，净化了道德，也改变了教士们纸醉金迷、骄奢淫逸的形象。根据一项异常严苛的信仰和行为法律，背弃宗教信仰者将受到宗教裁判所的惩罚。宗教裁判所当时以两倍于过去的热忱履行其职责，尤其是在意大利和西班牙。

天主教的复兴，不仅让南欧各国家保持了对教会的忠诚，还阻止了新教在北欧获得全面胜利。而推动这种复兴的关键因素之一，就是新形成的几个宗教修会。这些修会旨在净化人们的生活，维护教会的地位。这些修会中最著名的当数耶稣会。耶稣会的名声源自其16世纪以来的功绩，其成员常被称为耶稣会士。1534年，依纳爵·罗耀拉（1491—1556）创立了耶稣会。六年后，耶稣会获得教皇的正式承认。

罗耀拉早年从戎。作为一个爱国的西班牙人，他在神圣罗马帝国皇帝查理五世的军队中服役，参加了与法兰西的战争。他曾因伤入院，受伤痛折磨的罗耀拉偶然读到《耶稣生平》和几个圣徒的传记。他说，这些作品让他内心产生了巨大转变，将他从世俗统治者的士兵变成耶稣和教会的骑士。从此以后，罗耀拉不再为西班牙和自己的荣誉而战，而是竭尽所能颂扬上帝的荣耀。就在德意志修士马丁·路德公开宣布与天主教会势不两立的那一年，这位西班牙老兵开启了他的伟业，并成为天主教最重要的维护者之一。

在经历了几年新生活的磨炼，并以一种略显笨拙的方式服务教会后，三十三岁的罗耀拉决定通过深造来充实自己。在巴黎大学学习拉丁语、哲学和神学期间，他结识了一批志同道合者，这些人后来成为第一批耶稣会士。耶稣会最初的目标是在穆斯林中传播基督教，但很快便转向更宏大的目标。

耶稣会的规章制度展现出其创始人的军人背景。加入者除了立誓清贫、守贞和服从，还加入了第四条誓言——绝对效忠于教皇。成员会在一段相当长的见习期内接受全面的训练，并接受居住在罗马的总会长的亲自指导。耶稣会强调权威和服从。罗耀拉深知，如今教会正处于战时。因此他告诫自己的兄弟，不要满足于祈祷与和平时期的工作，也不要停留在慈善和地方仁爱，而要适应各种新环境，尝试用不同方式复兴天主教会的一切。

因此耶稣会自从成立那天起，就在16世纪的宗教冲突中冲锋陷阵。首先，他们试图启蒙和教育年轻人。作为教育工作者，耶稣会的工作多年来在欧洲无人能及。著名学者和科学家弗朗西斯·培根就提到耶稣会的教育"优于现在的一切实践"。此外，他们凭借渊博的学识和深厚的文化修养，以绝对朴素的生活方式，为天主教神职人员赢回了世人的尊重。而作为传教士，耶稣会士简单明了的布道和传教获得了高度赞赏。

而耶稣会最大的成功就是传教。几乎皈依路德宗的波兰最终重归天主教，耶稣会居功至伟。耶稣会士们还维护了巴伐利亚和尼德兰南部地区的天主教信仰；在波希米亚和匈牙利维护了天主教会的尊严；在维护爱尔兰的天主教会上出力甚多。他们还冒着无时不在的生命危险，秘密支援伊丽莎白一世女王和斯图亚特王朝治下的英格兰天主教徒。天主教会在北欧的失败，因耶稣会的传教活动而获得弥补。他们在印度和中国的数以百万计的人口中，在北美的休伦族和易洛魁族部落联盟中，在巴西和巴拉圭的土著中，不遗余力地传播着天主教义。为了让当地人皈依天主教，认可罗马教皇的权威，他们穷尽了一切手段：无论是政治、农业、文学，还是科学，都可以为他们所用。在欧洲，耶稣会士成为君主们的精神导师；在亚洲和美洲，他们则是信仰的传播者。

前面已经提到，新教的迅速传播是由于经济和政治方面的原因，当然也有纯宗教方面的原因。那么可以说，1500年，在承认天主教会至高权威的国家中，至少一半国家是上述宗教方面的原因与政治、经济因素共同作用的产物。首先，南欧天主教会的腐败程度似乎远不及北欧。另一方面，南欧各国的政局造成了这种有趣的局面。

在教皇和教廷的大本营——意大利，当地的各大家族都领受过教皇的恩惠。教皇常常为了其背后的意大利势力而去盘剥压榨其他国家。他也利用亚平宁半岛政治上的分裂来分化瓦解其当地的对手，从而确保其个人目标的实现。16世纪的两任教皇都来自佛罗伦萨强大的美第奇家族，因此佛罗伦萨一直忠于教皇。神圣罗马帝国皇帝查理五世极力维护天主教在那不勒斯的正统地位，而腓力二世也全力支持两西西里王国大肆迫害异端。

在法兰西，法王通过1516年与教皇签订的协议，以和平的方式获得了国内的主教叙任权，并控制了教会在法兰西的全部财政收入。而德意志和英格兰的君主通过宗教改革才获得了上述权力。此外，由于法兰西的新教为有效制约王权而开展的政治活动，将国王推向了天主教的怀抱。维护法兰西的绝对主义成为天主教的目标，并与法兰西的民族主义精神紧密纠缠在一起，正如英格兰的民族主义与盎格鲁宗的命运紧密相连一样。

西班牙和葡萄牙的情形与法兰西相似：由于教皇的让步，君主们控制了自己国家的天主教会，他们发现教会是推进其绝对主义倾向的最佳盟友。此外，与穆斯林数个世纪的斗争也让西班牙人和葡萄牙人倒向了天主教，并成为其民族生活不可分割的一部分。16世纪时，这两个国家依旧保持着对天主教的狂热。

奥地利的情况也大同小异。迫于奥斯曼人步步紧逼的压力，加之哈布斯堡家族历代统治者所面临的严峻政治形势，该公国与其大部分附庸都落入了教皇之手。如果说，当初教皇因为支持哈布斯堡家族而失去了英格兰，那么他至少因此获得了奥地利。

爱尔兰和波兰，分别是天主教会在欧洲最西边和最东边的据点，它们发现天主教信仰是其民族最有效的保障，也是抵御强邻侵略或同化的最强大的武器。

7

16世纪宗教改革的小结

到了1570年，上述的宗教改革以及天主教会的变革都已经完成，此后七十五年间还将爆发一系列战争，而宗教因素注定会参与其中。事实上，这些战争常被称作宗教战争——西班牙腓力二世的欧洲霸业，以及后来德意志的血腥内战，某种程度上宗教因素都是导火索，但政治和经济因素还是占据着主导地位。这一系列战争也没有对各个宗教的影响力和势力范围产生实质的影响，因为早在1570年以前，宗教改革和天主教改革就已经完成了。

1500年，罗马天主教会席卷了中欧和西欧。1600年，天主教会近一半的追随者——整个北欧——已不再承认其权威或践行其教条。到了16世纪末，信仰罗马天主教的只剩下意大利诸邦、西班牙、葡萄牙、法兰西大部、尼德兰南部、瑞士的森林州、南德意志、奥地利、波兰、爱尔兰、波西米亚和匈牙利，以及其他国家的零星信徒。

在中欧和西欧，那些拒绝罗马天主教者被统称为新教徒，但他们又分为三大派别。路德宗如今是北德意志诸邦和斯堪的纳维亚各国——丹麦、挪威和瑞典——信仰的宗教。加尔文宗有着各式各样令人眼花缭乱的名字，信仰加尔文宗的，包括瑞士的大多数州、尼德兰北部、苏格兰，以及德意志、匈牙利、法兰西和英格兰境内一批颇有势力的追随者。盎格鲁宗成为英格兰的国教。

新教保留了大部分的基督教神学传统，因此西方各地的基督教有很多共同之处。而新教徒仍然信仰三位一体理论、耶稣基督的神性、犹太人的《旧约》和《新约》的神圣性,相信堕落的人类只能通过耶稣在十字架上的牺牲来获得救赎,以及在来世获得褒奖或惩罚。基督教的教义被新教徒和天主教徒共同传承下来。

但另一方面,新教也有一些区别于天主教的教义,这些也是新教的显著标志:(1)否定罗马教皇的主张,因此拒绝教皇的领导和管辖;(2)反对那些自中世纪发展起来的教义——比如炼狱、赎罪券、向圣人祷告和供奉圣像,以及对圣礼制度的重要修改;(3)坚持个人有解释《圣经》的权利。新教认为,个人无须教会介入就能实现自我救赎。因此,对新教徒来说,解读《圣经》的权力在个人,而对天主教徒来说,这一权力归属于一个不断发展的机构或教会。

如今,新教对权威的不同看法,不可避免地导致其追随者之间产生意见分歧。可以说,有多少人阅读《圣经》,就会有多少种对于《圣经》的解释,也就难怪在最近出版的一本《年鉴》中,记录了仅美国就有一百六十四种新教的分支或教派。当然这些派别其实并不像看起来这么复杂,因为它们几乎全部承袭自16世纪的三大新教宗派。关于路德宗、加尔文宗和盎格鲁宗的区别,我们有必要做个简要的归纳:

(1)加尔文宗的教义是拣选称义——上帝决定或预定了谁将得到救赎,谁将被弃绝。路德宗不赞同这种观点,认为仅凭信仰便可得到救赎。盎格鲁宗赞同路德宗的因信称义,但《三十九条信纲》也可以解读为其立场与加尔文宗的相同。

（2）加尔文宗只承认两种圣礼——施洗和圣餐。路德宗和盎格鲁宗除了保留上述两种圣礼，还保留了坚信礼，而盎格鲁宗还保留了按手礼。因为盎格鲁宗的官方声明中提到有"两种主要圣礼"，这可以满足某些盎格鲁信徒——所谓"高教会派"——对传统天主教的七种圣礼的坚持。

（3）天主教的变体论认为，在圣餐仪式中，面饼与葡萄酒通过祝圣转化为基督的体血。这种理论也有了各种各样的变化。路德宗坚持所谓同体论观点，认为基督的体血存在于面饼与酒中并与之共存，（借用路德自己的比喻）就像熔炉中的火与铁一样。而加尔文宗认为，圣餐不是基督有效的献祭，而只是纪念最后的晚餐的仪式。盎格鲁宗的立场模棱两可，因为他们的官方声明称，圣餐是基督体血的交融，但领受者只在精神上领受基督的恩宠。盎格鲁宗的"低教会派"倾向于加尔文宗的解读，而"高教会派"则倾向于天主教的解释。

（4）教会的组织领导方式。所有派别的新教徒都对天主教会的那套有神意加持的神职人员体系进行了变革。在天主教会中，教皇拥有至高无上的精神权威，在他之下则是由主教、神父和执事组成的神职人员体系。盎格鲁宗虽然反对天主教会，但保留了主教—神父—执事的教阶制度，并坚称这套制度直接承袭自中世纪的英格兰教会，因此其体制与东欧的东正教是一脉相承的。路德宗反对主教制的神授性质，但保留了主教作为一般的行政管理的职务。加尔文宗废除了主教职务，只保留了一种神职人员——长老。由长老大会或宗教会议管理的加尔文教被称为"长老会"，而主张由教徒公众管理各堂区的教会，称为"独立派""分离派"

或"公理会"。（与加尔文宗类似的浸礼宗也保留了最后一种教会制度。）

（5）各个新教教派在公共敬拜仪式上也有不同。盎格鲁宗保留了大部分的天主教仪式，只不过采用英语而非拉丁语主持，还保留了一些天主教礼仪，一些地方甚至保留了蜡烛和熏香。加尔文宗的敬拜仪式极其简单：在无多余装饰的教堂中，诵读《圣经》、吟唱赞美诗、即兴祈祷和布道就是日常仪式的全部。路德宗的敬拜仪式介于盎格鲁宗的仪式感和加尔文宗的简洁朴素之间：虽然没有设计统一的敬拜仪式，但强调形式和礼仪。

对于16世纪教会组织和宗教教义巨变的意义，各类观点一直是仁者见仁智者见智。即使不考虑宗教方面的因素，其某些方面的影响甚大，且为全体学者普遍认可。这些影响如下：

第一，中世纪的天主教会遭到了破坏，中世纪关于罗马天主教统治下的普世神权的理想受到了粗暴的冲击。

第二，基督教在很大程度上被民族化了，新教是民族主义在宗教层面上的呈现。新教本质上是对天主教普世性特征的一种抗议，得到了民族国家的支持，它在不同的地方呈现的是不同的民族形式。德意志各邦、斯堪的纳维亚各国、苏格兰和英格兰，都建立了自己的国教。即使保留了天主教会的国家，其教会组织本质上也是基于民族原因，而且从此以后主要建立在民族的基础上。

第三，宗教改革运动意在澄清天主教教义。为了应对新教徒的迫切需求，天主教会对其教条进行了明确定义。从此之后，天主教会一直处于守势，其信徒间能容忍的意见分歧也比以前少了。

第四，改革极大地促进了个人道德以及神学的研究。许多人的兴趣暂时从其他知识转移到宗教论战，不仅如此，天主教和新教教徒还会兴致勃勃地与邻居争辩，以证明自己的宗教代表着更高的道德标准。因此相比15世纪，16、17世纪的宗教氛围更加严肃、认真，也更加偏执盲目。

第五，宗教改革直接引发了重要的政治和社会变革，世俗君主的权力大为增加。通过没收教会的地产和控制神职人员，英格兰都铎王朝的君主、斯堪的纳维亚各国的国王和德意志各邦君主的钱袋子都鼓了起来，再也不用担心自成一体的教会会阻碍他们的绝对主义倾向。即使在天主教国家，世俗君主也迫使教皇做出让步，从而将教会与王权绑在了一起。

贵族的财富也大大增加，尤其是在新教国家。他们的财富一方面来自被没收的教会财产，一方面是需要贵族支持的国王会用没收的教会财产来收买他们。即使君主给予了贵族如此多的财富，但君主们还是要费尽心思，阻止贵族的政治影响力进一步扩大。

为了防止贵族重获权势，专制君主们启用更加忠诚的市民阶层为自己服务。很快，市民阶层便在当时的欧洲各大国中获得了令人羡慕的地位。可以说，宗教改革是推动市民阶层上升的诸多因素之一。

对于占据欧洲人口主体的农民来说，宗教改革其实弊大于利。农民们虽然不用再缴纳教会的苛捐杂税，但专制王权的扩张和冷酷无情的世俗领主让他们失去了更多。农民发现，压迫者只是改了个名字，而自己的处境比以前更糟了。可以肯定，至少在德意志各邦和斯堪的纳维亚国家，大多数农民的境况在新教崛起后变得更糟了。

第 四 章

16世纪的文化

"文化"一词通常指的是礼仪和艺术方面的学问和修养。文化的发展——获取新知识和创造美好的事物,一般是少数科学家和艺术家的工作。如果在某一特定时期或某一特定民族中,发现了相对较多的知识领袖,他们成功建立了一个重要的知识阶层,并为人类的文明做出了不朽贡献,那么我们就可以说这是一个有文化的时代或一个有文化的民族。

每个种族、每个时代都有其文化,但在有文字记录的人类历史中,某些民族和时代对文化的演变影响最为明显。公元前5—前4世纪的希腊人搜集并向我们传承了关于宇宙本质的各种猜测,以及对永恒问题的各种假设性回答——我们从哪里来,我们在做什么?我们要到哪里去?——为现代哲学和形而上学的建立奠定了基础。西方的几何学、天文学和医学的雏形也都来自这些希腊人。正是他们为我们提供了几乎所有文学形式的范本——戏剧、史诗、抒情诗、对白、演说和历史,在比例匀称的庙宇、平衡的柱式、精美的浮雕饰带、无可挑剔的大理石人像中,他们为我们塑造了不朽的艺术经典。

古罗马人将古典建筑发扬光大,大型凯旋门和饰有巨型穹顶的公共建筑在罗马帝国随处可见。他们将希腊文学的典雅形式,与辞藻更华丽但不那么晦涩的拉丁语进行了结合。他们创造的法典以及司法体系使他们成为真正意义上的秩序之师和现代法学的奠基人。

当西欧的基督徒漠视古典遗产时，穆斯林则保存了古希腊的哲学、数学、天文学和医学传统。穆斯林还从东亚引入了代数、阿拉伯数字和指南针，并在巴格达、大马士革和科尔多瓦这样的大型城市中制作精美的窗帘和地毯，锻造无比锋利的刀剑和巧夺天工的金属装饰品，以及建造奢华的居所和造型优美的宣礼塔，而这些是阿拉伯或穆斯林艺术的独特标志。

12、13世纪作为中世纪的巅峰，学术和艺术迎来了一次奇妙的爆发。在天主教会的直接支持下，基督教文化得以蓬勃发展。人们重新认识了古希腊哲学，尤其亚里士多德哲学，哲学与当时狂热的宗教信仰结合，就形成了所谓经院哲学和神学。高等教育机构——大学的出现，不但令哲学、法学和医学的研究得以复兴，也令现代实验科学的第一缕曙光冲破了中世纪的迷雾。除了学者们一直使用的拉丁语，各种地方语言——德语、英语、法语、意大利语、西班牙语、葡萄牙语等——的成熟，引发了大众文学的热潮。大教堂上的尖拱和飞扶壁、高耸的尖顶和精致的窗饰、精巧的木雕、泥金手抄本、古雅的滴水嘴兽、无数圣徒和殉道者的雕像、精美绝伦的彩色玻璃镶嵌画，都体现了中世纪伟大的基督教或哥特式艺术。

16世纪受过教育的人继承了所有这些文化：就知识和艺术而言，他们当是希腊人、罗马人、穆斯林和中世纪基督教先辈的继承者。但16世纪本身也对人类文化做出了巨大的贡献。这些贡献有助于解释当时的社会、政治和宗教生活，也有助于解释当今的诸多行为和思想。16世纪文化中本质的新要素可以概括为：(1)印刷术的发明促进了知识的传播；(2)人文主义推动了文学批评的发展；(3)绘画和建筑艺术迎来一个黄金时代；(4)民族文学硕果累累；(5)现代自然科学起步。

1

印刷术的应用

海量的书刊和报纸已成为当代社会的一个突出特点。在我们现在看来司空见惯的印刷术，其实存在的时间并不算长。从有记载的最早历史起一直到六百多年前，欧洲的书籍都是一个字母一个字母地抄写而成的。英语中的"手稿"（manuscript）一词就源于拉丁语的"抄写"（manuscriptum）一词。虽然抄写员的速度快得惊人，但也只有富有的机构或个人才能拥有或大或小的图书馆。

近代伊始，印刷术的发明使知识史发生了革命性变革。印刷是一个极其复杂的过程，也难怪历经数世纪的发展印刷术才得以完善。印刷最关键的元素就是活字和纸张。对于这两个元素漫长的发展史，我们只能简略介绍一二。

希腊人和罗马人的手抄稿用的是莎草纸。这种纸是由生长在尼罗河谷的坚韧的纸莎草纤维制作而成。莎草纸价格昂贵，也很厚，完全不适合印刷。羊皮纸则是用动物的皮，主要是羊皮制成，是中世纪抄写文件的标准用纸，相当耐用，但和莎草纸一样昂贵、厚重，不适合印刷。

现代欧洲纸的前身可能是中国人早在公元前2世纪就开始使用的帛。8世纪中叶，麦加和大马士革的穆斯林用棉花代替了丝绸。这种所谓"大马士革纸"后来传入希腊、意大利南部和西班牙。在西班牙，本地生长的大麻和亚麻又代替了棉花，因此，在13世纪，亚麻纸多风行于卡斯蒂利亚。这种纸后来翻越比利牛斯山传入法兰西，逐渐扩散到整个西欧和中欧。然而在很长一段时间里，羊皮纸的风头都盖过了帛、棉纸或亚麻纸，因为它更坚韧耐用。长期以来，公证员的官方文件禁止使用其他材质的纸。直到15世纪下半叶，现代意义上的纸才从与莎草纸或羊皮纸的竞争中脱颖而出，而英文中纸（paper）一词也源自更古老的"莎草纸"（papyrus）一词。因为当时正值印刷业的起步阶段，需要一种价格便宜、易于用活字印刷的材料。

活字印刷的想法源自一个更古老的做法：在木块上雕刻反面字母甚至整篇铭文，涂上墨水后清晰地拓印在纸上。中世纪的国王和诸侯常常把签名刻在木板或金属板上，以此盖在特许状上。早在12世纪，这种雕版印刷技术就被用于复制图画或手稿了。

从雕版印刷向活字印刷的演进是一个缓慢而自然的过程：将单个字母雕刻在单独的金属小块上，每个金属块的大小和厚度相同，然后按照文本进行排列。相比雕版印刷，活字印刷最大的优势是字块可以无限重复使用，只需要按照文本进行排列组合即可。

从雕版印刷向活字印刷过渡的过程，即现代印刷技术被发明的过程一直被重重迷雾所笼罩。一些欧洲人认为，欧洲的活字印刷技术出现在1450年，是由荷兰哈勒姆的一个叫劳伦斯·寇斯特的人发明。寇斯特的发明,被德意志美因茨的一个叫约翰·古登堡的人采用,之后又历经其他几位同时代的人的改良。西方现存最早的印刷品是赎罪券和某个版本的《圣经》,均印制于1454年。

印刷术的发展缓慢,但在初步成熟后,即以迅雷不及掩耳之势从美因茨席卷德意志、意大利、法兰西和英格兰,传遍了整个欧洲基督教世界,受到了学者的欢迎和教皇的赞赏。1466年,罗马城出现了专业的出版机构,而图书出版很快成为各大城市一个赚钱的体面行业。16世纪初,学者阿尔都斯·马努蒂乌斯在威尼斯开办了著名的阿尔都斯出版社。由该出版社印刷发行的希腊语和拉丁语古典著作,仍然被视为印刷品中的杰作。

早期印刷字体是仿照抄写员长期使用的手写体,因此以各种不同的常用手写体为基础,衍生出花样繁多的印刷体:德意志盛行黑色加粗的哥特体,南欧和英格兰则主要使用清晰整齐的各种罗马字体。威尼斯的阿尔都斯出版社发明了扁平的倾斜字体,如此一来就可以在一张纸上码入更多的文字。

新艺术的不断发展成为16世纪的特征,并至少带来了以下三方面的显著影响:

(1)图书的供给量出现了几乎难以想象的增长。从前一位熟练且尽责的抄写员辛苦一年,也只能抄写两本书。而到了16世纪,一台印刷机一年就可以印刷两万四千本伊拉斯谟的作品。

(2)这间接增加了对书籍的需求。由于书籍价格下降,市民阶层得以与贵族和诸侯一样拥有自己的私人图书馆。印刷业成为传播知识和扩大教育的最有力手段。

(3)相比手抄本,印刷品的准确度更高。在印刷术发明之前,要找出两部一模一样的手抄本几乎是不可能的。如今，经过不断校对，整版都用同一字体印刷，可以有效避免古代手稿中常常出现的疏漏和伪造问题。

2

人文主义

上一节所提到的印刷术，是16世纪思想传播的新载体。这些思想的核心就是通常所说的"人文主义"。准确理解人文主义的含义，了解16世纪有识之士的主要思想兴趣，首先有必要回溯到14世纪，谈谈第一位伟大的人文主义者——弗朗切斯科·彼特拉卡，也就是我们所熟知的彼特拉克。

彼特拉克（1304—1374）在14世纪时就赫赫有名，这要归功于多愁善感的人或文学学者，人们或为他的爱情与激情所折服，或欣赏其意大利十四行诗的优雅和形式。但对于历史研究者而言，彼特拉克更重要的意义在于他代表着一场伟大的思想运动，即使他算不上发起者。人文主义思潮在15世纪不断发展壮大，最终在16世纪绽放出绚烂的光芒。

在某些方面，彼特拉克是14世纪的典型产物。他与当时伟大的中世纪基督教文化有着密切的联系。在法兰西的阿维尼翁，他曾供职于教廷。在宗教观念上，他虔诚而"守旧"，尤其不喜欢异端。此外，他自诩最好的作品是用拉丁语写成的，对新兴的意大利语不屑一顾，但当时的意大利语已经在但丁不朽的杰作中焕发出文学之光。(讽刺的是,彼特拉克之所以垂名青史,并非因为他的拉丁语著作,而是用他鄙夷的意大利语写成的优美的十四行诗。)他对自然科学和周遭的物质世界毫无兴趣,对任何新奇的事物同样毫无触动。

虽然天性保守,但彼特拉克为中世纪文化注入了一个重要的新元素,即他对异教希腊-拉丁文学的欣赏,而且到了近乎痴迷的地步。他之所以对这些古代文本感兴趣,并非因为它们支持他的神学或灌输基督教道德,而仅仅是因为这些文学作品本身就很有趣。他通过大量优美的拉丁语书信和诗歌,以及对同时代崇拜者日常的言传身教宣扬了古典文学的复兴。

彼特拉克的这种痴迷思想以及相关的一些思想构成了人文主义的核心,深刻地影响到此后数代欧洲人的思想。下面列举其中一些思想:

(1)彼特拉克感受到了自异教时代以来从未感受到过的乐趣,即"生活的乐趣"。他认为,这种快乐虽与禁欲生活在本质上相矛盾,但与基督教并不相悖。他本人仍然是一名天主教徒,但他抨击修士。

(2)彼特拉克很自信,在作品中反复使用第一人称,显得有些志得意满。在他的作品中,对人类的能力和力量的弘扬,取代了神的旨意。

(3)彼特拉克坚信,他与古代世界中的文人骚客心有灵犀。对他而言,希腊-罗马文化并不是死气沉沉的古代文明,相反这一时期的诗人和思想家是活生生的,就像他的邻居一样在当下。他对古典时代的热爱到了近乎疯狂的地步。

(4)彼特拉克对与他同时代的人产生了巨大的影响。他声名远播，其影响力早已超越了地域和民族，被尊为"欧洲学者"。国王竞相给予他大量赏赐，威尼斯元老院授予他在这座城市定居的权利，巴黎大学和罗马为他戴上了桂冠。

彼特拉克的崇拜者和门徒醉心于那些洋溢着新鲜而新颖的人类生活理念，而此类思想多见于维吉尔、贺拉斯和西塞罗等古典作家的作品中。这种令学者们为之着迷的东西便是"人性"，研究它的学者以"人文主义者"自居。他们的研究对象包括希腊-拉丁语和文学，也包括历史。这些内容统称为"高级人文学科"或"古典学"，而对它们的探索就是"人文主义"。

彼特拉克本人是严肃的拉丁语学者，但对希腊语却知之甚少。然而在14世纪行将结束之际，大批希腊教师横渡亚得里亚海，从君士坦丁堡和希腊来到意大利，其中一名叫克里索罗拉的人还在佛罗伦萨建立了一座颇具影响力的希腊语学校（这是在1453年奥斯曼人攻陷君士坦丁堡之前的事。此后，希腊语和拉丁语的研究迅速发展起来。学者们在各个修道院中埋头搜寻古代手稿，建立收藏古典文学的图书馆。许多早已佚失的古代经典被重新发现，如同黄金一般被珍藏起来。正是在这一时期，塔西佗、西塞罗、昆体良、普劳图斯、卢克莱修等人散佚已久的著作被重新发现）。

人文主义起初遭到教士们的强烈抵制，因为他们担心异教文学的复兴会对基督教产生不良影响，但渐渐地，人文主义者获得了宽容甚至鼓励。有好几位教皇都是人文主义事业的支持者，特别是16世纪初的儒略二世和利奥十世。利奥十世之父——著名的洛伦佐·德·美第奇，他为人文主义者提供资助，并在佛罗伦萨建立了收藏整理希腊-拉丁典籍的大型图书馆。教皇利奥十世本人也成为那个时代有名的赞助者和支持人文主义者的典范，他对音乐、戏剧、艺术和诗歌都有极高的品味，更热衷于阅读古典著作和同时代人文主义者的作品，乐于享受各种有趣的精神生活。

15世纪和16世纪上半叶，人文主义的热潮在意大利达到巅峰，并逐步传播到欧洲的其他国家，最终成为16世纪全体欧洲知识分子的精神追求。大约在15世纪中叶，英格兰和法兰西开始教授希腊语。1494—1547年，法兰西国王查理八世、路易十二和弗朗索瓦一世先后远征意大利，把人文主义引入法兰西。德意志各邦所建立的大学将大批人文主义者吸引到神圣罗马帝国。如前所述，人文主义在16世纪统治了整个基督教欧洲。

作为16世纪最重要的人文主义者、当时知识界的权威，伊拉斯谟的地位超过了同时代的所有人。伊拉斯谟的家乡是尼德兰的鹿特丹，但他漫长而好学的一生几乎都是在德意志、法兰西、英格兰、意大利和瑞士度过的。他曾被教会授予圣职，并获得了神学博士学位，但学者和高产作家才是他最为人熟知的标签。伊拉斯谟成为比彼特拉克更具国际性的人物——作为欧洲学人，他与同时代的每一位重要作家都有书信往来，威尼斯的著名出版商阿尔都斯·马努蒂乌斯、英格兰的著名政治家和学者托马斯·莫尔、教皇利奥十世、法王弗朗索瓦一世和英王亨利八世都是他的朋友，他还曾一度在巴黎主持新成立的法兰西学院。

伊拉斯谟的部分作品——《新约》的希腊语译本和《愚人颂》，我们曾在前面提到过。他在一系列讽刺性的对话录——《格言集》和《对话集》——中展现了睿智和风趣。在他的讽刺和挖苦下，神职人员的无知和盲从昭然若揭，尤其是那些自命清高的修士。

他讥讽每个人，也包括他自己："文人就像佛兰德斯的大挂毯，只能远观。"

伊拉斯谟与路德的关系起初很好，但他极不赞成反对天主教会，后来开始抨击路德和宗教改革。他从未加入激进的宗教改革者的行列，终其一生醉心于研究文学作品，他只是一个热爱拉丁文学的学者。

伊拉斯谟反对新教的主要原因是，他认为路德在整个欧洲天主教世界掀起的这场神学风暴会破坏客观理性的学术精神，而这种精神才是人文主义的核心。正因如此，欧洲主要的人文主义者——英格兰的莫尔、丹麦的赫尔格森，以及伊拉斯谟——仍然是天主教徒。尽管16世纪意大利的很多人文主义者对所有宗教都持怀疑态度，但正如我们所看到的，他们的国家并没有皈依新教，而是依然信奉罗马天主教。

16世纪时，众多早先专注于研究拉丁语或希腊语的学者，如今却投身于神学和道德的论战。抛开加尔文宗与路德宗、长老会以及盎格鲁宗之间的细化分歧不谈，天主教与新教之间的斗争就耗费了那个时代的大部分精力，严重分散了人文主义者的精力。可以说，自16世纪下半叶开始，作为一种独立思想的人文主义的吸引力一直在缓慢消退。人文主义当然没有消失，而只是与其他知识门类结合，一直留存至今。

14世纪时，彼特拉克播下了人文主义的种子；16世纪时，伊拉斯谟摘下了它的果实。如今，人文主义思想仍活跃在整个欧美的高等教育中，高中和大学设有传统的"人文学科"——拉丁语、希腊语和历史，这些学科代表了16世纪的主要思想文化发展成就。

3

16世纪的艺术

正如我们所看到的那样，14—16世纪成为希腊-罗马文化复兴的时期，并主导着整个欧洲的思想。这种复兴不仅体现在文学领域或人文主义者的活动上——在修道院中寻找失落的手稿、批判性地研究古典知识、有意识地模仿旧时的行为举止，同样也体现在艺术多方面的非凡发展上。

中世纪的艺术本质上是基督教式的，它发源于天主教会的教义和信条，并与基督徒的生活密不可分。优雅的哥特式大教堂，高耸入云的尖顶，富丽堂皇的彩色玻璃，管风琴演奏的宗教音乐，造型怪异的木雕或石雕，描绘传说中男女圣徒的事迹以及堕落与救赎这个永恒主题的画作……一切都彰显着基督教思想在中世纪至高无上的地位。然而人文主义提醒人们，昔日存在着一种更简洁、更质朴，也更具烟火气的艺术。对希腊-拉丁语作家作品的解读，引发了人们对不同历史时期的异教文化的神往。

欧洲艺术因此在15、16世纪经历了一次大变革。中世纪的独特文化依然存在，而欧洲文明也因为古典艺术的复兴而变得丰富多彩。当时的画家、雕塑家和建筑师不再仅仅从基督教艺术大师身上寻找艺术创作的范式，很多时候开始师法希腊-罗马艺术。两种艺术创作路径最终汇聚、交融，古典艺术的范式开始为基督教所用，这引发了艺术的空前繁荣。

我们今天对美好事物的热爱其实与15、16世纪一脉相承。那是一个艺术表达不断推陈出新的时代。毫不夸张地说，16世纪不仅是新教或现代世界帝国形成的基础，也是现代艺术生活的基础。一个艺术的新纪元与商业革命、宗教改革开始同步前进，各种艺术形式——建筑、雕塑、绘画、雕刻和音乐——都受到了时代的影响。

在建筑领域，希腊神庙棱角分明的线条与罗马穹顶优雅平滑的弧线，代替了有点诡异的哥特式风格。圆拱代替了尖拱。早已被遗忘的古希腊柱式——多立克式、爱奥尼亚式和科林斯式——被用于装饰简单对称的建筑。教会以及其他组织纷纷采用新的建筑风格，罗马城中的圣彼得大教堂就是集大成者。圣彼得大教堂兴建于16世纪，由一众伟大的艺术家亲自主持，其中包括拉斐尔和米开朗琪罗。

和人文主义一样，希腊-罗马式建筑风格的复兴始于意大利。在富有的诸侯和名门望族的赞助下，这种新风格获得意大利半岛城市的广泛认可，也和人文主义一样风靡欧洲并深刻影响了这些国家。整个16世纪，意大利各城邦间战事不断，也引来了外国势力的干涉。在政治上遭遇失败的意大利，却在艺术领域无往而不利。外国军队征服了意大利的城镇，但意大利的建筑师征服了欧洲，基督教世界一度受到意大利艺术的影响。

法兰西的查理八世、路易十二和弗朗索瓦一世，因卷入意大利战事而了解到其建筑成就，于是招揽了众多意大利设计师和工匠为其服务。希腊-罗马式建筑立即风行起来。许多公共建筑开始使用流畅的水平长线条，其中最著名的例子当数弗朗索瓦一世（1546）在位最后一年修建的卢浮宫。卢浮宫今天已成为全世界艺术藏品最多的博物馆之一。

16世纪下半叶,新建筑风格也被引入西班牙,并获得腓力二世的推崇。尼德兰和德意志同样没有免俗。但16世纪的英格兰并没有加入这股风潮。直到1619年,著名建筑师伊尼哥·琼斯(1573—1651)设计建造了古典主义风格的怀特霍尔宫(又称白厅宫)。17世纪下半叶,克里斯托弗·雷恩(1632—1723)爵士在伦敦建造了恢宏的圣保罗大教堂。至此,新建筑风格才在英格兰流行起来。

雕塑常与建筑形影不离,因此不难理解建筑风格的革新也会引发雕塑艺术的变化。早在14世纪,古典主义风格的雕塑便如雨后春笋般出现在意大利。因为整个意大利半岛分布着大量古迹,这吸引了人文主义者的关注。15世纪时,考古蓬勃发展,同时佛罗伦萨的美第奇家族特别重视雕塑艺术。他们不仅热忱地收藏古代艺术品,还促进了对古典雕塑艺术的研究。雕塑艺术在形式和内容上,越来越遵循希腊-罗马传统。15、16世纪意大利造型艺术与公元前5世纪或公元前4世纪雅典的造型艺术惊人地相似。

这种新雕塑艺术的首位大师是洛伦佐·吉贝尔蒂(1378—1455)。他为佛罗伦萨洗礼堂建造的令人惊艳的大门,被米开朗琪罗誉为"堪称天堂入口处的杰作"。多纳泰罗(1383—1466)比吉贝尔蒂年轻一些,其杰作中包括了陈列在佛罗伦萨的现实主义风格的圣徒马可雕塑。卢卡·德拉·罗比亚(1400—1482),以其纯粹的古典主义风格和质朴的艺术表达而闻名,开创了釉面瓷雕。15世纪时,雕刻精美的墓碑出现,并在16世纪一发不可收拾。世代统治米兰的维斯康蒂家族的始祖——乔瓦尼·盖拉佐·维斯康蒂的陵墓更成为一个无法超越的巅峰。米开朗琪罗的雕塑与他的绘画、建筑同样有名:佛罗伦萨的《大卫》雕塑便是他无出其右的杰作。16世纪,随着古典雕塑风格的日益风靡,创作题材也越来越多地借鉴异教文学。人们为古罗马的杰出人物树碑立传,并利用雕塑重新演绎希腊神话。

新雕塑风格的传播显然比新建筑风格更迅速。英王亨利七世招揽意大利雕塑家到英格兰,法王路易十二赞助伟大的列奥纳多·达·芬奇。弗朗索瓦一世更邀请达·芬奇前往法兰西。西班牙的斐迪南和伊莎贝拉的墓碑同样是古典主义风格。古典主义雕塑在路德之前,已经风靡德意志,而事实上,这种风格的雕塑在16世纪的欧洲随处可见。

绘画与雕刻相辅相成。16世纪前,大多数画作都是直接绘制在教堂或壁龛的石膏墙上,少数是画在木板上的。而到了16世纪,以画布、木板或其他材料为载体的架上绘画越来越普遍。绘画的发展并未像雕刻和建筑那样一味师法古典作品,毕竟画作极容易损毁,希腊-罗马的画作很少留存于世。不过,对建筑和雕刻感兴趣的艺术家,自然也对绘画有兴趣,且由于少了古典主义的束缚,绘画在16世纪的发展反而比其他艺术形式的发展更加充分。

现代绘画诞生于意大利。意大利出现了四位绘画大师——达·芬奇、米开朗琪罗、拉斐尔和提香。前两位在建筑和雕刻领域都拥有高深的造诣,而后两位主要致力于绘画。

列奥纳多·达·芬奇(1452—1519)是佛罗伦萨人,出身名门,先后得到米兰的斯福尔扎家族、佛罗伦萨的美第奇家族和法兰西王室的赞助。他的作品——以《最后的晚餐》和《蒙娜丽莎》(又称《乔康达》)为代表,将构图与光影、色彩的科学理论相结合,把绘画艺术推向新高度。事实上，达·芬奇是个热衷于科学研究的画家。他悉心研究透视原理，并将之付诸实践。他也是个了不起的雕塑家，家喻户晓的浮雕马就是证明。他还作为一名工程师在意大利北部开凿了一条运河，并在米兰修建了防御工事。他也是音乐家和自然哲学家。这位多才多艺的天才还喜欢摆弄机械。据说，在路易十二造访米兰时，曾观摩了一只可以一边咆哮一边扬起前爪以展示其胸前法兰西王室徽章的机械雄狮。这头机械雄狮就是达·芬奇的杰作。达·芬奇的影响力恐怕超出了同时代的其他任何一位艺术家。他的著述颇丰，身边还聚集了一群追随者。依靠弗朗索瓦一世赐予的年金，达·芬奇在法兰西度过了晚年。达·芬奇对法兰西和意大利的绘画艺术发展做出了巨大的贡献。

米开朗琪罗（1475—1564）和达·芬奇一样，出生在佛罗伦萨。他或许是同时代这批艺术家中最杰出的一位，因为他在众多艺术领域都取得了成功，几乎可以说他是"无所不能，无所不精"。米开朗琪罗是一流的画家、无与伦比的雕塑家、伟大的建筑师、杰出的工程师和激情澎湃的诗人，也是学识渊博的解剖学和生理学学者。他的前半生在佛罗伦萨度过，后半生则生活在罗马，并长期为美第奇家族和一连串热爱艺术的教皇服务。他的天赋出众，品行端正，为人正直，热爱家乡和同胞，以特立独行为傲。碍于篇幅，本书无法详细罗列他的成就。教皇儒略二世的陵墓、佛罗伦萨的巨型雕塑《大卫》，都是他在雕塑方面的代表作。几乎完全出自他手的圣彼得大教堂，更是不朽的杰作。他还为罗马西斯廷教堂绘制了以《圣经》中"创世"和"大洪水"为主题的宏大壁画。这座教堂的巨型祭坛画——《最后的审判》，同样出自米开朗琪罗之手，这可能是世界上最著名的单幅油画。

拉斐尔（1483—1520）虽然比米开朗琪罗年轻，但英年早逝。在绘画方面，他和谐的构图和优美的线条，令米开朗琪罗也自愧弗如。拉斐尔因其画作中难以言说的高雅和圣洁，而在同侪中鹤立鸡群。拉斐尔曾在罗马过着优渥的生活，受到儒略二世和利奥十世的庇护，他花了数年时间来装饰梵蒂冈的教皇宫殿。虽然拉斐尔担任过圣彼得大教堂的建筑师，也展现出了雕塑和考古天赋，但他是世人眼中最伟大的现代画家。拉斐尔生活富足，也很受欢迎，其做派与贵族无异。

提香（约1477—1576）是威尼斯画派的代表，该画派以色彩鲜明著称。提香是威尼斯城的官方画家，得到了神圣罗马帝国皇帝查理五世和腓力二世的赞助，获得了巨大的财富和声望。但他并不是达·芬奇或米开朗琪罗那样的通才，他的天赋在油画方面。他的构图以及对光影和色彩运用从未被超越。提香为腓力二世绘制的肖像画被送往英格兰，以为这位西班牙国王迎娶英格兰女王玛丽·都铎助力。大约在1555年，这位年迈的艺术家参加了特兰托公会议，并在会后创作了著名的《特兰托公会议》。

这些主要来自意大利的伟大画作成为全欧洲的宝贵精神财富。法王路易十二和弗朗索瓦一世招揽意大利画家，还资助法兰西画家临摹他们的画作。西班牙国王腓力二世也是慷慨的绘画艺术赞助人。

德意志绘画艺术的发展得益于阿尔布雷特·丢勒（1471—1528）。他出生于纽伦堡，深受意大利画家的熏陶，并得到神圣罗马帝国皇帝马克西米利安一世的赞助。丢勒的艺术生涯充满了荣耀和幸运，他与那个时代所有的大师都保持着友好关系，他甚至还拜访过伊拉斯谟，为其绘制过肖像。但丢勒的名声并不来自他的绘画，而是他的版画。他最著名的蚀刻版画——《骑士、死神与魔鬼》和《思考的圣杰罗姆》——为这门新艺术门类树立了标杆，也从未被超越。蚀刻版画作为最实用的艺术之一，第一次大规模应用是在印刷术发明之时。正如印刷术的发明让书籍成为一种更加便捷、更加廉价的思想传播手段，铜刻版画或木刻版画也成为一种更加便捷、更加廉价的图像传播手段，并生动地表达了某种思想，这也为那些不识字者提供了书籍替代品。

这种非凡的绘画发展所带来的动力继续影响着16、17世纪的大部分时间。只不过绘画艺术的重镇已经从意大利转移到了西班牙。腓力二世之后的历任西班牙国王，先后赞助了南尼德兰的鲁本斯（1577—1640）和凡·戴克（1599—1641），以及西班牙画家委拉斯凯兹（1590—1660）和牟利罗（1617—1682）等人。

鲁本斯的作品虽然几乎没有表现早期意大利作品的精致优雅，但其画作因独特的想象力而出类拔萃。他的许多画作是受玛丽·德·美第奇和法王路易十三委托创作的，如今仍能在巴黎的卢浮宫中看到。凡·戴克的肖像画达到了常人难以企及的艺术高度：他为英格兰王室子女和国王查理一世绘制的肖像画举世闻名。19世纪时，许多艺术鉴赏家已经认识到委拉斯凯兹被大大低估了，他应该与最杰出的意大利艺术大师齐名。他的作品庄重、有力，引人入胜，尤其是著名的《宫娥》。这幅画描绘了宫廷中一位被侍女、侏儒和獒犬环绕的西班牙小公主，正在一旁作画的画家本人也进入了画作。委拉斯凯兹的最后一个委托是装点西班牙公主与法兰西国王路易十四的豪华婚礼。牟利罗是这些伟大画家中最年轻的一位，他的大多数作品是为天主教会绘制的，主题自然也与宗教有关。

荷兰画家伦勃朗（1606—1669）与上述画家的画风略有不同。他曾先后在莱顿和阿姆斯特丹过着风雨飘摇的不幸生活。上文曾提到，荷兰在谋求独立并不断拓展其商业和殖民帝国的过程中，发展为一个坚定的新教国家。无论"伤风败俗"的古代异教题材，还是中世纪的天主教传说，不再适合作为荷兰人的艺术创作主题。伦勃朗作为一个新画派的开山祖师，主要描绘他身边的日常生活以及普通人，包括市长的生动肖像、民间节庆的欢乐场景以及《旧约》中的一些严肃故事。他的《杜普教授的解剖课》和《夜巡》背景阴郁，是其卓越的现实主义风格的代表作。

与建筑和雕刻一样，绘画艺术也在16世纪的意大利发展成熟，并迅速成为欧洲基督教的精神财富。同样，音乐作为最古老、最普世化的艺术形式，也在16世纪发展出了现代音乐的雏形。在那段时间，中世纪原始粗糙的乐器得到了改良。中世纪的乡民们在音色高亢而刺耳的三弦琴（可能自穆斯林处传入）伴奏下翩翩起舞，而通过增加一根弦，并在形制做出某些改变，三弦琴就变成了音色优美的小提琴。小提琴是现代管弦乐器中最重要且最具表现力的一种。古钢琴的前身——大键琴也是那时发明的，其键盘涵盖了四个八度音域。

教廷管风琴师和唱诗班指挥帕莱斯特里纳（1525—1594），是公认的首位作曲家，被尊为"现代宗教音乐之父"。四百多年来，天主教会一直在演奏他那充满灵感的曲子。20世纪的一位教皇宣布，帕莱斯特里纳的音乐仍然是无与伦比的，所以教会将会继续使用他的音乐。帕莱斯特里纳对17世纪的意大利音乐以及18世纪德意志的古典音乐的发展都产生了直接影响。

4

16世纪的民族文学

在中世纪，拉丁语一直是有教养者所使用的语言，被广泛运用于教会、大学和上流社会。讲师授课或作家著书时也常使用拉丁语。然而也是在中世纪，西欧各民族发展出与这种古典、学术语言迥然不同的口语。这些"土语"通常难登大雅之堂，也没有诉诸文字，所以在相当长的时期内只有社会下层在使用。由于各民族的"土语"本就各不相同，加之每种语言也有鲜明的地域差异，所以只要没有形成文字，这些语言就永远无法定型。直到印刷术发明，民族语言才催生出了广泛的民族文学。

印刷术刚一发明，作为欧洲最重要的学者群体——人文主义者就开始孜孜不倦地鼓励人们研读异教经典，以巩固拉丁语的地位。有识之士重新开始阅读维吉尔、西塞罗、恺撒、塔西佗的作品，以及普劳图斯和泰伦斯的戏剧，了解其作品的内容和风格。彼特拉克的书信就刻意模仿古典拉丁文学的行文风格，而伊拉斯谟则用拉丁语撰写他的伟大作品。希腊语的复兴也要归功于人文主义者。掌握希腊语对于丰富人们的学识、提升古典文学素养大有裨益，只不过对大多数人来说，希腊语比拉丁语还要晦涩难懂。

进入 16 世纪，欧洲迎来了艺术的蓬勃发展，但各民族间的竞争不断加剧，神学论战如火如荼，社会动荡和宗教纷争也随之而来。普罗大众，尤其是市民阶层，试图发出自己的声音，于是乎，民族文学应运而生并蓬勃发展。拉丁语从此仅限于罗马天主教会的礼拜仪式和学术论著中，与此同时，用意大利语、法语、西班牙语、葡萄牙语、德语、英语写就的文学作品则呈现百花齐放之势。这些作品的印刷出版，标志着其各自民族语言就此定型。因此，自 16 世纪以来，用文字方式呈现的各民族的"土语"基本上没有发生过什么重大变化。总的来说，我们所熟知的现代语言都是在 16 世纪发展成型的。

如果把 16 世纪使用各民族语言写作的主要作家都罗列一遍，那就涉及比较文学领域了，但是可以挑选几个代表性人物来介绍一下，可能有助于人们理解这个时代之于民族文学的重要意义。

16 世纪伊始，意大利便呈现出一枝独秀：此前的一百多年间，但丁、彼特拉克和薄伽丘已经让意大利语的诗歌和散文传颂于世。正如我们所看到的那样，各艺术门类在意大利的发展往往成为在其他国家的一种预演。意大利几乎是最后一个在政治上统一的欧洲国家，却是第一个发展出伟大民族文学的国家。

但是，16 世纪的几位有影响力的作家拓宽了意大利文学的范围并使之大众化，其中佛罗伦萨的外交家马基雅维利（1469—1527）就是其中的佼佼者。他的《君主论》成为现代政治学的奠基之作，并提出了一种危险的学说——意志坚定、实施开明专制的君主为达成目的可以不择手段。阿里奥斯托（1474—1533）则通过伟大的史诗《疯狂的罗兰》，展现了其非凡的想象力和罕见的高雅品味。个性阴郁且有些疯疯癫癫的塔索（1544—1595），用维吉尔的方式改编了十字军题材，成就了《被解放的耶路撒冷》这部史诗，而他的《阿明塔》则是一部欢快的田园剧，其中优美的歌词在歌剧院中被长期传唱。

法兰西文学和其他艺术一样，得到了弗朗索瓦一世的支持。他创办了印刷厂，建立了法兰西学院，并大力资助本土作家。法兰西当时最有名的作家是拉伯雷（约1490—1553），擅长讽刺，亦庄亦谐。他的不朽名作《巨人传》以一种幽默甚至有些粗鄙的风格讲述了一系列颇具想象力的冒险故事。只不过《巨人传》的语言有些过时，加尔文的《基督教要义》或许更能代表16世纪的法兰西文学。当然，法兰西文学当时才刚起步，直到17世纪法兰西学院的建立与路易十四时代的到来，法兰西文学才真正迈向巅峰。

在委拉斯凯兹和牟利罗绘制出杰作的同时，西班牙文学也开始了蓬勃发展的黄金时代。1604年出版的不朽之作《堂吉诃德》，使其作者塞万提斯（1547—1616）跻身古往今来最伟大的作家之列。著名诗人洛佩·德·维加（1562—1635），开创了西班牙戏剧文学，据说他一生创作了一千八百部剧本。卡尔德隆（1600—1681）同样创作了众多剧本，只可惜不够出色，倒是他的寓言诗可谓是登峰造极。而许多作品的廉价版本的大量印刷使得西班牙文学立即流行起来。

我们从葡萄牙文学的发展中可以清楚地看到，民族文学是深刻反映民族生活的重要元素。葡萄牙最伟大的诗人卡蒙斯就在其荡气回肠的史诗《卢济塔尼亚人之歌》中，歌咏了瓦斯科·达·伽马卓越的航海冒险。

在德意志，人文主义异乎寻常的影响力起初阻碍了德意志文学的发展，但马丁·路德为了向普罗大众传播宗教改革的理念，把目光从拉丁语转向了德语。路德翻译的德语版《圣经》成为现代德意志文学的奠基之作。

关于16世纪对英语和英语文学的影响已无须赘述。14世纪乔叟的通俗作品具有重要的历史意义，但由于其中存在大量古词，现在已很难读懂。1551年，托马斯·莫尔的《乌托邦》英文版问世（原作于1516年以拉丁语出版），此书描绘了一个理想化的国度。1667年，弥尔顿的鸿篇史诗《失乐园》出版。在这两部作品之间，不断有伟大的文学作品和作家涌现：克兰默的《公祷书》和英王詹姆斯钦定本《圣经》，埃德蒙·斯宾塞的《仙后》（这部作品的场景和构思借鉴了阿里奥斯托的《疯狂的罗兰》，也受到塔索的影响），早已登上神坛的莎士比亚，还有本·琼生、马洛、弗朗西斯·培根、理查德·胡克、托马斯·霍布斯和杰里米·泰勒，当然也不能忘了忧郁的弥尔顿。

5

现代自然科学的发轫

人类文明或文化的进步总是基于两方面的发展——理性与感性。艺术是感性的表达，科学则是理性的表现形式。世界历史上每一个伟大的时代，都以美学和知识方面的高歌猛进为标志。因此，16世纪自然也是个伟大时代，因为它不仅以建筑、雕塑、绘画、雕刻、音乐和文学（罗马-希腊文学和民族文学）方面的成就而闻名，而且它也是现代自然科学和实验科学的最明显起点。

今天，我们相信科学是人类进步的合法手段，也是人类进步的正确目标，而我们的学校教育中也充斥着与科学相关的学科。然而这种观念本质上是现代的，它的主要推动力要归功于16世纪和17世纪上半叶的重要成就。

回顾这一时期，下列五个因素赋予了16世纪科学色彩。第一，人文主义者鼓励批判性的分析和对古代的手稿、历史进行研究。他们发现并推广异教作家的作品，积极向所有有识之士介绍希腊人和罗马人在天文学、物理学、数学、医学、哲学、艺术和文学方面的成就。第二，印刷术的发明本身就是一项科学壮举。印刷术的广泛应用，让科学家和艺术家一样，能够立即让整个文明世界了解他们的想法并演示论证过程。第三，通往印度的新航路的开辟和新大陆的发现令欧洲的商业蓬勃发展，极大地丰富了人们的地理知识，并科学地绘制了世界地图。第四，通过一小群学者的不懈努力，我们第一次有机会窥探地球周边浩瀚的宇宙空间的真实面貌，为现代天文学奠定了科学基础。第五，17世纪初出现的两位学识渊博的思想家——弗朗西斯·培根和笛卡儿——指明了运用理性的新方法，即现代科学的方法论。

在前面的章节中，我们已经介绍了16世纪的地理大发现，以及地理大发现对人类求知欲的直接影响。在本章中，我们也已讨论过了人文主义的兴起和印刷术的发明，还有必要介绍一下近代开始时天文学和科学方法的变化。

1500年，普通欧洲人虽然对宇宙中的太阳、月亮、行星以及其他恒星有所了解，但并未超出古希腊人认知的范围，而且这些知识主要被用来预测未来。天文学的发展，某种意义上是基于古代的一种错误观念，即今天的占星学。在16世纪之前，人们普遍相信，每一个天体都会对人的性格和事件产生直接且不可控的影响（甚至疾病也受行星的影响，而木卫四就体现了医学与占星学之间的这种联系，其轨迹会被列在处方的开头），人们还认为，通过星相图可以看到各星体在某人出生时所在的位置，并由此预测此人未来的事业。占星学固然滋生了许多愚昧的观念以及迷信，但总是大有市场：在战场上拼得你死我活的神圣罗马帝国皇帝查理五世和法王弗朗索瓦一世，竞相招揽最有名的占星师为自己服务；凯瑟琳·德·美第奇也热衷于参研星相图。

在整个中世纪，知名学者一直十分推崇希腊人的天文学知识。公元2世纪，一位生活在埃及的著名数学家和学者托勒密对这些知识进行了整理和归纳。托勒密提出了诸多理论和观点，他认为地球是宇宙的中心，月亮、水星、金星、太阳以及其他行星和恒星都围绕着地球运转，整个系统以极快的速度运动，每二十四小时自转一周。这一所谓"托勒密体系"，与《圣经》的内容完美契合，也符合一种普遍的偏见——地球是静止不动的，而其他天体则每日升起和落下。基督徒理所当然地接受了托勒密的学说，认为这几乎是神的启示，这种状况持续了好几个世纪。

然而，16世纪出现了一种与之相矛盾的理论——日心说，这种观点在17世纪取代了托勒密的理论。首位为日心说辩护的现代学者是哥白尼，因此日心说又被称为"哥白尼学说"。日心说的普及摧毁了占星学，并将天文学构筑在理性的基础之上。

哥白尼（1473—1543）是波兰人，他的时间主要用于天主教会的官方工作和私人天文学研究。在旅居意大利的这些年里（1496—1505），哥白尼学习了教会法和医学，并通过人文主义教师了解了古希腊天文学家们的成果，从而对托勒密体系产生了严重怀疑，他试图建立一个更准确的体系来取而代之。此后的许多年里，他一直在研究和思考，但直到去世的那一年（1543），他才把研究结果公布出来。他把《天体运行论》献给了教皇保罗三世，他认为地球并非宇宙的中心，而只是围绕太阳公转的众多行星之一。在哥白尼的学说中，地球的重要性显然不及托勒密的。

17世纪初，两位杰出的天文学家大力推广并发展了哥白尼的理论。他们分别是德意志的开普勒（1571—1630）和意大利的伽利略（1564—1642）。开普勒在格拉茨教授了多年的天文学，随后定居在布拉格。他在那里获得了大批有实用价值的设备(从第谷·布拉赫处获得，他曾于1600—1601年间担任第谷的助手)，得以进行了一系列有趣的实验。虽然他提出了许多关于"天体和谐"的异想天开的神秘主义理论，也曾为神圣罗马帝国皇帝和当时炙手可热的雇佣军将领瓦伦斯坦绘制过星相图，但他也为现代天文学提出了一些基础定律，涉及行星轨道的形状和面积。开普勒明确指出，行星绕太阳公转的轨道是椭圆形的，而不是严格意义上的圆形。

伽利略推广了哥白尼的理论，当然，乔尔丹诺·布鲁诺（约1548—1600）同样贡献良多。在1592—1610年间，伽利略在帕多瓦大学任教。他的讲座吸引了众多听众，以至于不得不安排一个可容纳两千人的演讲厅才行。1609年，他改进了一个望远镜，虽然其效果和现在的观剧望远镜差不多，但能清楚观测到太阳在围绕自己的轴心自转，以及有几个卫星围绕木星运转，这也印证了哥白尼学说的正确性。不幸的是，伽利略急于说服教皇接受他的观点，这给他惹来了罗马教廷的麻烦，并禁止他继续写作。伽利略作为一个虔诚的天主教徒，遵从了教皇的敕令。但如果他能再多活一百年，就能欣慰地看到，几乎所有有识之士都认可了他的观点，包括教皇在内。现代天文学发端于哥白尼，经由开普勒的发展，最终由伽利略普及给世人。

通过观察自然现象，然后从中推导出合理的结论，这是在天文学以及其他科学领域中获取正确知识的主要方法。然而这一看似简单的法则在16世纪之前并没有得到持续有效的应用。大多数古代和中世纪学者采用的科学研究方法，本质上都是亚里士多德式的。（有几位中世纪的科学家和哲学家是例外，比如13世纪的方济各会修士罗吉尔·培根。）亚里士多德的演绎法，首先以某个一般性原则为前提或假设，然后通过逻辑推理，推导出具体的应用或结论。这种方法在激发人的逻辑能力，以及向人们展示如何得出准确的结论方面极有价值，但其弊端是无法创造出新的一般性原则。它发展出了一种精细的神学和一种卓越的哲学，但对自然实验科学的促进作用相对较小，直到弗朗西斯·培根的归纳法补充了亚里士多德的演绎法之后才对科学发展有所助益。

激进的人文主义者质疑亚里士多德的观点，嘲笑那些把亚里士多德奉若神明的中世纪学者，宗教改革的推动者们也是如此，他们抨击由亚里士多德的演绎法精心构建的天主教神学。但真正直指其弊端，并提出了切实可行的补充方案的人是弗朗西斯·培根（1561—1626，被尊为"圣哲培根"）。培根是一位有名的律师，曾在詹姆斯一世执政期间任英格兰大法官。他也是天生的科学家和杰出的散文家，写就了许多十分重要的哲学著作，其中最有名的当数《学术的进步》(1605)和《新工具》(1620)。在这些著作中，他总结了古代和中世纪思想中的谬误，这些谬误随着他那个时代的知识的拓展而暴露无遗。他还提出，在得出任何一般性原则之前，都必须对事实进行持之以恒的观察。

培根所提出的科学研究法，吸引了法兰西天才笛卡儿（1596—1660）的注意。他是虔诚的天主教信徒，但又是最敢想敢做的理性主义者。他游历欧洲，在尼德兰、巴伐利亚和匈牙利服过兵役，在荷兰生活过，最终租住在瑞典。他的思想和他的身体一样，永远在路上。他有时对数学感兴趣，有时对哲学感兴趣，不久又被物理学吸引，或者执着于寻找人类存在的证据。他的一生始终坚守着这样一个信念：科学不依赖于书本的权威，而是依赖于对事实的观察。他指着一篮待解剖的兔子对来访者说："这就是我的书本。"他的《方法论》(1637)和《哲学原理》(1644)与培根的著作一道，开启了科学的新纪元。至于科学的发展期，我们将在后面几章中谈到。

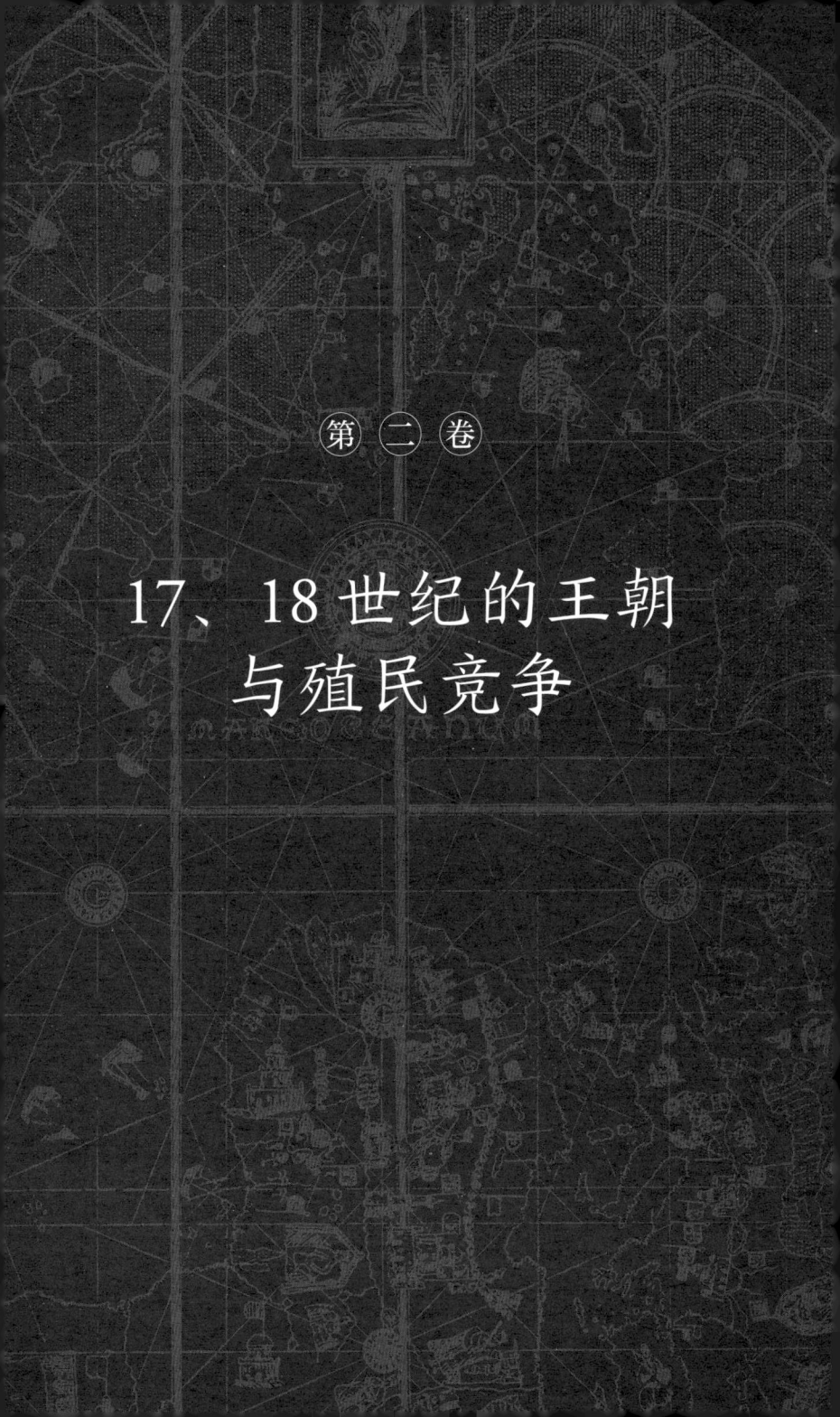

第二卷

17、18 世纪的王朝与殖民竞争

在17、18世纪的大部分时间里,我们的目光主要聚焦于欧洲各王朝与殖民地的对抗上。在欧洲的民族国家中,法兰西最为重要。政治上,法兰西逐渐发展为专制的神权君主制国家,成为所有欧洲君主国效仿的榜样,但英格兰除外。国际关系方面,统治法兰西的波旁王朝,经过长期斗争,成功地让统治西班牙和奥地利的哈布斯堡王朝威风扫地。16世纪,西班牙一度在新建立的欧洲国家体系中称霸,但如今霸权已经交到了法兰西手上。人文方面,意大利同样让位于法兰西,法兰西开始在礼仪规范、道德和艺术方面引领新风潮。只有在商业、贸易领域和殖民方面,法兰西稍逊一筹。超越它的显然不是早已日薄西山的葡萄牙或西班牙,而是后起之秀英格兰。在欧洲大陆上四处扩张的法兰西似乎无往而不胜,却注定要在保卫亚洲和美洲殖民地时屡战屡败。

17、18世纪还意味着意大利和德意志的旧政治和社会制度的不断衰落,奥斯曼帝国的日渐式微,以及古波兰王国的灭亡。代替它们的是北方新崛起的强权——处于霍亨索伦王朝统治下的普鲁士王国和罗曼诺夫王朝统治下的俄罗斯帝国,它们将在这一时代结束前,与哈布斯堡和波旁家族展开激烈的角逐。

在社会层面,贵族和神职人员的影响力日益下降。随着商人和商业巨头的人数、实力和影响力的稳步上升,那些被认为与商业革命创造的新财富有关的人——律师、医生、教授、商人,即所谓市民阶层或资产阶级,逐渐对束缚他们手脚的体制表现出不满。资产阶级内部孕育了革命的种子:在将来的某一天,他们会为了自己的利益,推翻君主制、贵族制和教会,推翻整个社会架构。这将是旧制度的丧钟,也是宣告19世纪到来的信号。

第 五 章

法兰西绝对主义的发展以及波旁王朝与哈布斯堡王朝的斗争（1589—1661）

1

法兰西绝对主义的发展：
亨利四世、黎塞留和马萨林

1598年，法兰西终于在经历多年的动荡后首度迎来和平。那一年，《南特敕令》给予胡格诺派一定程度的宗教宽容，消除了影响国内秩序的最大威胁。同年，亨利四世与西班牙国王签订的《韦尔万条约》，结束了旷日持久、消耗国力的对外战争，亨利四世可以放手进行国内改革了。

但16世纪末的法兰西的处境令人唏嘘。常年的内战和对外战争给法兰西带来难以逃避的惨痛后果：财政几近破产，大部分乡村地区十室九空，城镇满目疮痍，道路桥梁无人整修，到处都是断壁残垣；许多因无仗可打而被遣散的士兵成了绿林大盗，四处打家劫舍；贸易停摆，城市的工匠也因此失业。此外，战争期间，大贵族趁机攫取权力，并习惯于与国王对抗。法兰西国王恐将失去其在15世纪获得的权力。

然而在17世纪王权不仅未曾衰落，反而强化显著，这要得益于法兰西国王亨利四世（1589—1610）在危急关头的勇气。他额头饱满，双眼有神，嘴角常常带着笑意，胡须修得尖尖的（"亨利四世胡"），颇具亲和力。他为人谦和，时刻关心着臣民的福祉，从而赢得了"好王亨利"的称号，而他的自私与贪婪只有近臣才知道。但他擅长当机立断，且不会患得患失。最关键的是，亨利拥有军人的特质，不能容忍任何不忠或抗命行为。

在位期间，亨利得到首席大臣萨利公爵（1560—1641）的悉心辅佐。萨利公爵是一位能干、忠诚、正直的胡格诺教徒，不过，他和国王一样贪婪善妒、性情乖戾。被任命为财政总监后，萨利巡视了全国，对王室的财政进行了彻底改革。他禁止省长利用职务之便随意加派，革除了许多征税弊端。1600—1610年间，在其透明且严格的管理下，法兰西的财政收入平均每年节省了100万里弗尔。国王积极支持萨利的紧缩政策，他减少了对艺术家的赞助和对宠臣的资助，只保留了一支规模不大但足以威慑贵族叛乱、维持国内稳定与安全的常备军。为维持和促进国际的和平，萨利公爵甚至提出所谓"伟大计划"——组建一个国际联盟，只不过由于欧洲各国相互猜忌，离心离德，计划最终泡汤。事实证明，那时候主张国际和平和裁减军备还为时过早。

亨利四世和他的这位心腹一边重建国内和平，为各种紧急财政状况寻找对策，一边也在殚精竭虑地促进国内的繁荣，让国民富足起来。萨利认为，国家的根本是农业，因此应鼓励农业，如果有必要甚至可以暂时牺牲贸易和手工业。亨利四世允许萨利发展农业，但他本人却鼓励新的商业阶层的发展。

为了促进农业发展，萨利主张废除国内的各种苛捐杂税，实现粮食的自由流通。他还补贴畜牧业，禁止破坏森林，疏通沼泽，修补道路桥梁，还计划建造一个大型运河网。

亨利四世则力图增加市民阶层的财富。亨利四世引进了蚕和桑树，从而推动丝绸业成为法兰西最重要的产业之一。巴黎、里昂和马赛的重要工业就始于亨利四世统治时期。

亨利四世也同样鼓励商业的发展。他资助建立了一支法兰西商船队，还组建了海军。法兰西逐渐有实力开始在公海上与荷兰、英格兰进行贸易竞争。法兰西在印度建立起贸易据点；探险家山普伦被派往新大陆，这为法兰西在北美的殖民帝国奠定了根基。法兰西很幸运，拥有亨利四世和萨利公爵这样两个相互成就的人物。

1610年，亨利四世被一名狂热分子暗杀，权力落入他的遗孀玛丽·德·美第奇手中，这差点让他的心血付诸东流。玛丽·德·美第奇是个野心勃勃但又没有能力的女人。她解除了萨利公爵的职位，并自许为九岁的儿子——路易十三的摄政。玛丽·德·美第奇任人唯亲，四面树敌，胡格诺派和贵族阶层都憎恨她。胡格诺派是因为其强硬的天主教徒的做派，而且天主教贵族和胡格诺派贵族都决心维护自己的特权。

亨利四世辛苦积攒的财富很快被挥霍一空，法兰西再度面临财政危机。在这种紧急情况下，不得不召开三级会议（1614）。自路易十一即位（1461）以来，渴望推动绝对君主制的法兰西王室一直试图消灭这个阻碍君权扩张的古老制约：只在局势动荡或有经济需要时才召开三级会议。如果1614年召开的法兰西三级会议真的能发挥作用，那么它或许就能像17世纪的英格兰议会那样帮助法兰西建立起宪政架构。但是三级会议的组织结构和组成人员阻碍其完成这样的壮举。教士、贵族和平民（市民阶级）三个等级分别在三个不同的会场开会。教士和贵族既不愿交税，也不愿与第三等级合作；平民占多数的胡格诺派，对法兰西的农民怀有深切的同情，他们既不招国王喜欢，也不受第一、第二等级待见。这也难怪，1614年的会议只持续了三周，便以闹剧收场：摄政王后锁上大厅，将代表们遣散回家。她说，她需要一个大厅来跳舞。直到1789年法国大革命后，也就是一百七十五年之后，三级会议才得以再次召开。

1614年的努力失败后，局势急转直下。贵族阶层和胡格诺派之间明争暗斗，但偶尔联手对抗王室的宠臣。之后，国内接连发生了五次暴动。玛丽·德·美第奇不得不放弃摄政，但年龄渐长的路易十三并未展现出执政能力。这个国王对音乐和打猎的兴趣远胜于国事。直到1624年，黎塞留开始总揽大权，情况才有所好转。从此以后，与其说是路易十三在统治法兰西，不如说是他手下的这位重臣在行使统治权。

阿尔芒·德·黎塞留（1585—1642）出生于普瓦图一个贵族家庭，二十一岁就被任命为一个小教区——吕松的主教。在1614年那次荒唐的三级会议上，作为教士阶级发言人的黎塞留，以雄辩之才成功引起了玛丽·德·美第奇的注意，被招揽进宫廷，并在枢密院占据了一席之地，这也让他得以成为罗马天主教会的枢机主教。从1624年直至1642年去世，黎塞留始终把持着法兰西的朝政。他忠心耿耿却又专横跋扈，其外交手腕极为老辣，自然也能在云谲波诡的宫廷斗争中全身而退；他有时以最严厉和最无情的残酷，维持着他对国王的影响力，并着手消灭法兰西王室的敌人。

黎塞留的政策很简单：使国王崇高，使王国荣耀。第一条政策涉及清除制约王权的因素，实现绝对君主制；第二条则意味着强有力的对外政策，也就是羞辱宿敌哈布斯堡家族。黎塞留的这两大政策都延续了16世纪的传统，本质上与亨利四世的政策一致，只是程度更甚，其成就也是前所未有的。在讲述欧洲的局势前，我们不妨先看看这位伟大的枢机主教在法兰西取得了怎样的成就。

首先，黎塞留完全无视三级会议。他认为这个机构毫无价值，并断然拒绝与之合作。渐渐地，大多数人开始认为三级会议是个陈旧过时的中世纪机构，与近代化的目标格格不入，且处理国家事务的最佳人选——因此也是最合适的人选——应该是国王任命的大臣，而非国内各主要阶级的代表，因此枢密院成了国家最高的立法和行政机关。在法兰西新建立的一些省份，如布列塔尼、普罗旺斯、勃艮第和郎格多克，地方三级会议或议会仍然存在，但除了摊派税赋外再无其他作用：黎塞留使三级会议的特权名存实亡，并且否决了其多项法案。

王权的影响力扩张至税收和立法领域，包括不需要三级会议批准的征税自主权和财政支出权。此外，王室还组建了一支庞大的常备军护卫队，护卫王室、执行王命。这支军队受雇于国王，也只听命于国王。黎塞留为扩充皇家的力量和权力可谓尽心竭力。在他的悉心辅佐下，路易十三组建和装备了欧洲最好的军队，其战斗力也得到了证明。

但法兰西国内的两大派系——胡格诺派和贵族阶层，让黎塞留大为光火，因为二者都威胁到他决心建立的独裁政权。胡格诺派和贵族阶层也因此受到黎塞留的打压和羞辱。

尽管黎塞留是罗马天主教会的枢机主教，但他更像一名政客而非神职人员。虽然生活在一个宗教狂热的时代，但黎塞留本人并不偏执。正如我们即将读到的，他出于政治目的，为德意志的新教徒提供了大量军事支持；同样出于政治考量，他开始镇压法兰西的新教徒。

前面已经提到，新教在法兰西既是一种宗教派别，也是颇具影响力的政治派系。自从亨利四世颁布《南特敕令》之后，胡格诺派就有了自行集会的权利，也可以任命官员、法官，甚至还控制了一些城防坚固的城镇，这些都妨碍了君权的扩张，也损害了统一。在审慎的保王党看来，国内统一正是绝对主义的基石。黎塞留并不想剥夺胡格诺派的宗教自由，但他认定在政治事务上，胡格诺派必须服从国王。因此当1625年胡格诺派发动起义时，他毫不犹豫地选择了镇压。尽管得到了英格兰的大力援助，胡格诺派还是全军覆没。黎塞留派兵围困拉罗谢尔近十五个月，这充分表现了他的强大决心。在各地的叛乱分子投降后，《阿莱斯恩典敕令》（1629）颁布。该敕令虽然保留了新教徒的信仰和礼拜的自由，但其防御工事被拆除，集会也被禁止。胡格诺派仍然可以担任公职，其代表也可以保留司法职务："诚实的胡格诺派教徒可以保留一切他们愿意用生命保护的东西，但热衷党同伐异、不安分守己者将被剥夺一切让政府难堪的权利。"

对贵族的镇压是黎塞留另一项颇具政治家风范的成就，而且是在面对激烈抵抗的情况下完成的。任命贵族为各省省长是长期以来的惯例，但这些贵族逐渐成为割据一方的诸侯而非官吏：他们拥有独立的武装，要求治下城镇的卫戍部队向自己效忠，并经常公然违背王室的意志。此外，贵族的城堡遍布全国各地，配有坚固的防御工事和武装扈从，这威胁到了王命的迅速贯彻。宫廷里的贵族嫉妒飞黄腾达的黎塞留，在心怀不满的玛丽·德·美第奇或国王的弟弟的煽动下，处处与之作对。是可忍孰不可忍，黎塞留决定终结这种状况。

大大小小的贵族和朝臣被黎塞留搞得惶惶不可终日。黎塞留利用间谍和诡计，很快破获各种阴谋，并直接处决了为首者。不论造反者如何位高权重，任何叛乱的图谋都遭到严酷惩罚。黎塞留从不为哀求和威胁所动，他就像命运本身一样冷酷无情。

黎塞留并没有把注意力集中在宫廷贵族身上。早在1626年，他就下令拆除所有不用于抵御外敌的城堡。黎塞留发现，这道命令得到了农民和城镇居民的热烈支持。他们长期饱受这些好战的贵族邻居的盘剥和掠夺。在当今的法国，那些只剩下断壁残垣的城堡就是黎塞留政策的有力见证者。

黎塞留的另一项不朽的成就是推动了法兰西的中央集权。这位宰辅受够了贵族省长们的傲慢与肆意妄为，他遏制这些傲慢之徒的方式，并非将之全部革职，而是把他们的大部分权力移交给一种新的皇室官员——督办。督办通常由国王从聪明能干、忠诚可靠的市民阶层中任命。每位督办治理一个特定地区，监督那里的王室税收的统计和征收，以及地方警察或民兵组织、中央命令的执行以及法院的运作。这些督办在税收、警察和司法领域握有大权，因此后来人们依据担任督办的大概人数，称呼他们为法兰西的"三十僭主"。但他们的地位是国王恩赐的，他们所属的阶层在经济上也长期受益于王权，因此他们对国王的忠诚是值得信赖的。督办长期听命于巴黎的王室，并向其报告。他们为时刻充满戒心的黎塞留监视着整个王国。随着市民阶级出身的督办的权力不断膨胀，贵族省长的权力必然受损。直到18世纪，贵族省长已基本变为荣誉职位，只不过依然算得上是肥缺。自黎塞留时期开始，让贵族沉湎于纸醉金迷的生活，从而远离政治，不再惹是生非，成为法兰西王室的一项既定政策。

简言之，上述种种就是黎塞留这个冷酷的政治强人，在法兰西历史转折的重要关头的所作所为。这一时期，黎塞留为法兰西实现绝对主义所做的贡献比任何人都大。同时代的英格兰是通过革命和流血牺牲建立起议会政治的。下面，我们即将看到，黎塞留的外交政策是如何让法兰西享誉欧洲的。

黎塞留本人体弱多病，但当他穿上枢机主教的红色长袍后就显得尊贵而有威严。他苍白憔悴的脸上展示着其坚定的决心和顽强的意志。他不苟言笑、待人苛刻、铁石心肠，但自始至终，黎塞留都骄傲地保持着顽强的意志以及对国家与国王的忠诚。黎塞留于1642年去世，就在第二年，他一直悉心辅佐的路易十三也离开了人世，王位被留给了一个五岁的男孩——路易十四。

尚未成年的路易十四，对法兰西和王室而言都是一场灾难，好在有另一位卓越的大臣兼枢机主教——马萨林力挽狂澜，并将黎塞留的强硬对外政策延续了下去。马萨林（1602—1661）是意大利人，出生在那不勒斯附近，在罗马和西班牙接受教会教育并成为神职人员。作为罗马教廷驻巴黎使节，马萨林负责为教皇执行一些棘手的外交任务。在巴黎，他竭力讨好黎塞留，因此有机会侍奉法王。1639年，他归化为法兰西人。

尽管出生在外国，说法语时又总是带着浓重的口音，马萨林却一路平步青云。他被任命为枢机主教，且被视为黎塞留的门徒和后继者。自1642年黎塞留去世，马萨林成为法兰西事实上的统治者，直到1661年去世。

黎塞留挑起了与哈布斯堡王朝的战争，马萨林将战争延续了下去，并取得了胜利。但在内政上，他遇到了大麻烦。贵族显然已经对黎塞留的强硬政策心生不满，而马萨林似乎也没有妥协的意思。此外，马萨林的"外国人"身份，肆无忌惮地中饱私囊的行为，以及他狡猾的两面派作风，都大大加剧了贵族对他的反感。

"投石党运动"[1]因此爆发，这也是大革命爆发前法兰西摆脱王权专制的最后一次尝试。"投石党运动"是一场意义不明的街头示威，有权有势的贵族也为了各自的小算盘而卷入其中——他们的借口是马萨林干涉了巴黎高等法院。

高等法院（17世纪时法兰西共设有十三个高等法院）作为审理重要案件的司法机关，也负责审理下级法院的上诉，而巴黎高等法院是其中最声名显赫者。随着时间的推移，巴黎高等法院获得了登记王室法令的权利——即接受国王的正式敕令，将之写入法典并广而告之。一旦主张了这样的权利，巴黎高等法院便可以以国王的考虑不够周全，或新条文与更具法律约束力的旧法令相矛盾为由，拒绝登记新敕令。如果这些说法得到证实，国王的

---

[1] 此名得自于一种街头恶作剧，即用弹弓打破住宅的玻璃，经常被警察拦下来。——编者注

决定会受到巴黎高等法院的限制。为防止这样的情况发生，路易十三和路易十四召开"御前会议"——即国王本人亲临高等法院，在御座上宣布新敕令，并下令颁行。这种场面一度有些滑稽：在马萨林的指示下，年幼的国王用尖锐的童音，向博学的律师和严肃的法官发号施令。

在民众的赞同和英格兰同时期的政治革命的推动下，最终巴黎高等法院开始反抗马萨林。法院宣布：法院不受王权操控；任何未经会议明确授权的征税都是非法的；撤销督办一职；反对擅自逮捕或监禁。巴黎人民对这些声明给予了支持——人们在街头筑起堡垒。由于忠于马萨林的军队现在还在德意志作战，所以马萨林不得不暂时承认了这个新规定。然而不到六个月，马萨林便集结起足够威慑巴黎的军队并收回了自己的承诺。

大贵族之后所策动的起义往往雷声大雨点小，显得滑稽可笑。作为三十年战争英雄的孔代亲王，也拿起武器反抗枢机主教派（马萨林一党），但他从人民那里获得的支持太少，于是很快就被迫流亡国外，加入了西班牙军队。"投石党运动"导致贵族阶层的颜面荡然无存；高等法院被禁止插手政治或财政事务；巴黎被解除武装，失去了选举自己的地方官员的权力；由于削弱王权的尝试失败，王权变得比黎塞留时期更强大。亨利四世、黎塞留和马萨林为路易十四的专制统治铺平了道路。

2

波旁王朝与哈布斯堡王朝的斗争：三十年战争

17世纪，除英格兰外，欧洲各国的君主权力都在持续扩张。国王们忙于在国内加强自己的地位，在国外争夺土地和财富，因此，这一时期的国际战争都带有王朝争霸的特点。各国王室如何获得更广阔的领土和更富裕的城镇呢？当然西欧的民族主义发展充分，足以使民众为自己的国家自豪，因此，统治者通常可以依靠民众的支持。然而17世纪欧洲大陆爆发的大小战争主要不是出于民族主义或爱国热忱，而是为了实现某个王朝的野心，于是边境地区的居民就像牲畜或土地一样，被法兰西、西班牙或瑞典国王任意交易。

在16世纪哈布斯堡王朝的扩张时期，这种情况表现得尤为明显。在前面的章节中，我们已经了解到这个家族是如何得到一块又一块的领地的：在西班牙哈布斯堡王朝的治下，有西班牙、两西西里王国、米兰、弗朗什-孔泰大区、南尼德兰、葡萄牙及一个巨大的殖民帝国；奥地利哈布斯堡王朝的治下，有奥地利及其属国、匈牙利、波希米亚，以及神圣罗马帝国皇帝的头衔。尽管腓力二世费尽心机，但仍无法控制法兰西，导致哈布斯堡王朝原本连在一起的领地被生生分割。

登上法兰西王位的波旁家族，为了巩固其在国内的地位，也将目光投向国外，这不仅是为了防止外敌入侵，更为了侵吞邻国的领土。黎塞留清楚，他的两大政策是相辅相成的——波旁王朝称霸欧洲是王权在法兰西唯我独尊的必然结果。

哈布斯堡王朝和波旁王朝之间漫长而可怕的你死我活的斗争，是17世纪的主要战事。三十年战争（1618—1648）可以视作是这场斗争的第一阶段。让我们先来简单介绍一下卷入这场战争的各方势力。

黎塞留成为路易十三的首席大臣后（1624），便发现哈布斯堡王朝正陷入困境，于是决定趁火打劫，以此提升波旁王朝的威望。当时奥地利的哈布斯堡王朝正面临一场席卷德意志的大规模内战和宗教战争，而西班牙的哈布斯堡王朝则在派兵援助它这位内外交困的同族。

这场对于哈布斯堡王朝及其敌人都至关重要的战争，是宗教、经济和政治等多方面原因共同作用的结果。

《奥格斯堡和约》（1555）本应解决德意志的宗教问题。但事实上，和约在两个重要的问题上出现了纰漏。首先，禁止教会财产进一步世俗化的条款（"教产留置"）没有得到执行，而且基于人性和贪欲，这个条款也无法实施：已皈依新教的天主教神职人员会本能地捍卫自己所掌控的教会产业。其次，和约只承认了天主教和路德宗，但无视加尔文宗。而加尔文宗的人数不断增加，尤其是在德意志南部和中部以及波希米亚，他们自然也会要求享有相同的权利。为了从皇帝手中索取特权，新教诸侯组成联盟，其中就包括年轻气盛的加尔文宗信徒、普法尔茨伯爵弗雷德里克，他又被称为莱茵宫伯选帝侯。天主教徒同样好战，他们决心阻止教会产业被进一步世俗化，而16世纪下半叶德意志天主教会的改革也给了他们底气。如今，天主教阵营急于修改此前的宗教协议，为己方争取更大的利益，如果可能的话，他们还想收复之前被新教夺走的天主教的领土。天主教徒依赖的是信奉天主教的哈布斯堡皇帝、巴伐利亚公爵、天主教联盟的首领——马克西米利安一世所提供的政治和军事支持，而哈布斯堡王朝宗教上的敌人是德意志的新教徒。

但另一个导致三十年战争爆发的原因同样不可忽视，那就是神圣罗马帝国的局势。宗教改革（新教革命）时期，德意志诸侯的领土和财富都大幅增加。他们无一例外都渴望完整的主权，因此也就要摆脱这个腐朽的中世纪帝国的桎梏，在早已各自为政的欧洲专制君主中占据应有的地位。但另一方面，皇帝坚持要巩固自己的地位，建立一个统一且强大的德意志。因此，在政治上，哈布斯堡王朝的敌人是德意志诸侯。

德意志诸侯总是与欧洲各国的君主结盟，而维持德意志的分裂或削弱哈布斯堡王朝的势力对欧洲各国君主来说有百利而无一害。如果德意志爆发内战，丹麦、瑞典和法兰西通常也会成为哈布斯堡王朝的敌人。

三十年战争分为四个阶段：波希米亚起义；丹麦时期；瑞典时期；法兰西或国际混战时期。

德意志战事爆发的导火索是波希米亚反抗哈布斯堡家族统治的起义。心胸狭隘、性情孤僻、爱好艺术的神圣罗马帝国皇帝鲁道夫二世（1576—1612）死后，即位的是其胞弟马蒂亚斯（1612—1619），他没有子嗣，便指定他们的堂兄弟斐迪南二世（1619—1637）为继承人。斐迪南二世的私生活固然无可指摘，性格果敢坚毅，但致力于绝对主义，并狂热地忠于天主教会。除了波希米亚，哈布斯堡王朝治下的各领地均未对斐迪南的继位表示反对。然而，在波希米亚，许多贵族都是加尔文宗信徒，他们对斐迪南二世继位后的局势发展感到担忧：斐迪南可能会剥夺他们的特权，即便不取缔新教，也会想方设法剥夺其治下新教徒的信仰自由，况且他们的宗教自由本已受到侵犯。

1618年的一天，一群波希米亚贵族破门而入，将斐迪南二世的两个特使从窗户扔进了十八米深的城堡壕沟内，这就是所谓"掷出窗外事件"。之后波希米亚正式宣布脱离哈布斯堡王朝的统治，选举信奉加尔文宗的莱茵宫伯选帝侯弗雷德里克为国王。弗雷德里克在布拉格加冕，准备以武力保卫自己的新领地。斐迪南二世在其他领地集结起一支大军，并获得了巴伐利亚的马克西米利安一世、天主教联盟以及托斯卡纳和西班牙哈布斯堡家族的支援。他将联军交给了一位能征善战的老将蒂里伯爵（1559—1632）。弗雷德里克国王原本希望能得到他的岳父——英格兰国王詹姆斯一世和北德意志路德宗诸侯的支援，但二者都让他失望了。詹姆斯一世在国内与议会的斗争呈胶着状态，再加上他那莫名其妙的外交政策——与西班牙结盟，令他对波西米亚的援助只局限于不切实际的建议和纸上谈兵。大多数路德宗诸侯则在老辣的萨克森选帝侯约翰·格奥尔格的领导下保持中立，希望借此与皇帝讨价还价，以获得更多让步。

于是在很短时间内，蒂里便镇压了波希米亚的叛乱，赶走了弗雷德里克，重建了哈布斯堡王朝的统治。许多反叛的贵族失去了财产和生命，新教也被禁止活动。这还不算完。胜利的帝国派人四处捉拿逃命的弗雷德里克（如今被嘲讽为"冬季之王"）。他原本位于莱茵河畔富庶的领地也被剥夺,只能悲惨地流亡,沦为一个失去领地和财富的弃子。被征服的普法尔茨也转而成了巴伐利亚的马克西米利安一世的领地。为了嘉奖他的赫赫战功,他还代替被废黜的弗雷德里克成为神圣罗马帝国的选帝侯。

因此,在三十年战争的第一阶段,哈布斯堡王朝和天主教阵营占据了上风:1618至1620年间,不但波希米亚的起义被镇压,富庶的莱茵宫伯选帝侯的领地也被天主教徒从加尔文宗信徒手中夺走。

北方的新教诸侯开始警觉起来。如果说,他们还能相对冷静地看待弗雷德里克在波希米亚的鲁莽努力的失败,那么巴伐利亚的扩张以及德意志天主教与新教间长期维持的均势被打破,则令他们陷入了极度的恐慌中。只要弗雷德里克军纪散漫的残部还像土匪一样,在整个德意志到处烧杀抢掠,那皇帝就不会做出任何重大让步。

新教诸侯在归顺和反叛之间摇摆不定,在这紧要关头,丹麦国王克里斯蒂安四世(1588—1648)介入了战局,引发了第二阶段的战争。克里斯蒂安四世性格冲动,野心勃勃:作为荷尔斯泰因公爵,他也算神圣罗马帝国的一员,且反对哈布斯堡王朝的统治;作为丹麦和挪威的国王,他急于将自己的势力扩张到北海各港口;作为一名路德宗教徒,他试图维护德意志同宗教徒的权利,帮助他们保住他们所占有的天主教的富庶领地。1625年,克里斯蒂安四世在英格兰的大笔金援以及德意志诸侯(包括加尔文宗和路德宗的诸侯)军队的协助下,入侵了德意志。

面对丹麦的入侵,孤立无援的蒂里伯爵似乎败局已定。但幸运之神为帝国派来了一位协助他抵御入侵的卓越冒险家——瓦伦斯坦。瓦伦斯坦因没收叛乱的波希米亚人的产业而暴富，如今为了捞取更多好处，他征得斐迪南二世的许可，招募了一支私人武装来抵御丹麦人，保卫帝国。通过许诺高额报酬和丰厚战利品，他很快招募了一支五万人的军队。这支军队可谓鱼龙混杂——意大利人、瑞士人、西班牙人、德意志人、波兰人、英格兰人、苏格兰人……不论新教徒还是天主教徒，只要热爱冒险或渴望发大财，统统来者不拒。但瓦伦斯坦凭借其毋庸置疑的领导指挥才能，成功地将这批乌合之众训练成一支有凝聚力的军队，并在战场上有着不错的表现。只不过这支军队军纪败坏，习惯于一路烧杀抢掠，这也是瓦伦斯坦的军队饱受指责的原因。

第二阶段的战事发生在德意志北部。在卢特，蒂里伯爵和瓦伦斯坦的联军大败克里斯蒂安四世，导致信奉路德宗的诸侯已无力抵抗天主教联盟。勃兰登堡公开站在皇帝一方，协助斐迪南二世的将领把克里斯蒂安四世赶出了德意志。由于缺乏海军力量控制波罗的海和北海，帝国军队也没能攻占丹麦。陷入绝望的克里斯蒂安四世和瑞典日益可疑的活动，促成了《吕贝克和约》（1629）的诞生。根据该和约，丹麦国王保留日德兰半岛、石勒苏益格和荷尔斯泰因，但被剥夺了其家族从天主教会手中夺走的德意志主教区。

同年（1629），获胜的天主教联盟劝说皇帝斐迪南二世颁布《归还敕令》，将已经被世俗化的教产全部归还天主教会，这违背了1555年的《奥格斯堡和约》。《归还敕令》将由帝国委派专人来实施，这些人都是天主教徒，因而《归还敕令》贯彻得不错。在敕令颁布的三年内,德意志的天主教会收回了五个主教区、三十个汉萨同盟的城镇以及近百个修道院,更不用说难以统计的教区教堂。

迄今为止,在宗教和经济上对哈布斯堡家族不满的仅限于加尔文宗信徒,但现在路德宗诸侯也开始警觉起来。《归还敕令》针对的是所有新教徒,这势必将激起路德宗和加尔文宗信徒的激烈反抗。这似乎为路德宗头号强国瑞典创造了一个扭转战局的良机。此时,不仅信奉新教的德意志诸侯期待对抗天主教的外国势力,而且斐迪南二世也不太能够抵御入侵。因为在1630年,斐迪南二世架不住天主教联盟的急切恳求,终于将纵兵四处抢掠、野心勃勃的瓦伦斯坦革职。

当时的瑞典国王是古斯塔夫·阿道夫(1611—1632),他是领导瑞典走向独立和信奉路德宗的古斯塔夫·瓦萨之孙。阿道夫也是那个时代最具魅力的人物之一——年富力强,身材高大,皮肤白皙,蓝眼睛;受过良好教育,精通七国语言,爱好诗歌和音乐;久经沙场,敢想敢做,智勇双全,沉着冷静且多才多艺。阿道夫也是罕见的理想主义者与实干家的结合体,他梦想让信奉新教的瑞典成为北欧头号大国,并为实现这一目标而殚精竭虑。他决心让波罗的海真正成为瑞典的内湖,这一野心首先引发了他与莫斯科大公国(今天的俄罗斯)之间的冲突。他率军占领了芬兰和爱沙尼亚,莫斯科大公国1617年同意退出波罗的海沿岸。之后经过与波兰艰苦卓绝的战争(1621—1629),瑞典获得了利沃尼亚省和维斯杜拉河的河口。阿道夫又开始垂涎德意志北部的波罗的海沿岸地区。就在这时,《归还敕令》让他有了可乘之机。

与此同时,黎塞留平定了法兰西国内的所有叛乱,无论是由胡格诺派还是由贵族发起的。他开始寻求一些有效的手段来延长德意志的战争，以求彻底削弱和羞辱竞争对手哈布斯堡王朝。他果断与古斯塔夫·阿道夫结盟，并为其提供武器和资金，暂时只要求这位新教捍卫者在占领地区给予天主教徒信仰自由。

1630年，古斯塔夫·阿道夫率军在波美拉尼亚登陆，紧接着占领了北方的主要军事重镇，并与颇具实力、信仰新教的勃兰登堡选帝侯和萨克森选帝侯筹组同盟。就在古斯塔夫在波茨坦，与勃兰登堡选帝侯进行旷日持久的谈判时，蒂里伯爵和亲皇派经过长期围攻，成功占领了路德宗的大本营马格德堡（1631年5月）。伴随着马格德堡的陷落，蒂里伯爵的军队对守军以及武装或手无寸铁的市民进行了疯狂屠杀，街头、住宅和教堂瞬间成了人间炼狱，至少有两万人死于非命。这场浩劫以大规模的劫掠和一场大火告终。"马格德堡之劫"彻底激怒了路德宗信徒。古斯塔夫·阿道夫联合勃兰登堡选帝侯与萨克森选帝侯，以及德意志北部的一些新教诸侯，挺进萨克森，1631年9月阿道夫在莱比锡附近的布莱顿菲尔德，以优势兵力全歼了蒂里伯爵的军队，终于报了马格德堡的毁灭之仇。接着，阿道夫指挥联军转向西南，向莱茵河谷进发，希望能与加尔文教诸侯结盟，但因背后强大的盟友黎塞留的反对而作罢，这才让三个富裕的大主教区——科隆、特里尔和美因茨免于直接被瑞典控制。之后阿道夫率而向东，入侵巴伐利亚。重新纠集军队的蒂里伯爵未能在莱希河之战（1632年4月）中挫败瑞典军队，而他本人也在此役中丧命。越战越勇的阿道夫准备将战火烧到奥地利哈布斯堡王朝的世袭领地。为形势所迫，斐迪南二世只得召回瓦伦斯坦并授予他全权，把阻挡瑞典军队的希望完全寄托在他的雇佣军身上。与此同时，斐迪南二世与他的亲戚——野心勃勃的西班牙国王腓力四世结成了紧密联盟。

这年深秋，阿道夫和瓦伦斯坦在吕岑这片命运多舛的战场上展开了殊死搏斗。此役相当惨烈：瓦伦斯坦战败，而阿道夫战死沙场。虽然此后瑞典军队继续在德意志作战，但由于他们的兵力本就不多，加之其将领都不如古斯塔夫那般善战，已难有什么作为。另一方面，瓦伦斯坦被认为靠不住：斐迪南二世听到传言说，他的头号将领自作主张，正准备与新教徒媾和。瓦伦斯坦在自己的营帐里被狂热的亲皇派刺杀（1634年2月）。瓦伦斯坦与阿道夫双双殒命，而帝国也财源枯竭了，许多新教诸侯和信奉天主教的皇帝都希望能清除德意志境内的外国军队和势力——以上这些迹象似乎都预示着战争的第三阶段（瑞典阶段）即将结束。这一阶段战事的结束并不像前两个阶段那样，是因为帝国占据上风而结束的，而是双方本着合理妥协的精神协商结束的。事实上，1635年5月，斐迪南二世在布拉格与当时愿意放下武器的诸侯签订了《布拉格和约》。根据该和约，帝国境内所有军队自此之后由斐迪南二世直接指挥（除了一支听命于信奉路德宗的萨克森选帝侯的特遣队）；解散帝国内所有诸侯联盟；各自退出先前占领的领地；至于教产的归属问题，和约规定，凡是在1627年实际持有此类被没收的教产的所有者，无论是在1555年《奥格斯堡和约》签订之前获得的还是之后获得的，均可继续持有四十年，或者通过协商解决。

《布拉格和约》被撕毁，并非因为德意志新教诸侯不愿接受其条款，而是因为法兰西的黎塞留从中作梗。黎塞留比任何时候都确信，法兰西的伟大是建立在哈布斯堡王朝失势的基础上的。在斐迪南二世被彻底击败，整个德意志化为焦土之前，他绝不能允许诸侯们与斐迪南二世握手言和。事到如今，他决定不再通过暗中援助瑞典人和德意志的新教徒来操纵战事，而是直接走上前台：法兰西向斐迪南二世公开宣战。

三十年战争的最后阶段，或者说法兰西阶段（1635—1648），持续的时间几乎和前三个阶段的总和一样长。黎塞留加入战局，不仅是为了击败奥地利的哈布斯堡家族，并伺机从神圣罗马帝国手中夺取宝贵的莱茵省阿尔萨斯地区，也是为了打击西班牙哈布斯堡家族的大陆霸主地位。自1632年以来，西班牙的哈布斯堡家族一直在积极援助自己的德意志亲戚。不要忘了，当时西班牙国王仍然占据着法兰西北部的南尼德兰和法兰西东部的弗朗什-孔泰大区，而意大利北部经常被争夺的米兰是西班牙的属地。法兰西几乎被西班牙的领土包围着，黎塞留自然要向西班牙宣战，就像向斐迪南二世宣战一样。狡猾的黎塞留利用瑞典人和德意志新教徒，让奥地利的哈布斯堡家族自乱阵脚，还假荷兰人之手削弱西班牙人，因为西班牙当时尚未正式承认北尼德兰的独立。由于英格兰当时把主要精力放在解决棘手的国内问题上，法兰西的敌人很难从英格兰获得援助。

起初，法兰西在军事上遭遇了一系列挫折，这很大程度上是由于轻敌、指挥官无能和军纪涣散造成的。西班牙人曾一度认为占领巴黎指日可待，但凭借至死不渝的爱国热忱和献身精神，黎塞留苦苦支撑战局。他招募并训练新的军队，派兵攻入北尼德兰、阿尔萨斯、弗朗什-孔泰大区、意大利北部和鲁西荣，他还煽动葡萄牙人通过起义谋求独立（1640）。1642年，马萨林接替他的位置，并完全延续了其外交政策。年轻有为的将领开始领导法兰西军队，其中包括冲劲十足的孔代亲王（1621—1686），以及战略大师、那个时代最伟大的军人——蒂雷纳（1611—1675）。孔代亲王在罗克鲁瓦的胜利（1643），标志着法兰西军队称霸战场的开始，这种霸主地位保持了一个世纪。

最终，蒂雷纳利用巧妙的战术牵制住西班牙人，并迫使巴伐利亚的马克西米利安一世的部队脱离了帝国的联盟，事实上彻底粉碎了敌人的抵抗，结束了三十年战争。1648年，参战各方签订的一系列条约，统称为《威斯特伐利亚和约》。

《威斯特伐利亚和约》政治方面的条款规定：（1）德意志各邦可以自行宣战与媾和，无需同皇帝商议——各诸侯被赋予了"自决权"；（2）法兰西得到除自由市斯特拉斯堡以外的全部阿尔萨斯地区，其对梅茨、土尔和凡尔登三个主教区的吞并也得到承认；（3）瑞典获得了西波美拉尼亚境内可以控制奥得河河口的部分领土，以及世俗化的不来梅主教区（不来梅城的周边地区，控制着易北河和威悉河河口）；（4）法兰西和瑞典在神圣罗马帝国议会中获得投票权，隐含着对德意志事务进行监督的权利；（5）勃兰登堡得到了东波美拉尼亚和包括马格德堡在内的几个主教辖区；（6）普法尔茨被一分为二，分别由巴伐利亚的马克西米利安一世和被废黜的弗雷德里克的儿子统治，二人都被授予了选帝侯头衔；（7）正式承认瑞士脱离帝国，联省共和国（荷兰）独立于西班牙。

宗教方面的条款如下：（1）加尔文宗信徒享有路德宗信徒所享有的一切特权；（2）凡在1624年1月1日之前占有的教产均可

维持现状,无论占有者是天主教徒还是新教徒;(3)在帝国法庭中,天主教和新教法官的人数要相等。由于1648年之后,德意志的宗教信仰几乎没有变化,因此该条约几乎一劳永逸地解决了德意志的宗教纷争。

《威斯特伐利亚和约》所带来的最为显著的成果之一,是结束了德意志长期存在的政治混乱的局面,而只有神圣罗马帝国的形式得以延续。本已岌岌可危的皇权变得更加有名无实,但真正的改变要等到几个世纪之后,普鲁士的霍亨索伦家族取代了奥地利的哈布斯堡王朝。同时,四分五裂的德意志只能眼睁睁地看着法兰西把北部疆界拓展到莱茵河。

但对德意志来说,相比政治上的损失,经济方面的损失更惨重。三十年战争结束后,德意志几乎化为废墟。"约三分之二的人口消失了,幸存者的境遇悲惨,生活苦不堪言。帝国境内六分之五的村庄被摧毁。我们了解到,普法尔茨的一个村庄两年内被洗劫了二十八次。在萨克森,狼群四处游荡,因为北部三分之一的土地已经荒芜。贸易落入了法兰西人或荷兰人之手。教育几近消失,社会道德沦丧,人们越来越不注重礼仪,迷信之风渐长,烧死女巫的现象十分普遍。"

《威斯特伐利亚和约》纵然结束了三十年战争,但法兰西和西班牙的激烈斗争仍在继续。马萨林决心为法兰西夺取更多的领土,虽然孔代亲王转投西班牙,但蒂雷纳在战场上的表现却足以匹敌西班牙人派来的任何指挥官。此外,马萨林为了换取克伦威尔手下的精兵,把敦刻尔克割让给了英格兰。直到1659年著名的《比利牛斯和约》签订,法兰西和西班牙之间的斗争才算告一段落。

该条约规定：（1）法兰西将南部的鲁西荣省和北部的阿图瓦省并入版图；（2）承认洛林公国处于法兰西保护之下；（3）赦免孔代亲王，恢复其在法兰西的职位；（4）西班牙国王、哈布斯堡家族的腓力四世的长女玛格丽特·特利莎将嫁给年轻的法兰西国王、波旁家族的路易十四，作为对玛格丽特·特利莎丰厚嫁妆的回馈，法兰西国王放弃了对西班牙领地的所有主张。

《比利牛斯和约》是马萨林的最后一项重要成就。但在1661年去世前，他还是满意地看到从黎塞留处继承来的政策取得了胜利：王权在法兰西得以稳固；哈布斯堡王朝，无论是奥地利人还是西班牙人，都被打败了并受到了羞辱；法兰西的波旁王朝成为欧洲的新霸主。

哈布斯堡王朝与波旁王朝的斗争所产生的重要成果是，促使人们普遍接受国际法中的一些固有原则和外交的明确惯例。在古代，大一统的罗马帝国阻碍了当今这种国际关系的发展。在中世纪早期，封建社会几乎没有为外交留出生存空间。当然，无论是在古代还是在中世纪，都曾有过使节、外交谈判和条约，只不过那时候的使节都是为了某个目的而临时指派的，所以也就不存在长期的外交代表和职业外交家群体。15世纪，意大利率先推动了这一群体的发展。我们知道，当时意大利北部和中部分布着大量城邦。这些城邦为了争夺政治经济方面的霸权地位而依靠合纵连横来维持所谓"均势"，在亚平宁半岛的政治博弈中，各城邦对于外交手段的青睐不亚于武力手段。正是在意大利，出现了护照制度和外交礼仪，武装人员和平民百姓也逐渐被区别看待，而事实上，各城邦对于在城邦间遵守某种法律与秩序产生了兴趣。在这些方面，威尼斯的贡献良多：威尼斯逐渐建立起一套规范化的常设外交官制度，并要求其大使提交详细的外交事务报告；加之威尼斯在地中海地区举足轻重的商业地位，所以对国际海事规则的发展做出了巨大贡献，起初是和平时期，后来则是战时。

在16世纪，马基雅维利大力倡导的意大利治国方略和国家间关系的思想被传播到了西欧国家。西班牙、葡萄牙、法兰西和英格兰国王都在其他国家设立了常驻使馆，国际交往的习惯逐渐形成。外交成为杰出政治家公认的工作。

有两个机构可能阻碍或延缓了国际法的发展：一个是罗马天主教会，它拥有遍布各国的组织，还主张其在精神方面的超然地位；另一个是神圣罗马帝国，它宣称在尘世中拥有超然地位，并坚持认为自己与其他国家之间存在本质上的不平等。不过，16世纪的宗教改革沉重打击了天主教会的主张和权力。波旁王朝和哈布斯堡王朝之间的长期斗争，最终导致了三十年战争，这也导致神圣罗马帝国的国际地位无论是理论上还是事实上都一落千丈，与法兰西、英格兰、西班牙这三个民族君主国或荷兰共和国已然无异。

《威斯特伐利亚和约》宣告真正的国家体系在欧洲应运而生，它以独立的主权国家在本质上是平等的理论为基础，但也承认强国存在的现实。自此，欧洲的公法由外交官和大使会议制定。《威斯特伐利亚和约》为国际交往指明了道路。

17世纪上半叶，国际关系的另一个方面开始凸显。三十年战争的血腥暴戾让所有人侧目，德意志的战争暴行令所有德意志人蒙羞，这与意大利更为人道的战争艺术实践形成鲜明对比。战争的残酷性使学者们开始关注制定规则的必要性，他们要求参战各方在战时保护非战斗人员、救治伤病员、禁止肆意掠夺以及所有令道德已经觉醒的 17 世纪欧洲感到骇然的暴行。这也是国际法相关论著出版的起点。

格劳秀斯的《战争与和平法》便是这样一部开山之作，注定会对各国君主和外交官产生深远的影响。胡果·格劳秀斯（1583—1645，他的荷兰姓名是雨依格·凡·格劳特，并在人生的最后几年担任了瑞典驻法兰西大使）是一位博学的荷兰人文主义者。他积极投身政治，反对当时的荷兰执政，还为了争取宗教宽容而与在荷兰占统治地位的正统加尔文宗斗争，因此被判终身监禁。1619年，格劳秀斯被关押在荷兰的一个堡垒中，后设法逃脱，逃往巴黎，在那里创作完成了其不朽之作——《战争与和平法》，并于 1625 年发表。《战争与和平法》内容翔实、匠心独运，是首部系统性讲解国际法基本原则的理论著作，更是此类作品中的佼佼者。

第 六 章

绝对主义在法兰西的发展以及波旁王朝与哈布斯堡王朝的斗争(1661—1743)

1

路易十四时代

1661年,马萨林去世。年轻的国王路易十四马上宣布,他将独立处理法兰西君主国的内政和外交事务。从那时起,在很长一段时间里,路易十四都是法兰西名义上和事实上的统治者。他的统治风格和拿破仑一样,是法兰西历史上一个独特的时代。

路易十四的成功是建立在亨利四世、萨利公爵、黎塞留和马萨林的成就之上的:他继承了一个相对统一的国家,人民热爱法兰西、忠于国王,而新教徒起义或贵族叛乱已成为过去。古老的议会——三级会议,已经名存实亡。地方治理被交给出身市民阶层的忠诚官员——督办。税收、战争、公共设施的修缮、治安和司法,上述领域的所有权力都集中在国王手中。国际上,法兰西的宿敌哈布斯堡王朝已经被击败,法兰西的版图得以拓展,声望如日中天。一切都已准备就绪,就等一位伟大的国王,以前所未有的规模来推动绝对主义。

路易十四的绝对主义所依赖的政治理论基础,在当时一位博学而正直的主教波舒哀（1627—1704）的一本著作中有经典的表述。根据波舒哀的作品（下述对神权君主制观点的表述，摘自波舒哀《〈圣经〉中的政治得失》），政府是神赐的，目的是满足人类希望在秩序井然的社会中共同生活的自然本能。在上帝的治下，君主制是所有政体中最常见、最古老的一种，因此也是最自然的；它同样也是最强大、最高效的，因此是最好的政体。就像父亲掌管家庭一样，君主的统治应该是世袭的。这位能言善辩的主教指出，这样一位世袭君主具备四种特质：（1）他是神圣的，这从他加冕时由教会神父为他敷擦圣油可以得到证明，因此质疑国王或密谋推翻国王都是亵渎神明；（2）他要为他的人民谋福祉，关注他们的一举一动，因为从真正意义上来说君主是万民之父、国家之父；（3）他拥有绝对的专制权力，他只对上帝负责——任何世俗之人不得以任何理由拒绝王命，而臣民反抗暴君的唯一方式，就是祈祷上帝改变他的心意；（4）君主的智慧超越任何人——君主是神权在尘世的化身，因此把君主看作凡人是错误的。君主作为公众人物，代表着整个民族。"正如上帝完美无瑕，集所有美德于一身，社会中所有个人的所有力量也凝聚在国王的身上。"

这个理论便是所谓"神权君主制"或"绝对主义"。不要忘了，在16、17世纪，神权君主制理论正在传播，并最终遍及整个法兰西及其大多数欧陆邻邦。正如我们即将看到的那样，甚至连英格兰的斯图亚特王朝也在宣扬和维护这一理论。在17世纪，这一政治理念就像当今的民主观念一样受欢迎，而路易十四俨然就是这一理论的化身。这位法兰西国王风度翩翩、举止庄重、谈吐优雅，很好地扮演了统治者的角色，似乎生来就被神赋予了国王的使命。

作为国王,路易十四非常努力。他勤勉尽责,日复一日地审视治理中的种种细枝末节,时刻留心大小事务。他有条不紊地从事着他口中的"国王的工作"。"以工作治国,为治国而工作。"这是他写给孙子的话。

没有哪个君主比路易十四更幸运,网罗到如此多的人才:政治鼓吹手波舒哀,金融家、改革家柯尔柏,军事组织者卢福瓦,防御工程专家沃邦,战无不胜的将军孔代和蒂雷纳,以及受他资助的一大批文学巨匠,这些人助其塑造了明君形象。路易十四被尊为"大帝",其统治时期也被称为"路易十四时代"。

距离巴黎十九千米的凡尔赛,曾是一片沙化的荒地。路易十四在这里建造了一座恢宏的宫殿:奢华的陈设、宽敞的园林,以及无数赏心悦目的喷泉,使凡尔赛成为欧洲的娱乐中心。法兰西贵族被吸引到这里,他们虽然被剥夺了所有政治权力,但如今被豁免了恼人的税收,他们开始沉湎于令人纸醉金迷的社交盛宴。国王要任命贵族来担任近侍——负责管理衣橱、狩猎或组织寻欢作乐。只有贵族才适合为国王梳头,或者在国王沐浴后为其擦干身体。贵族们就像许多水晶吊灯一般,只是宫殿的装饰品。整个法兰西宫廷都以凡尔赛为中心,时尚先锋和思想先锋在这里汇聚一堂。

正是在这一时期,不论礼仪、服饰、语言、艺术,还是文学和科学研究,法兰西都成为欧洲文明的楷模和表率。法兰西戏剧之父科尔内耶(1606—1684)、最伟大的戏剧家莫里哀(1622—1673)、优雅庄重的剧作家拉辛(1639—1699)、机智风趣的回忆录作家塞维涅夫人(1626—1696)、因写作怪诞寓言和风流韵事而闻名的诗人拉·封丹（1621—1695）等，他们领取着王室津贴，用自己的才华为凡尔赛宫增添光彩。法语成为时髦象征和外交语言，并在很长时期内一直保持着这种超然地位。

路易十四的宫廷成为法兰西乃至全欧洲的焦点，而构成第三等级的职业人士和商人则享有相对的安定和繁荣，并占据着行政系统中的所有要职。由于司法部门的职位多由市民阶层担任，因此当时的法兰西政府被戏称为"法袍[1]之治"。

商人之子柯尔柏（1619—1683）是路易十四最倚重的大臣之一，他热衷于为自己所属的市民阶层谋福利。柯尔柏因马萨林的推荐而被重用，在马萨林去世后，他又被任命为公共事务总监、财政监督官，同时掌管海运、商业、农业和殖民地，简言之，除战争部门之外，柯尔柏的势力遍布政府各部门，直到1683年去世。他从未像黎塞留和马萨林统治时那样大权独揽，只是单纯地执行国王的命令。但他多年来一直受到王室的宠信，在他的不懈努力下，法兰西的经济出现了空前繁荣。他的政策和成就在很多方面都与萨利公爵类似。

首先让柯尔柏费尽心力的是财政改革。在黎塞留当政期间，或更确切地说是在马萨林执政时期，萨利公爵苦心经营的国库被挥霍一空。大笔金钱流入权臣的腰包，日益庞大的贵族阶层又被豁免了税赋，于是一个邪恶的税收系统——"包税制"[2]发展了起来，致使财政负担几乎全部落在可怜的农民身上。柯尔柏大刀阔斧地

---

[1] "法袍"指代那些通过担任某些要职或法官而获得贵族头衔者。——编者注
[2] 包税制度是指国家将征税的环节承包给个人或公司，后者上缴的税款只要达到所承诺的金额，多出部分即成为其收益。——编者注

开始了改革。他任命了许多亲信担任政府的代理人,清除税收过程中的腐败现象。虽然他无法向拥有特权的贵族征收土地税——"军役税"(即达依税),但他坚决抵制任何增加享受税赋豁免者人数的企图,并通过引入间接税或关税,实际上降低了农民承担的直接税。此举在某种程度上会对所有人造成影响。为减轻农民的负担,他鼓励发展农业。他规定,不得没收农民的农具用于抵债,鼓励饲养马匹和牲畜。他修缮道路,改善国内交通设施,连接地中海和加伦河的朗格多克大运河正是在他的赞助下设计和修建的,这条运河也将地中海和大西洋连接了起来。在他的支持下,各省的农产品流通税也尽可能保持了一致。

在推进他所认定的有助于本阶级利益的事情,柯尔柏表现得尤为积极。他想尽一切办法促进制造业和商业的发展。他建立了新产业,保护发明家,从国外招揽工匠,同时禁止本国工匠出国。对从外国进口的商品征收高额关税,以保护本国的"新兴产业",增加本国制造商和贸易商的利润。对从事商业活动的法兰西船只实行优惠的税收政策,外国船只停靠法兰西港口则必须缴纳高额的吨位税。除了制定保护性关税、向商船队提供补贴,他还提出了其他一些具有重商主义色彩的政策,比如阻止贵金属出口,鼓励建立公司和垄断市场,努力扩大政府的监管力度,把各类商品的生产销售、产品的质量和产量都置于政府的监管下。柯尔柏的这些政策的确取得了一定成效,只不过被以下的事实所抵消:商人阶层确实大发横财,却是以牺牲法兰西社会中其他更广大阶层的利益为代价;从长远来看,把人民完全排斥在外的中央集权式的神权君主制,并不适合监督商业细节。

要推动工商业的发展常常需要建立一支保护性质的海军。柯尔柏认识到了这一点，并全力投入这项工作。他重建了土伦的船坞和兵工厂，并在罗什福尔、加莱、布雷斯特和勒阿弗尔建立起大型船坞。他迅速组建了一支规模不小的海军，可与英格兰、西班牙或荷兰的海军媲美。为了补充人员，他从沿海各省征召渔民，甚至征召罪犯，把他们拴在划桨帆船上，就像许多新工业的奴隶一样。

同样，重商主义政策似乎也要求建立一个殖民帝国，以便让母国在该地享受贸易垄断之利。柯尔柏因此又成了孜孜不倦的殖民地开拓者。他购买西印度群岛的马提尼克和瓜德罗普岛，鼓励臣民前往圣多明各、加拿大和路易斯安那建立殖民地，并在印度、塞内加尔和马达加斯加岛建起重要据点。在柯尔柏的治理下，法兰西终于成为其欧洲老对手英格兰的有力竞争者。

柯尔柏骨子里是一个金融家和经济学家，而在那些可以为路易十四的统治增光添彩的领域，柯尔柏也贡献良多。他加强了黎塞留创建的法兰西学院，建立了科学院（后被称为法兰西学会）和宏伟的天文台。他资助了大批作家，并招揽外国艺术家和科学家为法兰西效力。在他的赞助下，众多公共建筑和凯旋门拔地而起。

在战争领域，路易十四的麾下同样人才济济。卢福瓦（1641—1691）是有史以来最伟大的战争大臣之一。他组建并维持着一支当时规模最大、装备最精良的常备军，制定了严苛的军纪，且有史以来首次规定军人必须身着特别设计的制服，并引入了齐步走的习惯。在他的监管下，军营的卫生条件有了极大改善。在他的影响下，军人的晋升不再主要取决于社会地位，也取决于功绩。

卢福瓦的手下包括历史上最伟大的军事工程师——沃邦（1633—1707）。正是在沃邦的主持下，法兰西在北部和东部边境修筑了一系列雄伟的防御要塞。此外，卢福瓦的麾下还有杰出的将领，比如孔代亲王和蒂雷纳。他们可以立即实施卢福瓦的改革与政策。

路易十四得到了大批人才的辅佐，然而其在位时的外在表现和虚假繁荣却掩盖了法兰西的真实状况。柯尔柏想做的事情太多了，但他的计划一再落空。贵族越发懒散且挥霍无度，市民阶层则越来越自私，专注于本阶级的利益。尽管这个父权制政府做出了短暂的努力，但由于赋税并未减轻，导致占人口绝大多数的农民的处境不断恶化，而国王还在穷奢极欲地包养情妇、享受纸醉金迷的宫廷生活以及豢养宠臣。他过度的虚荣心必须通过昂贵的娱乐和表演来满足。虽然法兰西以和平方式所取得的成就不那么耀眼，但更加稳固和长久，而路易十四偏偏喜欢建立在累累白骨之上的武功。柯尔柏终于发现，与卢福瓦相比，自己对国王的影响力一日不如一日，他的经济紧缩政策成果寥寥。他为法兰西节俭下来的财富以惊人的速度消耗在对外战争中，这令柯尔柏至死都无法释怀。正是卢福瓦的战争，让路易十四"大帝"的统治不再伟大，并为法兰西后来的灾难埋下了祸根。

在介绍路易十四的对外战争之前，我们还要提一下他统治时期的另一个污点。正是路易十四恢复了对新教徒的迫害。作为绝对主义者，他渴望完全统一整个法兰西；而作为虔诚的天主教徒，宗教狂热迫使他要为不堪的私生活赎罪。他曾一度满足于所谓"龙骑兵迫害"——在胡格诺派教徒中部署肆意妄为的士兵，并最终在1685年正式废除了《南特敕令》。在近一个世纪的时间里，法兰西在宗教宽容的原则和实践上,一直引领着欧洲,但自1685年之后便在反动的道路上越走越远。在法兰西,胡格诺派依然拥有信仰自由,但失去了礼拜自由和所有的公民权利。路易十四此举直接导致大批勤勤恳恳、才华横溢的臣民逃离法兰西,转而为法兰西那些信奉新教的对手——英格兰、荷兰和普鲁士——效力,为这些国家的政治和经济发展做贡献。

2

法兰西的扩张

路易十四本人并不是军事家。他从未以全身戎装的形象示人,也从没有纵马引领部队行进。他虽然缺少成为一名伟大军事家的才能,但并不妨碍他热衷对外征战,而非凡的外交天赋也弥补了这一缺陷。他是那个时代最伟大的外交家之一,拥有大批忠诚的军队和杰出的将领,这有助于他推行法兰西的传统对外政策。

路易十四的对外政策其实与弗朗索瓦一世、亨利二世、亨利四世、黎塞留和马萨林一脉相承,目标是羞辱强大的哈布斯堡王朝,无论是奥地利的还是西班牙的。虽然,《威斯特伐利亚和约》和《比利牛斯和约》已经让哈布斯堡家族付出了沉重代价,法兰西也从中获益不菲,但路易十四还有很多目标要完成。1661年,在这位伟大的君主开始亲政时,西班牙的哈布斯堡家族不只统治着与法兰西南部接壤的伊比利亚半岛,还统治着法兰西北部的南尼德兰,东边的弗朗什-孔泰大区和意大利北部的米兰,而他们的奥地利亲戚则维持着有名无实的神圣罗马帝国，继续控制着与法兰西东北部接壤的富饶的莱茵诸省。法兰西仍然几乎完全被哈布斯堡的领地包围着。

为了师出有名，路易十四提出"自然疆界"理论。他宣称，每个国家都应该保护大自然提供的明显边界——山脉、湖泊或河流。据此理论，法兰西理应获得古代高卢的自然疆界——比利牛斯山、阿尔卑斯山、莱茵河和地中海，任何宣称对该疆界内的领土有主权的外国君主或民族都是入侵者，都应被驱逐。

多年来，路易十四一直力图让法兰西的疆界扩展至莱茵河一线，并为此发动了三场战争，也取得了部分成功。我们现在就来讲讲这三场战争——遗产战争、法荷战争和奥格斯堡同盟战争。第四场战争，即波旁王朝试图染指西班牙王位的战争，由于规模更大、牵涉的国家更多，将单独讲述。

路易企图夺取西属尼德兰（南尼德兰），从而引发遗产战争。之前我们提到，根据《比利牛斯和约》，路易十四迎娶了西班牙国王腓力四世的长女玛格丽特·特利莎，而再婚的腓力四世则有了一个儿子，这个羸弱且愚笨的王子在1665年继承王位，即卡洛斯二世。路易十四立即抓住卡洛斯二世即位的机会，代表他的妻子要求继承西班牙的部分遗产。这个主张是基于尼德兰私人财产继承中盛行的一种奇怪的习俗，即遗产只能由头婚所生的孩子继承，再婚所生的子女没有继承权。路易坚持认为，这一惯例，即所谓"遗产转移惯例"不只适用于私有财产，还适用于主权国家，因此他的妻子应该是南尼德兰的君主。事实上，这一主张纯属强词夺理。但法兰西国王认为，抢劫自己羸弱的小舅子，道歉足矣。

开战前，路易十四利用外交手腕，尽最大可能孤立西班牙。荷兰、瑞典和德意志新教国家向他承诺会保持友好中立。毕竟这些国家在三十年战争期间一直是法兰西的盟友。接着他威胁奥地利的哈布斯堡家族，声称如果他们帮助西班牙亲戚，他就将在神圣罗马帝国挑起另一场内战。而他也不担心英格兰，因为英格兰正与荷兰共和国进行着异常激烈的贸易战，无暇分身。〔正是在第二次英荷战争（1665—1667）前夕，英格兰从荷兰手中夺取了新阿姆斯特丹（1664），并将之更名为纽约。在这次战争中，杰出的荷兰海军上将德·鲁伊特尔，在泰晤士河焚毁了英格兰战舰和船只（1667年6月）。〕

遗产战争从1667年爆发，一直打到1668年。路易十四的军队训练有素、指挥得力，轻松攻克了南尼德兰的各边防重镇。如若不是国际风云突变，整个地区无疑都将落入法兰西之手。英格兰和荷兰的贸易战迅速结束。如今，这两个曾经的对手联合瑞典，组成三国同盟，旨在结束战争并阻止法兰西的扩张。同盟国表示，"均势"要求其他欧洲国家联合起来，以防止任何一个国家变得过于强大。这种"力量均衡"的诉求是对法兰西国王"自然疆界"理论的回应。

在三国同盟的威胁下，路易十四被迫与西班牙展开谈判，签订了《亚琛和约》。根据和约，西班牙将佛兰德斯相当重要的一部分领土割让给法兰西，其中包括要塞城市沙勒罗瓦伊、图尔奈和里尔；西班牙仍然保留着南尼德兰的大部分领土。如此一来，路易十四的胃口就被吊了起来，而他的贪婪也很难被满足。

路易十四谴责荷兰的倒戈。他十分清楚，荷兰绝不希望有个强大的法兰西作为近邻,因此吞并南尼德兰势必会永远遭到荷兰的反对。但是,这位"大帝"的第二场战争——法荷战争,不仅是出于受伤的自尊心和政治考虑。法兰西和英格兰一样,如今正在成为荷兰在商业和殖民地方面的竞争对手,而在路易十四和柯尔柏看来,打破荷兰的贸易垄断将会给法兰西的市民层带来极大的好处。路易十四发动的第二场战争,既是一场国际政治的延续,又是一场争夺贸易主导权的战争。

路易十四首先竭力分化瓦解三国同盟,孤立荷兰。他利用英格兰国内的政治斗争,设法与英格兰国王查理二世秘密签订了《多佛条约》(1670)。英王因此获得了一大笔金钱,可以不再依赖议会,而作为回报,英王宣布自己为罗马天主教徒,并退出三国同盟。路易十四用同样的手段收买了瑞典。看起来,孤立无援的荷兰要被迫与强大的法兰西开战了。但当时的荷兰恐怕无力抵御法兰西的进攻。自从荷兰的独立得到西班牙的正式承认后(1648),这个国家就陷入了政治斗争的旋涡:一派是奥兰治家族的首领、荷兰执政,其支持者有乡村地区、贵族、加尔文宗教士和农民;另一派是贵族化的市民阶层、宗教自由主义者以及普通市民,其领袖是深孚众望的大议长约翰·德威特(1625—1672)。前者希望巩固国家,建立世袭君主制;后者则是试图维护共和制和几个省的权利。二十多年来,掌权的一直是后一派,但随着年幼的奥兰治亲王威廉三世渐渐长大,前一派开始发动反攻。

在这样的情况下,1672年路易十四向荷兰宣战。法兰西以洛林公爵与荷兰勾结为借口,立即出兵占领了洛林,继而顺着莱茵河而下,经过科隆,入侵荷兰,威胁到繁荣的阿姆斯特丹。荷兰人民在绝望的狂潮中，将失败全部归咎于约翰·德威特并将之杀害。在年轻的威廉三世的指挥下，荷兰人开闸泄洪，淹没了荷兰北部的大部分地区。当年荷兰人曾用同样的手段在独立战争中击退了西班牙人，如今这一方法再次奏效，阻止了法兰西乘胜进军。

荷兰提出对法兰西有利的媾和条件，但被路易十四拒绝了，这引发了全欧洲的担忧。神圣罗马帝国皇帝利奥波德一世、勃兰登堡大选帝侯[1]和荷兰结成了军事联盟，随后西班牙和几个德意志邦国也加入了该联盟。这场战争因此迅速升级，但战场上法兰西继续占据上风。蒂雷纳通过一场辉煌的胜利迫使大选帝侯求和，利奥波德也被击败了，战火此后烧向了南尼德兰和弗朗什-孔泰大区。

最终英格兰议会迫使查理二世转而支持反法同盟，路易十四意识到是时候停战了。事实证明，为路易十四的第二场战争付出惨重代价的不是荷兰，而是西班牙：根据《奈梅亨条约》，前者没有任何损失，后者则向法兰西割让其垂涎已久的弗朗什-孔泰大区，以及南尼德兰的几个军事重镇，还允许法兰西继续占领洛林公国。

虽然路易十四没能严惩傲慢的荷兰，但他至少成功地把法兰西的疆界推进到莱茵河附近，他成了欧洲最伟大、最令人敬畏的君主。然而法兰西同样付出了惨痛的代价。战争导致边境省满目疮痍，国库空虚，政府只能靠举债和加税才能解燃眉之急。这令柯尔柏陷入了绝望。路易十四手下的第一名将蒂雷纳在战争后期

---

1 勃兰登堡大选帝侯，即当时的勃兰登堡选帝侯兼普鲁士公爵腓特烈·威廉。此人战功彪炳且为普鲁士日后成为王国奠定了基础，故被冠上"大选帝侯"尊称。——编者注

阵亡，他手下的另一员大将孔代亲王由于身体原因被迫退役。

然而好大喜功的路易十四对上述种种问题视而不见，战争和外交上的胜利让他目空一切，刚愎自用。和许多自负且雄心勃勃的统治者一样，他认为自己国家内部可能存在的经济问题或民怨，都可以在对外的辉煌胜利中被遗忘和遮蔽，络绎不绝的外国使团、令人热血沸腾的两军厮杀以及流血漂橹的沙场景象足以抵偿一切苦难。这位"大帝"选择了称霸欧洲的血腥之路，并初尝胜果。他会在这条道路上继续狂奔，但最终的结果无论是对波旁王朝来说还是对法兰西人民而言，都是无比苦涩的。

法荷战争一结束，路易十四就开始利用诡计和外交手段，企图进一步扩大法兰西的版图。根据《威斯特伐利亚和约》和《奈梅亨条约》，割让给法兰西的所有领土都连同"其属地"。这提醒了路易十四：毫无疑问，他刚刚吞并的领土在中世纪或现代早期对某些尚未被法兰西吞并的其他城镇或领土拥有封建宗主权。虽然在大多数情况下，这种古老的封建宗藩关系在17世纪末事实上已经名存实亡，但是路易十四决定复兴这种封建关系，以便在可能的情况下扩大法兰西的版图。他因此建立了一个名为"故土归并法庭"的特别法庭，由听命于他的法官组成。这些法官根据古老的封建时代的成例判定法兰西有权兼并哪些地区。故土归并法庭的调查举证细致入微，把神圣罗马帝国治下的二十多个重要城镇判归法兰西，其中就包括卢森堡和斯特拉斯堡。看起来似乎没有什么能阻挡法兰西国王立即执行这些判决。他的军队一直保持战备状态，而英格兰国王再次被他收买，成为其盟友；奥斯曼人的入侵让利奥波德一世皇帝焦头烂额、自顾不暇。在斯特拉斯堡，帝国的武装抵抗很快被粉碎了（1681），伟大的军事工程师沃邦将这个城市改造为法兰西在莱茵河上的主要据点。西班牙君主试图保护卢森堡不受法兰西的侵略，但因为投入的力量不足而注定徒劳无功（1684）。

法兰西势力的稳步扩张给欧洲各国敲响了警钟。为了维护神圣罗马帝国的领土完整，1686年，皇帝利奥波德一世与西班牙、瑞典和一些德意志诸侯组建了奥格斯堡同盟。没过多久，奥格斯堡同盟就被请求抵抗法兰西国王的进一步侵犯。1688年，路易十四派遣一支大军进入莱茵－普法尔茨。他试图用一个荒谬的理由来吞并这个极具价值的地区，战争因此爆发。这是路易十四的第三场战争，被称为"奥格斯堡同盟战争"或"普法尔茨战争"。与此同时，英法殖民者在北美也爆发了战争，史称"威廉王之战"。

在前两场战争中，英格兰虽然没有给予路易十四支援，但至少保持了中立，英王需要路易十四的财政支持来维持专制政府。相比法兰西，英格兰有影响力的商业贸易阶层在荷兰人那里吃到的苦头显然更多，因此对于欧洲大陆的王朝纷争并不热心。路易十四想让英格兰一直保持中立，况且他又与英格兰国王詹姆斯二世（1685—1688）私交甚笃。只不过对英格兰的政策走向和战局发展起决定作用的，注定不会是亲法的詹姆斯二世，而是寸步不让的威廉三世（1650—1702，1672年任联合省执政，1689年成为英格兰国王）。这个威廉三世作为荷兰执政，也是路易十四在欧洲大陆上最难缠的对手。他已经多次展露出军事家的雄才大略和阴谋家的冷酷狡诈。他迎娶了詹姆斯二世的长女玛丽公主，如今他因势利导，竭力讨好英格兰的新教徒、议会派和商人阶层。这些人都反对天主教、绝对主义和詹姆斯二世的专制政策。

我们之后会介绍流放詹姆斯二世的1688年"光荣革命",这是英格兰走向君主立宪的关键一步。同样,这场革命对路易十四的对外政策也有至关重要的影响,因为革命将英格兰的王位交给了詹姆斯二世的女婿——荷兰执政、路易十四的死敌威廉三世。

在新君主的领导下,英格兰立即加入了奥格斯堡同盟并向法兰西宣战。荷兰与英格兰的贸易竞争在很大程度上平息了,如今,两国的殖民地因共同的君主而联合起来,自然就会与法兰西的殖民地爆发冲突。自此之后,波旁王朝除了称霸欧洲所遭遇的困难,还面临着英格兰咄咄逼人的殖民竞争和商业竞争。这是一场新的百年战争的开始,英法将为争夺印度和北美而战。

路易十四似乎从未意识到殖民地战场的重要性,他太沉迷于把法兰西的疆界扩展至莱茵河的野心了。因此本章在讲述奥格斯堡同盟战争和后面的西班牙王位继承战争时,仍将主要关注欧洲和王朝因素。至于殖民地的战事,将留到后面的"法兰西与大不列颠的世界霸权之争"一章中讲述。

奥格斯堡同盟战争是路易十四的第三场战争,从1689年持续到1697年。尽管失去了蒂雷纳子爵和孔代亲王,但训练有素的法军足以抵御同盟的军队,使法兰西免遭外敌入侵。法军甚至在边境上打了几场胜仗。但是在海上,战况就不那么有利了,法兰西为支持詹姆斯二世复辟而远征爱尔兰的行动以惨败告终。经过多年的战争,参战各方都损失惨重,路易十四终于开始寻求和平了。

《里斯维克和约》结束了奥格斯堡同盟战争,路易十四放弃了除斯特拉斯堡之外几乎所有由故土归并法庭判给他的领土;允许荷兰在南尼德兰的各大要塞驻军，作为抵御法兰西入侵的"屏障"；同意与荷兰签订一个优惠贸易条约；将洛林归还给洛林公爵；放弃对普法尔茨的声索；承认威廉三世是英格兰国王，并承诺不支持任何推翻其王位的企图。根据和约，路易十四并没有损失领土，不仅如此，他对整个阿尔萨斯省的所有权得到了全面认可。然而路易十四的声誉和虚荣心都受到了伤害，这令他耿耿于怀。

3

西班牙王位继承战争

路易十四之所以提出议和，并放弃对洛林和普法尔茨的声索，其中一个主要的原因是，声誉很差的西班牙国王卡洛斯二世已病入膏肓。路易十四对西班牙觊觎已久，现在希望利用外交和权谋从其死后所遗留下的大片领土中分一杯羹。

当时的西班牙仍然是个大国，其治下有伊比利亚半岛上的古卡斯蒂利亚、阿拉贡和纳瓦拉王国，还有南尼德兰的大部分地区、意大利的两西西里王国、米兰公国，并控制着托斯卡纳，以及包括美洲和菲律宾在内的庞大殖民帝国。在国王被视为国家的绝对统治者，领土被视为君主个人财产的年代，王位传承是国家大事。

如今西班牙的哈布斯堡家族面临绝嗣。卡洛斯二世本人既无子女，也没有兄弟。他有两个姐姐，长姐是路易十四的妻子，二姐嫁给了奥地利的哈布斯堡家族的继承人——神圣罗马帝国皇帝利奥波德一世。根据《比利牛斯和约》（1659），路易十四曾宣布放弃对西班牙王位的所有主张，条件是西班牙向他支付一笔丰厚的嫁妆。然而由于国库空虚，西班牙无力支付，路易十四可以因此而主张继承卡洛斯二世的全部遗产，并期待波旁王朝能代替哈布斯堡王朝成为基督教世界最富庶的一些地区的主人。为了对抗法兰西的野心，利奥波德一世出于家族荣誉感，代他的妻子提出领土声索的主张，而他作为西班牙国王最近的男性亲属也提出了自己的领土声索。如果利奥波德一世能持之以恒，他将建立一个领土可堪比查理五世所统治过的帝国的国家，从而复兴哈布斯堡王朝的欧洲霸权。另一方面，如果路易十四的野心得逞，将会出现一个强大到令人生畏的波旁王朝。无论是哪种情况，欧洲的"均势"都将被打破。

欧洲的政治问题还牵涉商业和殖民问题。根据盛行于17、18世纪的重商主义理论，拥有殖民地的国家应让本国公民独享与殖民地贸易的特权。只要法兰西和西班牙各自独立且保持一定的实力，其商业对手——尤其是英格兰和荷兰——就有希望时不时获得与法兰西或西班牙的殖民地的贸易许可。一旦法兰西和西班牙共同置于某位君主的治下，就会出现大规模的垄断，英格兰或荷兰的商业扩张将因此而严重受阻，而波旁王朝的臣民会变得更加富有。

因此，身兼荷兰执政和英格兰国王的威廉三世，自然要维持奥地利的哈布斯堡家族和法兰西波旁家族之间的均势。两位领土主张者都清楚，任何一方都不会和平地独占西班牙的全部遗产。事实上，路易十四和威廉三世签订了几个"分割条约"，目的是维持均势，防止法兰西或奥地利独大。但条约总有空子可钻，且随着时间的推移，问题变得越发棘手。《里斯维克和约》签订后，西班牙国王卡洛斯二世已时日无多，路易十四专注于瓜分其遗产的博弈。路易十四在外交上取得的最大成功，就是笼络住了西班牙。不要忘了，在之前的扩张战争中，路易十四进攻和掠夺的对象正是西班牙。按理说，出于民族情感，西班牙王室和人民都不可能喜欢路易十四。但在《里斯维克和约》签订后的三年内，他成功施展权谋，让羸弱的卡洛斯二世尊敬他，让西班牙人民感激他。

作为西班牙哈布斯堡家族的末裔卡洛斯二世，在人生最后一个月（1700）时，用尽全部力气口述了一份遗嘱，将全部遗产留给路易十四的孙子——安茹的腓力，并附带一个强硬的限制性条款——任何情况下不得肢解西班牙王国的领地。当消息传到凡尔赛宫时，路易十四犹豫了。他知道，接受遗嘱意味着至少要与奥地利开战，可能还有英格兰。或许他也意识到，之前的战争曾置法兰西人民于水深火热之中。

但路易十四的犹豫只是暂时的，野心很快战胜了恐惧，在王朝的荣耀和法兰西的福祉之间，前者占了上风。在凡尔赛宫镜厅，路易十四宣布他的孙子为腓力五世，首位来自波旁家族的西班牙国王。在腓力五世启程前往马德里加冕时，他年迈的祖父亲吻了他。西班牙大使欢欣鼓舞地宣布："比利牛斯山脉已不复存在。"

认识到战争已经无可避免，路易十四索性违背《里斯维克和约》，从荷兰手中夺走了作为"屏障"的南尼德兰要塞，还承认詹姆斯二世之子是英格兰国王。之后他仓促与巴伐利亚和萨伏依结成同盟，集结起法西联军。

与此同时，威廉三世和皇帝利奥波德一世联手建立了"大同盟"。起初加入者只有英格兰、荷兰和奥地利，德意志的勃兰登堡－普鲁士、汉诺威和普法尔茨选帝侯也陆续加入。由于1703年葡萄牙与英格兰签订了一个颇为有利的贸易条约（《梅休因条约》），因此葡萄牙也被说服加入了同盟；而萨伏依公爵希望自己的国家被承认为一个王国，于是抛弃法兰西，倒向奥地利。大同盟为了打破西班牙的贸易垄断和削弱法兰西的实力，要求将西班牙王位传给神圣罗马帝国皇帝利奥波德一世的孙子查理大公。

西班牙王位继承战争是路易十四的第四场战争，也是最后一场战争（1702—1713）。虽然威廉三世在战争刚开始时就去世了，但他坚信其后继者安妮女王（1702—1714），也就是他妻妹领导的英格兰政府会积极投入战争。双方在海上和殖民地都爆发了艰苦的战斗，也就是有名的"安妮女王之战"，我们将会在其他章节讲述相关内容。在欧洲战场上，各方投入的兵力规模空前。战事主要发生在荷兰、德意志南部、意大利和西班牙。

在随后的几年间，战局逐渐对波旁王朝有些不利。大同盟一方拥有那个时代最杰出的统帅——兢兢业业、沉着冷静的英格兰指挥官马尔伯勒公爵（1650—1722）和战术高明、胆量过人的萨伏依的欧根亲王（1663—1736）。在至关重要的布伦海姆之战（1704）中，法军被逐出了神圣罗马帝国。同年（1704），英格兰占领了直布罗陀，从而在西班牙站稳了脚跟，在地中海有了海军基地。欧根亲王将法军逐出了意大利（1706）。马尔伯勒还取得了拉米伊战役（1706）、奥德纳尔德战役（1708）和马尔普拉凯战役（1709）的胜利，荡平了荷兰境内的法军。无论陆地还是海洋，法军节节败退。大同盟的军队终于逼近了法兰西领土。以这样的势头，攻占巴黎也指日可待。

但在关键时刻，路易十四表现出志存高远的大人物所应具有充沛的精力和奉献精神。他直接唤起了人民的民族主义情怀，并以身作则树立起勤政为民的典范。他的期望没有落空，生力军源源不断开往前线，无论贫富，人民都踊跃献出自己的一份力。整个法兰西为抵御敌军入侵而同仇敌忾。

路易十四之所以没有受到更严重的惩罚，就是因为法兰西和西班牙人民的异军突起，当然也因为大同盟出现了内讧。由于英格兰内阁改组，马尔伯勒公爵因失宠而去职，英格兰因此不再热衷于继续这场战争。而查理大公突然继承了神圣罗马帝国的皇位和奥地利大公的爵位（1711），使得大同盟所支持的这位西班牙王位的主张者对欧洲的均势构成了威胁，其危险性不亚于法兰西所支持的波旁家族的腓力。

在这种局面下，《乌德勒支和约》得以缔结，其主要条款如下：

（1）承认路易十四的孙子腓力五世为西班牙和西印度群岛的国王，条件是法兰西和西班牙王位永不合并。

（2）将那不勒斯、撒丁岛（根据 1720 年的《伦敦条约》，奥地利用撒丁岛换得了西西里岛）、米兰和南尼德兰赔偿给奥地利的哈布斯堡家族。南尼德兰,自腓力二世起就一直被称为西属尼德兰，而在此后一个世纪里成了"奥属尼德兰"。

（3）英格兰成为最大的赢家：英格兰从法兰西手中拿走了纽芬兰、阿卡迪亚（新斯科舍）和哈得逊湾，又从西班牙手里获得了直布罗陀海峡和米诺卡岛；英格兰的货物进入加的斯港口享受关税优待，并垄断了奴隶贸易，且有权每年运送一船商品进入西班牙殖民地；此外，法兰西承诺不协助斯图亚特家族复辟。

（4）荷兰收复了作为其"屏障"的南尼德兰要塞，而奥地利承诺为这些要塞的驻军提供财政援助；荷兰也有权在斯海尔德河上享有贸易垄断地位。

（5）各国承认勃兰登堡选帝侯为普鲁士国王。这成为建立德意志帝国的霍亨索伦王朝崛起的关键一步。

（6）萨伏依公国作为一个王国的地位也得到承认，并且获得了西西里岛（直到1720年，萨伏依公爵用西西里岛交换了撒丁岛后，其国王的头衔才得到神圣罗马帝国皇帝的承认，自此之后萨伏依王国常被称作撒丁王国）。当年统一意大利并建立意大利王国的，就是萨伏依王室。

《乌德勒支和约》的签订，标志着西班牙哈布斯堡家族和法兰西波旁家族之间的争霸终于结束了。此后近一个世纪里，法西两国奉行着相似的外交政策，共同促进波旁王朝的利益。波旁家族一直统治着西班牙，几乎没有中断过，直到今天。

然而，在奥地利、神圣罗马帝国、意大利和南尼德兰，哈布斯堡家族依然维持着绝对的影响力。因此在18世纪的大部分时间里，波旁王朝的主要对外政策都是为了削弱和撼动其优势。

《乌德勒支和约》标志着英格兰作为海上强权的崛起，以及法兰西在殖民地竞争中逐渐被淘汰。在欧洲大陆上，也有两个国家开始在地缘政治中占据主导地位——普鲁士和萨伏依，二者将分别发展为德意志帝国和意大利联合王国。

法兰西在西班牙王位继承战争中固然没有失去任何之前吞并的欧洲领土，但战争还是给这个国家带来了深重的灾难。战争结束后，饥荒和瘟疫肆虐，税赋暴涨，货币贬值，公司破产——形形色色的经济和社会乱象纷至沓来。《乌德勒支和约》签订后仅两年，路易十四便去世了，当时他的声誉和威望已跌至谷底。当路易十四的灵柩经过皇家大道被送往圣德尼教堂庄严的法兰西王室陵墓时，"酒馆中传来人们的辱骂声，他们为了庆祝他的死亡而狂饮，因为在路易十四当政时他们饱受饥饿的折磨。这是民众写给路易十四的墓志铭，粗鄙却真实"。

法兰西已经筋疲力尽，而前景也不明朗。绝对王权的继承人是路易十四的曾孙——路易十五，一个只有五岁的小男孩。差不多直到18世纪中叶，他才开始亲政。在此之前，国家由他的叔叔奥尔良公爵统治了八年，之后又由主教弗勒里统治了二十年。

奥尔良公爵沉湎于享乐和放纵的生活，并不关心小国王，更不在乎国王的教育和培养。他的对外政策摇摆不定，他采取了一些措施，意图消除路易十四时代政治经济体制的积弊，结果总是以失败告终。因为他是在混乱的财政体制下进行的改革试验，于是被一个名叫约翰·劳（1671—1729）的苏格兰投机商和宣传家欺骗了。约翰·劳提出，建立一家打理所有法兰西殖民地贸易的大型公司（劳的公司对路易斯安那的发展还挺重要），然后面向全国发行股票，用此收入来偿还公债。奥尔良公爵接受了这个提议。在一段时期内，投机热席卷整个法兰西。然而假以时日，人们就会发现股票毫无价值，于是泡沫破灭，恐慌接踵而至，这令法兰西的经济状况雪上加霜。

奥尔良公爵还是有一点自知之明的，所以没有卷入对外战争（在他摄政时期，法兰西大体和平，除了1719—1720年间他联合英格兰政府阻止他的西班牙堂兄弟腓力五世撕毁《乌德勒支和约》)。但即便是这一点，他的继任者弗勒里也没有做到。在选举波兰国王的问题上，弗勒里使法兰西卷入了与奥地利、俄罗斯的战争（1733—1738）。奥地利和俄罗斯支持萨克森选帝侯，而法兰西支持一个波兰人——流亡法兰西的波兰前国王、路易十五的岳父斯坦尼斯拉斯·莱什琴斯基。法兰西战败，路易十五不得不满足于为岳父争取到了洛林公国。因此，君主的野心只会加剧法兰西人民的经济困境。

不过正是在波兰王位继承战争期间，西班牙的波旁国王在对手自顾不暇之时，从奥地利手中夺取了两西西里王国，并把一位家族成员扶上了王位。因此，18世纪的波旁王朝统治着法兰西、西班牙和意大利南部。

第 七 章

议会制在英格兰的胜利

1

绝对主义与议会制的角逐

在前面两章所讲述的王朝争夺战中,我们注意到强大的法兰西君主制的威望逐步攀升,并在路易十四统治时期达到顶峰。现在我们把目光转向另一个国家。在16、17世纪的国际竞争中,这个国家只扮演了很次要的角色。1689—1763年,英格兰与法兰西展开了一场声势浩大的殖民地争夺战。但在1560—1689年间,英格兰大部分时候都远离波旁王朝和哈布斯堡王朝在欧洲大陆上的争斗,除了与西班牙的腓力二世及荷兰短暂交手,从未真正卷入战争。因为前者威胁到了英格兰的政治经济的独立,后者是英格兰的商业对手。正当欧陆各国深陷王朝争霸的旋涡时,英格兰国内两种针锋相对的政治制度——议会宪政和绝对王权——的斗争也日趋白热化。现代宪政体制的许多思想和实践,都要归功于议会制在英格兰的胜利。

早在法兰西君主制的权力和威望在路易十四身上达到顶峰之前,绝对主义就已经在英格兰开花结果:当16世纪的法兰西的君主们仍面临着内外交困的局面时，英格兰都铎王朝的君主们已经逐渐摆脱对议会的依赖，并获得了英格兰人民的一致支持。自1485年亨利七世即位起，直到1603年其孙女伊丽莎白一世女王去世为止，绝对主义（虽然并非神权君主制）在英格兰的发展几乎没有停止过。

都铎王朝的君主专制是如何建立和维持的，可以从亨利七世的个人性格和将他推上王位的客观环境中找到部分答案，更可以从整个16世纪英格兰的历史发展中找到答案。亨利七世打压贵族阶层，亨利八世和伊丽莎白一世将教会置于王权之下。所有的都铎王朝君主都主张自己在工商业领域拥有最高权力。根据一项1503年的法律，手工业行会无论想制定什么新法令，都必须获得王室官员的批准。爱德华六世即位那一年，行会的部分财产被以宗教改革的名义没收，导致行会严重受挫。伊丽莎白一世统治时期，规范学徒制的法律引人注目。这些法律规定了劳动者受雇用的条件，授权地方治安官设立固定工资，强制"游手好闲者"工作。王权积极鼓励商业的发展：亨利七世与勃艮第公爵签订了《全面通商条约》，允许英格兰商品进入尼德兰，或向"商人冒险家公司"颁发特许状，允许其涉足英格兰呢绒生意，还派约翰·卡伯特探索经大西洋前往亚洲的航线；伊丽莎白一世支持和鼓励探险家、私掠船、走私分子和奴隶贩子，以牺牲西班牙的利益为代价来增强英格兰的海上实力。上述种种举动表明，英格兰君主的强权之争已经伸向了工商、司法、金融和宗教领域。

都铎君主们的权力在很大程度上得益于势力不断壮大的市民阶层。他们平息了暴动，击退了无敌舰队，推动了经济发展，还时不时迎合一下民众的意愿。他们忠实地体现了民族主义，还因此获得了英格兰人民的赞颂。

尽管英格兰的绝对主义传统已经延续了一个多世纪，但还不足以让17世纪的英格兰免于沦为保王派与议会派血腥角力的战场，更不必说还会有一位国王身首异处，一位国王流亡海外。神权君主式的绝对主义理论和实践终将被摒弃。终有一天，小小的议会将主宰英格兰。而就在同一时期，路易十四正端坐在宏伟的凡尔赛宫中，欧洲大陆上大大小小的君主则把路易十四当作楷模，竞相效仿他傲慢浮夸的言行。

都铎王朝最后一位君主伊丽莎白一世女王去世后，她的表亲詹姆斯一世继位（1603），成为斯图亚特王朝首位君主，就此拉开了王权与议会斗争的序幕。詹姆斯一岁时，其母亲玛丽·斯图亚特被废黜，他也因此登上了苏格兰王位（1567），加冕为詹姆斯六世，开始统治这个动荡不安的国家。小詹姆斯遭受过家庭教师的鞭打，贵族的绑架，长老会牧师的威逼恫吓，这让他学会了用铁腕统治苏格兰。他还拥有令人意想不到的渊博学识，尤其是在神学方面，睿智的法兰西国王亨利四世称他是"基督教世界中最聪明的傻瓜"。三十七岁时，这个苏格兰人继承了英格兰王位，称詹姆斯一世。麦考利评价道："他的身体里的确同时住着两个灵魂——一个是博览群书的学者，爱写作、爱辩论，热衷于高谈阔论，谈吐幽默；一个是神经兮兮、胡言乱语的傻瓜。"

詹姆斯一世并不满足于像都铎王朝的君主那般，仅仅在事实上成为绝对统治者，他还要在法理上成为神权君主式的绝对统治者。在波舒哀主教完成其有关神权君主制的经典著作并被用于教育路易十四的小儿子前,书生气十足的斯图亚特朝国王就已经身体力行这一理论八年了。对詹姆斯一世而言,君权是上帝授予的,是神圣的,不然耶和华的先知为什么要为扫罗敷擦圣油,彼得和保罗为什么劝告基督徒顺从他们的君主,基督本人为什么要讲"恺撒的归恺撒"?就像父亲有权矫正子女的行为,国王也应该矫正自己的子民;就像头可以对手脚发号施令,国王也必须管控治下的民众,因此君权是遏制无政府状态和暴乱的最自然、最有效的手段。詹姆斯一世用一句著名的拉丁箴言概括了他的政治思想——"君王受命于神,法律来自君王"。

已经有迹象显示,英格兰的政治发展在某个重要的方面不同于法兰西。16世纪时,两国虽然都朝着绝对主义发展,但在法兰西,限制王权的中世纪式的宪政传统要比英格兰弱得多,结果导致17世纪时的法兰西不但接受了绝对主义,还奉之为圭臬。在英格兰,中世纪式的宪政传统和实践则获得了新生,并不断壮大。

英格兰限制王权的传统的核心是一份古老的文件和一个古老的机构——《大宪章》和议会。《大宪章》要追溯到近四个世纪前的约翰王。1215年,叛乱的诸侯逼迫约翰王签署一份长长的承诺书,这便是"长宪章"或《大宪章》(《大宪章》在1215年后又曾多次重新颁布)。《大宪章》的重要性体现在以下三个方面:(1)它时刻提醒着英格兰"人民",他们曾拿起武器反抗专制国王以捍卫自己的"权利",但事实上《大宪章》更关心的是封建贵族(诸侯)和教士的权利,而不是普通民众的权利;(2)其中最重要的条款规定,未经大议会同意,国王不得向贵族额外征税,这也在某种程度上为自行纳税的理念奠定了基础;(3)其中的某些条款,诸如"不得让渡、否认或拖延人们应享之权利与公正",虽然从未有效实施,但是确立了正义不得被让渡、否认或拖延的观念。

议会是教士、贵族和平民的代表大会,宣称拥有征税权和立法权。议会的起源可回溯到詹姆斯一世即位之前的几个世纪。早在"诺曼征服"(1066)之前,就已经出现了由高级教士和贵族组成的咨询机构。"诺曼征服"后,出现了类似议会的机构,由国王选择教俗两界的主要封建诸侯组成,被称为"大议会"。根据《大宪章》,大议会有权否决不公正的征税。议会自此逐步获得了权力。此外,《牛津条例》(1258)还规定,由"十二位正直之士"代表"平民","处理国王的诉求;平民应该依照规定支持这些人履行职责"。

下议院的起源可追溯到13世纪。1254年,国王召集主教、修道院院长、伯爵和男爵参加议会,其中还包括每个郡派出的两名骑士。1265年,反抗国王的贵族首领西蒙·德·蒙福尔召开了一次非正规议会,其中包括二十一个城镇的市民代表,每个市镇分别有两位市民参加。这些代表首次与贵族、教士们坐在一起,共同讨论如何维护他们的自由。这些骑士和市民代表就是后来下议院的成员。之后的三十年间,类似的集会多次召开。1295年,爱德华一世召集了一个"模范议会",其成员包括大主教、主教、修道院院长、教士代表、伯爵和男爵,再加上每个郡派出的两名骑士和每个特权市或自治市派出的两名市民,共计四百多人。在1295年后的一段时间里,教士、贵族与平民(即各郡的骑士和各城镇的市民)分别开会讨论,就像法兰西的三个"等级"那样。不过到了14世纪初,低级教士退出,人数更多的高级教士和贵族合并为一个团体——"教俗贵族"院（上议院）；骑士与市民联合，组成平民院（下议院）。自此，议会形成了两院制结构，由下议院和上议院组成。

议会的主要职能是向国王提供建议，受理和批准国王申请新的"补贴"或开征新的直接税的请求。议会拒绝拨款的权利也逐渐被认可并得到法律承认。随着市民阶层缴纳的税款超过了教士和贵族，因此在 15 世纪，财政议案通常由下议院提出，交上议院表决，再送交国王签字生效。

制定法律的权力一直以来都是国王的特权，至少理论上如此。然而议会利用其对财政的控制权，很快获得了立法主动权。议会曾以扣发财政补贴为威胁，在 1225 年成功迫使亨利三世承认了《大宪章》。这一招也同样成功地让国王批准了一系列关于法律的"请愿书"。到了 15 世纪，"请愿书"立法被"议案"立法所取代，也就是说，向上下两院的任意一院提交在格式和行文都与完备的法律无异的草案，并在获得了上下两院和国王的共同批准后就可被认定为正式法律。直到今天，英格兰的法律在形式上仍需要"国王陛下遵循上下两院的建议，于国会会议上正式颁布"。

议会偶尔还会宣称它有权审计支出账目，罢免王室官员，要求国王放弃不受欢迎的政策，或以某些方式控制行政事务，但并未一直坚持上述权利。

综上所述，我们现在应该明白，议会权力的基础源于其对财政的控制。都铎王朝的君主们之所以能顺利地发展绝对主义，是因为一百多年来他们在财政上不那么依赖议会。他们通过经济手段、谨慎征税、非常规的应急之策、没收教产和篡改钱币的成色等方式来实现这一点。但是议会仍然会召开，只是不定期。在伊丽莎白一世统治时期，议会平均每年只召开三四周。议会仍在处理事务，但很少在重要事项上与君主意见相左。

都铎时代末期，一边是古老的议会宪政传统，一边是事实上乾纲独断的强大王权。议会和国王的冲突其实被狡猾的都铎君主们巧妙地化解了，但1603年过分强调君权的詹姆斯一世继位后，二者的冲突便已无法避免了。詹姆斯一世是个挥霍无度的君主，需要议会提供财政补贴，而迂腐陈旧的观念又令他不愿退让以满足议会对权力的期待。这不可避免地导致议会与国王就最高权力爆发冲突。在议会拒绝为其提供资金后，詹姆斯一世就会采取加征关税、拍卖专营权、卖官鬻爵，征收"恩税"（强制贷款），议会则立即对这些做法提出抗议，并对他的外交和宗教政策以及他对司法机构的任命和运作的绝对控制提出抗议。议会的抗议只会加剧国王的愤怒。那些反对声音最大的议员被关了起来，或者遭国王痛斥后被打发回家。1621年，下议院在其会议记录中加入一份《重大声明》，抗议国王干涉议员们自由谈论国事的权利。愤怒的国王撕毁了《重大声明》，随即解散了这届难对付的议会。但双方的冲突并没有就此停止。詹姆斯一世的最后一届议会竟然胆大到弹劾他的财政大臣。

当时英格兰国内的宗教冲突致使政治纷争变得更加尖锐。詹姆斯一世被培养成虔诚的盎格鲁宗信徒，自然倾向于维持都铎君主们的折中策略——切断英格兰教会与罗马天主教会在组织架构上的联系，但保留天主教会的许多仪式以及主教制度，从而方便君主借此控制教会。然而在伊丽莎白一世统治期间，大部分市民阶层——尤其是城镇居民——和许多下级教士受到了加尔文宗教义的影响。他们这一派有如下特点：（1）对那些会让人联想到"教皇制"（罗马天主教的教政制度）的仪式恨之入骨，哪怕无关紧要的也不行；（2）倾向于强调《旧约》的精神以及《新约》的戒律。除了严于律己，恪守言语、着装和斋戒的规定，他们还复兴了以色列人征服迦南时的那种不宽容。这些人把围着五朔节花柱跳舞或者在圣诞节悬挂冬青树枝视作十恶不赦的大罪，却在从异教的印第安人手中夺取新英格兰地区过程中体验到了一种强烈而崇高的快乐。他们既不知道自我放纵，也不懂得怜悯。难怪伊丽莎白一世对这些人心生恐惧，并利用盎格鲁宗的主教制来约束他们。这些所谓"清教徒"大都保留着盎格鲁宗信徒的身份，并寻求从内部改变英格兰教会。但伊丽莎白一世的约束引发了较为激进的清教徒对整个"主教－大主教"体系的声讨，并提倡在教会内实行长老制。还有更为激进者，他们希望脱离作为国教的盎格鲁宗，自组教会。因此这一派又被称作"独立派"或"分离派"。

这些宗教激进分子，常常以清教徒的身份集合在一起，对抗伊丽莎白一世不断强化盎格鲁宗正统教义的努力。詹姆斯一世继位后，清教徒抓住这个机会，呈上一份请愿书，希望改革英格兰教会的制度和仪式，然而请愿书并没有起到什么作用。1604年，在汉普顿宫的一次宗教辩论中，詹姆斯一世粗暴地宣布，主教就像国王一样，是上帝派来管理会众的。对于想废除主教制度的清教徒，詹姆斯一世表示，如果他们不肯乖乖就范，就"让他们在这片土地上待不下去"。自此之后，他坚持教义的统一，许多教士因为拒绝认同1604年颁布的教会法而被革职。

这个声称秉承上帝意志统治国家的君主，以其强硬的作风招致世人的不满。不仅如此，有关詹姆斯一世荒淫无度以及各种添油加醋的宫闱秘闻，使他的宫廷俨然成为名副其实的撒旦之地，这也让刻板的清教卫道士对他更加深恶痛绝。最令清教徒无法容忍的是，詹姆斯一世还有亲教皇之嫌。詹姆斯一世的母亲就是一名天主教徒，而他的妻子曾被怀疑窝藏一名天主教神父。詹姆斯一世本人也时不时公开表示，要给予罗马天主教徒更大的宽容，在坚决维护盎格鲁宗的传统仪式的同时，反对清教徒改革仪式。清教徒当然不会衷心拥戴这样一位国王。得知一小撮天主教徒正在密谋炸掉议会大厦，而且詹姆斯一世在外交政策上倒向了天主教君主，这让清教徒日益恐慌并充满了怨恨。

詹姆斯一世外交政策的基本方针——与苏格兰联合，维持和平，与西班牙结盟——注定会引起不满。几个世纪以来，英格兰人一直对他们的北方邻居怀有敌意，认为两国的联合不会带来明显的好处，所以阻止了合并英格兰和苏格兰两个王国的提案。詹姆斯一世在三十年战争中采取的不干涉政策引来了尖锐的抨击，被指责袒护天主教徒，抛弃了自己的女婿——信仰新教的普法尔茨选帝侯。然而詹姆斯一世最具争议性的是其西班牙政策。尽管议会一次又一次地抗议，詹姆斯一世还是在推进自己的计划——与西班牙媾和，谋划其子查理与西班牙公主的婚事。查理王子还真的去往西班牙，向腓力三世的女儿求爱。

反对国王的基本上是市民阶层中的清教徒，主要是商人、水手和乡绅。这个阶层于"好女王贝丝"时期从对西班牙的战争中获利颇丰，那时候，大批满载白银和染料木的西班牙船只被拖到了普利茅斯港。这些人梦想着在西班牙的废墟上建立一个英格兰殖民和商业帝国。但这个梦想被詹姆斯一世无情地击碎了。对于这些清教徒而言，教皇派和西班牙人就是刺客和敌人的代名词。詹姆斯一世的西班牙政策以及巧立名目的征税方式，已经侵犯了清教徒的经济利益。清教徒眼看一个如此罪恶的人坐在英格兰的王位上，大手大脚地挥霍着他们的钱财，当然咬牙切齿，更不必说他们的宗教信仰也遭到打压，大概所有的清教徒都忍受不了了。

全国的清教徒都期待在下议院中占据多数的清教徒代表能把他们从水深火热之中解救出来，于是乎，议会的斗争不再只是捍卫抽象的民主理念，更是一场维护阶级利益的苦战。议会传统是反抗君主压迫的武器，而宗教层面的顾虑更让清教徒在攻击忠于王室的主教时被赋予了神圣的道义。同时，以上帝的选民自居的心态，也让清教徒有了猛烈抨击继承了领地和高贵血统的贵族的信心。当前维护清教徒阶层利益最好的办法是建立宪政，约束王权。在与詹姆斯一世王位的继任者、他的儿子查理一世（1625—1649）斗争的过程中，清教徒意外成为民主力量的代表。

在一段时间内，斯图亚特王朝的第二位国王看起来好像很受欢迎。与父亲不同，查理一世几乎是地地道道的英格兰人。他体态健美，举止优雅，生活简朴，与詹姆斯一世扭曲的性格和病怏怏的形象形成鲜明对比。在父亲去世前两年，查理被他的西班牙未婚妻抛弃。他返回英格兰后，便协助议会逼迫詹姆斯一世向西班牙宣战，于是举国欢腾。他在与法兰西国王路易十三的妹妹亨丽埃塔·玛丽亚订立婚约时，曾向议会庄严承诺，不会对英格兰的罗马天主教徒做出任何让步。这再一次让英格兰大多数民众感到欢欣鼓舞。事实上,查理已向法兰西政府做出秘密保证,不仅会保护王后的信仰自由,还会对英格兰的罗马天主教徒做出巨大让步。这位年轻君主的两面派行为,预示着他与议会之间未来的关系注定不会融洽,这也极大地展现出其性格和决策特点。虽然查理一世为人虔诚,也充满善意,但他和他的父亲一样,热衷神权政治论。对于如何巩固绝对主义,他相信只要自己真诚地相信自己只需对上帝和自己的信仰负责,而不是对议会负责就可以了。这一事实,再加上他与生俱来逃避困难的天性,在很大程度上解释了他常被历史学家诟病的那些方面——待人凉薄且不知感恩,刚愎自用却假装开明,以及无可救药的两面三刀做派。

就在查理继位前,议会拨款给军队,希望与西班牙开战。查理花光了战争拨款,也没有表现出要与西班牙开战的意思,并要求议会额外拨款。议会自然对国王愈发不信任,故意把授权国王征收关税的时间缩短为一年,而不是按照惯例许可国王在位期间都可以征收。由于下议院越来越不合作,不提供财政补贴,还攻击查理一世的宠臣白金汉公爵无能,查理一世于是一怒之下解散了他的第一届议会。

查理一世不仅对待议会蛮横粗暴,他派去攻打加的斯的英格兰舰队也大败而归,而他解救法兰西胡格诺派教徒的行动也以惨败收场,他的统治难以服众。与此同时,第二届议会更难对付,议会坚持要弹劾白金汉公爵,结果再次遭到解散。查理一世想通过强制贷款代替税收来筹集资金,结果此举并没有缓解他的财政困境。1628年,他同意召开第三届议会。为换取议会的财政补助,他签署了由两院拟定的《权利请愿书》(1628)。根据《权利请愿书》,

查理一世承诺未经议会同意不征税，不得令士兵驻扎在私人家中，不得在和平时期发布戒严令，不得随意监禁。

只不过上述让步还远远不够，议会再次要求罢免白金汉公爵。要不是这个人见人厌的宠臣突然遇刺身亡，这件事还真不知如何收场。之后，下议院试图制止国王非法征收关税，这笔钱约为王室总收入的1/4。议会也试图阻止国王引入某些具有"教皇色彩"的宗教革新措施。这届议会因此被解散。

查理一世烦透了这些议员，于是决定抛开议会，由自己乾纲独断。在之后的11年间（1629—1640），尽管英格兰一直存在财政和宗教方面的问题，但查理一世还是成功实现了"独夫治国"。

没有议会的批准，查理一世无法征收直接税。因此，在"独夫治国"时期，他不得不用各种非常手段充实国库。他恢复了陈旧的封建制法，借机对违反者课以罚金。查理一世以郊区居民违反了詹姆斯一世禁止在伦敦周边拓殖的宣示为由，课以总计10万英镑的罚金。王室大量课罚金只是为了充盈国库。王室还将葡萄酒、盐、肥皂等商品的专卖权高价出售给一些公司，而这些公司则趁机抬高价格，这引发了民众的普遍不满。

在所有苛捐杂税中，最令人诟病的就是"船税"。查理一世声称，配备船只保卫国家一直都是沿海城镇的责任，但既然已经不再需要这些城镇造船，那么这些城镇就应出资支持海军的运行。1634年，他下令向沿海各城镇征收一定数额的"船税"。次年，征收的范围扩大至内陆的城镇和郡（第一次征收了10万英镑）。一个名叫约翰·汉普顿的人质疑此次征税的合法性，拒绝支付20先令船税，并控告船税是非法的。大多数法官为了保住职位而迎合国王，因

第七章　议会制在英格兰的胜利

此司法完全为王室所掌控。法官们不但认可了船税的合法性，甚至主张，在非常时期，国王的权力是无限的。这样的裁决当然无法服众，于是抗议声四起，汉普顿被民间奉为英雄。

在苛捐杂税受到抵制的同时，激烈的宗教斗争也没有停止。查理一世任命威廉·劳德为坎特伯雷大主教，将宗教事务全权委托给他，还偏袒其他明显倾向天主教的教士。惩治罗马天主教徒的法律放宽了，而对清教徒的限制加强了。查理一世及其主教们似乎执意要激怒清教徒：他们把天主教会的仪式、祭袍甚至教义，统统重新引入盎格鲁宗。不但专横的詹姆斯国王被宣称受到了神启，清教牧师还被迫在圣坛上宣读国王的公告，允许在草地上跳舞或者在安息日（也就是星期日）射箭这样"罪恶的"活动。（一个不那么重要但很有趣的现象是，严格恪守安息日戒律的清教徒，不仅减少了劳动者的节日数量，还干涉他们在空闲时间举行无害的娱乐活动。根据坎宁安的说法，这导致劳动者的生活单调无趣，酗酒现象大幅增加。）极度虔诚的清教徒在英格兰处境艰难，于是大批逃亡，前往美洲定居。（在1630—1640年间，大约两万名英格兰人乘船前往殖民地，其中有许多人完全是因为经济窘迫而移民的。）

在苏格兰政策上，查理一世同样弄巧成拙。在大主教劳德的积极配合下，他鲁莽地尝试在这个北方王国加强主教制，同时引入非加尔文宗的公共礼拜仪式。于是，愤怒的苏格兰长老会信徒签署了一份《民族誓约》（1638），宣示了其捍卫信仰的决心：他们罢黜了国王派来管理他们的主教并揭竿而起。第一次镇压苏格兰叛乱的努力失败了，国王只好召开议会，以确保有足够的财政收入用于平叛。然而经过三周左右无意义的争吵,议会(所谓"短期议会")被解散了。由于无法抵挡苏格兰叛军的南下,绝望的查理一世召开了新一届议会(1640)。由于这届议会维持了近二十年(1640—1660),通常被称为"长期议会"。至此,神权君主制的实践在英格兰和苏格兰都失败了。

2

革命

由于确信在没有议会提供财政资金的情况下,国王既无法打仗也不能收买苏格兰人,长期议会于是摆出了拒不合作的态度。议会首领约翰·皮姆是一个乡绅,因反对君主专制而闻名。他公开主张下议院拥有最高权力,可以无视国王或上议院不明智的法令。约翰·汉普顿和英格兰未来的独裁者奥利弗·克伦威尔的观点同样激进。

詹姆斯一世在位时期,下议院曾主张议会有弹劾大臣的权利。如今,这一权利被用来把大主教劳德和斯特拉福德伯爵托马斯·温特沃斯关进伦敦塔。后者自1629年起一直是国王最宠信的大臣,对查理一世忠心耿耿。(斯特拉福德伯爵被控叛国罪,议会根据特别颁布的《褫夺公权法案》于1641年将之处决。劳德于1645年被处死。)议会还提出废止被用来实施宗教迫害和政治迫害的特别法庭——高等宗教事务法庭、星室法庭等机构。议会要求,未经议会批准,不得采用非常规财政应急手段,比如征收船税。如果上述种种要求还不足以挟制国王，那么国王解散议会的特权也会被废除。同时议会通过了所谓《三年法案》，规定议会至少每三年召开一次。

在上述所有争议中，查理一世似乎都处于下风。但查理一世的地位更加稳固了，他不但筹到了钱，入侵的苏格兰军队也打道回府，而下议院则因为教会改革和是否发表《大抗议书》——这是一份表达人民不满、为议会各项法案辩护的文件——而出现严重分歧。爱尔兰此时爆发叛乱，查理一世希望能派兵平叛。在如此有利的形势下，查理一世亲自率军闯入下议院，企图逮捕为首的五位议员，但查理一世不但没有抓到人，还引发了下议院的反抗。议会宣布，议会表决通过的法案现在可以不经国王签署直接生效，并发布了动员令。违背国王的意愿招募军队是叛乱行为，查理一世于是在诺丁汉竖起王旗，召集他忠诚的臣民镇压"大叛乱"（1642—1646）。

大批贵族、教会派、罗马天主教徒、乡绅以及所有讨厌清教徒那些清规戒律的人都集结在王旗之下；而与国王为敌的，则是受一些大伯爵领导的市民阶层——小土地所有者、商人、手工业者和商店主，这些人主要分布在伦敦和英格兰南部及东部那些繁荣的城镇里。这些"敬畏上帝"的商人留着短发，于是得到了"圆颅党"的绰号。保王派上层并不认为留长发就代表罪恶的虚荣心，他们被称为"骑士党"。

在长期议会中，长老会占据了主导地位，他们是介于盎格鲁改革派和激进的独立派之间的清教徒。因此，议会与苏格兰长老会订立了"神圣盟约"（1643），旨在以长老会为基础，实现英格兰、爱尔兰和苏格兰的宗教统一。查理一世在马其顿荒原战役（1644）战败后，长老会废除了主教职位，从教堂中撤除了圣坛和圣餐围栏，砸碎了十字架、圣像和彩色玻璃，长老会于是成为盎格鲁宗中更不宽容的教派。长老会对眼下的局面感到满意。如今，作为议会中的多数派，长老会企图迎回国王，条件是国王要永远支持他们的宗教信仰。

然而独立派麾下的军队渐渐失去了耐心。独立派成员奥利弗·克伦威尔组建了一支由"诚实稳重的基督徒"组成的骑兵团。在这个团服役，说脏话要罚款 12 便士，冲锋时会"唱赞美诗"，在与敌人厮杀时也无比虔诚。克伦威尔的"铁骑军"的确所向披靡，以至于绝大部分议会军队都按照他的模式进行了整编。被称作"新模范军"的军队站在了独立派一边，也就是说，他们希望继续战斗，推翻长老会和盎格鲁宗的专制统治。

在费尔法克斯和克伦威尔的指挥下，"新模范军"打败查理一世，逼迫他在 1646 年投降。近两年来，由长老会主导的议会一直在讨论如何迎回国王，但军队仍对查理一世曾计划利用爱尔兰人和国外的教皇派势力来对抗英格兰人的事耿耿于怀。如果不是军队的介入，议会很可能就与保王党握手言和了。托马斯·普莱德上校与他的士兵驻守在下议院门口，抓捕了 143 名长老会下院议员，只留下 60 人左右的独立派议员继续讨论国是（1648）。这个"残缺议会"，或者说仍留在议会的议员，自行任命了一个"高等法院"来审判查理一世，1649 年 1 月 30 日，查理一世被斩首。"残缺议会"随即宣布，英格兰成为一个既没有国王也没有上议院的联邦。

那些此前一直由国王行使的行政职能，被移交给一个国务委员会，其中的41名成员有30人是议员。"残缺议会"并没有如人们期待的那样，举行新的选举，而是自恃"民意"把持权力，即使他们所代表的只是一小部分英格兰人的想法。英格兰事实上建立起寡头政府，其唯一的支柱是克伦威尔的骄兵悍将。

英联邦诞生之初就危机四伏：英格兰与苏格兰、荷兰之间的战争一触即发；处决查理一世给保王党人注入了新的动力，各地频频发生暴动和骚乱；信奉天主教的保王党分子控制了除都柏林之外的整个爱尔兰。在当时的情况下，英联邦如果不是拥有以下三个优势，恐怕就要灭亡了：（1）通过征收关税、向食品饮料征收消费税以及出售被没收的保王党产业，英联邦拥有了充足的财政资源；（2）敌人没有训练有素的军队；（3）共和国的军队无比强大。

克伦威尔率军在爱尔兰连番血战并获得了最终的胜利。成千上万战败的保王党人被屠杀，余者则被押往巴巴多斯做奴隶。1650年，克伦威尔返回伦敦，宣布："我坚信，这是上帝对这些双手沾满无辜者鲜血的野蛮、奸佞之徒（爱尔兰人）的正义审判，如此才能防止未来血流成河。"克伦威尔作为议会军的统帅，率部转战苏格兰，因为苏格兰当时宣布拥戴查理一世之子查理二世为王。苏格兰军队被歼灭，查理王子乔装后逃往法兰西。

与此同时，"残缺议会"的议员们仍然是英格兰名义上的统治者。他们依靠出售保王党人的产业和掌管国家财政为个人牟利，这些人的渎职以及对公共福祉的忽视激怒了克伦威尔，但"残缺议会"的统治还得以短暂维持。此时的荷兰是英格兰在海上和殖民地的竞争对手，议会一项针对荷兰人的立法受到大众欢迎。

1651年，残缺议会通过首个《航海条例》，禁止用非英格兰或非英格兰殖民地船只运送从亚洲、非洲或美洲进口的商品，并规定从欧洲进口的商品只能用英格兰或生产国的船只运输。《航海条例》希望借此将荷兰的商船排除出英格兰与其他地区间的贸易。第二年，一场海上贸易战争（1652—1654）在英荷之间爆发，虽然双方互有胜负，但这在总体上提升了英格兰海军的威望。借此重拾信心的残缺议会仍在盘算如何延续其寡头统治，但克伦威尔的耐心已经耗尽。1653年，他率兵将议员们统统赶出大厅并宣布："你们的时代结束了，上帝已经受够你们了！"之后，克伦威尔成为一个彻头彻尾的军事独裁者，在宗教事务上也独断专行。

奥利弗·克伦威尔（1599—1658）是17世纪英格兰历史上最有趣的人物。他出身乡绅阶级，第一次出现在公众视野中是在1628年的议会：他正在为清教徒的布道自由而奔走呼号。1640年，长期议会召开。时年四十一岁的克伦威尔再次当选议员。他衣着朴素，"面容浮肿泛红，声音尖细刺耳"，但是他能说会道，言语充满感染力，很快便"吸引了听众的注意"。我们知道，克伦威尔在英格兰内战中脱颖而出，成为一名战无不胜的统帅，受到士兵们的崇拜。他只敬畏上帝而不惧怕任何人。他有着强烈的宗教热情，在日常谈话中也常常引用《圣经》，并笃信自己是在为上帝服务。确切地讲，克伦威尔属于独立派，他认为各地的基督教会都有自行其是的权利，只有"主教制"（教会政府中的行政架构）和"教皇主义"（对罗马天主教的贬称）不能容忍。私生活方面，克伦威尔热衷"诚实的运动"，喜欢音乐和艺术，据说他"喝高了"后会手舞足蹈，他对雕像的品味也让人不敢恭维。这些都令他那些一本正经的清教徒同道大感震惊。在公众面前,他是个强势的人,偶尔会大发雷霆。他也是一个机敏的政客,旨在维护英格兰的政治稳定和经济繁荣,为新教徒争取信仰自由。

粗暴地解散残缺议会后(1653),克伦威尔和他的国务委员会彻底打破传统,选出了一百四十人的立法机构或议会。这个机构很快被民间称为"贝尔朋议会"。这得名于其成员——一个皮革商,他有个清教徒式的名字"赞美上帝的贝尔朋"。新的立法机构成员都是优秀的独立派——"忠诚、敬畏上帝、痛恨贪婪"。他们由独立派大臣推荐,自诩应上帝召唤来贯彻其正义。他们的改革热忱通过削减公共开支、均等税赋、编纂唯一的法典等行动得到了充分展示。只不过他们有关世俗婚姻和废除什一税的激进倡议令神职人员大为震惊,被较大的土地所有者指责为"均贫富"。然而还没做出什么成绩,"贝尔朋议会"中偏保守的议员就投票支持"把从总司令(克伦威尔)那里获得的权力如数奉还"。

这一政治试验失败后,克伦威尔军中的支持者又制定了一部《政府约法》(首部现代成文宪法),或者说宪法。根据《政府约法》建立了"护国公制"。该制度除名号外,与君主立宪没有区别。奥利弗·克伦威尔成为终身"护国公",在一个小型国务委员会的协助下治国。议会至少每三年召开一次,负责立法和征税。护国公有权推迟法案生效,但无权否决。清教成为国教。

护国公召开的首届议会之所以重要,原因有三:(1)该届议会是一院制;(2)该议会是大不列颠和爱尔兰共同的议会,而不只是英格兰的议会;(3)议员的选举是基于改革后的选区——许多小地方的席次被剥夺了,移交给更为重要的城镇。

尽管保王党人不在投票者之列,但独立派也无法操纵经全国性选举中所产生的绝大多数议员,因为独立派虽然势力强大,但只占人口的很小一部分。新议会中的长老会议员一直固执地与克伦威尔争执,直至克伦威尔突然将议会解散(1655)。自此之后,克伦威尔开始实行军事独裁,将各地交由他的将军们治理,并继续与议会争吵。为了筹钱,克伦威尔要求曾经为国王效力者向他缴纳10%的租金。虽然他允许把护国公变成世袭职位,但始终拒绝接受国王的尊号。只不过没有哪个斯图亚特君主能像他一样,拥有如此绝对的权力。与詹姆斯一世的"君主受命于神,法律来自君主"相比,克伦威尔的"如若说我的使命来自上帝,我的誓词来自人民,除非上帝和人民剥夺我的权力,否则我绝不交出"也不遑多让。

人们常常要问,作为在人口上并不占优势的独立派代表的克伦威尔,是如何维持其对不列颠的绝对统治的。他具有以下三方面的优势:(1)他是受士兵爱戴的统帅,而他麾下的这支军队纪律严明、冷酷无情,足以震慑所有人;(2)他严格维护法律与秩序,通过鼓励发展工商业,促进经济发展;(3)他对于外交事务的处理,既满足了英格兰人民的民族情怀,也带给他们不少实惠。英格兰与荷兰和法兰西分别签订了条款颇为优厚的贸易条约;允许勤劳的犹太人移居英格兰;打击巴巴里海盗。在与西班牙的一场战争中,克伦威尔的军队拿下敦刻尔克。如今,日益强盛的英格兰海军消灭了一支西班牙舰队,并从西班牙手中夺走了牙买加,凯旋时满载西班牙的白银。

然而克伦威尔的劣势也显而易见。骑士党公开反对一个由宗教狂热分子组成的政权；温和的盎格鲁宗信徒可以忍受克伦威尔的独裁统治，但前提是经济要繁荣；长老会教徒急于取消其他清教派别享有的宗教宽容；激进派和共和派渴望新的政治实验。

克伦威尔去世后（1658），军队陷入群龙无首的状态，国家出现了权力真空。克伦威尔之子理查德·克伦威尔（1626—1712）曾在一段时间里试图继承父亲的位置，但在失去对军队和议会的控制后很快就退出了。军队将领们先恢复了残缺议会，随后又将之解散，尔后又将之恢复，并逼迫议会重新召回在1648年遭驱逐的长老会议员。最终将领们逼迫这个重建的长期议会召开新一届经自由选举产生的"国民议会"。与此同时，乔治·蒙克将军开始与查理二世谈判复辟事宜。

3

复辟时期：查理二世的统治

拥护斯图亚特王朝复辟的热潮开始出现。这种热忱并非全无道理，在社会、宗教和政治方面都有迹可循。激发大叛乱的种种不满和理想正在被遗忘，新一代则对护国公制怨声载道。淳朴的乡民们渴望五朔节花柱，渴望跳舞和在草地上玩乐，只有恐惧迫使他们不得不忍受曾打碎教堂窗户的道貌岸然的士兵的暴政。内战时期，清教徒购买或没收了许多庄园，佃户和工人的命运尤其艰难。许多城镇居民也被寡头政治排除在外，他们发现清教徒政府与查理一世的政府一样专横跋扈。

宗教形势对查理二世尤为有利。克伦威尔军队的暴行致使独立派被视为可怕的宗教狂热分子，只要能推翻独立派，连长老会也愿意向国王做出一些让步。许多曾经倾向于清教的人，如今坚定不移地忠于盎格鲁宗。正统的盎格鲁宗教会，自诞生起就与君主制维持着密切关系。如今盎格鲁宗一如既往地期待君主的"神授之权"和主教制能取得双重胜利。最痛恨克伦威尔政权的是爱尔兰的天主教徒。虽然作为护国公的克伦威尔曾主张给予新教徒宽容，但天主教徒不会那么快忘记那些被克伦威尔的军队残忍杀害的爱尔兰神父，也不会忘记被克伦威尔的代理人卖往西印度群岛为奴的数以千计的男孩和女孩。

这股基于宗教和社会层面的复辟暗流，让我们更能理解斯图亚特王朝为何能如此轻易地卷土重来。年轻一代对斯图亚特王朝的专制统治没有记忆，又极不喜欢当前这种毫无宪政制约的混乱的军事独裁，自然准备相信查理二世建立宪政的承诺。这位年轻的君主似乎不太可能尝试让其父亲身首异处的专制统治。

清教徒的共和制试验只是让大多数人相信，"政府是由也应当由国王、上议院和下议院共同管理"。人民只是要求得到一些反专制统治的保证，因此当一个王位可以用承诺来购买时，查理二世就成了现成的买主。他发誓遵守《大宪章》和《权利请愿书》，尊重议会，不干涉议会的宗教政策，不非法征税。在这些承诺的约束下，1660年他在人们的欢呼声中被迎回英格兰，并于次年加冕。伴随着国王的复位，大批主教和保王党贵族也恢复了职位和产业。一切似乎又复旧如初。查理二世计算自己的统治时间不是从实际继位日开始，而是从他父亲死于非命时开始。他的第一届议会宣布，

1642年以后通过的所有法案、条例只要没有得到本届议会的批准，统统无效。

斯图亚特王朝复辟时期的宪政史，就是一部财政和宗教纷争不断的历史。作为斯图亚特王朝的后人，查理二世和他的弟弟兼继承人——约克公爵詹姆斯王子的政治信条与其父辈一脉相承。他们的母亲是法兰西路易十四的表亲，因此他们得以在法兰西宫廷中长大。相比英格兰奇特的议会传统，他们更熟悉法兰西式的绝对主义。他们父亲的私生活一直很检点，也十分忠于盎格鲁宗。但查理二世和詹姆斯与他们的父亲不同，在异国宫廷里养成了堕落的生活习惯和对罗马天主教会的强烈感情。这两个斯图亚特王朝的王子不仅是天主教徒，还推崇绝对主义，因此议会中的英格兰代表不仅要面对早期斯图亚特王朝神权政治论的复兴，还要面对一个更令他们深恶痛绝的可能性后果——王室将在英格兰重建罗马天主教会。查理二世直到临终前才公开承认自己已皈依天主教，而詹姆斯在1672年就已成为天主教的虔诚信徒。

查理二世之所以能在位二十五年，并以英格兰国王的身份寿终正寝，并非因为他品行端正，反倒是因为他的令人诟病之处。他是如此虚伪，以至于成功掩饰了他的真实目的。他是如此懒惰，以至于他可以堂而皇之地把自己的错误和过失归咎于大臣和顾问。他是如此自私，以至于他宁可到处妥协，也不愿再度逃亡。事实上，他的内外政策就是建立在自私自利的基础上的，只不过他的自私往往隐藏在机智、风趣和平易近人之下。

查理二世统治初期，乡绅们精明强干，他们设法废除了残存的封建权利，根据这些权利，国王可以要求女继承人在出嫁时或未成年人在继承遗产时,提供某些特定的服务并支付一定数额的金钱。此举看似无关紧要,实则具有深远意义,因为此举表明英格兰抛弃了贵族通过服兵役来换取土地的封建理论,同时它也确立了新的原则,即土地应由个人自由拥有。该原则得到了美国等现代国家,包括英格兰的充分认可。封建特权在斯图亚特王政复辟初期被废除,受益者主要是地主。但作为交换,议会投票每年拨付查理二世10万英镑,只不过这笔钱实际上是通过酒类消费税的方式由社会各阶级共同缴纳。每大桶葡萄酒征收4英镑10先令的关税,其他进口商品征收5%的关税,再加上炉捐(对房屋征收的一种税)和邮局的利润,王室的财政收入接近120万英镑。这笔钱主要用于王室和政府的日常开支,但对查理二世而言这还不够。他不仅挥霍无度,还渴望通过贿赂议员和维护一支常备军来扩大自己的权力。曾为了保王党的事业而砸锅卖铁的乡绅们,如今一夜之间又回到了40年代,过起了拮据的日子。他们不满王室的穷奢极欲,还要担忧查理二世会雇用外国士兵镇压英格兰人。于是,议会把钱袋子攥得更紧了。1665—1667年,议会主张一项新的重要特权——拨款仅用于特定事项,国王还要提供支出账目。

但查理二世已下决心不择手段地敛财。伦敦的一群金匠曾借给了政府125万多英镑。1672年,查理二世表示他不会偿还贷款,他会把这笔钱当作长期贷款。两年前,他与路易十四秘密签订《多佛条约》(1670)。根据此条约,路易十四承诺每年资助查理二世20万英镑,并在发生叛乱时为他提供军队,而查理二世则公开皈依罗马天主教会,帮助路易十四攻打西班牙和荷兰。

意图在英格兰重建天主教会的查理二世,低估了大批英格兰

第七章 议会制在英格兰的胜利

乡绅对任何宗教革新的强烈敌意。在王权复辟的头十年里，最惶惶不可终日的是清教徒。根据《统一法案》（1662），所有教徒都要采用盎格鲁宗的公祷书，约 2000 名教士因此被免职，其中大部分都是长老会信徒；不信奉盎格鲁宗的教士除非宣誓放弃"神圣盟约"，并效忠国王，否则不允许进入他们之前所服务教堂的五英里内（《五英里法》，1665）；多次参加集会（不从国教者的秘密集会）的不从国教者，会被以违反《秘密集会法》（1664）为由发配到西印度群岛做苦力；1661 年的《市镇机关法》将不从国教者排除在市政机关外。

随着清教危险性的消失，天主教的乌云出现在地平线上。1672 年，王位继承人詹姆斯王子皈依天主教。同年，查理二世颁布《宽容宣言》，暂停实施反罗马天主教徒（也包括不从国教者）的法律。《宽容宣言》让英格兰突然陷入了恐慌。人们认为信奉天主教的法兰西国王要协助查理二世推翻盎格鲁宗。

议会本就对查理二世的外交政策有些不信任，又担心他倒向罗马天主教，因此认为《宽容宣言》严重侵害了议会的权力。诚然，这并非国王第一次行使必要时"中止"某项法律实施的权利，但如今强硬的议会坚持其颁布的法律的约束力，要求查理撤回《宽容宣言》。人们对天主教的恐惧与日俱增。那些曾经相当睿智冷静的绅士们，如今竟然对"天主教阴谋"（1678）坚信不疑。1679 年，议会通过了《排斥法案》，该法案将皈依罗马天主教的詹姆斯王子踢出了英格兰王位继承人序列。

在这一议会权力的最新主张刺激下，（在讨论《排斥法案》的过程中，议会赢得了一项重要让步——通过了旨在防止随意拘禁的1679年《人身保护法》),英格兰于是形成了对立的两大派系。《排斥法案》的倡导者是一些嫉妒王权的大贵族,参与者多为期待议会保护其经济利益的商人和商店主。由于该政治团体的许多追随者是不从国教者,且他们对"教皇派"的仇恨甚至超过了对盎格鲁宗的反感,因此他们被称为"辉格党"。这个词曾用来指代叛逆的苏格兰长老会信徒。

与辉格党针锋相对的就是"托利党"("托利"一词曾用来指代爱尔兰"教皇派"叛乱分子)——主要由乡绅、教士以及其他本质上思想偏保守的人组成。他们想保护英格兰教会和国家不受清教徒和"教皇派"的侵害,但最重要的是要防止内战再次发生。在托利党看来,能约束那些好逞口舌之快的伯爵和无礼的商人的最佳、最有效的手段是世袭君主制。他们表示,向信仰罗马天主教的君主妥协也好过因打破正常的继承顺序而引发的内战。在《排斥法案》的争论过程中,托利党最终占据了上风:法案虽然在下议院获得通过(1680),却被上议院驳回。

查理二世在位的最后几年中,辉格党名誉扫地。关于他们密谋刺杀国王的谣言四起。还有传言称,那些带着武装扈从前往议会的辉格党贵族,在计划用武力扶持查理二世的私生子蒙默斯公爵登上王位。上述种种指控让辉格党元气大伤,这也解释了托利党为什么会如此保守。这种保守也让查理二世从1681年直到1685年去世前,在无议会的情况下统治着英格兰。查理二世死后,众人担心的事还是发生了:蒙默斯公爵果然发动了叛乱,只不过这场叛乱连同同时爆发的苏格兰叛乱被一并轻松镇压。詹姆斯二世有惊无险地登上了王位。

4

"光荣革命"与议会制在不列颠的最终建立

詹姆斯二世在位不过短短三年（1685—1688），却成功地令自己成为众矢之的。最支持君权的托利党，本可以成为他的依靠，但他试图建立一支由天主教徒指挥的常备军，这让托利党感到震惊。因为这样一支军队可能会像克伦威尔的"新模范军"那样随时被用来剥夺他们的自由。詹姆斯二世的宗教政策和专制统治也令辉格党很失望。和他的哥哥一样，詹姆斯二世也主张君主有权"暂时搁置"议会颁布的反天主教徒和不从国教者的法律法规，并于1687年颁布了《宽容宣言》，赦免违反这些法律的天主教徒和不从国教者。此外，他还任命罗马天主教徒担任军官或政府官员。1688年，他在抗议声中又颁布了第二份《宽容宣言》，并下令在所有盎格鲁宗教堂内宣读。当七位主教联合起来抗议时，詹姆斯二世指控他们犯下煽动诽谤罪，然而陪审团没有判处七位主教有罪，因为詹姆斯早已成了孤家寡人。托利党人似乎是因对盎格鲁宗的蓄意攻击和对常备军的恐惧而疏远了国王；而国王对议会立法的漠视，以及对罗马天主教徒的偏袒，早已激怒了辉格党。

如果詹姆斯二世死后，他那两个信仰新教的女儿——玛丽或安妮可以继位，那么辉格党和托利党都会继续容忍他的专制统治。然而1688年6月10日，詹姆斯二世信仰天主教的第二任妻子生下一个男孩，这让王位继承人问题变得更复杂。大多数新教徒认为，王子并非詹姆斯二世的亲生儿子。政客们还预言，王子一定会继承其父的"教皇派"立场和绝对主义思想,而英格兰将继续接受教皇的专制统治。即便是那些声称支持神权君主制、否认议会有权更改继承人的顺序的人,都对这样的前景沮丧不已。他们中的许多人都愿意与辉格党联手,邀请一位新教徒来即位。王位继承者名单上排在小王子之后的是詹姆斯二世的长女——奥兰治亲王威廉之妻玛丽,她是一名盎格鲁宗信徒。在辉格党和托利党领袖的共同邀请下,荷兰执政、玛丽的丈夫威廉带着一支军队在英格兰登陆,兵不血刃地控制了伦敦(1688)。被军队抛弃的詹姆斯二世逃往法兰西。〔詹姆斯二世的支持者在爱尔兰和苏格兰发起了暴动,但均遭到无情镇压,著名的博因河战役(1690年7月1日)对稳定局势起了关键作用。〕

一场不流血的革命宣告完成:临时议会将王位正式交给了威廉和玛丽,同时宣布企图颠覆宪制并且流亡的詹姆斯二世已经让出了王位。在将王位交给威廉和玛丽的同时,议会还通过了《权利宣言》(1689年2月13日),谨慎地宣布维护议会的权力和英格兰的宗教信仰,该宣言于1689年12月16日成为《权利法案》。法案规定,自此以后继承英格兰王位的君主必须皈依盎格鲁宗,从而将詹姆斯二世信奉天主教的儿子排除在王位继承序列之外。法案也规定国王无权"搁置"法律和"豁免"臣民遵守法律的义务,也无权擅自征税或未经议会批准擅自组建军队;国王不得干涉议会成员的选举、言论和诉讼自由;申明臣民有向国王请愿的权利;并要求组建公正的陪审团和定期召开的议会。在英格兰历史上,《权利法案》的重要性远远超过《权利请愿书》(1628),因为议会拥有了足够的权力来维护和界定自己的权利。与《权利法案》相辅

第七章 议会制在英格兰的胜利

相成的是，每一年度的征税许可和陆军军费都需要议会批准的规矩同样始于1689年：除非每年召开议会并通过《兵变法》（只适用于英格兰陆军），否则士兵就拿不到钱，如果因此引发兵变，军事法庭也不得处罚士兵。

辉格党和托利党都参与了革命，同样皆大欢喜。尤其令托利党满意的是出台了与军队相关的法律，以及每出口一蒲式耳谷物农民就可获得一笔"补贴"或奖金的规定（适用于小麦售价低于每蒲式耳六先令时）。在废黜詹姆斯二世的过程中作用更突出的辉格党，在议会中得到了梦寐以求的政治优势地位以及宗教宽容：1689年的《宽容法案》虽然并没有让不从国教者满意，但赋予了他们公开礼拜的权利，而他们的敌人罗马天主教徒仍受到禁令的约束。

威廉（1689—1702）和玛丽在位时期，以及安妮女王（1702—1714）统治时期，辉格党基本主导了英格兰的外交政策。商人和船主是辉格党的重要力量，他们从奥格斯堡同盟战争以及西班牙王位继承战争中获利颇丰。战争中，英格兰不但与作为商业和殖民地方面竞争对手的法兰西展开了较量，还与支持斯图亚特王朝复辟的路易十四展开了较量（路易十四公开支持"老篡位者"詹姆斯三世复辟）。《梅休因条约》（1703）也对英格兰十分有利：允许英格兰商人将其商品畅通无阻地卖到葡萄牙；作为交换，英格兰降低了葡萄牙葡萄酒的关税——于是在英格兰绅士的餐桌上，"波特酒"代替了"勃艮第葡萄酒"。1707年《联合法案》同样让英格兰受益。根据该法案，英格兰和苏格兰实行相同的贸易细则、关税和消费税。从英格兰斯图亚特王朝的首位君主开始（1603），英格兰和苏格兰的联合仅仅基于君主个人，如今在斯图亚特王朝末代君主的统治下，两个君主国以大不列颠王国的名义成功实现了全面联合（1707）。

安妮女王死后（1714），（根据1701年《王位继承法》）王位传给了她的远亲——汉诺威选帝侯夫人索菲娅的儿子乔治一世（1714—1727）。这位新国王连英语都不会说，更不用说了解复杂的议会制传统了，他既无能力也无心统治王国，只要能待在王位上就很满足了。因此，行政事务被交给一群大臣处理，这些大臣不仅要努力取悦国王，还要与议会多数派保持友好关系。

由于这种做法以及与之相关的许多习俗，已成为当今联合王国政府最重要的组成部分，并在近代为许多其他国家效仿，因此，了解其早期历史非常重要。早在都铎王朝的君主继位之前，由贵族和高级教士组成的大议会就已经将大部分实际权力交给了几十名"枢密院委员"。枢密院反过来变得臃肿不堪，于是最积极的成员被允许组成一个核心圈子或"秘密集团"来指导政务处理。因为这个核心圈子是在一个小的私人房间（内阁）内与国王商讨政务，因此它被称作内阁或者内阁委员会，在斯图亚特王朝复辟时期，内阁非常不受欢迎。

威廉三世的注意力主要集中在筹集资金和召集军队对抗路易十四、保卫他的家乡荷兰上，对管理英格兰不怎么感兴趣，因此他允许大臣在政务上有更大的自由度。威廉三世发现，如果辉格党占据下议院的多数议席，且大臣大都是辉格党时，政府运转得十分顺畅。反之，当托利党在下议院占据主导时，下议院中的辉格党大臣就不受待见，必须把他们换成托利党才行。虽然虔诚的盎格鲁宗信徒安妮女王倾向于托利党，但被迫依靠辉格党大臣。直到统治末期（1710），她才冒险解雇了辉格党大臣。

在乔治一世统治期间（1714—1727），国王缺席内阁会议已成惯例（不要忘了乔治一世不会说英语）。这导致内阁更加独立于君主——安妮女王是最后一位使用特权否决法案的君主。1714—1761年是辉格党一手遮天的"寡头政治"时代。乔治一世和乔治二世都自然而然偏向辉格党，因为托利党被认为试图再次复辟斯图亚特王朝。的确，1715年，"老僭王"企图篡位成为詹姆斯三世，许多托利党人参与了这次失败的尝试。1745年，极端的托利党人又参与了詹姆斯二世的孙子"小僭王"查理王子英勇领导的苏格兰起义。在这种情况下，几乎所有阶级都联合起来，站在了支持新教君主制的辉格党身后。辉格党的大地主控制了乡村地区，而辉格党通过致力于建立公共信用和保护商业的政策，赢得了城镇贵族的支持。由于辉格党广泛和持续的影响，致使辉格党领袖罗伯特·沃波尔爵士（1742年获封第一代奥福德伯爵）得以任职二十一年（1721—1742），在两任君主——乔治一世（1714—1727）和乔治二世（1727—1760）——统治期间，小心翼翼地看管和守卫着自己的地位。虽然他不承认这一头衔，但每个人都视他为"首相"——重要的首相，掌权的首相。其他名义上由国王任命的大臣，实际上要仰仗他才能获得官职，而他虽然名义上是由国王任命的，但实际上只依赖于在下议院占据主导的辉格党人的支持。

沃波尔的权力是基于政策和政治操纵。他的政策分为两方面：维护和平和促进繁荣。我们将在下文看到他是如何让英格兰远离代价高昂的欧陆战争的。他促进繁荣的政策是基于重商主义思想，包括在公共财政中严格遵守商业方法（沃波尔被称为"他那个时代最优秀的统计学大师"）、取消了原料进口税和产品出口税。尽管这一时期经济很繁荣，但他的政策仍然备受诟病，只有"政治操纵"才让他得以坚持下去。通过巧妙的党派赞助，授予议会成员政府职位和养老金，并通过公开贿赂和拉选票，他实现了自己的目的，使自己的党派一直控制着下议院。

沃波尔的继任者亨利·佩勒姆及纽卡斯尔公爵和他一样，代表了辉格党贵族和百万富翁的寡头统治，在腐败手段上甚至有过之而无不及。另一支由老威廉·皮特（查塔姆伯爵，即老皮特）领导的辉格党派系，因谴责政治"贪污"而获得很高声望。老皮特先后强烈要求攻打西班牙（1739—1748）和法兰西（1756—1763），都得到了爱国乡绅和商人的响应，商人希望摧毁法兰西的贸易，并摆脱西班牙对美洲贸易的限制。老皮特一直为所欲为，直到决心摧毁辉格党权力的乔治三世任命了托利党大臣，如布特勋爵和诺斯勋爵。乔治三世试图夺回他曾祖父失去的权力，既要临朝也要理政，但最终失败了，随后的汉诺威王朝的君主或许都不得不加入乔治二世的行列——"在这个国家，大臣就是国王"。

这是英格兰宪政发展过程中突出且不争的事实。18世纪末，当其他国家还实行神权君主制时，英格兰的议会和大臣业已成为实际统治者，而且，至少理论上，他们是依照人民的意愿来统治的。英格兰之所以能发展这种形式的政体，或许是因为其孤悬海外的岛国位置、宪政传统和斯图亚特王朝君主们不明智的行为，但主要是由于工商业的巨大发展，商人阶级富裕和强大到足以要求并确保自己能在政府中占有一席之地。

许多崇拜英格兰政治的著名作家，错误地将议会对至高权力的争取与对民主的争取混为一谈，没有什么比这更具误导性的了。1689年的"光荣革命"是一场由上层阶级策划的政变，革命所保护的自由，是贵族、乡绅和商人的自由，不是普通民众的政治自由。

下议院本质上是不民主的。每十个人中只有一个人拥有名义上的投票权，据估计，1760—1832年间，近一半的议员是靠赞助人获得席位的，改革后的大城镇代表通常由一小撮富商选出。事实上，政府是由上层社会掌控的，且只是上层社会的一小部分。过去几十年间迅速崛起的众多制造业城镇没有任何代表，各地富有的制造商抱怨说，大地主和商业贵族的自私统治正在毁掉这个国家。

可以肯定的是，17和18世纪的议会虽然在帮助英格兰地主致富和扫除英格兰商业障碍方面卓有成效，但同时，也刻意忽视或者未能消除教会中的不宽容和法庭中的不公正，也没有保护绝大多数人民免受地主和雇主的贪婪侵害。

尽管英格兰的政体是为了保护自私的阶级利益而设计的，但也是迈向民主方向的第一步。以议会和内阁形式呈现的代议制思想当时还很狭隘，但它通过非暴力革命进行了扩展，这个过程虽然缓慢却不可避免，最终将所有英格兰人囊括在内。

第八章

法兰西与大不列颠的世界霸权之争

1

17世纪法兰西和英格兰的殖民扩张

16世纪,当西班牙和葡萄牙在大洋彼岸忙着建立庞大的殖民帝国之际,法兰西和英格兰的君主要么陷于宗教纷争,要么忙于欧洲政治。两国除了派遣一些私掠船和探险家,便无所作为了。但17世纪,英格兰的斯图亚特王朝和法兰西的波旁王朝发现,殖民地成为心怀不满或不安分的臣民的避难所,商人的利润来源,践行宗教热情或满足其民族自豪感的场所。在世界各地,商业和殖民活动得到了飞速发展。尤其是在英格兰和法兰西,商业和殖民活动开始在政治经济中扮演重要角色。我们注意到,在17世纪上半叶大肆抢占葡萄牙殖民地的荷兰,17世纪下半叶则在与英格兰的一系列贸易战争中节节败退(三次英荷战争:1652—1654年,1665—1667年和1672—1674年)。到了1688年,荷兰、葡萄牙和西班牙的殖民帝国已成为明日黄花,而开始意识到北美、印度和公海重要性的英格兰和法兰西即将展开一场世界霸权之争。经过断断续续一百多年的交战后,大不列颠最终成为"海上霸主"。

在介绍这场世界霸权之争前，我们先来回顾一下1688年英法两国的状况：首先是双方在新旧大陆主张和势力范围比较，其次是双方的资源和战略对比。上文已经提到，英格兰通过约翰·卡伯特的航行（1497），主张北美大陆为其所有，可是都铎王朝的君主们（1485—1603）无力控制如此广袤的地区，更不可能建造防御工事来抵御入侵者。因此英格兰在北美实际设立的殖民地，仅限于纽芬兰和哈得逊湾的几个皮货贸易据点，以及从缅因到南卡罗来纳一片狭长的海岸地带，这些殖民地在斯图亚特王朝时期全部成型并初具规模。（无论现代英国人如何谴责斯图亚特王朝的君主们推动政治专制主义的努力，但他们绝对会赞扬这些君主在英格兰海外贸易和殖民扩张过程中所做的巨大贡献。）法兰西不仅派遣韦拉扎诺（1524）探索北美的海岸线，还派卡蒂埃（1534—1536）沿圣劳伦斯河逆流而上。依据这些航海探险和发现，尤其是德·拉萨尔的成果（1682），法兰西主张占有整个北美内陆地区。

在所有北美殖民地中，人口最稠密的是后来成为美利坚合众国的那些地区。1688年，这些殖民地共有十个，其中最古老的殖民地是弗吉尼亚。伦敦公司获得詹姆斯一世的特许状，于1607年建立了该殖民地。1620年，清教徒（因盎格鲁宗推动统一教义而被逐出英格兰的分离派或独立派）建立普利茅斯殖民地，不久之后便与邻近的清教徒殖民地马萨诸塞合并。在新英格兰地区第一批殖民地周围，又出现了罗德岛、康涅狄格和新罕布什尔等殖民地（缅因州当时是马萨诸塞的一部分）。如果说新英格兰是清教徒的避难所，那么1632年赐予巴尔的摩勋爵的马里兰就是受迫害的罗马天主教徒的避风港。弗吉尼亚南部的大片土地被称作卡罗来纳，1663年被分别赐予八个贵族，但由于当地过于贫瘠，1729年业主们以五万英镑的价格出售给国王。1664年，英格兰占领了荷兰的殖民地新尼德兰（后更名为纽约，新泽西也包括在内）。1681年，威廉·佩恩和他的贵格会通过定居宾夕法尼亚（瑞典在特拉华建立的殖民地暂时与宾夕法尼亚合并），最终把英格兰南部和北部的殖民地连在了一起。

英格兰殖民地在美洲的迅速壮大有诸多原因。宗教不宽容政策把清教徒赶到了新英格兰，把罗马天主教徒赶到了马里兰，而清教革命的胜利又迫使"骑士党"远遁弗吉尼亚。此外还有成千上万的人就是为淘金或逃荒而来。美洲似乎成了这些人的"应许之地"。南方绅士在种植园中强迫黑人奴隶在烟草田里辛苦劳作。（水稻和棉花之后成为南方的重要农作物。）新英格兰的土地虽然不那么肥沃，但精明的北方人通过渔业、木材和贸易发财致富。难怪北美殖民地的财富和人口不断增加。到了1688年，新英格兰已有将近三十万英格兰子民。

法兰西殖民地的人口要少得多，但分布更广。（1688年，在新大陆定居的法兰西人大概不超过两万。到了1750年，他们的人数增加到约六万。）他们从设立在阿卡迪亚（1604）和魁北克（1608）的第一批殖民据点出发，沿圣劳伦斯河逆流而上。耶稣会和其他罗马天主教传教士从蒙特利尔出发，向西抵达了苏必利尔湖，向南到达俄亥俄河。1682年，德·拉萨尔爵士沿密西西比河顺流而下，主张整个密西西比河流域归法兰西所有，并将这一地区命名为路易斯安那，以纪念国王路易十四。至少在名义上，这片领土同样属于英格兰，因为17世纪英格兰国王颁发的大多数殖民特许状中都有这样的条款：赐予特许状持有者拥有"从大洋到大洋"——也就是从大西洋到太平洋——之间的所有土地。"新法兰西"的腹地依然在圣劳伦斯河流域。但尽管英格兰表明了主张，法兰西的据点还是开始沿法兰西皮货商的贸易路线一路深入路易斯安那。显然，当英格兰殖民者翻越阿巴拉契亚山脉西进时，与法兰西殖民者的冲突就变得不可避免。

在西印度群岛，英法殖民者也是邻居。马提尼克岛和瓜德罗普岛被承认属于法兰西，而牙买加、巴巴多斯和巴哈马群岛则属于英格兰。（以下西印度群岛岛屿也归属英格兰：尼维斯、蒙特塞拉特、安提瓜、洪都拉斯、圣卢西亚、维尔京群岛、特克斯和凯科斯群岛。圣基茨被英法瓜分；海地的西部已被法兰西海盗占据，并于1697年并入法兰西。西印度群岛之外的百慕大群岛已经归属英格兰。）这些西印度群岛殖民地之所以重要，不仅是因为其甘蔗种植园，还因为它们是墨西哥与南美之间的贸易中转站。

在非洲，法兰西在马达加斯加岛、戈雷岛和塞内加尔河河口建立殖民地，英格兰则在冈比亚和黄金海岸站稳了脚跟。不过在当时，非洲据点还只是金砂（金币在英格兰还常被称作"几尼"，因为过去的黄金大多来自非洲的几内亚海岸）、象牙、蜂蜡或奴隶贸易的中转站。瓜分非洲的高潮是在19、20世纪。

在殖民争夺战中，亚洲的印度才是重中之重。与美洲或非洲不同，印度更适合发展贸易而非征服或殖民。为了养活约两亿人口，面积不足欧洲一半的印度都已被开发到极致。因此欧洲人只渴望有机会购买印度的产品，比如棉花、靛蓝、香料、染料、药物、丝绸、宝石和其他特产。

17世纪时，印度由莫卧儿王朝（之所以这样称呼，是因为他们被误认为蒙古人或摩尔人）的穆斯林皇帝们统治。在16世纪，莫卧儿王朝作为征服者进入印度半岛，在恒河一条支流边的德里建立了庞大的宫廷。然而他们治下的人民大多信仰古老的印度教，保持着原有的种姓制度以及当地独特的语言和风俗。在印度这样一个因地理特征、气候、经济和语言而被分割成许多部分的国家，穆斯林征服者们"莫卧儿大帝"和"纳瓦布"（更通俗的说法是"纳波布"，即总督）认为在这样一个国家里建立中央集权是不可能的，因此许多地方诸侯或王公仍然保持着相当大的独立性，而数以百万计的印度教徒对莫卧儿皇帝也几乎没有多少爱戴和忠诚。正是莫卧儿王朝的这一致命弱点，使17世纪时寻求其帮助和庇护的欧洲商人得以在18世纪成为它的主人。

我们之前已经提到，自瓦斯科·达·伽马之后，葡萄牙人垄断了与印度和东方的贸易，直到16世纪末遭遇荷兰人的挑战。此时英格兰人首次扬帆前往东方（事实上英格兰的船只首次抵达印度是在1591至1594年之间，几乎落后葡萄牙一个世纪），并趁着与腓力二世交战之机，大举进攻其葡萄牙属地。英格兰在默苏利珀德姆（又名马苏利帕特南，1611）和苏拉特（1612）建立了首批贸易据点。1613年和1615年，葡萄牙舰队两度战败。1622年，葡萄牙人被逐出重要的波斯湾港口城市霍尔木兹。到1688年，英格兰已经在印度占据了三处战略重镇：（1）1686年，英格兰人占领了恒河三角洲的加尔各答，但目前尚不知晓此举是否违背了莫卧儿皇帝的意愿；（2）在马德拉斯偏南的地方，弗朗西斯·戴爵士建立了圣乔治堡（1640）；（3）占据了位于西海岸的孟买，其价值已经超越苏拉特的贸易据点。孟买其实是嫁给英格兰国王查理二世（1662）的葡萄牙公主布拉干萨的凯瑟琳的嫁妆。

法兰西成立的首个东方贸易公司（法兰西政府在1604年和1615年两度向公司颁发贸易特许状。1642年法兰西印度公司成立，并于1664年重建）只比英格兰的东印度公司晚了四年，但法兰西在印度的首个贸易货场——位于苏拉特——直到1668年才建成，而直到17世纪末，法兰西人才真正开始与英格兰和荷兰争夺印度的控制权。不过，法兰西在金德讷格尔的据点（1672）可以直接威胁加尔各答，而其在本地治里的据点（1674），距离马德拉斯不到一百英里。这些都预示着英法在印度的关系不会融洽。

以上是对1688年英格兰和法兰西殖民地的简单介绍。我们现在应该清楚，虽然法兰西加入殖民竞争的时间较晚，但已经成为英格兰强有力的竞争对手。然而决定霸权归属的，并非先后顺序，或是哪一方的主张更有效，而是由竞争者的战斗力决定的。法兰西领土面积更大，人口更多且财力更雄厚，足以制衡其他欧洲国家。可吊诡的是，在世界霸权的争夺中，法兰西却落了下风。

首先，英格兰的海上实力在不断壮大，远非法兰西可比。黎塞留虽然认识到了建设海军的必要性，并大力推动造船业的发展，但法兰西一直无法从欧洲的地缘政治中抽身。在路易十四野心勃勃地规划欧陆的战事时，海军早已被其抛在脑后。与之相反，英格兰因为是岛国的缘故，对海洋情有独钟，且自从战胜无敌舰队以来，他们最爱表达的民族情绪就是炫耀水手们的功绩。在与荷兰的贸易战争中，英格兰首位伟大的海军司令——罗伯特·布莱克，取得了一系列辉煌的胜利。

另外,《航海条例》(1651,1660)将外国船只排除在大不列颠与殖民地的贸易之外,或许减少了贸易量,但无疑给英格兰的航运业带来了无限商机。英格兰造船业在政府的补贴下,能够建造比其他国家更坚固、吨位更大的战舰。无论是在西属美洲大陆袭击西班牙大帆船,还是在远东击败葡萄牙舰队,英格兰的海盗、奴隶贩子和商船都令其对手感到恐惧或嫉妒。在都铎王朝的保护和鼓励下,英格兰的工商业快速崛起,并催生了一个强大到足以通过议会维护其权利和特权的市民阶层。

海峡另一边的法兰西的工商业却面临极为严重的阻碍:国内关卡林立阻碍了商品的流通;中世纪行会体系仍在法兰西拥有巨大的势力,行会用种种荒谬的规定束缚手工业;长年的内战和宗教战争迫使大批工匠逃往国外,商人的生命财产安全也得不到保障,致使法兰西的商业在1600年之前已名存实亡。亨利四世的统治恢复了法兰西的繁荣,但王权的加强,致使法兰西的胡格诺宗商人无法像英格兰的清教徒那样掌握政治权力,因此商人阶层完全无力阻止路易十四通过对外战争毁掉自己的国家——他们既无法像英格兰的市民阶层那样,通过选票向议会施压以获得特权和财政补助,也不能游说议会向其商业对手宣战。的确,重商主义者柯尔柏竭尽全力推动丝绸业等新兴产业的发展,为促进传统产业发展制定新的规则,以及向可能与本国产品形成竞争的进口商品征税,但法兰西的工商业无法像英格兰那样蓬勃发展。人们常认为,柯尔柏巨细靡遗的规定,抑制了自由竞争的企业家精神,但路易十四发动的战争和横征暴敛的破坏作用更大。〔为了维持王室的开支、外交排场和战争花费,路易十四不仅增加税收,还降低铸币成色，更令经济雪上加霜的是，1685年他还废除了《南特敕令》，结果导致五万最勤勉节俭的法兰西人逃往英格兰、荷兰和勃兰登堡（普鲁士），为这些地区的工商业添砖加瓦。〕唯一令人惊讶的是，法兰西居然能够承受如此严重的人员和财富的流失。

于是，英格兰人拥有了比法兰西人更具潜力的海军和更繁荣的贸易，因此可以控制各大洋并承担战争费用。虽然就总体而言，法兰西的殖民政策看起来要优于英格兰。路易十四接管了整个"新法兰西"，将之变成国王治下的一个省。法兰西因此可以协调各个殖民地，一同对抗各自为政的英格兰殖民地。在柯尔柏的管理下，美洲的法兰西殖民者在二十年内翻了三番。此外，法兰西殖民者在印度和美洲都成功地赢得了当地土著的友谊和信任，而英格兰殖民者却总是在与之打仗，至少在北美他们就在与大多数印第安人为敌。

不过，英格兰在殖民地的人口方面占据绝对优势。法兰西的人口因战争而受到限制，一般不会涌入美洲。而在本国受到迫害的胡格诺宗教徒，又不被允许移民到新英格兰，因为担心他们可能会阻碍耶稣会对印第安人的传教工作。（人们常认为，黎塞留和柯尔柏对殖民地"父权主义"式的过度"关怀"，是导致殖民地人口稀少和工商业发展受阻的原因。但这种说法值得商榷。不要忘了，英格兰也试图遏制殖民地的发展，以免冲击其国内产业。）英格兰在这方面更幸运，清教徒、贵格会教徒和天主教逃亡者都前往本国的殖民地而非流亡国外。英格兰的殖民者由于接受母国的直接保护更少，所以学会了保卫自己，不但可以对抗印第安人，也更有能力帮助母国对抗共同的敌人——法兰西。

总而言之，情况对大不列颠相当有利。只要法兰西的君主还在欧洲肆意挥霍本国资源，就很难抗衡英格兰这个拥有一流海军、繁荣的工商业和人口众多的殖民地的老对手。

2

前哨战（1689—1748）

只要斯图亚特王朝的君主们还期待能在路易十四的大力支援下建立绝对主义和复兴天主教，法兰西和大不列颠就不会因为殖民和商业竞争而发生冲突。

关于1689年的光荣革命，我们已经讨论过其政治意义了。这场革命对国际关系有着同样深远的影响，因为英格兰的王冠被戴在了法兰西的死敌威廉三世的头上，而威廉三世最关心的是保护其世代相袭的领地——北尼德兰——不受路易十四的蚕食。路易十四支持詹姆斯二世复辟是英法之争的第二个导火索。通过上一章我们知道，1689年的国际局势导致英格兰和荷兰加入了奥格斯堡同盟，该同盟包括神圣罗马帝国皇帝、西班牙国王、瑞典国王以及巴伐利亚、萨克森和普法尔茨选帝侯。我们也知道，由此引发的1689—1697年的奥格斯堡同盟战争是如何进行的。正是在这场战争中，威廉三世最终在博因河战役（1690）中打败了詹姆斯二世及其法兰西和爱尔兰盟友。也正是在这场战争中，尽管法兰西海军在比奇角成功击败了英荷联合舰队（1690），但在持续三天的拉和岬海战（又称拉乌格海战，1692）中被英格兰彻底击败。

奥格斯堡同盟战争也波及美洲，史称"威廉王之战"。这场战事有两点值得一提。第一，新英格兰的殖民者协助英军占领了法兰西位于阿卡迪亚（新斯科舍）的皇家港要塞（1690），并发动了一场指向魁北克的协同攻势。第二，不可忽视印第安人在这场战事中扮演的角色。早在1670年，新英格兰著名的传教士罗杰·威廉姆斯就宣称："法兰西人和天主教耶稣会士是唯恐天下不乱之徒。为了他们的上帝，他们正在这个国家，与当地所有土著一起在我们背后点燃地狱之火。"威廉王之战的爆发标志着一场远超这位虔诚的神学家想象的浩劫的来临：法兰西总督弗兰特纳克伯爵的印第安盟友放火烧了多佛（新罕布什尔）、斯克内克塔迪（纽约）和格罗顿（马萨诸塞）。弗兰特纳克伯爵也成了"洋基佬"[1]永远痛恨的对象。

《里斯维克和约》（1697）的签订只是宣告战事告一段落，而非结束。根据该条约，路易十四承诺不再质疑威廉三世继承英格兰王位的合法性，同时将所有被占领的殖民地归还原主，其中包括皇家港。

仅仅五年后，欧洲再度卷入漫长的西班牙王位继承战争（1702—1713）。威廉三世和哈布斯堡皇帝与其他欧洲君主结成大同盟，阻止路易十四的孙子腓力继承西班牙王位。一旦波旁家族统一了法兰西和西班牙，其军事实力足以称霸欧洲；两个殖民帝国一旦联合起来，将对大不列颠的殖民地形成包围之势，甚至可能将其吞

---

[1] "洋基佬"指的是拥有英格兰血统的老派新英格兰人，这个称谓暗含了清教徒式的价值观。——编者注

并；两国海军联合起来，则可能把大不列颠逐出海洋。此外，路易十四在詹姆斯二世去世（1701）后，公开承认流亡的詹姆斯二世之子为大不列颠的国王"詹姆斯三世"，这大大激怒了不列颠人。

当马尔伯勒公爵和欧根亲王在欧洲战场取得节节胜利时，大不列颠殖民者正在美洲与法兰西人进行"安妮女王之战"。法兰西人再次鼓动印第安人袭击新英格兰的村庄，而不列颠人也再次进攻皇家港和魁北克。在成功击退两次进攻后，皇家港于1710年陷落，阿卡迪亚向大不列颠人开放。次年，由9艘战舰以及满载12000名英军的60艘运输舰组成的舰队，大举进攻魁北克。与此同时，一支2300人的英军经尚普兰湖向蒙特利尔发起进攻。不过两支远征军都失败了。

无论是在海上，还是在美洲和欧洲，大不列颠都战绩斐然。正是在"安妮女王之战"期间，大不列颠海军发挥了中坚作用，当然有时离不开荷兰海军的鼎力相助。大不列颠海军击败了地中海的法兰西舰队并将法兰西的私掠船逐出了地中海，围困并占领了直布罗陀，在卡塔赫纳附近俘虏了一支满载金银的西班牙财宝船舰队，还震慑了法属西印度群岛。

《乌德勒支和约》宣告了西班牙王位继承战争的结束。条约中与殖民地有关的条款如下：（1）允许法兰西波旁家族成为西班牙的统治家族，但法、西王位不得合并，但只要波旁家族仍统治着这两个国家，西属和法属殖民地基本上仍可以看作是一个巨大的波旁帝国；（2）法兰西承认大不列颠占据阿卡迪亚（该岛被重新更名为新斯科舍，但阿卡迪亚是否如大不列颠主张的那样包括布雷顿角岛在内，在后来引发了争议），放弃对哈得逊湾、纽芬兰和西印度群岛的圣基茨岛的主张；（3）西班牙将米诺卡岛和军事重镇直布罗陀要塞割让给大不列颠；（4）西班牙授予不列颠商人向其美洲殖民地贩运奴隶的特许权（1713），即贩奴特许证。最后一项让大不列颠获得了更直接的好处。在获得贩奴特许证之前，大不列颠被禁止与西班牙的美洲殖民地进行奴隶贸易，而法兰西则垄断了这门生意。

西班牙颁发的贩奴特许证授权大不列颠的商人每年向其美洲殖民地提供4800个奴隶，有效期30年。大不列颠商人仍然被禁止在西班牙国王的领地上出售其他商品，但允许其每年派遣一艘500吨的商船前往巴拿马地峡的波托韦洛进行一次一般贸易。《乌德勒支和约》签订后的近30年间，不列颠虽然一直觊觎法、西两国的殖民地，但未爆发公开的战争。然而围绕着法、西两国的美洲殖民地以及法属印度所爆发的一系列冲突，令大不列颠的野心昭然若揭。

尽管因《乌德勒支和约》蒙受了一定的损失，法兰西仍然占据着圣劳伦斯河流域，扼守着圣劳伦斯河出海口的布雷顿角岛。法兰西的渔民在纽芬兰河岸仍享有特权。在西印度群岛，法兰西控制的岛屿的贸易自由度远超大不列颠占据的岛屿，发展相对要好。法兰西的拓荒者还占据着广阔的密西西比河河谷。此外，为了迎接下一阶段的冲突，法兰西摆出了不小的阵势：在布雷顿角岛建起路易斯堡，以扼守圣劳伦斯湾的入口；修建一系列的堡垒，监视和保卫法兰西的领地。这个要塞群始于尚普兰湖的皇冠角，经尼亚加拉堡、底特律堡、苏圣玛丽一直向西延伸，直到达温尼伯湖甚至更远。法兰西人还修建了一些堡垒用于控制沃巴什河和伊利诺伊河，并沿密西西比河不断修筑新要塞直至墨西哥湾。（到了1750年，法兰西在蒙特利尔和新奥尔良之间建起了60多座堡垒。）莫比尔（1702）和新奥尔良（1718）也出现了法兰西的殖民地。总之，法兰西要让大不列颠的水手明白，密西西比河属于法兰西。凡此种种，大不列颠殖民地总督的危机感并非毫无来由。

在印度，野心勃勃的法兰西殖民者并不想与大不列颠殖民者和睦相处。1741年上任的总督杜布雷能力卓越。在其领导下，法兰西殖民地不断发展壮大，并趁着莫卧儿王朝日渐式微扩张其势力。野心勃勃的杜布雷开始插手当地的政治，并模仿起印度王公浮夸的排场、华丽的服饰和繁复的尊号。他想利用"印度土兵"（接受过欧洲人训练的土著士兵）来补充其兵力不足的殖民地驻军，并在他的大本营——本地治里修筑堡垒。

《乌德勒支和约》签订后的三十年间，英法殖民者和商人在美洲和印度明争暗斗。除此之外，大不列颠和西班牙又因为1713年的贩奴特许证而争吵不休。西班牙人对大不列颠的走私者怨声载道，义正词严地抗议大不列颠商人公然滥用特权，将合约规定的一艘商船一直停泊在波托韦洛港，每到晚上就用其他商船的货物把这艘船重新装满。另一方面，大不列颠商人对于被排除在西班牙殖民地市场之外十分不满，热衷于向听众讲述他们与西班牙当局的恩怨。在这些故事中，最臭名昭著的当数船长罗伯特·詹金斯的故事。他用戏剧性的细节讲述了残忍的西班牙人如何攻击他的商船，如何将之抢夺一空，如何在战斗中割掉了他的一只耳朵。据说为了证明他的故事，他还拿出了一个盒子，声称里面装的就是他那只被割掉的耳朵。类似事件引发了不列颠人的强烈不满。

面对汹涌的民意，爱好和平的首相罗伯特·沃波尔爵士无法阻止他的同胞向西班牙宣战。

因此，就在1739年，一场奇怪的战争（常被称作"詹金斯的耳朵战争"）重新拉开了欧洲的贸易和殖民竞争大战。战争刚开始时，交战双方只有西班牙和大不列颠。一支大不列颠舰队占领了波托韦洛，但没能夺取卡塔赫纳。在北美，詹姆斯·奥格尔索普领导的远征以失败告终。1733年，詹姆斯在卡罗来纳南部的西属殖民地佛罗里达所主张的领土上，建立了英属殖民地"佐治亚"，以致敬当时的国王乔治二世（1727—1760）。

詹金斯的耳朵战争，导致英法两国再度爆发大规模的战事。后面的章节会提到，1740年的奥地利王位继承战争是如何引发一场历时八年的欧陆大战的。在战争中，大不列颠站在奥地利女皇玛丽亚·特利莎一边，对抗法兰西、普鲁士及其他欧洲国家。这场欧洲战争自然也波及美洲，引发了"乔治王之战"（1744—1748）。与此同时，战事也波及了印度。

乔治王之战唯一值得一提的事件是，新罕布什尔的威廉·佩珀雷尔上校带领一支大不列颠殖民者军队攻占了路易斯堡（1745）。但令他非常失望的是，1748年的《亚琛和约》把这个到手的堡垒还给了法兰西。印度的战事也同样举棋不定。1746年，一支法兰西舰队轻松占领了大不列颠在马德拉斯的据点，其他大不列颠据点也遭到了攻击。法兰西的总督杜布雷打败了卡纳提克的纳瓦布，纳瓦布本想惩罚破坏了印度和平与中立的杜布雷。

1748年，一支大不列颠舰队的到来令印度的战局彻底逆转，杜布雷被困在了本地治里。就在此时，大不列颠和法兰西签订《亚琛和约》（1748）的消息传来。根据和约，交战双方所占领的土地都将物归原主，包括马德拉斯和路易斯堡。至于西班牙，在1750年以十万英镑的代价说服大不列颠放弃了贩奴特许证。

3

大不列颠的胜利：
七年战争（1756—1763）

虽然大不列颠已经通过《乌德勒支和约》（1713）得到了哈得逊湾、纽芬兰和新斯科舍，但截至此时，战争总体上还没有分出胜负。大不列颠的海军力量也在不断壮大，但还有两大问题尚待解决：是否应该允许法兰西实现其对密西西比河流域的要求，并拔除不列颠人设在美洲海岸的狭小据点？老谋深算的外交家杜布雷，能否把印度变成法兰西的囊中之物？除了以上两个大问题，还有一个关于新斯科舍省边界的小争议，不要忘了，这个地方已经在1713年被割让给了大不列颠。只有两国中的一个被彻底击败，上述问题才算解决，而法兰西终在1754—1763年吞下了失败的苦果。其失败体现在以下四方面：（1）在七年战争（1756—1763）中，法军在欧洲的战事中被普鲁士的腓特烈大帝击败，而腓特烈大帝获得了大不列颠的财政援助；（2）与此同时，法兰西海军几乎被大不列颠歼灭，大不列颠的战舰和私掠船占领了大部分法属西印度群岛，并且几乎把法兰西商人逐出海洋；（3）在印度，长袖善舞的杜布雷被同样狡猾但更尚武的罗伯特·克莱武挫败；（4）

在美洲,"法兰西-印第安人战争"(1754—1763)粉碎了法兰西在大西洋彼岸建立新法兰西的梦想。我们先来看看新大陆的战事。

法兰西-印第安人战争的直接导火索是对俄亥俄河谷的争夺。不列颠人虽然已创建了俄亥俄公司(1749)在该河谷殖民,却一直不紧不慢,直到法兰西人开始在宾夕法尼亚西部修建一连串的堡垒——普雷斯克岛堡(伊利湖)、布夫堡(沃特福德)和韦南戈堡(富兰克林),至此,他们才意识到行动的紧迫性。但最具战略性的要地——莫农加希拉河和阿勒格尼河的交界处——尚未被占领。1754年初,俄亥俄公司派遣一小支军队占领了该地并加固该据点。然而法兰西人显然不会就此善罢甘休,他们用少量兵力夺取了这个新修的堡垒,还将之扩建,并命名为"迪凯纳堡",以纪念加拿大总督。

不久之后,一位名叫乔治·华盛顿的弗吉尼亚青年,率领四百人的队伍前来增援大不列颠驻军,但为时已晚。1754年7月4日,他也被击败了。

不过,希望重新在1755年燃起,英军将领布拉多克率领一支正规军到达当地。他还带着一个雄心勃勃的计划——一举荡平法兰西的三处据点:皇冠角(位于尚普兰湖)、尼亚加拉堡和迪凯纳堡。他亲自率领一支由大不列颠正规军和殖民地民兵组成的混合部队攻打最后一个要塞迪凯纳堡,但由于英军的进攻太过鲁莽,很快便中了埋伏。藏身树丛的法兰西士兵和印第安人,向大惊失色的英军猛烈射击。那些在欧洲战场上"经验丰富"的大不列颠正规军被打得一败涂地。如果不是初出茅庐的殖民地民兵知道如何利用地形射击并及时支援正规军,英军可能就要全军覆没了。远征尼亚加拉堡的行动同样失败了，只不过伤亡没有那么惨重。进攻皇冠角的行动失败后，英军便在乔治湖畔修筑起爱德华堡和威廉·亨利堡，而法兰西人则修建了著名的提康德罗加堡。（1755年对不列颠人来说是非常不幸的一年，而对新斯科舍的法兰西居民来说是一场浩劫：约有七千人像牲口一样被塞进船舱运往北美各地，因为不列颠人担心他们可能会趁机暴动。）

1756—1757年，大不列颠命运的阴霾似乎有增无减：大不列颠最重要的盟友——普鲁士的腓特烈大帝，在欧洲败北；一支大不列颠舰队在地中海惨败；法兰西占领了米诺卡岛；英军进攻法军据守的路易斯堡失利。对于美洲的法兰西人来说，1756年给他们带来了蒙特卡姆侯爵和节节胜利。蒙特卡姆侯爵（1712—1759）长期在欧洲作战，但他很快适应了新的战场环境，并用行动证明自己是新大陆上法印军队最得力的指挥官。位于安大略湖畔的英军要塞奥斯维戈堡和位于乔治湖的威廉·亨利堡均被法军攻占。英军发动的攻势则皆以失败告终。

1757年，老皮特入主内阁后，在很大程度上为大不列颠注入了新活力。老皮特决心鼓动全体大不列颠子民为国家而战。在爱国热情的驱动下，大批殖民地居民自愿加入大不列颠正规军，组成了一支约五万人的部队，并对法兰西在北美的四个重要据点——路易斯堡、提康德罗加堡、尼亚加拉堡和迪凯纳堡——同时展开进攻。在一支强大的大不列颠舰队的支援下，英军成功攻陷了路易斯堡（1758）。同年，英军还占领了迪凯纳堡，并将之更名为皮特堡（这便是"匹兹堡"的由来）。提康德罗加堡虽然击退了英军的一次进攻（1758），但还是在1759年7月26日投降。就在前一天，英军还夺取了尼亚加拉堡。

不列颠人并不满足于攻占法兰西的前线堡垒；他们接下来的目标是法军的大本营。当一支英军挺进哈得逊河谷，准备攻打蒙特利尔时，詹姆斯·沃尔夫将军率领另一支七千人的部队，在一支强大舰队的支援下，沿圣劳伦斯河逆流而上，进攻魁北克。沃尔夫对军事荣誉的极度渴望继承自他的将军父亲。沃尔夫十四岁时就已是一名现役军官——海军少尉，1758年曾率领一支分队攻打路易斯堡。如今三十三岁的他肩负攻占魁北克的重任。这里是一个天然要塞，由久经沙场的蒙特卡姆侯爵守卫。这似乎是个不可能完成的任务，几个星期都毫无进展。军中疫病横行，近在咫尺的失败压得这位年轻指挥官喘不过气来。绝望之余，他决定孤注一掷：趁夜深人静之际，率领三千六百名士兵渡河抢占城市的制高点。军队一路披荆斩棘，沿着险峻的山道行军，终于占据了可以俯瞰魁北克城的亚伯拉罕高地。

1759年9月13日拂晓，占据高地的沃尔夫被发现。蒙特卡姆侯爵立即发起进攻，企图将立足未稳的英军赶出高地。沃尔夫的部队似乎不堪一击，然而英军精准的射击和猛烈的反冲锋让法军一时间阵脚大乱。就在胜利到来的一刻，已经两度负伤的沃尔夫被一颗子弹射中了胸膛，胜利的消息让他含笑而终。同样身负重伤的蒙特卡姆侯爵只能在惨败的痛苦中含恨死去。

几天之后，魁北克城投降，这是法兰西美洲殖民帝国终结的开始。1759年10月，一支准备进攻大不列颠本土的法兰西舰队在基伯龙湾被海军上将霍克摧毁。至此，法兰西所有扭转战局的希望都已破灭。1760年，蒙特利尔陷落，不列颠人完全占领了新法兰西。与此同时，法兰西在印度的统治也不过是在苟延残喘。绝境中的路易十五得到了波旁亲戚西班牙国王的援助，两国共同对抗大不列颠，只不过西班牙是一个毫无价值的盟友：1762年，大不列颠舰队占领了古巴和菲律宾群岛，以及法属西印度群岛。

我们现在可以回过头来看看，法兰西是如何在丢掉新法兰西的同时，丢掉了人口众多、富裕得多的印度帝国。前面提到过，莫卧儿帝国在18世纪上半叶迅速土崩瓦解。德干、孟加拉和奥德的纳瓦布（即总督），已成为半独立的诸侯。在一个通过阴谋诡计获取权力的时代，法兰西总督杜布雷萌生了成为印度统治者的想法，于是为了实现这一目标，他给自己安上了浮夸的东方式尊号，与半数的印度割据势力结盟，在本地治里构筑要塞，并开始征募和训练印度土兵。1750年，他成功推翻了卡纳提克（印度的一个省，包括马德拉斯和本地治里，首府在阿尔乔特）的纳瓦布，扶植了一个更易控制的篡位者。

然而老谋深算的杜布雷的如意算盘被一个27岁的年轻人破坏了，他就是罗伯特·克莱武。克莱武18岁时就受雇于大不列颠东印度公司，成了马德拉斯的一名办事员。他焦躁不安、心怀不满的情绪时而在大量阅读中得到缓解，时而又变得绝望，他曾不止一次计划自杀。在奥地利王位继承战争期间，他辞掉文职，加入军队。危险的军旅生活似乎更对他的胃口，他很快就充分证明了自己的能力。1748年停战后，他回归文职生活。但在1751年，他提出了一个大胆的计划——奇袭卡纳提克的首府阿尔乔特，推翻了杜布雷所支持的纳瓦布。克莱武只招募到大约200名欧洲士兵和300名印度土兵，但这支孱弱的军队在这位英勇果敢、充满必胜信念的年轻将领的指挥下，一举夺取了阿尔乔特城的内城，并抵挡住了数千敌人的反击。在土著部队和英军的支援下，这位奇袭阿尔乔特城的英雄最终击败了法兰西扶植的傀儡。1754年，法兰西人不得不承认在卡纳提克的失败，撤回对其傀儡的支援。杜布雷因此颜面尽失，被召回法兰西。不列颠人得以独享被克莱武扶上统治者宝座的纳瓦布的恩惠。

克莱武的下一个目标是孟加拉。1756年，年轻的孟加拉纳瓦布苏拉杰·乌德·达乌拉，占领了大不列颠在加尔各答的要塞，将146名被俘的不列颠人关进一间狭小的牢房——"加尔各答黑洞"。次日早晨，只有23人还活着。克莱武马上率部从马德拉斯赶来，斥责苏拉杰的暴行，并逼迫他放弃加尔各答。由于此时大不列颠和法兰西激战正酣，所以克莱武毫不犹豫占领了附近的法兰西金德讷格尔据点，他的下一步计划是积极支援一直觊觎苏拉杰宝座的米尔·贾法尔。法兰西人自然站在苏拉杰一边对抗克莱武。1757年，克莱武在穆希达巴德城以南几千米处的普拉西的一片杧果林里，集结了1100名欧洲士兵、2100名印度土兵和9门大炮，而他的对手苏拉杰则拥有一支68000人的军队，以及53门由法兰西炮手操作的大炮。战斗的结果似乎不难预料，然而克莱武最终获得了压倒性的胜利。受到大不列颠支持的米尔·贾法尔成为孟加拉的纳瓦布，作为报酬，他付给大不列颠东印度公司150万英镑，克莱武也随之一夜暴富，自此大不列颠控制了孟加拉。1758年，大不列颠又占领了默苏利珀德姆，并在位于马德拉斯和本地治里之间的万达瓦西击败法军。1761年，英军成功包围本地治里并最终成为垂涎已久的印度东海岸地区的主人。

魁北克（1759）和本地治里（1761）的陷落，基本上为英法的殖民竞争画下了句号。但直到1763年，法兰西、西班牙和大不列颠缔结《巴黎和约》，战争才正式宣告结束。法兰西在美洲的殖民地，只剩下纽芬兰海岸两个不重要的岛屿（圣皮埃尔岛和密克隆岛）、西印度群岛的一些岛屿（包括瓜德罗普和马提尼克），以及位于南美洲圭亚那的一个据点。大不列颠从法兰西手中夺取了整个圣劳伦斯河谷地，以及密西西比河以东的全部领土，外加西印度群岛的格林纳达岛；从西班牙手中获得了佛罗里达。除了让出人口稀少的佛罗里达，西班牙没什么损失，因为它又收回了古巴和菲律宾群岛。法兰西还把路易斯安那西部，即密西西比河流域的西半部割让给了西班牙。法兰西人被允许重返在印度的旧据点，但不得在孟加拉保留军队或修筑堡垒。换句话说，法兰西人只能以商人而不是殖民者的身份重返印度。（战争期间，法兰西所丢失的非洲据点，戈雷岛已被归还，而塞内加尔河河口则被不列颠人占据了。）

让我们试着总结一下这场战争的主要后果。首先，大不列颠保住了后来构成美利坚合众国的一半领土，获得了加拿大，取得了印度的统治权——其帝国比恺撒或亚历山大的帝国的领土更广袤、更富有、更多元。自此，大不列颠无可争议地成为首屈一指的殖民帝国，一个日不落的帝国。这也意味着，英语的传播速度将不同于其他语言，这种在15世纪只有不到五百万人在使用的语言，如今使用者已多达几亿。

其次，比建立一个庞大的殖民帝国更重要的是大不列颠确立了其海上霸主的地位。因为上述的一系列战争，尤其是最后的七年战争，奠定了大不列颠的海洋霸权。自此，在世界最强海军的保卫下，大不列颠的工商业飞速发展，当时航行在世界各地的商船，有一半桅杆顶上悬挂着米字旗。大不列颠依靠其殖民地和商船获得了实力与威望。大不列颠商人借机大发横财对其国家产生了重要的社会与政治影响。大不列颠的制造业也受到这种刺激，从而为18世纪末和19世纪初的工业革命奠定了基础。

最后，我们至少可以认为，大不列颠的一连串胜利令其竞争对手自此一蹶不振。法兰西并不情愿地放弃了殖民野心。在《巴黎条约》签订后的近一个世纪，法兰西都没有积极投身于创建世界帝国的竞赛中。法兰西也并非没有复仇的渴望——1778年，法兰西便与反抗大不列颠的北美殖民地结成同盟，但法兰西的海军遭受了难以恢复的打击（在1763—1778年间，法兰西耗巨资重建海军，并试图在下文将会提到的美国独立革命时期一雪七年战争的耻辱，但并未成功），而贸易上的损失大部分已不可挽回。可以说，如果没有七年战争的惨败，那么波旁王朝及其位于凡尔赛的宫廷在18世纪末也许不会面临破产的威胁，而拿破仑的帝国在下个世纪伊始也不会面对咄咄逼人的大不列颠海军。

法兰西失去了印度和美洲。其与印度的贸易额在强大的大不列颠东印度公司面前相形见绌。如今"法属印度"只剩下本地治里、加里加尔、雅南、马埃和金德讷格尔，共计5万公顷，而英属印度帝国占据了4.7亿公顷的土地。在美洲，法兰西帝国如今只剩下纽芬兰海岸两个微不足道的岛屿，在西印度群岛仅剩下两个小岛，另外还有一片不重要的热带土地（圭亚那）。但在加拿大和路易斯安那，曾经辉煌一时的法兰西帝国还是留下了自己的历史印记。

加拿大的法裔居民，在语言和宗教上倔强地与大不列颠保持距离，直到今天，仍有数百万加拿大人以法语作为母语，并保持着法兰西民族认同。在美国，法兰西文化元素没有那么明显；但在新奥尔良，人行道叫作"banquettes"，路堤叫作"levees"，而圣路易、得梅因、底特律和尚普兰湖这些地名依然延续着这个昔日帝国的辉煌。

第 九 章

英帝国的内部变化

1

18 世纪的大不列颠殖民体系

我们已经看到,在争夺世界霸权的斗争中,大不列颠大获全胜。但之后大不列颠为了镇压其帝国内部的各种叛乱所进行的斗争就不那么成功了。如果我们忽略细节,美国的历史发展可以被概括为:殖民地日益认识到自身的经济利益与大不列颠的殖民和商业政策之间存在固有的矛盾,与此同时,殖民地的自信心开始不断增强,并表现出强烈的独立性。作为大英帝国历史上的划时代的事件,美国独立战争在欧洲历史中同样占据一席之地。

而这就涉及大不列颠的一项政策。18 世纪的许多政治家都将大不列颠的崛起归功于重商主义,重商主义的目标就是富国强兵,而持此立场的政治家对殖民地抱有三种主要观点:(1)殖民地应为母国提供国内无法生产的商品;(2)殖民地不得与母国的产业形成竞争,或增加其竞争对手的财富,从而损害母国的利益;(3)殖民地应协助母国承担行政和陆海军的开支。这些都体现在 18 世纪大不列颠的殖民政策中。

大不列颠议会采取各种权宜之策，鼓励殖民地生产受欢迎的特定商品。议会可免除这些商品的关税，或禁止类似的外国商品进入大不列颠，甚至可以直接给予殖民地生产者补贴，以鼓励他们持续从事这一行业。卡罗来纳的靛蓝、牙买加的咖啡和弗吉尼亚的烟草都因此得到鼓励，这样大不列颠就不必再从西班牙进口这些颇受国内欢迎的商品了。同样，为了从北美而非瑞典进口焦油、树脂、大麻、船桅和帆桅杆，殖民地的相关产业也会得到补贴。

重商主义者主要关注的是制定此类贸易政策以阻止殖民地的贸易或制造业发生转变，也就不会有损大不列颠制造商或船主的利益，毕竟议会的税收来源正是这些人。因此受到压制的殖民地工业中，有两三个特别值得一提。北美的帽子制造商虽然可以廉价地生产帽子（新大陆皮货的供应充足且价格更低），但他们被禁止生产用于出口的帽子，以免冲击伦敦的制帽商。同样，1699年的一项法律禁止毛织品在各殖民地间流通，从而阻碍了纺织业的发展。此外，大不列颠还认为有必要禁止殖民地生产锻铁或锻铁制品（1750），以保护大不列颠铁匠。对制造业施加的这些限制，与其说是为了保护大不列颠本土市场，倒不如说是为了把殖民地的市场留给大不列颠本土的制造商。这些限制措施引发了殖民地的不满，但由于执行不力，并没有给殖民地造成太大压力。

更惹人厌的是对贸易的限制。早在1651年荷兰商人开始从东方进口香料，从西印度群岛进口蔗糖，再将之出售给伦敦以换取丰厚的利润时，议会就颁布了首个《航海条例》。虽然其总体目标已经成功实现——摧毁荷兰的海运业并刺激大不列颠的造船业发展。18世纪，类似政策也被应用于殖民地。大不列颠声称，新英格兰的商人用鱼和木材换取法属西印度群岛的蔗糖、糖蜜和朗姆酒的贸易行为，是在增加法兰西种植者的财富，而非造福母国，因此法兰西殖民地的糖制品被课征高额关税。此外，由于拥有大批技术娴熟的造船工匠是维持海军实力的关键，因此《航海条例》（自1651年《航海条例》颁布之后，1660年、1663年、1672年和1696年又颁布了新的版本）加入了以下条款。（1）一般来说，所有进出口贸易必须使用英格兰、爱尔兰或殖民地制造的船只，并由大不列颠的子民驾驶和指挥。因此即使法兰西商船或荷兰商船出现在马萨诸塞湾，低价出售香料或丝绸，精明的波士顿商人也不得购买。（2）某些"列举品"，比如糖、烟草、棉花、靛蓝以及后来输入的大米和皮货，只能出口到大不列颠。弗吉尼亚种植者如果想把烟草送到法兰西鼻烟工匠手上，必须先用一艘大不列颠商船将烟草运往伦敦，付清关税后再转运到勒阿弗尔。（3）所有从欧洲出口到美洲殖民地的商品必须经过大不列颠的中转并支付关税。在伦敦支付关税，再绕道弗吉尼亚，丝绸的价格会大幅提高。但当局认为骄傲的殖民地女性就应该花大价钱购买丝绸，并为大不列颠的船只和水手送来华美的服饰而受宠若惊。

这样的限制措施似乎不会被殖民地接受，即便施加者是母国。但殖民地人民长期以来的忍气吞声也并非毫无缘由。

首先，此类限制措施多年以来并没有得到切实执行。1721—1742年，也就是罗伯特·沃波尔爵士当政时期，他对违反此类规定的行为往往睁一只眼闭一只眼。当局奉行"有益的忽视"（salutary neglect，假装看不见）的政策立场，允许各殖民地因地制宜地发展当地经济。其次，在殖民地战争时期，既无可能也无必要严格执行《航海条例》。当时走私泛滥,很多商人明目张胆地运输违禁商品。

要抵御法兰西势力必须获得母国的帮助,所以殖民地不得不忍受经济方面的种种限制。只要弗兰特纳克伯爵及其继任者还在怂恿印第安人袭击不列颠人、焚烧新英格兰村庄,殖民地人民就会祈盼母国早日派遣红衫军来征服这些野蛮人,驱逐法兰西势力。

不过即便有再多的理由推翻大不列颠的统治,在法兰西-印第安人战争结束前,北美殖民地也不太会去尝试。到了18世纪下半叶,大不列颠的殖民地相当弱小且各自为政。当时还没有海军,也几乎没有可以保卫海岸线的要塞,除了没有战斗经验纪律松散的民兵,殖民地没有任何武装力量。即使到了1750年,北美殖民地的人口也只有130万,而大不列颠的人口已超过1000万,更遑论财富和资源,殖民地根本无法与母国相提并论。

各殖民地之间的分歧源于各自社会、经济和信仰方面的差别。南方各殖民地——佐治亚、卡罗来纳和弗吉尼亚——以农业为主,依靠种植园大量生产水稻、靛蓝和烟草。纽约和宾夕法尼亚出产玉米和木材。在新英格兰,虽然有许多小农场主,但贸易和制造业在经济中的比重不断增加。社会发展水平的差异同样明显:北方的殖民者多为市民阶层出身的商人和小农场主,拥有民主的地方政府,对所受的教育极为自豪。在南方,绅士们大多来自大不列颠的名门望族,坐拥大批奴隶,如同旧时代的封建贵族一般,满嘴礼义廉耻,热衷各自的礼仪和规矩。至于信仰方面,大西洋沿岸各殖民地是一个诡异的大杂烩。大致而言,新英格兰地区推崇加尔文宗,多为刻板的清教徒;弗吉尼亚以骄傲的盎格鲁宗信徒为主;马里兰居住着部分罗马天主教徒;宾夕法尼亚有坦率的贵格会；新泽西是长老会和浸礼宗；卡罗来纳是德意志的路德宗……局面变得更加混乱。

各殖民地的信仰、礼仪和产业存在如此严重的差异，因此从一开始就不存在什么和睦共处或患难与共。协调各殖民地统一行动已十分困难，要动员它们打仗就更难了。由于某个殖民地发行的纸币在其他殖民地基本没什么价值，经济合作也受阻。军事合作的困难在于，虽然各殖民地可以召集农民暂时加入民兵，抵抗印第安人的突袭，但这些民兵总是急着回去种地，且不太情愿听命于一个陌生的指挥官。

然而法兰西－印第安人战争结束后，情况发生了实质性变化：（1）人们对法兰西的恐惧已不存在，无法再将殖民地与其母国捆绑起来；（2）战争期间，殖民地不仅人口（1763年居住者达到两百万）和财富增加了，殖民地人民也变得更加自信。1745年，从北方各殖民地招募的士兵占领了路易斯堡，并协助英军征服了加拿大。弗吉尼亚的志愿者目睹了布拉多克将军麾下的正规军在林地作战时是多么不堪一击。这样的经历令当地民兵感到骄傲，提升了自信。同样重要的是，在1754年的奥尔巴尼会议上，七个殖民地的代表齐聚一堂，讨论本杰明·富兰克林提出的将十三个殖民地组成邦联的计划。虽然该计划未被采纳，但促使殖民地人民开始思考邦联的好处，也为日后的联合奠定了基础。

殖民者的思想更加独立，大不列颠政府也更加专横。乔治一世和乔治二世在位期间，首相躲在国王背后操控政局，1760年年仅二十二岁的乔治三世继位后，这种局面被彻底改变了。乔治三世缺乏政治经验，又没受过什么良好的教育，但他企图通过背后操控首相来掌控大不列颠的政局。历史学家指责乔治三世偏执、固执和愚蠢，并非没有道理。可他的朋友很多，一些人对其无可挑剔的个人品德以及永远得体的礼仪赞赏不已。作为1688年光荣革命后第一位土生土长的大不列颠国王（大不列颠王室来自德意志），他勤于政事，且对政务展现出浓厚的兴趣。一些人因此更加拥护他。在长期以来无首相之名而行首相之实的老皮特以及名义上担任首相的纽卡斯尔相继卸任后，1762年布特（1713—1792）成为首相，他之后是乔治·格伦维尔（1712—1770）。在布特的鼓励下，"国王之友"变成一个党派，企图公然削弱辉格党大贵族的权力，这些大贵族一直主导着腐败的议会和四分五裂的政府部门。

乔治三世起初想通过大规模收买议员来控制议会，但这种不靠谱的权宜之计并没有让他获得多数党的支持。他于是试图分化其对手辉格党，这个计划实现起来并不算难，因为当时辉格党最重要的领袖、能言善辩的沙文主义者[1]、"殖民地之友"、各城市的偶像——老皮特首相，已经失去了对政府的控制。大不列颠也感受到战争带来的沉重负担——当时不列颠的公共债务已经达到1.4亿英镑。这在当时无异于天文数字。乔治三世因此于1763年选择乔治·格伦维尔担任首相。新首相代表的是辉格党的另一个贵族派系。他们因公共债务的飞涨而感到恐慌，且嫉妒老皮特的权力，因而非常愿意支持国王的殖民地政策。他们认为，大不列颠为保护大西洋沿岸的殖民者不受法兰西人侵袭，卷入了一场代价高昂的战

---

[1] 沙文曾是拿破仑军麾下的一名士兵，因狂热地鼓吹拿破仑的功绩，以至于他的名字被用来指代那些极端的爱国主义者和好战分子。——编者注

争。各殖民地显然太过弱小且各自为战，无力保卫密西西比河流域和圣劳伦斯河流域，所以为了应对法兰西人、西班牙人或印第安人的威胁，至少需要1万名正规军驻守，每年的军费支出约为30万英镑。既然战争可以保护殖民地的利益，而驻军又是为了保卫殖民地的安全，那么让殖民地人民分担一部分军费就再正常不过了。殖民地应该分担帝国部分国防开支的观点，由某些辉格党政治家提出，并很快为乔治三世所采纳，并成为其殖民政策的基础。积极支持君主制的托利党对这一政策也表示了赞同。

新首相格伦维尔提出，各殖民地应每年向不列颠政府缴纳15万英镑的税款——约为预估军费的一半。为了筹集资金，他还支持议会的两个特别财政法案，首当其冲的便是1764年的《糖税法》。格伦维尔意识到，由于殖民地进口糖制品的关税过高，导致了大规模的走私，因此政府几乎没收到多少关税。事实上，马萨诸塞的商人去年从法属西印度群岛走私了1.5万桶糖蜜。（新英格兰用糖蜜酿造朗姆酒。）根据新法案，糖制品的关税将减半，但征收会变得严格。为了保障糖税的征收，《航海条例》被恢复了，大不列颠海军奉命查抄走私船，并授权地方法官发布"协查令"，允许征税官在私人住宅中搜查走私货物。《糖税法》预计将征收税费5万英镑。

另外10万英镑将通过1765年的《印花税法》筹措。无论提货单、官方文件、契约、遗嘱、抵押凭证、票据，还是报纸和小册子，都必须使用盖有印花的纸张起草或印刷，以证明已经完税。纸牌需缴纳1先令印花税，骰子要缴纳10先令，大学文凭则被课税2英镑。《印花税法》给殖民地人口中最不安分也最富有的阶层造成了沉重负担——报纸出版商、小册子作者、律师、银行家和商人。不用说，报纸发行者利用自己的报纸大造舆论，而律师则指控《印花税法》违宪，因为议会无权向殖民地征税。"无代表，不纳税！"来自波士顿的律师詹姆斯·奥蒂斯发出了这样的呐喊。

各殖民地立即发表声明，宣称殖民地的人民是大不列颠货真价实的子民，但他们在议会中没有自己的代表，因此向他们征税就是公然践踏"不列颠人古老的权利"。殖民地的人民渐渐意识到，他们真正的代表只是那些由他们投票选出来的人，即地方民选议会的成员。各殖民地都有民选议会，这些议会和大不列颠的议会性质相近，于是自然也要求获得对政府的税收进行表决的权利。殖民者们提出，任何新税只有经由民选议会表决通过后方能征收。不列颠当局的回应有一定针对性：虽然大不列颠议会是由很小一部分人选举出的，但被普遍视为整个大不列颠子民的代表。

许多殖民地的居民并不像律师那么博学，自然也不明白这场争论的微妙之处。但他们愿意相信，拒绝向大不列颠缴税，就是在保卫个人自由和地方自治。对印花税的反抗像野火般蔓延开来，并在1765年10月纽约召开的大会上达到高潮。来自九个殖民地的代表参加了会议。这场所谓"反《印花税法》大会"发布了一份权利宣言，要求获得接受陪审团审判的权利（大不列颠官员在审理走私犯时不需要陪审团）和自主纳税的权利，并针对《印花税法》提出了正式的抗议。

议会或许能忽视大会的宣言，但无法忽视民众激愤的呼声：各地骚乱频发，群众当众焚烧象征印花税征税官的稻草人。殖民地的商品抵制（《抵制英货公约》），令大不列颠国内怀柔的声音开始占据上风。趁着格伦维尔辞职，辉格党内的自由主义者罗金汉侯爵（1766年7月他便退休了）所领导的新政府，在1766年3月废除了臭名昭著的《印花税法》。但议会又通过了一个《宣言法案》，宣称大不列颠议会拥有在任何情况下管制殖民地宪制的权利。

1767年，能力出众但为人鲁莽的财政大臣查理·汤森重申该权利。他在未经其他大臣同意的情况下，授意议会通过了一系列以他名字命名的法案（《汤森税法》）。他的初衷是创造一种常规性的财政收入，用来供养殖民地的总督、法官和其他官员，以及负担殖民地的防卫。为此，玻璃、铅、颜料、纸张和茶叶都被课征关税，并由派驻各殖民地港口的大不列颠官员征收，不缴税者将接受没有陪审团的审判。

《汤森税法》立即招致各殖民地的强烈抗议。殖民地商人再次重申《抵制英货公约》，并扩大了其适用范围。一年之内，从大不列颠运往波士顿的商品金额减少了70多万英镑。税收官无法或不敢严格执行新税法。据说，三年间来自殖民地的税收只有1.6万英镑。大不列颠当局于是派兵进驻波士顿，以震慑当地居民，但愤怒的波士顿人不断挑衅这些"龙虾兵"（英军的绰号）。1770年，屡屡被挑衅的英军终于开枪了——这就是所谓"波士顿惨案"。

在这一关键时刻，国王乔治三世任命了一位新首相——诺斯勋爵。他是一位机智、干练的绅士，和蔼可亲，幽默风趣，对国王更是忠心耿耿。他的首要任务便是废除不得人心的《汤森税法》（1770）。但仍保留每磅3便士的茶叶税，以免殖民地认为议会已经放弃了向他们征税的权利。诺斯勋爵甚至与东印度公司达成协议，由后者向殖民地低价出售茶叶，以杜绝从荷兰走私茶叶的现象。

但当时殖民地人民甚至不愿意认可大不列颠议会征税的权利。(尽管殖民地居民过去一直为进口的糖蜜和外国葡萄酒缴纳进口税。)他们坚持认为,不论税金多少,只要交了,大不列颠议会就会认为各殖民地已承认其征税权,很快便会对他们课征更重的税,因此他们拒绝购买茶叶。在1773年12月的一个寒冷的夜晚,一群波士顿市民乔装成印第安人,登上一艘满载茶叶的大不列颠商船,将342箱茶叶全部倒入海中。

波士顿"茶党"的作为很快便招来了惩罚——臭名昭著的《强制法案》,又称《五项不可容忍法令》(1774):波士顿港关闭;马萨诸塞基本上被剥夺自治权;在殖民地被控谋杀罪的大不列颠官员应在大不列颠或其他殖民地受审;征用殖民地居民的房屋驻扎军队;魁北克省向南拓展至俄亥俄,切断马萨诸塞、康涅狄格和弗吉尼亚与其所主张的大片土地的联系。最后这条法令还规定,允许在讲法语的魁北克建立罗马天主教会,这令讲英语的各殖民地的新教徒大为不安。

其他殖民地的煽动者担心大不列颠秋后算账,于是团结起来援助马萨诸塞。1774年,第一届大陆会议召开,各殖民地的代表(佐治亚除外)在费城集会,"共商大计,并由他们将决议推广到各殖民地,以便发现和厘清个人正当的权利与自由,不论是民事方面还是信仰方面,并恢复大不列颠和殖民地的团结与和睦"。大会向英王呈交了请愿书,还呼吁殖民地人民忠于"美洲居民的联合",共同抵制英货。

2

美国独立战争（1775—1783）

无论是国王还是殖民地人民，都不愿妥协。已经成为查塔姆伯爵的老皮特提出了一个妥协方案，但没有成效。殖民地很快开始了武装反抗。1775年5月，第二届大陆会议在费城召开。同年4月19日，莱克星顿已经发生了流血事件，新英格兰成了武装"叛乱"的温床。大陆会议于是向大不列颠宣战，任命乔治·华盛顿为总司令，并派遣使节联络法兰西和其他欧洲国家。大陆会议还向国王呈递了最后一封请愿书。

但和解为时已晚，形势急转直下。1776年7月4日，各殖民地纷纷宣布自己是"自由而独立的国家"。〔在大陆会议的建议下，各殖民地纷纷建立自治政府，并根据1777年大陆会议起草的《邦联和永久联合条例》（于1781年经各殖民地议会批准生效），正式组成一个联邦。〕《独立宣言》之所以引人注目，是因为它的政治哲学和世界影响力。那个时代许多激进的思想家也都认同《独立宣言》所宣称的政治思想——"造物主赋予他们若干不可剥夺的权利"——生存权、人身自由权和自主纳税权，以及任何民族都有推翻专制君主的权利。我们将会在法国大革命中看到与之类似但更大胆的政治学说。

在北美，《独立宣言》被托利党斥为大逆不道，但受到"爱国者"的欢迎，将之视为一种鼓舞和动力。为了表现他们的喜悦，纽约市民推倒了乔治三世的铅制雕像，将之熔化制成子弹。如今，这些说英语的美洲居民宣称自己是与大不列颠进行战争的交战国，而非乱党，所以他们可以光明正大地寻求其他国家的承认和援助。

在此后的三年中，战事仅限于叛乱的殖民地与母国之间。如果从一开始，大不列颠政府就意识到这场叛乱的严重性，叛乱本可以被快速平息，因为许多最富有的殖民地居民都反对战争，况且即便"美利坚合众国人民"万众一心，他们在财富、人口和海军力量方面也不是大不列颠的对手。但大不列颠并未及时采取强有力的镇压措施，反而坐视革命的发展。不过到了1776年，一支3万人的军队还是被派往北美。这支军队中有相当一部分士兵是德意志雇佣兵（常被称作"黑森人"）。英军奉行侵略性战术，由于英军在兵力、纪律和装备上都普遍优于各殖民地的武装，并有强大舰队支持，因此得以占领重要的殖民地港口城市纽约、费城和查尔斯城（1783年更名为查尔斯顿），取得了节节胜利。但另一方面，英军所要占领的地域过于辽阔，且革命者意志顽强、神出鬼没。此外，革命者拥有一位出色的军事统帅——乔治·华盛顿。他是弗吉尼亚的一位贵族种植园主，我们已经提到过，他曾参加过法兰西-印第安人战争。起初，人们批评他装腔作势，但是他很快便证明了自己的能力。在他出色的指挥下，革命者总能在英军大部队赶到之前安然撤退，偶尔还会对鲁莽的追击者展开反击，就像在普林斯顿或特伦顿那样。

1777年10月17日，发生了一件足以影响整个战局走向的大事：进攻纽约北部失利的大不列颠将军伯戈因，率领麾下约6000人在萨拉托加向革命者投降。与此同时，爱国的费城出版商本杰明·富兰克林正在巴黎四处游说，试图让法兰西与美利坚合众国结盟。

富兰克林富有魅力的个性、"共和主义式的坦诚"、敏锐的直觉以及广博的哲学和科学学识，使他在法兰西宫廷中左右逢源。但法兰西仍然对七年战争的失利耿耿于怀，直到美国人获得萨拉托加大捷，富兰克林的游说才终于有了效果。法兰西认为，眼下似乎到了参战的时候了，于是与美利坚合众国结成联盟，并于1778年向大不列颠宣战。

如今，战争的规模扩大了。从参战国和直接影响来看，殖民地战事的重要性下降了。在进攻大不列颠的过程中，西班牙忠诚地加入了法兰西的阵营（1779）。荷兰不满大不列颠试图将其商人排除在美洲贸易之外，于是联手波旁王朝对抗共同的敌人（1780）。其他欧洲国家也对大不列颠不断膨胀的实力和专横跋扈的海洋政策产生了恐惧。自战争爆发以来，大不列颠海军便声称有权搜查和扣押与北美殖民地进行贸易或装载战时禁运品的中立国船只。俄罗斯的叶卡捷琳娜二世强烈反对这一危险的政策，并在1780年与瑞典和丹麦组成"武装中立同盟"，表示如有必要会诉诸武力。普鲁士、葡萄牙、两西西里王国和神圣罗马帝国随后表示支持武装中立同盟。大不列颠在欧洲已经四面楚歌。

但实际只有三个国家——法兰西、西班牙和荷兰——在战争中扮演了角色。而在这三个国家中，荷兰只是在北海制造了点儿麻烦，更可怕的对手是法兰西和西班牙，因为二者让英帝国四面受敌。1779年，一支法西联合舰队甚至一度威胁到大不列颠本土——这支舰队由66条舰组成，准备运送一支6万人的军队在大不列颠登陆，当然这个计划再度以失败告终。强大的法西军队大举进攻大不列颠在地中海的领地，并成功占领米诺卡岛，但法军对直布罗陀的进攻被英军击退了。

在北美大陆，叛乱的殖民地居民在法兰西舰队和士兵的协助下，大获全胜。华盛顿和拉法耶特侯爵领导的美法联军，协同德·格拉斯指挥的法兰西舰队，在弗吉尼亚的约克镇突然包围了英军将领康沃利斯勋爵所部，逼迫其率领7000多名部下于1781年10月19日投降。康沃利斯的投降预示着北美战事行将结束。英军在欧洲、西印度群岛和亚洲战场仍在进行。

战况对大不列颠相当不利，直到加勒比海的一次胜利海战才为其挽回了部分颓势。此前，战火已经在西印度群岛肆虐了三个冬季，但一直胜负难分。直到1782年，英勇的罗德尼将军指挥36艘大不列颠战舰与法兰西的德·格拉斯伯爵率领的33艘战舰在桑特群岛附近不期而遇。1782年4月12日，英法海军展开了决战——史称"桑特海峡之战"。交战期间，风向突然改变，导致法兰西海军的阵列中出现一个大缺口。大不列颠舰队的指挥官抓住战机，突入缺口，将法兰西舰队的阵列打散，并在混战中捕获了6艘战舰。

虽然桑特海峡之战挽救了大不列颠在西印度群岛的战局，但东方的情况就没那么乐观了。起初，大不列颠成功占领了法兰西在印度的要塞（1778），并击败了法兰西的土著盟友——迈索尔的苏丹海德尔·阿里（1781）。但在1782年，法兰西海军上将德·叙弗朗的出现令战局逆转——他打败了一支精锐的大不列颠舰队，使得法兰西海军暂时控制了孟加拉湾。

大不列颠在美洲失利，在印度受到羞辱，被逐出了米诺卡岛，而爱尔兰的局势也岌岌可危（爱尔兰的新教徒武装起来，组成志愿军，要求不列颠当局允许他们实施"地方自治"，否则就揭竿而起。

大不列颠屈服了，在1782年授予爱尔兰议会立法自治权）。大不列颠已厌倦了战争，准备媾和，即使大不列颠当时并非一败涂地：大不列颠仍牢牢控制着英吉利海峡，并战胜了荷兰；大不列颠在加勒比海获胜，在印度的影响力稳如泰山，其位于直布罗陀的要塞固若金汤。大不列颠在1783年所签订的一系列条约，虽然承认了战败，但并不引以为耻，其中与美利坚合众国的和约在巴黎签署，与法兰西和西班牙的和约则在凡尔赛签署。让我们好好审视一下这些条约的条款，因为这些条约对美利坚、法兰西和西班牙的影响都很大。

根据《巴黎条约》（1783年9月3日），大不列颠承认此前十三个殖民地为独立的主权国家——美利坚合众国，其北边以加拿大和北美五大湖为界，东边以大西洋为界，西边以密西西比河为界，南边则以佛罗里达为界；之前各殖民地在纽芬兰的捕鱼权和在密西西比河的航行权利由这个新生的国家继承。《巴黎条约》签订时，各殖民地只是依据《邦联条例》松散地联合在一起。但经过几年的政治混乱后，一部更有约束力的联邦新宪法于1787年起草。1789年，乔治·华盛顿成为美利坚合众国的首位总统。这个新建立的共和国，是孟德斯鸠及其他法兰西哲学家政治理论的首次实践。这些哲学家虽然谴责高高在上的贵族和绝对君主，却也不信任无知的群众，他们认为政治权力应该主要掌控在拥有一定资产和地位的贤明之士手中。

如果不是在桑特海峡之战中惨败，法兰西或许能在《凡尔赛条约》中提出非常有利的条件（1786年，一个英法增补条约恢复了两国间的正常贸易，并迫使大不列颠承认其无权抓捕中立国的贸易商船，但运载战时禁运品除外，比如枪支、火药和战争补给品）。

最终法兰西只得到了西印度群岛的多巴哥岛和非洲的塞内加尔，且都是1763年失去的领地。战争耗尽了法兰西的国库，在很大程度上导致了政府破产，从而导致绝对主义式微。此外，法兰西国内的激进分子目睹了美国人反抗国王后，也开始蠢蠢欲动。

西班牙的状况比法兰西要好一些。根据《凡尔赛条约》，西班牙得到了米诺卡岛和佛罗里达，还包括后来成为美国的亚拉巴马州和密西西比州的南部地区。〔1763年成为西班牙领土的路易斯安那，在1800年被重新割让给法兰西。1803年法兰西又将其卖给了美国。十八年后（1821），整个佛罗里达正式落入美国之手。〕

在各参战国中，荷兰所扮演的角色最无足轻重，因此不是《凡尔赛条约》的缔约国。但在次年（1784），荷兰与大不列颠单独订立了一个和约。荷兰不仅失去了一些位于东印度的领土（包括位于印度马拉巴尔沿海和科罗曼德沿海的据点），更关键的是荷兰还被迫向大不列颠商人开放了马来群岛的贸易。

3

英帝国的改革

美国独立战争不仅让大不列颠失去了迄今为止最古老、最强大、最重要的十三个殖民地（不过在当时，北美的十三个殖民地没有富饶的西印度群岛那么有利可图，也与重商主义色彩浓厚的大不列颠殖民地政策相抵牾），以及塞内加尔、佛罗里达、多巴哥岛和米诺卡岛，还耗费了大量人力、金钱和战舰。然而比战败更令人沮丧的是，英人经过反思发现，这一切本可以通过适当的政策调整来解决的。不过现在吸取教训还为时不晚，从大不列颠治理其剩余殖民地的方式来看，不列颠人确实吃一堑长一智。

就在说英语的北美殖民地起义前夕，1774年的《魁北克法案》明智地允许法裔加拿大居民自由信奉罗马天主教、享有法兰西民法规定的权利。除了这些恩惠，1791年还增加了殖民地议会的特权。印度也受到了新政策的影响：1784年，议会设立了一个治理委员会，以确保东印度公司不滥用其权力。就连事实上早已成为大不列颠殖民地的爱尔兰，也在1782年获得了制定地方法律的权利以及一定程度的自治。这些权利的有效期到1801年1月1日为止。

大不列颠的商业政策也发生了变化。《航海条例》激怒了北美殖民地，如今已不能用于独立的美利坚合众国。重商主义引发了如此严重的后果，自此开始受到质疑。阐述自由贸易这种新政治经济学思想的经典著作——亚当·斯密的《国富论》于1776年出版，与美国的《独立宣言》是同一年。冥冥之中，自由贸易注定将代替重商主义。大不列颠的重商主义贸易政策当然没有被立即废除，大不列颠的贸易似乎毫发无损，但已遭受致命打击。美国南方各州开始种植棉花。（独立战争期间，棉花被从巴哈马群岛引入佐治亚和卡罗来纳，并很快成为一种重要的经济作物。至1794年，出口大不列颠的棉花已达到一百六十万磅。）出口到大不列颠的美国棉花，经过加工，最终成为美国民众自愿购买的大不列颠商品，即使不久之前这些愤愤不平的殖民地居民还在坚决抵制英货。至少从这个方面看，大不列颠在殖民地方面的损失其实微不足道。

热忱的大不列颠民族主义者，固然渴望看到祖国的旗帜在大半个世界飘扬,但他们同样对于这场导致说英语的人民四分五裂的政治灾难痛心疾首。但他们也能找到一丝安慰,并将看到一线希望:在新大陆——加拿大、百慕大群岛、巴哈马群岛、牙买加、西印度群岛和洪都拉斯的部分地区——大不列颠的统治相当稳固;在旧大陆,大不列颠的旗帜飘扬在直布罗陀、冈比亚和黄金海岸,印度更为大不列颠的野心甚至贪婪提供了无尽的可能。

大不列颠如今致力于扩张和巩固它的东方帝国,并取得了不错的成果。英勇的克莱武击败了法兰西的势力,在孟加拉扶持起一个傀儡,从而确保了大不列颠在印度次大陆的主导地位。他还试图消除当地行政治理中的腐败。克莱武的事业被一位同样赫赫有名的人物——沃伦·黑斯廷斯(1732—1818)所延续。他担任印度总督期间(1774—1785),恰好见证了北美殖民地革命的爆发和美国的独立。十七岁时,黑斯廷斯成为大不列颠东印度公司的雇员。在印度二十多年的学徒生涯使他的面容变得黝黑,瘦弱的身体适应了印度的特殊气候,同时也让他对当地人的性格有更深入的了解。1774年,黑斯廷斯成为印度总督,他开始孜孜不倦且事无巨细地推行一项政策——包括将大不列颠在印度的大本营迁移到加尔各答,以及彻底改革警察、军队和财政系统。喜欢指手画脚的议会在黑斯廷斯与当地王公的战争和博弈中,以及在他的许多金融交易中,找到了攻击其清誉的契机。著名的自由主义者埃德蒙·伯克用尖刻的语言宣泄着他对黑斯廷斯的不满,指控黑斯廷斯"倒行逆施和品行不端"。然而黑斯廷斯的统治的确极大巩固了大不列颠对印度的统治,伯克的谩骂因此变得毫无意义。

1785年,康沃利斯勋爵接替了黑斯廷斯的职位,就是那个在约克城向华盛顿投降的人。康沃利斯在北美有多失败，在印度就有多成功。他所建立的税收体系证明他是个睿智的统治者，而击败叛乱的迈索尔苏丹，也证明了其军事才能。

克莱武、黑斯廷斯和康沃利斯为之后的总督开了一个好头。他们继任者的工作同样很出色。直到1858年，大不列颠最终从东印度公司手中接管了印度——其领土北至喜马拉雅山脉，西达印度河，东抵雅鲁藏布江。

在美国独立战争结束后的几年里，大不列颠又进行了两次重要的扩张。一次是占领"海峡殖民地"，这使大不列颠控制了马来半岛和香料贸易的要道马六甲海峡，但更具价值的是，此次也发现了说英语的欧洲人未来的一处重要居所——广袤的澳大利亚。该地一直以来几乎无人知晓，直到1770年库克船长首次在植物学湾登陆。发现澳大利亚也弥补了大不列颠失去北美殖民地的部分损失。多年来，大不列颠把澳大利亚当作关押罪犯的露天监狱，第一批在杰克逊港登陆的殖民者是被流放的犯人（1788）。养羊业的兴起和黄金的发现，使该岛成为对殖民者更具吸引力的家园。现今，澳大利亚的领土面积近761.2万平方公里，人口达到2569万（2020年9月）。与大不列颠在1783年十分不情愿放弃的13个殖民地相比，澳大利亚显然人口稠密，领土面积是其3倍。

第 十 章

18世纪的德意志

1

衰落的神圣罗马帝国

在前面的章节中，我们已经讲述了16世纪德意志的政治情况。表面上看，德意志在18世纪并没有什么显著变化。神圣罗马帝国依然只是各邦之间名义上的纽带，把整个德意志松散地联合起来。哈布斯堡家族仍然占据着神圣罗马帝国皇帝的宝座，拥有一定影响力且声名赫赫的选帝侯也还存在，只不过从七人增加到九人（在1623年和1708年，巴伐利亚和汉诺威先后成为选帝侯；1778年，巴伐利亚与普法尔茨合并，选帝侯人数又变成了八人）。不变的还有帝国议会，仍由诸侯代表和自由城市代表组成，定期在雷根斯堡召开会议。（雷根斯堡，位于巴伐利亚－普法尔茨，自1663年以后，帝国议会定期在这里召开。）但帝国无疑日渐式微。马丁·路德所掀起的民族主义热忱，在宗教纷争和令人不齿的三十年战争中被消耗殆尽，德意志人民被哈布斯堡王朝和波旁王朝当成了棋子。帝国失去了瑞士，法兰西和瑞典则瓜分了一些重要的地区。

德意志早已四分五裂，但仍支撑着一个庞大的政治架构，其社会经济状况惨不忍睹。毫不夸张地说，在三十年战争中，德意志至少失去了一半人口和超过三分之二的动产。17世纪中叶，路易十四接手了一个相当繁荣的法兰西，而此时的德意志城镇和乡村被夷为平地，大片地区只剩下断壁残垣。数以百计的教堂和学校关闭，宗教和文化生活普遍陷入沉寂。工业和贸易完全陷入瘫痪，以至于到了1635年，汉萨同盟基本上见弃于人，因为那些曾经堆金积玉的自由商业城市，如今应付基本开支都成了大问题。西班牙、葡萄牙、荷兰、法兰西或大不列颠，通过经济和殖民扩张，催生出了富裕的资产阶级，德意志曾经引以为傲的市民阶层，只能坐视这一切的发生。具有影响力的市民阶层消失了，而农民又穷困潦倒、备受压迫，这些土生土长的德意志人，曾天真地以为16世纪的宗教改革和农民战争能让境况有所好转，但是他们的期待注定要落空。18世纪时，德意志农民的处境比西欧或中欧其他任何国家的还更糟糕。

只有各邦国的君主知道如何从德意志的衰败中获利。16世纪，他们通过没收教产而大赚一笔，并摆脱了皇帝或帝国议会的指手画脚。他们利用市民阶层的衰落和可怕的农奴制来提升个人的政治权威。他们废除地方议会，或者大肆削弱其权力，逐步建立起各自的高压政治。三十年战争后，前往欧洲游学已经在德意志各邦国的继承人中蔚然成风，许多人都会选择在法兰西宫廷中逗留一段时间。在那里，他们吸收了路易十四的政治观点，于是在一段时间内，几乎每个德意志宫廷都是一个小型的凡尔赛。这些君主愚蠢而又荒谬地模仿着他们伟大的法兰西邻居：他们也维持着一支常备军，大兴土木，豢养一堆官员。虽然人民已经不堪重负，但与真正的法兰西式宫廷相比，德意志诸侯们的排场简直不值一提，以至于在许多情况下成为欧洲的笑柄。在精致华丽的外表下，德意志诸侯这个阶层粗鄙自私且无可救药。无论是穷困潦倒的普通人，还是被君主抢夺一空的教会，都无力抵抗日益壮大的绝对主义和君主不断膨胀的私欲。

2

哈布斯堡的领土

18世纪伊始，神圣罗马帝国治下最大、最重要的邦国是奥地利哈布斯堡家族直接享有主权的那些国家。查理六世（1711—1740）曾作为查理大公在西班牙王位继承战争中（1702—1713）与路易十四争夺西班牙的全部遗产，最终铩羽而归。查理六世统治着广阔而分散的领土。在其首都维也纳的周边分布着他的世袭领地：(1)下奥地利，即多瑙河畔的奥地利本土；(2)内奥地利，包括施蒂里亚、卡林西亚和卡尔尼奥拉；(3)外奥地利，包括因斯布鲁克周围的山区，常指蒂罗尔；(4)上奥地利，包括莱茵河上游、黑森林附近的布赖施高。这些核心地区大部分说德语。随着时间的推移，该家族的领地中又增加了说捷克语或斯拉夫语的波希米亚王国及其讲德语的属地西里西亚和讲斯拉夫语的摩拉维亚；说马扎尔语的匈牙利王国的一部分，连同其讲斯拉夫语的属国克罗地亚、斯拉沃尼亚，以及讲罗马尼亚语的特兰西瓦尼亚。与其许多先人一样，查理六世也是神圣罗马帝国皇帝，因此在德意志诸侯中身居首位。但无论是在波希米亚还是匈牙利在语言和情感上都不以德意志为主，匈牙利甚至不属于神圣罗马帝国。

查理六世为哈布斯堡家族所增加的这些领地，其人民都不属于德意志民族。通过《乌德勒支和约》，他得到了说佛兰德语和法语的南尼德兰，以及说意大利语的米兰公国和两西西里王国。与奥斯曼人的一系列战争，令他的家族得以将匈牙利的边界向南推进至波斯尼亚和塞尔维亚，并让特兰西瓦尼亚大公国成为匈牙利的属国。〔奥斯曼通过《卡洛维茨条约》（1699）被正式割让。〕上述这些哈布斯堡的新领地都不属于神圣罗马帝国。

哈布斯堡家族统治下的各个民族，彼此间的联系十分松散。他们讲着十几种不同语言，兴趣爱好更是千差万别。哈布斯堡家族没有像法兰西那样，建立一个联系紧密、中央集权的强大民族国家。统治这些领土的查理六世，有着各式各样的头衔：他是奥地利大公、波西米亚国王、匈牙利国王、米兰公爵、尼德兰君主，这五个主要地区各自为政，唯一的纽带就是共同效忠于哈布斯堡君主。

想要找到一种适合各领地及各民族的政策，对任何凡人来说几乎都是不可能的，当然这也超出了哈布斯堡家族的能力范围。在17世纪，哈布斯堡君主试图推进一种强有力的德意志化政策，以统一整个帝国，加强对帝国的控制，但一败涂地。三十年战争所引发的深重灾难，德意志诸侯的野心勃勃和互不信任，外国势力——特别是瑞典和法兰西——的横加干涉，揭示了一个残酷的事实：哈布斯堡家族在德意志的影响力已到达巅峰，今后将每况愈下。

奥地利哈布斯堡王朝在德意志地区受阻，他们希望从其他地方满足自己的愿望，但他们面临着几乎同样的困难：向巴尔干半岛东南扩张的举动，引发了其与奥斯曼人几乎无休止的战争；在意大利的扩张，激起了西班牙、法兰西和撒丁岛的武装抵抗；鼓励南尼德兰的贸易，引发了在英、荷、法有影响力的商人阶层的敌意。显然，上述行动占据了哈布斯堡君主本应投入到帝国内部事务的时间和心力。因此，德意志固然导致了哈布斯堡家族的衰落，但哈布斯堡家族同样导致了德意志的疲敝。

尽管如此，哈布斯堡家族依然强大。其治下的许多地区自然资源丰富，财政充裕，其可动用的军队虽没有遍布世界，却也很庞大。哈布斯堡君主与大多数欧洲王室间有着错综复杂的姻亲关系，还拥有天主教会的支持，只要在位的君主信奉绝对主义理念，并将之付诸实践，其大部分弱点都会被掩盖在哈布斯堡家族高贵的血统、令人眼花缭乱的名号和徒有其表的声望之下。

到了18世纪，哈布斯堡家族的势力似乎江河日下。我们已经注意到，西班牙的哈布斯堡家族绝嗣，引发了一场争夺王位继承权的国际战争，最终西班牙的遗产被分割，较大的部分被其宿敌波旁王朝继承。如今，在奥地利王位继承问题上，查理六世面临相似的局面。他本人既没有儿子，也没有兄弟，只有一个女儿——玛丽亚·特利莎。在目睹西班牙哈布斯堡家族的结局后，他要竭尽所能在死前安排好自己的遗产。在统治初期，他颁布了一个所谓《国本诏书》(又译《国事诏书》),宣布哈布斯堡的领地不可分割，并一改惯例，宣布在缺少男性继承人的情况下，王位可由女性继承。之后他所有的外交政策都围绕着一点：确保整个欧洲承认玛丽亚·特利莎对哈布斯堡家族所有领地的继承权。查理六世治下的各大公国均发誓会遵守《国本诏书》。普鲁士、俄罗斯、大不列颠、荷兰、神圣罗马帝国、波兰、法兰西、西班牙和撒丁岛等外国列强在获得慷慨的让步后，也相继承诺会维护《国本诏书》，并以各自的荣誉起誓。1740年，查理六世去世。他给女儿留下了一个混乱的国家、一个巨额亏空的国库，以及一支军纪涣散的军队，还有一大沓用羊皮纸书写的保证书。普鲁士国王嘲讽道，那些玩意还不如继承二十万士兵管用，而事实证明，他是对的。

3

霍亨索伦家族与普鲁士的崛起

哈布斯堡家族之后，18世纪最有影响力的德意志王室便是霍亨索伦家族。早在10世纪，这个伯爵家族仅统治着一座位于今瑞士北部索伦山上的城堡。这个家族通过封建战争积累的财富和神圣罗马帝国皇帝赐予的各种好处，慢慢扩大了其领地和实力。到了12世纪，霍亨索伦家族通过联姻，成为重要城市纽伦堡的领主。

到目前为止，霍亨索伦家族还算幸运，但与帝国各地数以百计的小国相比，他们还算不上显赫。直到1415年哈布斯堡皇帝将勃兰登堡选帝侯国赐予霍亨索伦家族时，这个家族才有了一些崛起的气象。勃兰登堡是德意志北部的一个地区，位于奥得河畔，以柏林为中心。作为一个标志或者边境省，勃兰登堡是德意志语言文化在欧洲北部和东部的前哨。该地区几乎常年与邻居斯拉夫人交战，因此具有丰富的军事经验和极高的声望。此外，作为一个选帝侯国，对神圣罗马帝国的内部事务拥有极大的影响力。

16世纪，来自霍亨索伦家族的勃兰登堡选帝侯皈依了路德宗。和其他许多德意志北部诸侯一样，他们也没收了大量教产，也摆脱了削弱其政治和社会影响力的外国势力。勃兰登堡随之成为德意志的主要新教邦国，而奥地利则成为天主教邦国的领袖。

三十年战争（1618—1648）给哈布斯堡家族带来了多少不幸，就给霍亨索伦家族带来了多少好运。战争前夕，霍亨索伦家族通过联姻获得了两份重要遗产——莱茵河下游的克利夫斯公国（虽然勃兰登堡和克利夫斯的联合可追溯至1614年，但霍亨索伦家族直到1666年才统治克利夫斯，其属国马克和拉文斯贝格也随之并入勃兰登堡的版图）和位于波兰北部波罗的海沿岸的东普鲁士公国。（普鲁士曾是个纯粹的斯拉夫国家。13世纪，条顿骑士团建立了普鲁士，并一直统治到16世纪。条顿骑士团是由德意志军事贵族组成的武装修会，曾用武力逼迫斯拉夫人皈依天主教。16世纪，条顿骑士团团长公开皈依路德宗，并把普鲁士变为其家族的世袭领地。在一系列的战争中，西普鲁士被并入波兰，而东普鲁士则成为波兰王国的属地。1618年，霍亨索伦家族的勃兰登堡选帝侯继承了东普鲁士。）自此，霍亨索伦家族的首领可以自称勃兰登堡边地伯爵和选帝侯、克利夫斯公爵以及普鲁士公爵。根据最后一个头衔，他是波兰国王的封臣，而根据其他头衔，他是神圣罗马帝国皇帝的封臣。在三十年战争期间，霍亨索伦家族在削弱帝国影响力方面起到了实质性作用。战争结束时，霍亨索伦家族获得了富有的主教区哈尔贝施塔特、明登和马格德堡（1648年，霍亨索伦家族获得了马格德堡的继承权,但直到 1680 年才正式将之并入版图),以及波美拉尼亚公国的东半部。

真正让霍亨索伦家族声名鹊起的是腓特烈·威廉,他因此常被称作大选帝侯(1640—1688)。他即位时,三十年战争已经导致他治下分散的领地陷入了极度的苦难。他决心复兴经济,统一各领地,让自己的邦国在整个欧洲政治中占据一席之地。根据《威斯特伐利亚和约》,他通过外交手段而非武力获得了新领地。在瑞典与波兰的战争中,腓特烈·威廉坐收渔翁之利。他时而帮助一方,时而转向另一方,从而让交战双方都觉得他十分重要。腓特烈·威廉通过权谋,甚至是阴谋诡计,说服波兰国王放弃对东普鲁士的宗主权,从而获得了这个公国的完整主权。在路易十四(1672—1678)与荷兰的战争中,他彻底击败了与法国结盟的瑞典人。虽然根据和约,他不能保留所征服的地区,但他的军队因此名扬四海。勃兰登堡-普鲁士一跃成为瑞典在波罗的海霸权的主要竞争者。

在政治方面,大选帝侯与同时代的路易十四一样,是绝对主义坚定不移的信徒。即位时,腓特烈·威廉的国家由三个各自为政的领地组成——勃兰登堡、克利夫斯和东普鲁士,都各自拥有议会、军队和政府。经过艰苦的政治斗争,腓特烈·威廉剥夺了几个议会的重要职能,将财政大权集中到自己手中,宣布各领地的军队为国家所有,并将三个独立的政府整合为一个严格服从柏林王室的枢密院。这样,三个国家就合为一体了,腓特烈·威廉将自己的领地变成了一个真正意义上的联合君主国。

大选帝侯是一位勤勉的统治者。他鼓励工农业,排干沼泽,修建连接奥得河和易北河的腓特烈·威廉运河。《南特敕令》废除后,许多胡格诺宗教徒逃离法兰西。大选帝侯的盛情招揽了约2万人来到勃兰登堡。这些难民被安置在柏林附近，难民们也把他们法兰西式的名字和智慧带到了这个收留他们的国家。大选帝侯即位时，柏林不过8000人，他去世时该城的人口已经超过2万。

勃兰登堡-普鲁士已经是一个重要的君主国了，但直到1701年其统治者才被承认为"国王"——深陷西班牙王位继承战争的神圣罗马帝国皇帝利奥波德一世为了拉拢普鲁士，才授予普鲁士君主这个头衔。1713年，根据《乌德勒支和约》，这个头衔获得了其他欧洲国家的承认。新王国以普鲁士命名，而非勃兰登堡，因为前者是一个完全独立的国家，而后者是神圣罗马帝国的一员。此后"普鲁士王国"〔起初，霍亨索伦君主的头衔是"东普鲁士的国王"，因为西普鲁士依然是波兰王国的一个省。"普鲁士国王"的称号在腓特烈·威廉一世统治时期（1713—1740）渐渐地流行起来，超越了其正式称号"东普鲁士的国王"。1772年，西普鲁士被明确纳入普鲁士〕开始指代霍亨索伦家族的所有领地。

普鲁士在18世纪迅速崛起，在德意志与奥地利分庭抗礼，并跻身欧洲强国行列，这在很大程度上归功于腓特烈·威廉一世。

腓特烈·威廉一世是他祖父的神奇翻版：虽然没有祖父的外交洞察力，却继承了其明智的判断力，因而再次被尊为"大选帝侯"。他理想中的王权，是父权式的专制。他的目标是，以最经济的方式使用国家有限的资源以提高普鲁士的国际声誉。他认为，鉴于其领地多样且分散，绝对主义是唯一可行的政体。他也认识到，要维持一支有战斗力的常备军，就只能减少一切不必要的财政开支。财政紧缩能确保一个相对不大的王国维持一支相对庞大的军队。在腓特烈·威廉一世的统治下，金钱、军事实力和神权君主制成为霍亨索伦家族统治的支柱。

腓特烈·威廉一世极为节俭，常常到了近乎吝啬的地步，但也因此得以将常备军从3.8万人增加到8万人。扩大军队的规模是为了与法兰西或奥地利这样的强国匹敌。在战斗力上，普鲁士军队没准还超越了其他国家。铁一般的纪律将普鲁士军队塑造为当时欧洲最精密的战争机器。与许多欧洲国家不同，所有军官的任命都不是依靠金钱，而是基于个人的能力和表现。军官们不像欧洲许多国家那样可以购买军衔，而是择优任命，他们以真正的专业技能和忠诚指挥着军队。

在民政上，国王孜孜不倦地推动中央集权。"总理事务府"有条不紊地打理财政事务。一套精密的官僚行政体系渐渐发展起来，即著名的"普鲁士官僚制度"。虽然繁文缛节不可避免，但普鲁士官僚制度的高效率和尽忠职守精神至今仍引人注目。腓特烈·威廉一世通过引入时髦的重商主义政策鼓励本国工商业发展，尽管他一再表示很蔑视这种思想，并认为它行将落伍。同时，他还规定国民必须接受基础义务教育。

腓特烈·威廉一世为普鲁士的崛起立下了汗马功劳，但他的某些怪癖令他成为全欧洲的笑柄。由于满脑子父权主义，他对任何人都不放心，每一件事都要亲力亲为。他把国家当成了学校，而他本人就像个热心的校长，无情地鞭打他那不安分的臣民。如果有人财力充裕，他便会命其修建华丽的住宅来提升首都的面貌。如果在街上遇到游手好闲者，他会用手杖将之痛打一顿，然后送去充军。他对高个士兵有着病态的痴迷，因此创建了著名的巨人掷弹兵团,这个兵团的士兵的身高必须达到一米八。丰厚的军饷吸引了许多外国人为他效劳,这也是这个吝啬的国王唯一允许自己奢侈一把的地方。

在位期间,这位性情乖戾的国王开始担心他的一切努力和谋划都将付诸东流,因为他对儿子——王储腓特烈——极其失望。这位古板的父亲完全无法理解儿子对文学、音乐和艺术的热爱,他认为儿子没有男子气概。他经常为此大发雷霆,动辄辱骂自己的儿子。腓特烈王子试图逃离父亲,但被抓了回来。作为惩罚,王子被送到军队和行政机构中像奴隶般接受枯燥、艰苦的行政和军事训练,并从最基层干起。大概没有哪个王室成员受到过这种待遇。这个被鄙视和误解的王子,在1740年继承了王位,成为普鲁士国王腓特烈二世,史称"腓特烈大帝"。

1740年,腓特烈大帝继承了霍亨索伦家族的遗产,玛丽亚·特利莎也继承了哈布斯堡家族的全部领地。这一年,神圣罗马帝国的两个最为重要的邦国——奥地利和普鲁士——之间旷日持久的斗争爆发了。

4

德意志诸邦

在神圣罗马帝国其余的三百个邦国中,不论领土还是实力,几乎没有哪个国家能对奥地利和普鲁士的纷争施加关键影响。然而还是有些小邦值得一提——巴伐利亚、萨克森和汉诺威。不仅是因为它们于 18 世纪在对立双方之间保持了某种力量平衡，还因为它们在近代的历史上或多或少地发挥了重要作用。

巴伐利亚位于奥地利以西的多瑙河上游，在德意志帝国的最东南角。几个世纪以来，巴伐利亚一直由维特尔斯巴赫家族统治。其君主马克西米利安一世（1597—1651）一度成为举足轻重的角色，曾担任过天主教联盟的首领，并在三十年战争中忠诚地支持哈布斯堡家族。他通过《威斯特伐利亚和约》获得了普法尔茨部分领土（普法尔茨的另一部分，由维特尔斯巴赫家族的另一分支统治，1779 年与巴伐利亚再度合并）以及"选帝侯"的头衔。17 世纪下半叶，他的继任者努力修复战争创伤，鼓励工农业，修建或恢复大量教堂和修道院，赢得广泛赞誉。但到了 18 世纪上半叶，巴伐利亚统治者却牺牲了稳健有力的国内改革政策，转而在国际政治上大展宏图。虽然天主教将巴伐利亚人与奥地利人联系在了一起，但由于跟这个强邻挨得太近，他们开始把哈布斯堡家族当作敌人。在西班牙王位继承战争中，巴伐利亚站在法兰西一方，对抗奥地利。1740 年，奥地利的玛丽亚·特利莎继位。作为哈布斯堡家族女婿的巴伐利亚选帝侯，因妻子被查理六世的《国本诏书》剥夺了继承权，所以与普鲁士的腓特烈二世以及法兰西结盟，意图肢解奥地利。

萨克森公国一度幅员辽阔，占据了整个德意志的西北部。但 18 世纪时，萨克森公国衰败到仅剩其中非常小的一部分。萨克森人早期曾移民大不列颠，或被查理曼大帝所征服。自 13 世纪起，萨克森被限制在易北河上游地区，夹在哈布斯堡的波希米亚和霍亨索伦的勃兰登堡之间，然而多种因素让这个地区具有了重要的战略价值，其重要性远远超出其领土和人口。作为德意志地理意义上的中心，位于普鲁士和奥地利之间的萨克森是一块战略要地，它的统治者维丁家族是帝国的选帝侯。在萨克森最著名的君主"智者"腓德烈三世（1486—1525）支持马丁·路德之后，萨克森成了路德宗的领袖，萨克森方言还因为马丁·路德翻译的德文版《圣经》而成为德意志的文学语言。萨克森，而非勃兰登堡-普鲁士，一度成为可能主导德意志未来的势力，但事态的发展趋势却并非如此。17世纪，维丁家族一些温和但弱小的统治者，多次与奥地利结盟对抗霍亨索伦家族，因而基本上将德意志北部新教国家的领导权拱手让给了勃兰登堡。（导致萨克森衰落的另一个原因是维丁家族成员分割遗产的习俗，因此才有了一些极小的邦国——萨克森-魏玛、萨克森-科堡-哥达、萨克森-迈宁根和萨克森-阿尔滕堡。）此外，在17世纪末，萨克森选帝侯改宗罗马天主教，此举致使其失去了民心。为了自立成为波兰国王，他还不断与奥地利结盟，发动战争，征收重税，让这个国家不堪重负。在18世纪的大部分时间里，萨克森和波兰一直保持着这种不自然的结合，但这对双方来说都是灾难性的。

18世纪，萨克森在德意志西北部的部分古老领土被并入汉诺威，其范围在易北河和威悉河之间，从勃兰登堡一直延伸到北海。在西班牙王位继承战争期间，汉诺威成为公认的选帝侯国（1692年，皇帝已经将选帝侯头衔授予恩斯特·奥古斯都；1708年，各国承认乔治一世为选帝侯）。但真正令汉诺威为世人所瞩目的是，首位汉诺威选帝侯因其母系血缘的关系于1714年成为大不列颠的乔治一世，他是汉诺威王朝的缔造者。大不列颠与汉诺威选帝侯国共主的情况，持续了一个多世纪，也对国际谈判产生了极大影响。乔治一世和乔治二世都更喜欢住在汉诺威而不是大不列颠。他们也将大部分精力投入到保卫其德意志的领地不被哈布斯堡或霍亨索伦家族蚕食上。

说了这么多，现在大家应该对18世纪德意志四分五裂的状况，以及神圣罗马帝国的名不副实有了一定的了解。奥地利，作为德意志的传统强国，日益专注于德意志以外的领土——匈牙利、意大利和尼德兰。普鲁士，作为新崛起的北方强国，斯拉夫人在其人口中占据了不小的比例。萨克森与波兰共主，汉诺威与大不列颠共主，巴伐利亚长期与法兰西联盟，而法兰西或瑞典对帝国的一众小邦国具有极大影响力。德意志各邦统治者的自私自利、相互猜忌，加之普鲁士和奥地利正在酝酿的激烈冲突，于是塑造出一个动荡、血腥和充满压迫的德意志。

5

霍亨索伦家族和哈布斯堡家族的斗争

普鲁士和奥地利——霍亨索伦家族和哈布斯堡家族——的斗争是18世纪中叶欧洲外交和战争的中心。一方是年轻的普鲁士国王腓特烈二世（1740—1786），另一方是年轻的奥地利女王玛丽亚·特利莎（1740—1780），两位君主都很有能力，而且真诚地为各自的国家和人民服务，都有强烈的君主使命感。玛丽亚·特利莎美丽，多愁善感，生性骄傲；腓特烈大帝则专横跋扈，玩世不恭，但总是很理性。奥地利女王是坚定的罗马天主教信徒；而普鲁士国王则是伏尔泰的朋友，信奉怀疑论。

腓特烈二世从父亲那里继承了一个相当团结的国家，以及8万名训练有素、装备精良的士兵。他的对手玛丽亚·特利莎继承的则是一些情况各不相同的领地，军纪涣散的军队，混乱的财政状况以及纷繁复杂的利益冲突。腓特烈二世因此有理由轻视其对手。普鲁士曾庄严承诺尊重奥地利的领土完整，腓特烈二世同样对这一承诺不置可否。当查理六世去世，玛丽亚·特利莎在维也纳继位后，腓特烈二世马上与巴伐利亚和法兰西组成联盟，企图肢解奥地利。他们还计划让巴伐利亚选帝侯成为神圣罗马帝国皇帝查理七世，让普鲁士占领西里西亚。法兰西则打起了奥属尼德兰的主意。

西里西亚因此成为腓特烈二世和玛丽亚·特利莎争夺的焦点。西里西亚囊括了奥得河上游肥沃的土地，将西边腓特烈的波希米亚（斯拉夫民族的分支捷克人）和东边的波兰人（斯拉夫民族的另一支）分隔开。当地的居民大都是德意志人，与整个普鲁士王国的人口数量相当。如果能把西里西亚并入霍亨索伦家族，那么其治下的德意志人将占据绝对优势。另一方面，失去西里西亚将削弱奥地利在德意志事务上的直接影响力，同时也失去了一个进攻柏林和普鲁士腹地的基地。

腓特烈二世根据其家族对西里西亚公国的一个古老声索挑起了战争。他随即率军攻入西里西亚，占领其首府布雷斯劳。巴伐利亚-法兰西联军也准备从西边入侵奥地利和波希米亚。四面受敌的玛丽亚·特利莎逃往匈牙利，请求马扎尔人的帮助。匈牙利人、奥地利人和波希米亚人团结起来向玛丽亚·特利莎表示效忠。新组建的部队源源不断开往前线。奥地利王位继承战争（1740—1748）全面爆发。

1739年，一场贸易战争在大不列颠和西班牙之间打响（常称作"詹金斯的耳朵战争"），并很快与欧陆的战事搅和在一起。大不列颠决心要维护与南尼德兰的自由贸易特权，并且一直反对强大的商业竞争对手法兰西吞并这几个省，它宁愿让这些地区被更遥远、威胁更小和商业实力更不济的国家控制，比如奥地利。此外，承认《国本诏书》的大不列颠，认为眼下最有利的做法是支援玛丽亚·特利莎，并派兵到欧陆对抗法兰西和普鲁士，以保卫尼德兰和汉诺威。另一边，西班牙王室同情自己法兰西的波旁亲戚，并希望从奥地利手中夺回在《乌德勒支和约》（1713）中失去的所有意大利领土。

至此，奥地利王位继承战争的两大阵营正式形成：一边是普鲁士、法兰西、西班牙和巴伐利亚，另一边是奥地利和大不列颠。萨克森选帝侯和撒丁国王起初加入了前者，希望利用普鲁士对抗奥地利，以维护其萨克森和波兰领地的利益；撒丁国王一直在哈布斯堡和波旁王朝之间寻求平衡。荷兰加入了奥地利与大不列颠一方，以保护自己免受法军的侵略。

这场战争长达八年且有众多国家卷入，但远不如人们所认为的那样血腥和恐怖。萨克森本来就更倾向于奥地利而不是普鲁士，因此很容易就抛弃了盟友，与玛丽亚·特利莎握手言和。西班牙只愿意在意大利作战，而撒丁王国则担心波旁家族的势力在亚平宁半岛趁机坐大，于是也倒向奥地利一边。而荷兰只满足于保卫自己的领土。

尽管已使出浑身解数，玛丽亚·特利莎依然无法将腓特烈二世赶出西里西亚。她的将领多次败于腓特烈二世之手，她也因此被迫三次承认腓特烈二世对西里西亚的占领，以便动用全部兵力对付西部的敌人。1745年，两个德意志君主在德累斯顿签订了第三次和约：奥地利将西里西亚（除了一个非常小的地区，此后西里西亚被称作"奥属西里西亚"）割让给了普鲁士。腓特烈二世的目的达到了。他于是毫不犹豫地抛弃了盟友，退出了战争。

与此同时，奥地利军队则在其他战线取得了更大胜利。法兰西人和巴伐利亚人在波希米亚获得几次微不足道的胜利后，被迫退往多瑙河上游。就在玛丽亚·特利莎的军队占领慕尼黑的同时，巴伐利亚选帝侯正在法兰克福加冕为神圣罗马帝国皇帝。整个巴伐利亚很快被奥地利占领，法军沿莱茵河撤退。在意大利与法兰西和西班牙的波旁王室军队作战的奥地利－撒丁联军也渐渐占据了上风。

在战争的最后几年，法兰西设法击退了奥地利对阿尔萨斯和洛林的入侵。同时，在天才的萨克斯伯爵赫尔曼·莫里斯的指挥下，法军还成功征服了奥属尼德兰的大部分地区，并攻入了荷兰。在海上和殖民地，法兰西和大不列颠爆发了"乔治王之战"，前面的章节已经有过介绍。

1748年，交战各方在亚琛签署的和约结束了奥地利王位继承战争。这些条约除了承认普鲁士的腓特烈二世获得西里西亚，还让欧洲的局面恢复到开战之初。维特尔斯巴赫家族得以在巴伐利亚和普法尔茨复位，玛丽亚·特利莎的丈夫——洛林的弗兰茨，继任神圣罗马帝国皇帝，称查理七世。在战争中花费不菲、伤亡惨重的法兰西，却是竹篮打水一场空。奥地利王位继承战争只不过是普鲁士和奥地利之间争夺德意志霸权的前哨战，也是法兰西和大不列颠争夺殖民地和商业霸主地位的漫长斗争中一个无法决出胜负的回合。

在这场刚刚结束的战争中，奥地利成了最大输家。果断的玛丽亚·特利莎誓言恢复哈布斯堡君主的威望和收复失地。她的首要措施是推动国内改革：在维也纳建立一个强大的中央政府，加强对各领地的行政管理，鼓励农业生产，让全社会共同承担税收，增加财政收入，当然也少不了扩军备战。她还准备拉拢所有想从肢解腓特烈二世的王国中获利的国家，组建一个反普鲁士联盟。萨克森是可以信任的，而俄罗斯的女沙皇伊丽莎白一世也轻易被拉拢了过来，因为后者一直对普鲁士国王的尖酸刻薄十分不满。玛丽亚·特利莎已经通过友好条约与大不列颠和荷兰结盟，她只需要再把法兰西拉入联盟就大功告成了。她让一位了不起的代理人——那个时代最伟大的外交家考尼茨伯爵——来实施这一政策。为了让法兰西抛弃普鲁士并与奥地利结盟，考尼茨伯爵抛出了一个巨大的诱饵——腓特烈二世的莱茵各省。路易十四一开始拒绝了奥地利的请求，因为这背离了法兰西一贯的反哈布斯堡政策。考尼茨伯爵于是找到路易十四的情妇——野心勃勃的蓬皮杜夫人帮忙，她和沙皇伊丽莎白一样，曾多次被普鲁士国王自作聪明的言辞冒犯。蓬皮杜夫人的枕边风奏效了，法兰西加入反对普鲁士的联盟。

与此同时，大不列颠已经与腓特烈二世签订了一项特殊协议，目标是确保汉诺威的领土完整和德意志的总体和平。因此当1754年英法两国在殖民地再次大打出手时，大不列颠与普鲁士结盟就顺理成章了。所以大致情况是，在不具决定性意义的奥地利王位继承战争中，普鲁士与法兰西结盟对抗奥地利和大不列颠，而在之后这场具有决定性意义的七年战争中，奥地利携手法兰西，共同对抗普鲁士和大不列颠。这次双方盟友的大转换常被称作"外交革命"。

在欧洲战场，七年战争从1756年一直持续到1763年，就参战的兵力和参战各方的组织与指挥而言，这场战争足以与西班牙王位继承战争相比，是近代史上规模最大的战争之一。相关的海战和殖民地的战事我们已经介绍过了，包括美洲的法兰西-印第安人战争（1754—1763），以及克莱武在印度的几场胜仗。七年战争最终确立了大不列颠在海上、远东和新大陆的霸权。欧陆战事的经过如下：

腓特烈二世不宣而战，占领了萨克森，并向该国索取大笔赔款。他又征募了大批新兵，与训练有素的老兵一起越过山脉攻入波希米亚。但精锐的奥军迫使他放弃了对布拉格的包围，退回普鲁士。敌人则从四面八方扑来：俄军攻入东普鲁士，瑞典军队也从波美拉尼亚攻入勃兰登堡北部，奥军则攻入西里西亚，而法军正从西边逼近。在四面受敌的情况下，腓特烈二世的表现足以让他跻身历史上最伟大的军事统帅之列，也不负他"大帝"的名号。在兵力逊于所有对手的情况下，他却以闪电般的速度进军德意志中部，在罗斯巴赫（1757）大败法军。法兰西将领写信告诉路易十五："我军已彻底溃败，我无法告诉您被杀、被俘或者失踪的军官到底有多少。"在解除西边的威胁后,他立刻回师西里西亚,向洛伊滕的奥军发动猛攻,俘获了三分之一的敌军。

然而腓特烈二世的节节胜利让他的兵力骤减。多亏老皮特首相源源不断的财政补助,虽然他不缺钱了,但征募士兵太难了:他开始从敌国征兵,赦免逃兵,甚至用战俘补充部队。他不再自信满满地率领部队主动进攻,五年来他只在西里西亚被动防御。俄罗斯人占领了东普鲁士,并深入勃兰登堡,在1759年攻占了柏林。

在罗斯巴赫遭遇惨败的法军,集中兵力进攻汉诺威,但遭遇了意想不到的抵抗。一支用老皮特的黄金收编的、由普鲁士将领不伦瑞克亲王指挥的军队击败了法军,并将法军逐渐赶出了德意志。这一连串的失利,加之法军在美洲和印度遭遇的惨败,法兰西国王只得向他的堂兄弟西班牙国王求助。结果,法兰西、西班牙和两西西里王国的波旁王朝结成了防御同盟(1761),并把西班牙也拉入了战局(1762)。

真正拯救了腓特烈大帝的是女沙皇伊丽莎白的去世(1762)。继承沙皇之位的彼得三世是个危险的疯子,也是普鲁士国王的倾慕者。彼得三世直接让俄军加入腓特烈二世的阵营,并交还了之前占领的普鲁士领土。(彼得三世于同年被废黜,他的妻子叶卡捷琳娜二世继位,拒绝给任何一方提供积极的军事援助。)西班牙由于加入战争太晚,未能对战争产生实质性影响,更无法帮助法兰西收复失地。事实上,波旁王室都已筋疲力尽。奥地利人做梦都想从腓特烈二世手中夺回西里西亚,但徒劳无功,最终放弃了所有希望。

《胡贝尔图斯堡和约》(1763)结束了欧洲的七年战争。玛丽亚·特利莎尽管不情愿，最终还是放弃了对西里西亚的所有声索。普鲁士显然羞辱了奥地利，并成为一流强国。自此，霍亨索伦家族与哈布斯堡家族并驾齐驱的地位得到公认。几乎同一时间签订的《巴黎条约》，结束了大不列颠与法西两国的战争：法兰西将大部分殖民地割让给大不列颠。此后，大不列颠几乎成为无可争议的海上霸王和世界头号殖民帝国。

腓特烈大帝用生命的最后几年巩固了自己的君主国，他试图通过外交而非战争扩大其势力范围。腓特烈认为，为了防止奥地利进一步收复西里西亚，最好的方法是与俄罗斯建立稳固的联盟。该联盟的一个成果是，在1772年，他与女沙皇叶卡捷琳娜二世首次共同瓜分了波兰。叶卡捷琳娜二世占领了这个国家多瑙河和第聂伯河以东的部分。腓特烈二世吞并了西普鲁士，但不包括但泽和托伦，从而用一条连续的领土线将普鲁士和勃兰登堡连接了起来。玛丽亚·特利莎失去了西里西亚，她又担心瓜分波兰会增强其北方敌人的优势，于是抱着恢复均势的目的，加入了这场可耻的交易。她占领了加利西亚，包括重要城市克拉科夫。玛丽亚·特利莎反复表达了她对整个交易的厌恶，但正如嘲笑她的腓特烈二世所说："她一边哭，一边不停地拿。"

相比奥地利，瓜分波兰对普鲁士更有利。普鲁士分到的领土位于波罗的海沿岸，这使东普鲁士、勃兰登堡和西里西亚成为地理上和政治上的联合体。而对于奥地利，吞并自然疆界以外的领土某种程度上削弱了其实力——随着不安分的波兰人的加入，哈布斯堡帝国治下各民族间的冲突进一步加剧。

几年之后，巴伐利亚选帝侯国出现继位危机，奥地利趁机对这个邦国的大部分领土提出了声索（1777—1779）。腓特烈二世再次介入，他利用计谋和武力，阻止了哈布斯堡的扩张。腓特烈二世的最后一个重要举措是组建一个诸侯联盟，支持德意志的各邦国抵御哈布斯堡的入侵。

腓特烈大帝凭借勤勉的工作、强大的武力和坚强的意志，不受任何道德准则的约束，延续了大选帝侯和腓特烈·威廉一世的政策，让普鲁士一跃成为与奥地利并肩的德意志强国，并在欧洲事务中占据一席之地。如果腓特烈大帝能再活二十年，他会见证神圣罗马帝国的灭亡，德意志的满目疮痍，以及普鲁士和奥地利的没落。他或许会认识到，依靠杀戮和谎言建立起的个人专制，难以抵御一个受到理想主义和公民权利意识驱动的民族。

第 十 一 章

俄罗斯的崛起与奥斯曼、瑞典、波兰的衰落

1

17 世纪的俄罗斯

莫斯科公国如何从一个落后的"东方"国家蜕变为当今领土面积占总陆地面积 1/10、人口 1.44 亿（2022）的俄罗斯，是近代历史上最引人入胜的篇章之一。直到 18 世纪，俄罗斯才与西方基督教国家建立起密切的商业和文化联系，也是在那时，俄罗斯才成为欧洲大家庭中的一个强国。

从伊凡雷帝到彼得大帝，在两个世纪内，一系列历史事件为这个欧洲东北部强大帝国以惊人的速度崛起奠定了基础。第一个重要事件是俄罗斯人口和领土的扩张。在整个 16、17 世纪，莫斯科周围地区的农民向东和南迁移，在富饶的顿河、伏尔加河和额尔齐斯河平原安家。（沙皇利用军队保护这些殖民者：1552 年征服喀山，1554 年征服里海附近的阿斯特拉罕。）扫一眼俄罗斯地图就会发现，纵横交错的河流网加上平坦的地势，促进了俄罗斯民族的扩张。向南缓缓流淌的第聂伯河、顿河和伏尔加河，发源于俄罗斯中部同一地区，经卡马河的支流与最终流入白海的北德维纳河上游相连，上述几条河流所形成的贸易和移民的主要通道对民族统一的贡献比任何政治机构都要大得多。船只和货物可以在河流之间通过陆路转运，路程不长且路途平坦。这些相对省时省力且连接各条河流的陆上通道，逐渐演变为通航的渠道。因此，即使到了今天，运河也是比许多铁路都重要的商业动脉。

当移民们沿着河流向广阔的平原迁徙时，必须时刻警惕充满敌意的土著的袭击。移民们因此组织起半军事化的村社。在领土扩张中，冲在前列的是一个特殊群体"哥萨克"。他们与历史上所有的拓荒者一样，过着相当原始的生活，依靠耕作、放牧和渔猎为生，还时常被卷入战争，比如不断向西迁徙为美国夺取大片西部领土的人们就是如此。在南方流域，哥萨克人建立起半独立的军事社群——伏尔加河和顿河的哥萨克公开宣誓效忠俄国沙皇，而第聂伯河的哥萨克通常效忠波兰国王。

俄罗斯民族的迁移并不限于欧洲。再扫一眼俄罗斯地图就会发现，所谓欧亚的分界线很大程度上是人为设立的——低矮的乌拉尔山脉只是一道向北延伸的屏障，而俄罗斯的各大平原向南漫无边际地延伸到里海之滨，最终与西伯利亚大草原融为一体。哥萨克、农民和探险家不断地穿越这些平原，把俄罗斯故乡的风俗和传统带到了当地。俄罗斯人也在向东迁徙：1587年和1604年，他们先后建立了托博尔斯克和托木斯克；1632年，他们在勒拿河畔建立雅库茨克；1652年在贝加尔湖畔建立伊尔库茨克；1638年，他们到达鄂霍次克海；到了17世纪末，他们占领了堪察加半岛，并望向广阔的太平洋。当西班牙人在南美洲普及他们的语言和法律，当不列颠人在北美洲站稳脚跟时，俄罗斯人则抵达了亚洲北部。

这标志着俄罗斯帝国正在向东扩张,至少看起来如此。

伊凡雷帝已在教堂的祈祷词中被描述为"全俄罗斯的统治者和独裁者,莫斯科这座君士坦丁新城的新沙皇君士坦丁"。〔1453年,希腊-罗马帝国最后一位恺撒——君士坦丁十一世已在耳其人攻陷君士坦丁堡时死去。由于俄罗斯的基督教和民族文化均源于希腊人,所以俄罗斯的君主一直以恺撒(俄语称沙皇)自居。〕其继任者无一例外,均加冕为全俄罗斯的沙皇和独裁者,他们通过武力维持着对俄罗斯日益广袤的领土的控制。在远方定居的俄罗斯移民,怀抱着强烈的民族自豪感和宗教热忱,效忠远在莫斯科的王室。沙皇权力的扩张与领土的扩张并驾齐驱。

然而,飞速扩张的俄罗斯本质上仍具有东方色彩,其基督教来自东方而非西方,社会习俗中夹带着更多亚洲而非欧洲的特质。俄罗斯的贵族,乃至沙皇,在西方基督教国家看来,比野蛮人强不到哪里去。

这种相对落后的状况是有根可循的。其一,俄罗斯的宗教信仰直接承袭自灭亡的东罗马帝国,既不同于西欧的天主教,也不同于新教。其二,俄罗斯人与好战的蒙古人或鞑靼人往来密切,已经为东方风俗和习惯所渗透。其三,俄罗斯本质上倾向于发展农业,而不鼓励工商业,同时倾向于向东而非向西迁移。其四,只要瑞典、波兰和奥斯曼这些邻国一直强大,并控制着整个波罗的海和黑海沿岸,俄罗斯就没有可与西欧通商的海港,也无法参与基督教国家的共同文化发展。

俄罗斯只有完成现代化和西方化,且重创一个或全部西方邻国,才有希望成为一个欧洲强国。直到罗曼诺夫家族登上皇位,俄罗斯才真正开始实施上述两项战略。

在16世纪行将结束之际,伊凡雷帝的直系血脉已经消失,俄罗斯进入一个动荡时期。继承权的纷争引发了一系列内战,所引发的权力真空吸引外国势力介入。有段时间,波兰人的势力深入俄罗斯,甚至一度占领了莫斯科的克里姆林宫(或称内城)。瑞典人同样在俄罗斯政局动荡之际趁火打劫,在波罗的海东岸设立据点,并占领了贸易重镇诺夫哥罗德。在南方,奥斯曼人与哥萨克人交战,克里米亚的许多王公臣服于奥斯曼帝国。

在如此绝望的形势下,1613年在莫斯科召开了一次推举沙皇的大会。结果他们选中了自己人——米哈伊尔·罗曼诺夫,其家族通过联姻与旧王室的血脉有了联系。颇为有趣的是,当前的俄罗斯统治者尼古拉二世,正是1613年被选为最高统治者的罗曼诺夫的直系后裔。

事实证明,米哈伊尔·罗曼诺夫是一个很好的选择。他重建了国内秩序与稳定,成功抵御了外国的入侵,获得了所有阶级的拥护。他在南方建立了几座要塞,抵御鞑靼人和奥斯曼人。他从瑞典人手中收复了诺夫哥罗德。在其子统治时期,波兰人的袭扰被遏制,第聂伯河成为波兰与俄罗斯的总分界线(根据1667年的《安德鲁索沃条约》,波兰将基辅、斯摩棱斯克和乌克兰东部割让给了俄罗斯)。

2

彼得大帝

米哈伊尔·罗曼诺夫的孙子是著名的彼得大帝,也是名副其实的现代俄罗斯之父。青年时期的彼得,与其两个哥哥一样,并没有实际权力。他的哥哥先后去世,没有留下子嗣。1696 年,彼得成为唯一统治者。从一开始,彼得就对西欧的艺术和科学、国王的权力,以及新式的陆军和舰队展现出无穷的好奇心。除了强烈的好奇心,彼得还拥有顽强的意志。他决心满足自己的好奇心,并将所学或所发现的东西运用到实践中去。

自童年时期起,彼得在机械和发明方面就展现出了天资,尤其是造船。造船和航海成了他最喜欢的消遣方式。快二十一岁时,他让自己亲手建造的船从阿尔汉格尔斯克扬帆起航,在冰封的白海上航行。1696 年,年仅二十四岁的彼得一世成为唯一的沙皇,他组建了一支舰队,并在黑海上击败奥斯曼人,占领了重要港口亚速夫。然而除此之外,俄罗斯在这次俄土战争中再无任何斩获。年轻的沙皇开始意识到,如果他要成功实现自己的宏大计划,就必须获得西方的援助。1697 年,一支使团离开莫斯科,为了攻打奥斯曼而前往西欧寻求西方强权的支援。年轻的沙皇化身成一个名叫"彼得·米哈伊洛夫"的水手加入使团,为的是能够顺便在西方学习关于造船和其他领域的科学技术知识。

这支俄罗斯使团的主要目的显然没能达成。当时西欧正处在西班牙王位继承战争前夕,所有欧洲君主似乎都专注于王朝政治。

虽然攻打奥斯曼人的盟友是不会有了，但彼得一世本人学到了很多有用的东西。在荷兰，他学习了造船、构图和雕刻。在大不列颠，他研究了当地的工商业。他还近距离观察了普鲁士军队的训练。所到之处，他都会招揽各种工匠、水手和工程师，邀请他们前往俄罗斯指导他的臣民。

在从维也纳前往威尼斯的途中，他收到消息，射击军趁他不在的一年半在莫斯科发动了兵变。他于是火速回国，残酷地镇压了兵变：两千人被绞死或遭车裂而死，五千人被斩首。彼得一世甚至乐此不疲地亲自行刑，此举震惊了整个宫廷。

彼得一世严惩了叛乱者并立即解散了射击军。此举充分表明了他与俄罗斯传统一刀两断的决心。他还强迫全体俄罗斯人民跟上他的脚步。

他首先想到的是按照普鲁士的模式重建近卫军，以新的近卫军代替射击军，由完全听命于沙皇的外国人指挥和训练。这支军队被证明是彼得大帝实施国内外各种重大决策的强有力保证。

接下来，这位年轻的改革者将注意力转向人民的习俗——着装和礼仪。他要将俄罗斯的社会风俗彻底转变为西方式的。敕令一道接着一道，速度快到超乎想象。高官们被召集起来，彼得一世亲手帮他们剪掉精心打理的长须。坚持蓄须者则要缴纳一笔高额的税金。彼得一世还规定用法式或德式的服装替代俄罗斯的传统服饰，不从者同样将被课以罚金。强制吸食烟草、禁止半隔离女性的东方传统、宫廷宴会中允许男性和女性共同出席……彼得一世的这些改革大都流于表面，只对部分贵族和教士有影响，并没有让普罗大众的日常生活发生改变。然而彼得一世的一项改革势必将对俄罗斯的未来产生重要影响。

值得注意的是，在彼得大帝统治时期，阻碍沙皇权力的因素被一一清除，绝对主义在俄罗斯得以实现，这在俄罗斯被称作"乾纲独断"——沙皇以绝对的才干和意志力，担起神权君主的角色。他考察了路易十四时代的中央集权体制，审视了本国的实际情况，他相信，专制政体才是最适合俄罗斯的政体。

我们已经提到，彼得用一支绝对忠诚的近卫军，代替了不受约束、频频发动兵变的射击军，这是通往独裁统治的重要一步。而下一步就是把教会纳入沙皇的权力之下，沙皇知道东正教对俄罗斯人民有多大的影响力，也知道教会的反对可能给他的统治所带来的威胁，他自然期待教会能成为独裁统治的盟友而非敌人。他采取的方法是，既站在人民的立场上推崇教会，又设法使之变成为政府服务的工具。彼得一世于是一边表现自己对信仰的虔诚，一边剥夺莫斯科牧首（16世纪末以前，莫斯科的都主教理论上隶属君士坦丁堡牧首，此后在整个希腊东正教会的同意和批准下，鲍里斯·戈都诺夫得以成为与君士坦丁堡牧首平起平坐的莫斯科牧首）控制教会机构的特权，并将教会的管理移交给一个名为"神圣宗教会议"的机构。该机构的成员均为主教，但首脑却是一个平信徒，且所有成员皆由沙皇亲自任命。从此以后，未经神圣宗教会议批准，教会不得任命任何教职，也不得宣讲任何布道词或出版任何著作。自此，彼得一世获得了操纵俄罗斯东正教会的权力。此举与两个世纪前亨利八世控制盎格鲁宗教会相比，一样彻底，一样影响深远，而且结果也如彼得一世所预期的那样：自彼得一世统治时期起，俄罗斯东正教成了绝对主义的得力助手。历任沙皇都会颂扬俄罗斯教会是秩序和神圣之源，而教士们则颂扬专制制度是承载十诫的约柜。

彼得一世的另一大成就是，本着加强专制统治的目的改造了俄罗斯的政府：沙皇作为国家元首，拥有绝对的无限权力；俄罗斯历史上曾享有立法权的古老贵族议会，或称杜马，实际上被废除，代之以一个只有咨询性质的国务委员会，其成员通常是沙皇选中的贵族；一切地方自治的痕迹均被抹除，地方政府自此由沙皇的代理人掌控。为贯彻君主的意志，沙皇组建了一个以民兵为基础的警察系统，其首脑皆听命于中央。彼得一世的这些改革，和其他措施一样，遭遇了很大的阻力，以致他曾经一度大量任用外国人来实施其政策。但彼得一世还是想尽快提拔俄罗斯人，因为他的政策的一个要点是，用俄罗斯人治理俄罗斯，以排除外国势力的介入或干涉。

与同时代的西欧君主一样，彼得一世也十分关注国家的经济状况。他努力推动农业的发展，试图改善农民的生活，毕竟农民占据了俄罗斯人口的绝大多数，只不过往往过犹不及。他剥夺了贵族阶层的诸多传统特权，试图将个人的仕途和社会地位建立在能力而非出身上。他知道，俄罗斯缺乏一个庞大且富裕的市民阶层，也试图用鼓励工商业发展来创造出这样一个阶层。然而由于频频发动战争，他的许多经济和社会计划都无疾而终。

国内改革不过是彼得一世宏图大计的一半。对他而言，俄罗斯不仅要解散射击军，剥夺东正教会的独立地位，推动礼仪和习俗的欧洲化，建立起牢固的君主专制，更要不断向外扩张。一方面，彼得一世兴致勃勃地计划探索和殖民西伯利亚，向里海周边地区以及波斯帝国方向扩张其势力。另一方面他决心让俄罗斯与欧洲的文化和商业联系变得更牢固、更紧密，通过在黑海和波罗的海沿岸获得出海口——用他的话说，就是打开朝向西方的"窗口"，建立通往西方的海上通道。后者对于我们所要讲述的这段历史具有深远意义。

然而在波罗的海方向，瑞典成了彼得一世的绊脚石；在黑海方向，他被奥斯曼帝国所阻挡。彼得一世发动战争是为了打击瑞典和奥斯曼。于他而言，要让欧洲文明在俄罗斯的土地上生根发芽，那么击败这两个国家中的一个或全部，便成了当务之急。事实证明，他在攻打奥斯曼方面并未取得什么进展，但对瑞典人的进攻很顺利。

为了能让大家理解俄罗斯与瑞典在18世纪的前二十五年间的重大冲突的本质，下面介绍一下同时期瑞典的情况。

3

瑞典和卡尔十二世的霸业

在彼得大帝登基前的一个世纪，声名显赫的古斯塔夫·阿道夫为了让波罗的海成为瑞典的内湖而东征西讨。除了位于波罗的海西岸的瑞典及其属国芬兰，阿道夫通过征战将东岸的卡累利阿、因格里亚、爱沙尼亚和利沃尼亚（在1621—1629年的波兰-瑞典战争期间，利沃尼亚被阿道夫占领，但直到1660年波兰才正式放弃这个地区。爱沙尼亚在1561年被瑞典人占领，但俄罗斯直到

1617年才放弃对该省的声索）纳入了瑞典版图。他也卷入了三十年战争，并使瑞典获得了西波美拉尼亚以及易北河、奥得河和威悉河的入海口，并在德意志事务中产生了相当大的影响力。阿道夫去世后，瑞典很多年来一直是欧洲大陆公认的新教领袖，其在波罗的海的贸易也相当繁荣。俄罗斯和波兰都发现，瑞典控制下的里加港成了贸易中转站，而从什切青或斯特拉尔松出口的北德意志商品则常常由瑞典的船只运载。

丹麦、波兰和勃兰登堡曾多次试图打破瑞典在波罗的海的贸易垄断，夺走其征服的地区，但一直不能如愿。瑞典军队的节节胜利，1660年的一个框架条约确认了其统治权。那时候，瑞典不仅是一流的军事强国，也是欧洲最大的国家之一，其面积约是今天瑞典的两倍，甚至比现代德意志帝国的面积还要多七千平方英里。波罗的海的所有岛屿以及大部分海岸地区也都属于瑞典。其首都斯德哥尔摩与其第二大城市里加隔着波罗的海相望。无论政治、宗教和贸易，瑞典都是各国敬畏的对象。

然而瑞典17世纪的强盛更多是表面上的：其贸易地位激起了所有邻国的嫉妒。波罗的海沿岸的属国也难以掌控：居住在这些地区的芬兰人、俄罗斯人、波兰人、德意志人和丹麦人与瑞典的纽带基本上靠人为，他们通常更支持瑞典君主的敌人，也就是本民族的君主。因此，瑞典不得不维持着军事强权的态势，全副武装，以应对任何可能出现的危机。瑞典完全无力背负如此沉重的负担，因为瑞典领土广袤却人烟稀少，农民穷困潦倒，而与法兰西的联盟是其在德意志的坚实后盾。但随着路易十四的失势以及普鲁士和俄罗斯的崛起，瑞典注定要失去其北方霸主地位。

对于瑞典的衰落，17世纪的瑞典君主负有不小的责任。他们几乎都是天生的斗士，完全不顾及国内的经济与和平发展。瑞典君主好战的本能，不仅牺牲了成千上万国家建设急需的劳动力，耗费了大量财富，还损害了贸易。帝国境内尽是荒凉的地区，而邻国都在仇视瑞典。瑞典君主的奢侈和懈怠导致国内政局陷入混乱，税负沉重且极不公平，贵族还享有很多政治特权。在最需要加强王权的时候，瑞典的王权却在不断削弱，自私贪婪的贵族阶级加速了国家的衰落。〔在英明的卡尔十一世（1660—1697）的统治下，瑞典曾出现过中兴的迹象，但终因他的儿子卡尔十二世而前功尽弃。〕

1697年，十五岁的男孩卡尔十二世登上瑞典王位。瑞典的邻国认为，是时候瓜分其领土了。在结束海外游历的第二年，沙皇彼得一世与萨克森选帝侯兼波兰国王奥古斯都二世商讨过一个计划。该计划是由奥古斯都二世拟订的，旨在肢解瑞典的帝国：波兰收复利沃尼亚，吞并爱沙尼亚；俄罗斯获得因格里亚和卡累利阿，从而得到一个波罗的海的出海口；勃兰登堡占领西波美拉尼亚；丹麦占领荷尔斯泰因以及易北河和威悉河的出海口；卡尔十二世将只剩下斯堪的纳维亚半岛的瑞典王国以及芬兰大公国。但在最后一刻，勃兰登堡退缩了，而萨克森、丹麦和俄罗斯在1699年组成了一个联盟。参与该联盟的各国认为战胜瑞典易如反掌。欧洲西部和南部所有国家都卷入了争夺西班牙王室遗产的大战，自然无暇干涉上述国家瓜分瑞典。

但萨克森、丹麦和俄罗斯未免太低估它们的敌人了。卡尔十二世虽然年少，但少年老成、阴郁敏感，还继承了祖先所有的军事决断力和英雄气概，他渴望打赢这场胜算极小的战争。这位年轻指挥官的狂暴很快就为他赢得了一个绰号——"北欧疯子"。1699年的反瑞典联盟引发了大北方战争的爆发（1700年2月），战争一直持续到1721年。瑞典经此一役，不可避免地沦为三流国家：在卡尔十二世的节节胜利中，瑞典王国却走向了毁灭。与同时期的西班牙相比，瑞典的战斗更悲壮，但下场也更凄惨。

卡尔十二世并没有给萨克森、丹麦和俄罗斯集结军队的时间，他火速率部横渡海峡，入侵丹麦。被吓坏的丹麦国王立即与他签订和约（1700），支付了一大笔赔款，还保证会维持两国间的和平。从丹麦出发，卡尔十二世又横渡波罗的海进入爱沙尼亚，准备迎击入侵的俄军。他在纳尔瓦遭遇并歼灭了俄军。接着他挥师向南，击退了利沃尼亚和立陶宛境内的波兰人、萨克森人和俄罗斯人。他接着把战火烧向波兰腹地，占领了华沙和克拉科夫。他要求波兰议会废黜奥古斯都二世，并接受他所选定的国王——斯坦尼斯拉斯·莱什琴斯基（1704）。

上述胜利都是一个年轻人在十七至二十二岁的年纪取得的，所以他会刚愎自用也是很自然的事。他年纪轻轻就直面战争的恐怖，自然也变得越来越冷酷无情。在俄罗斯、波兰和萨克森，这个冲动的年轻人经常在被征服地区大搞"杀光、烧光、抢光"。"宁可错杀，不可放过"是他最爱的名言。

难怪当时彼得大帝和选帝侯奥古斯都不愿结束战争。当卡尔在蹂躏波兰时，彼得一世正在重组军队，占领卡累利阿和因格里亚；当卡尔十二世调头迎战俄罗斯人时，奥古斯都赶走了斯坦尼斯拉斯，夺回了波兰王位。然而固执到失去理智的卡尔十二世，没有察觉到他只要做出一些让步就可以结束战争了。那时的俄罗斯只要求芬兰湾的一个港口，作为结盟对抗波兰的代价。

所有的媾和意见都被卡尔十二世拒之门外，他要把战火烧向俄罗斯的腹地。由于无法攻克莫斯科，他转而向南，想和一些叛乱的哥萨克会合，却在波尔塔瓦与彼得大帝的军队不期而遇（1709）。波尔塔瓦一战，俄军取得了决定性胜利，瑞军被歼灭，卡尔十二世率领仅剩的一小拨人马越过俄罗斯南部边境逃入奥斯曼境内。

卡尔十二世开始挑唆奥斯曼人进攻沙皇，但他本人其实无法从这场新爆发的战争中获得任何好处。彼得一世再次将亚速夫割让给奥斯曼帝国以换取和平，奥斯曼人也逐渐厌倦了这个疯狂鼓吹战争的不速之客。在奥斯曼境内逗留五年多之后，卡尔十二世突然出人意料地在斯特拉尔松现身，身边仅带着一名随从。斯特拉尔松是当时除瑞典和芬兰之外他唯一的一块领地了。

但战争远未结束。盟军的兵力和胃口都在增加。丹麦国王再次加入彼得大帝和奥古斯都二世的阵营。大不列颠、汉诺威和普鲁士，都垂涎瑞典的贸易或领土，如今也成为联盟成员。但卡尔十二世仍决心战至最后一兵一卒：要么一无所失，要么一无所有。他的确坚持到了最后。在卡尔十二世率部进攻挪威时，这个军事才能出众但早已陷入疯狂的国王丢掉了性命（1718），年仅三十六岁。

虽然和平不可能在卡尔十二世活着时降临，但在他死后很快成为现实。对于筋疲力尽、疲惫不堪的瑞典而言，和平显然来得有些迟了。根据《斯德哥尔摩条约》（1719 和 1720），瑞典放弃了除包括斯特拉尔松在内的一小块西波美拉尼亚地区之外的所有德意志领地；丹麦获得荷尔斯泰因和一笔赔款；汉诺威获得易北河和威悉河的出海口；普鲁士得到奥得河出海口和重要港口什切青；奥古斯都二世重新登上波兰王位，不过没有分到领土。大不列颠、丹麦和普鲁士成为瑞典的主要贸易继承者。

《尼斯塔德条约》（1721）成为俄罗斯国运的转折点。根据此条约，俄罗斯从瑞典手中获得卡累利阿和因格里亚的全部主权，还获得了爱沙尼亚和利沃尼亚在波罗的海沿岸的重要省份，以及芬兰南部一片狭长的土地，包括军事重镇维堡。彼得大帝的雄心——为自己的民族打开一扇"朝向西方的窗户"——已经实现了。在涅瓦河畔荒芜的沼泽地上，他投入巨大的人力物力，以牺牲大量生命为代价，建成了一座伟大的城市——未来的商业中心和联系俄罗斯与西方世界的纽带。他将这座新城市命名为"圣彼得堡"（自建成起，这座城市一直使用充满条顿色彩的名字圣彼得堡，直到1914年第一次世界大战爆发，才更名为更斯拉夫化的"彼得格勒"，十月革命后又更名为"列宁格勒"，1991年再度改回原名"圣彼得堡"），并将政府从莫斯科迁往该地。俄罗斯于是代替瑞典成为波罗的海霸主，并在欧洲列强中占据一席之地。彼得大帝的另一雄心——为俄罗斯在黑海获得一个港口，并未实现。虽然他曾经占有了亚速夫港口，但为了防止奥斯曼人与卡尔十二世联手，不得已将之放弃了。

当1725年彼得一世去世时，他留下了一个统一的国家，组织严密、管理完善，至少表面上实现了西化，且已经准备好在国际政治中发挥重要作用了。彼得一世取得了如此傲人的成就，后世对他的评价却毁誉参半。一些人认为他是残忍的魔鬼和六亲不认的刽子手（彼得一世处死了自己的儿子、继承人阿列克谢王储，只因为儿子不赞同其改革措施。他惩罚敌人的种种手段同样令人不寒而栗）；一些人认为他是最粗鄙好色的恶棍；不过仍有人把他视为伟大的民族英雄。或许上述这些评价对彼得一世而言都不为过。但比起人们这样或那样的看法，更重要的是，彼得一世的确是一个精力充沛、意志坚强的人物，一直在为他所认为的国家福祉呕心沥血。

4

叶卡捷琳娜大帝：
击败奥斯曼和瓜分波兰

彼得大帝之后的俄罗斯统治者很难令人心怀敬意，因为她们多为品行不端、举止轻佻的女主。她们并不害怕瑞典，因为瑞典已经精疲力竭，现在正在不断衰落。波兰和奥斯曼的国内动荡不安，因此也不足为虑。在内政方面，彼得一世早已经指明了道路，想误入歧途都难。

在这些俄罗斯女性君主中，最著名的当数叶卡捷琳娜二世，即"叶卡捷琳娜大帝"（1762—1796）。她并非土生土长的俄罗斯人，而是一个信奉新教的德意志公主。只是基于王朝政治的需要，才成了俄罗斯王储的妻子。（这桩婚事是腓特烈大帝安排的，为的是尽可能削弱奥地利人在圣彼得堡的势力。）

这位德意志公主一踏上俄罗斯的土地，就开始迎合这里的人民。她努力学习俄语，皈依东正教，疏远德意志亲戚，身边也都是俄罗斯人，并以才思敏捷和热爱俄罗斯而闻名。因为叶卡捷琳娜二世深孚众望，以至于当她那半疯癫的丈夫于1762年以彼得三世的身份登上王位时，人们都把她而不是他当作真正的统治者。同年，她设法推翻了丈夫，成为名副其实的俄罗斯君主。叶卡捷琳娜二世作为俄罗斯的女沙皇在位三十四年。她无视道德，做事不择手段，以铁腕治国，延续了彼得大帝的事业。

在行政架构上，叶卡捷琳娜二世引入了"省"和"县"二级行政区划，各省的省长和副省长均由中央政府任命。在彼得一世的教会政策基础上，她推动教产世俗化，教士自此彻底依赖沙皇的津贴过活，由此她进一步巩固了独裁统治。

女沙皇对18世纪的文学和科学发展饶有兴趣，决心要让俄罗斯在西欧人眼中变得更有教养。她与以伏尔泰为代表的众多哲学家和学者通信，资助《百科全书》的作者狄德罗，招揽学者们前往她的宫廷，并积极推动高等教育。

在18世纪阻碍俄罗斯向西扩张的三个国家中，瑞典已经因为大北方战争和《尼斯塔德条约》，被彼得大帝踩在脚下，但波兰和奥斯曼则有待叶卡捷琳娜大帝来解决。我们不妨了解一下，这一历史时期到底发生了什么，让女沙皇相对轻松地击败了上述两个对手。

18世纪上半叶的波兰在地理上是一个大国，但很多问题导致这个国家动荡不安。首先，波兰没有自然疆界或足够的防御手段。在西边，将波兰与普鲁士和奥地利分开的，只是一条穿过平原或低矮的丘陵的人为划定的边界线。在南边，一条起伏不定的边界线，通常沿着德涅斯特河，将它与奥斯曼帝国隔开。东边丰饶的第聂伯河流域和北边肥沃的德维纳河流域,由俄罗斯和波兰共享。没有连绵的山脉和坚固的防御工事保卫波兰人不受德意志人、奥斯曼人或俄罗斯人的侵犯。

此外,居住在这片广袤但无法防御的土地上的人民,并非同一个民族:波兰人,以西部城市华沙和克拉科夫为中心,占据了人口的大多数;属于斯拉夫民族的立陶宛人,占据了这个王国的中东部;大量的哥萨克和被称作"小俄罗斯人"的罗塞尼亚人居住在最东边;沿北部和西部边界线分布着德意志人和瑞典人的聚落。波兰人和立陶宛人在历史上曾是宿敌,而德意志人对所有斯拉夫人都难掩轻蔑之情。

多样化的种族和语言加剧了波兰国内的纷争,而不同的宗教信仰又是在火上浇油。波兰人和大多数立陶宛人都是坚定的罗马天主教徒,其余的立陶宛人——尤其是大贵族——外加俄罗斯人和哥萨克人,则信仰希腊东正教,而居住在西边的各个聚落的瑞典人和德意志人信仰新教的路德宗。东正教徒和新教徒被称作"不从国教者",他们向占据人口大多数的天主教徒要求信仰自由,但信仰自由在当时的欧洲是根本不存在的,所以当不从国教者的要求得不到满足时,便诉诸外国势力的干涉——路德派教徒向普鲁士求助,东正教徒求助于俄罗斯。

更令人忧心的是波兰的社会状况。18世纪时,城镇已经没落,其地位相对不那么重要了。这导致波兰缺少人数众多或富裕的市民阶层。至于其他阶层,大贵族或巨富拥有大片土地,生活奢靡,自私自利且相互猜忌,热衷于操弄政治,而大多数民众则沦为农奴,过着欧洲其他地区无法想象的悲惨生活。一边是贪婪傲慢的贵族,一边是饱受压迫且被忽视的农民，国家独立的最有力保障——社会团结，早已荡然无存。

一个开明、进步的政府本可以做点什么来解决这些社会弊病，但当时的波兰政府无疑是各国政府中最无能也是贻害最深的一个。自 16 世纪起，波兰君主就是通过选举产生的，这也导致历任君主的统治都被外国的阴谋和国内各方势力争夺继任者的行动所破坏。而且作为有投票权的贵族选举人不仅能获得丰厚的贿赂，还能压榨当选者以获得某些特权，王权因此逐渐沦为装饰性的摆设。后来的波兰国王大都是外国人，他们会竭力用仅存的一点权力为自己的国家捞取好处，而置波兰的福祉于不顾。18 世纪上半叶的波兰国王都是德意志的萨克森选帝侯。他们能登上王位，主要归功于其与奥地利、普鲁士或俄罗斯的利益交换以及对波兰各大势力的收买。这些萨克森君主都乐得利用波兰的资源来推动他们的德意志政策。

波兰宪制的另一个荒谬之处，就是著名的"自由否决权"，这是贵族之间的一种绅士协议，只要有一名议会成员认为某项法律侵害了他的利益而表示反对，该法案就无法通过。历经整个 17 世纪，自由否决权的原则已经被滥用到承认 1 万名波兰贵族均有权不遵守其不赞同的法律。这无异于无政府主义。无政府主义尽管看起来是个美丽的理想，但在对抗周边那些贪婪、无情的专制君主时，则是一件不可靠的武器。

奥斯曼帝国虽并未陷入波兰那样的困境，但其实力和国际声望已经江河日下。前文我们已经提到奥斯曼人在 15 和 16 世纪的辉煌战绩——他们如何征服巴尔干半岛，如何攻陷君士坦丁堡，如何灭掉有上千年历史的拜占庭帝国。在苏莱曼大帝的统治下，奥斯曼人一边沿北非海岸扩张领土，一边在欧洲跨过多瑙河深入匈牙利腹地。虽然奥斯曼人的海上力量在勒班陀遭遇重创（1571），但他们在陆地上的扩张并没有受阻。整个17世纪，奥斯曼帝国都是基督教国家的梦魇。经过二十五年的征战，他们从威尼斯手中夺取了克里特，并很快将黑海北部的鞑靼人和俄罗斯人纳入治下。他们强迫罗马尼亚和特兰西瓦尼亚的君主臣服，吞并了匈牙利，甚至连波兰国王都一度向他们进贡。1683年，奥斯曼大军包围了维也纳。如果不是民族主义者、波兰国王约翰·索别斯基及时率兵解围，维也纳就陷落了。维也纳也成为穆斯林在欧洲扩张的极限。

此后，奥斯曼人的势力开始逐渐收缩。威尼斯、波兰、教皇和奥地利组成联盟，与奥斯曼帝国展开了经年累月的苦战。最终根据17世纪末签订的《卡洛维茨条约》，奥地利的哈布斯堡家族获得了匈牙利的大部分领土，包括特兰西瓦尼亚；波兰将其南部边界推进至德涅斯特河；威尼斯人则得到了达尔马提亚和希腊沿海的贸易中心。奥斯曼帝国的苏丹随后与哈布斯堡家族进行了两场战争，导致整个匈牙利都脱离了奥斯曼帝国的控制。奥斯曼人的节节败退，与其邻国的关系不大，因为除了奥地利和俄罗斯，奥斯曼帝国周边的国家都是出了名的软弱，且很少因为任何共同目标团结起来，更无此意愿。所以奥斯曼帝国衰落的真正原因在于其自身的特点和性质。其国内而非国外的困难为日后的灾难埋下了伏笔。

要知道，奥斯曼人从未在其欧洲属地的人口中占过半数。他们只是一群带着宗教狂热和尚武热忱的征服者，认为是神的旨意让他们成为传播伊斯兰教的先锋。奥斯曼人要么英勇地用剑战斗，要么狡猾地利用敌人间的矛盾渔翁得利。他们要把新月旗插满广袤的大地，以取代十字架。在被征服地区，信奉基督教的人民多沦为农奴，而征服者则成为大地主和官僚阶层。为了扩大或者只是为了维持这种人为的秩序，奥斯曼人有必要将军事组织的战斗力始终维持在最高水平，还必须杜绝官僚系统中的低效或腐败。但奥斯曼人最终在这两方面都未能成功。

18世纪的苏丹们并不能与苏莱曼大帝相提并论。相比危险残酷的战争，他们更热衷奢靡的宫廷生活，他们所有的行政权和政府的力量都被消耗在了对宫廷和后宫的管理上，实际权力逐渐转移至底万，或称枢密院。其成员的任命或罢免取决于宫廷内部的权力斗争。有时只是轻微的钩心斗角，但更多的时候是血腥杀戮。整个奥斯曼帝国的官僚体系充斥着腐败：上至底万的高层，下至普通村庄的村长，任何职务都可以买卖。而当官的主要目的就是敛财，再者是欺压其治下的百姓。

奥斯曼帝国极度依赖军队，军队的状况自然也反映出其政府管理的情况。当彼得大帝正在俄罗斯组建强大的近代化军队，当腓特烈大帝正在完善他的普鲁士战争机器时，奥斯曼军队却在走向没落。由于没能跟上西欧战术和火器的发展潮流，这支军队被时代甩在了后面。腐败无孔不入，也腐蚀了军纪，其常备军"加尼沙里军团"，更成了苏丹乃至整个奥斯曼帝国的主人而非下属。

女沙皇叶卡捷琳娜二世，幸运地觉察到奥斯曼帝国和波兰的真正弱点，并将俄罗斯的强盛建筑于二者的不幸之上。叶卡捷琳娜继承沙皇之位后，保持中立，这也减轻了腓特烈二世的压力，使他成功结束了七年战争。此时又正值萨克森选帝侯兼波兰国王奥古斯都三世去世,这给了她干涉波兰事务的机会。叶卡捷琳娜二世并不满意多多少少会受到奥地利影响的萨克森王室,在狡猾的腓特烈二世的帮助下,她说服波兰贵族选举她的一位廷臣和亲信——斯坦尼斯瓦夫·波尼亚托夫斯基为波兰国王。1764年,斯坦尼斯瓦夫成为独立的波兰王国的末代君主。

随着斯坦尼斯瓦夫的继位,俄罗斯开始在波兰政局中发挥主导作用。俄罗斯与普鲁士、奥地利缔结了一个无耻协议,支持这个不幸的受害国限制无政府主义宪法。当具有民族主义情结的波兰人试图改革他们的政府,废除自由否决权,建设国家时,他们无奈地发现这样的尝试要么因俄罗斯、普鲁士和奥地利的武力威胁而作罢,要么因为某些人被重金收买而受到阻挠。波兰内部各种族间的冲突和宗教分歧,为邻国的干涉提供了充足的借口,尤其是普鲁士和俄罗斯。

已对外国干涉忍无可忍的波兰天主教徒,终于揭竿而起,却遭到叶卡捷琳娜二世无情镇压。俄军在追击逃逸的叛乱分子时,越过南部边界,侵犯了奥斯曼人的领土,于是引发了奥斯曼帝国与俄罗斯的战争。

这场俄土战争从1768年一直打到1774年。俄罗斯的对外政策让奥斯曼政府深感震惊,奥斯曼人认为俄罗斯终将利用阴谋诡计吞并波兰,并打破东欧的均势。一旦波兰被吞并,下一个就会轮到奥斯曼帝国了。此外,奥斯曼人还受到了法兰西的怂恿,法兰西政府同样急于保持欧洲的均势,捍卫波兰的自由,但由于财政窘迫,无力对普鲁士和俄罗斯发动一场大规模战争。

这场俄土战争充分证明，奥斯曼帝国的确行将就木。装备差且指挥不力的奥斯曼军队节节败退，俄罗斯人再次夺取了当年曾被彼得大帝放弃的亚速夫，占领了摩尔达维亚和瓦拉吉亚，并攻克了布加勒斯特，甚至就要越过多瑙河了。叶卡捷琳娜二世甚至鼓动苏丹的希腊子民造反。

1774年，交战双方签订《库楚克－开纳吉条约》。该条约是俄罗斯的南进战略最辉煌的成果。条约规定：(1) 奥斯曼帝国正式将亚速夫及其周边领土割让给俄罗斯，放弃黑海北部所有领土的主权；(2) 奥斯曼帝国在保证改善其统治的前提下，收回瓦拉吉亚、摩尔达维亚和希腊；(3) 俄罗斯商船在奥斯曼海域获得了自由航行权；(4) 承认俄罗斯为君士坦丁堡城内某些教堂的保护国。在《库楚克－开纳吉条约》签署后的几年内，叶卡捷琳娜二世成为黑海北部多个鞑靼大公国的宗主，因为奥斯曼帝国已经放弃了对这些公国的控制。根据1792年的一个增补条约，德涅斯特河被确立为俄罗斯和奥斯曼帝国的分界线。

叶卡捷琳娜二世的奥斯曼政策，产生了三大重要影响。首先，俄罗斯在欧洲南部获得了自然疆界，并成为黑海沿岸的一个重要国家，其船只可以自由通过博斯普鲁斯海峡和达达尼尔海峡，进入地中海，与西欧进行贸易。俄罗斯获得了第二扇"朝向西方的窗户"。其次，俄罗斯自此以后被看作是奥斯曼帝国境内受压迫民族的天然盟友。最后，赋予俄罗斯君士坦丁堡某些教堂保护权的特殊条款，为俄罗斯此后要求保护奥斯曼帝国境内的基督徒并持续干涉奥斯曼内政提供了借口。《库楚克－开纳吉条约》之后，奥斯曼帝国以越来越快的速度衰落。俄罗斯已经等不及要大肆瓜分其遗产了。

即使在俄土战争期间，叶卡捷琳娜二世也没有放缓她的波兰政策。普鲁士的腓特烈二世当然希望她能把波兰抛诸脑后，以便他能按照普鲁士的意愿瓜分这片土地。但精明的女沙皇从来不会因为专注别的事情而忽视俄罗斯在波兰的利益。1772年，她与腓特烈二世、奥地利的玛丽亚·特利莎一起，第一次瓜分了波兰。俄罗斯拿走了这个国家德维纳河和第聂伯河以东的部分，普鲁士拿走除但泽以外的西普鲁士，奥地利分到了加利西亚和克拉科夫。波兰总共被夺走了约四分之一的领土。

1772年的瓜分使波兰人清醒了过来，他们意识到采取根本性政治改革的必要性，但邻国君主无耻且虚伪的态度让波兰人的努力持续付诸东流。在之后二十一年中，这个不幸的国家，继续在周边强权的虎视眈眈中苟延残喘。虽然在此期间，腓特烈二世和玛丽亚·特利莎相继离世，但他们各自的继任者同样愿意与无情的女沙皇合作。1793年，俄罗斯和普鲁士第二次瓜分波兰。1795年，在波兰人绝望地尝试建立新政府时，不得已最后一次允许奥地利从其残存的领土中再次拿走一部分。在绝望中，勇敢的柯斯丘什科试图力挽狂澜。尽管他的军队英勇无比，却无法抗衡久经沙场的外国军队，以失败告终。"当柯斯丘什科倒下时，自由发出了尖锐的呐喊。"国王斯坦尼斯瓦夫·波尼亚托夫斯基摘下王冠，逃往圣彼得堡。波兰不再是一个独立国家。

经过1793年和1795年的瓜分，奥地利获得了维斯瓦河上游的河谷，普鲁士获得了下游，包括华沙市。剩下的波兰领土大部分归俄罗斯所有，小俄罗斯（罗塞尼亚）以及几乎整个立陶宛因此落入女沙皇之手。自此，俄罗斯与普鲁士和奥地利接壤，在地理上成为欧洲大家庭中的重要一员。

1796年，在波兰第三次也是最后一次被瓜分的一年后，叶卡捷琳娜大帝去世。如果说，彼得大帝使俄罗斯成为一个欧洲国家，那么同样可以说，叶卡捷琳娜大帝使俄罗斯成为一个欧洲强权。18世纪见证了俄罗斯在欧洲的惊人扩张：在波罗的海沿岸获得大片领土，得以建立新首都；在黑海获得重要港口；把边界向西推进至欧洲大陆的腹地。俄罗斯的崛起是通过蚕食其邻国实现的：瑞典让出了波罗的海东岸的领土，失去了对波罗的海的控制权。奥斯曼放弃了黑海沿岸地区和对黑海贸易的垄断权。波兰则从地图上消失了。

第三卷

资产阶级的崛起

迄今为止，我们所讲述的17和18世纪历史充满了阴谋诡计、王朝争霸和殖民竞争。我们曾聆听身着红袍的枢机主教在枢密院盛赞法兰西君主；我们见证了大不列颠赢得世界霸权，又丢掉了大片殖民地；我们还跟随腓特烈大帝的军队穿越德意志，目睹德意志在战火中满目疮痍。然而我们不能只着迷于雪亮的铠甲和宫廷外交的魅力，就忽略一个比俄罗斯崛起或大不列颠征服新法兰西更加惊天动地的历史事件，那便是资产阶级的崛起。

资产阶级雄心勃勃，纵然他们早已主宰工商业，商船和仓库是他们的城堡，锱铢必较的会计是他们的扈从，但他们并不满足，还要安排他们中的律师为王室服务，他们中的博学之士走入经院，他们的经济学家为国王出谋划策……总而言之，资产阶级孜孜不倦地推动着国家和社会朝着自己希望的方向改变。在大不列颠，他们已经帮着废黜了国王，并在议会占据一席之地，但在欧洲大陆，他们的权势和地位并未达到这种程度。

18世纪仍然是伟大的君主们纵横驰骋的时代，各国君主视路易十四为王权和气派的化身。他们是"开明的专制君主"，他们原本梦想着像仁慈的父亲般统治治下的人民。然而事与愿违，君主们的改革大都出了岔子，而资产阶级渐渐有了自我意识，变得自立自强，一哄而起反抗法兰西国王路易十六。正是资产阶级喊出了"自由、平等、博爱"的革命口号。也正是这个由人民群众喊出的口号，让贵族和国王们噤若寒蝉。旧秩序——旧的专制制度——在绝望中垂死挣扎，先是法兰西，然后整个欧洲大陆都受到革命的影响。革命的战火燃遍整个欧洲大陆，世界上从未发生过如此惨烈、如此血腥的战争。

只不过资产阶级的胜利并不稳固。大革命只是血缘贵族和商业贵族之间漫长战争中的一场战斗——在这场战争中，无数的农民和工匠为虚无缥缈的"自由、平等、博爱"献出了生命，他们曾经反抗封建领主，如今又将矛头转向伪解放者——资产阶级。因为迟钝的群众已经开始意识到，"自由、平等、博爱"只属于他们的主人。

在后面几章中，我们将简要介绍18世纪欧洲的状况，探究法国大革命的进程、拿破仑的霸业，以及梅特涅如何恢复"法律与秩序"。我们必须关注以下几个问题——旧制度、旧制度的腐朽、资产阶级的崛起以及人民的幻灭感。

第十二章

18世纪的欧洲社会

1

18 世纪的农业

如果 16 世纪的某个"瑞普·凡·温克尔"沉睡了两个世纪，在 1750 年醒来，他应该不会像我们一样，对眼前的日常生活感到震惊。耕种、织布甚至做买卖的方式，与几百年前别无二致，而真正能改变人们工作和生活的大变革现在还很遥远。事实上，16 世纪和 18 世纪太相似了，对第一章所介绍的庄园和行会感到熟悉的读者，也会对"旧制度"（对 18 世纪旧秩序的统称）倍感亲切。

人们可能仍然会看到无数小村庄和庄园宅邸散落在山坡或平原上，周围是碧绿的田野，边缘是森林或荒地。朴实的村民仍然以古老的方式在公地上的份田里辛苦耕作，换取微薄的回报。每年有三分之一土地抛荒。当时使用的还是粗糙的木制犁，浅浅地犁一英亩地都要花费一整天。由于缺乏足够的干草，牲畜在秋天就要被宰杀。即便是施肥，也只是粗略地施用农家肥。如果一蒲式耳种子收获了三蒲式耳粮食，农民就已心满意足了。如果某个人的公牛重达四百多磅，那足以让他骄傲好一阵子。但对一个现代农民而言，这样的一头牛再重个三四倍都不会令人满意。

一些有进取心的、富裕的地主使用了更新、更好的耕作方法，甚至编写了一些关于农事的著作，尤其是荷兰人，对于如何精耕细作他们狭小的土地颇有心得，大不列颠的农民也从他们那里学到了不少秘诀。他们开始种植苜蓿和人工牧草（比如黑麦）以喂养牲畜，种植芜菁作为牲畜过冬的饲料。耕作更精细，肥料使用得更频繁。在不同的田块上定期更换作物，以保持土壤肥力，而不必每年抛荒或休耕三分之一的土地。

这些新的耕作方法对乡绅而言更有利可图，但对普通农民来说，旧的敞田制是发展进步的一大障碍。农民不能在种粮的份田里种植新作物，因为习俗不允许；他无法科学地饲养自己的牛，因为他的牛与村里其他人的牛是混在一起的。农民能做的顶多就是努力耕耘，祈祷自己的牛不会被传染疾病，邻居麦田里的杂草不会蔓延到他的田里，因为田与田之间既没有围墙也没有围栏。

原始的农耕方式并不是庄园生活的唯一遗存。除法兰西（即使法兰西也存在一定程度的农奴制残余）和大不列颠外，大多数欧洲国家仍然盛行农奴制。英法两国的农民也只获得了名义上的自由，他们的境遇并没有好过欧洲农民的普遍状况。诚然，就具体而言，俄罗斯农民和法兰西农民之间的情况千差万别，甚至同一个国家、同一座村庄的农民也不能一概而论。大不列颠或法兰西的农民也许不像黑人农民那样，被卖去为其他国家打仗，也不像俄罗斯贵族的农奴那样，被命令娶一个不喜欢的姑娘。但总体而言，欧洲的农民面临着相同的困境。由于在立法方面没有话语权，农民很容易因违法被课以沉重的罚金或判处死刑。征税或分摊税赋时自然也不会征求农民的意见,但农民要承担最重的财政负担。农民使用领主的磨坊、桥梁、烤炉或葡萄榨汁机,都要支付离谱的费用。农民还会因莫须有的罪名被拖上法庭,被抓去打仗或修补道路更是家常便饭。凡此种种,都令农民烦恼不已。饥饿的农奴在自家门前发现肥美的鹿时,一定百感交集:他须牢记,鹿是庄园主所钟爱的猎捕游戏的主角,决不允许粗鄙的农民猎食充饥。

但上述种种烦恼与领主、教会和国王的沉重赋税相比,不值一提。欧洲各国都直接或间接向农民征税,用以支持旧制度的三大支柱。征税的方式,大不列颠与匈牙利大相径庭,瑞典也不同于西班牙。虽然形式各不同,但本质相同。简单介绍一下普通的法兰西农民对国王、教会和领主的财政义务,就大致可以勾勒出欧洲农民所面临的三重税赋了。

对于领主,农奴除了按规矩上缴部分的粮食和家禽,通常每周还要为领主义务劳动三天。自由民以"代役金"代替劳役,即支付一笔钱来代替因耕种领主土地而附加的劳役。农民去世时,要缴纳两倍地租。如果农庄被卖掉,价款的五分之一归领主所有。不过,有时自由民持有自己的土地无须缴纳代役金,但仍要履行许多中世纪残留的义务,比如他要为领主的"军事保护"每年缴纳一笔费用,即使他既没有要求也没有得到过这样的保护。

第二项义务是缴纳什一税(tithe)或十分之一税(tenth),通常相当于农民每年收成的十二分之一或十五分之一。

其实最沉重的负担是国王征收的税。军役税或者地产税是大宗,数额并不固定,但与农民的田宅价值成正比。由于收税的官吏常常为了尽可能地多收税而高估农民的田宅价格,所以精明的农民会把房屋拆了，假装成穷困潦倒的样子。

其他直接税包括人头税，这是每个人都必须缴纳的。还有所得税，通常是收入的二十分之一。最后还有间接税，比如盐税。在一些省，每人每年必须从政府的盐场以十倍的价格购买七磅盐。修补道路也是农民的义务之一，这种劳役通常每年要占用农民几个星期的时间。

缴纳完所有这些税费：向领主缴纳的封建捐税、教会的什一税和王室税，农民能留给自己的东西已所剩无几。据一位著名作家估算，封建捐税、什一税和王室税攫取了法兰西农民五分之四以上的收成。但是由于确切数字太难获取，这一说法不足为信。不过可以肯定的是，农民的负担非常重。在法兰西和大不列颠的一些富裕地区，农民在缴纳完赋税后生活还过得去。但在其他地方，农民的苦难便难以想象了。收成最好的时候，他们勉强能养活家人；而遇到干旱的夏天或者漫长的冬天时，便要挨饿了。他们只有最粗糙的面包，而且也不多，肉食更是奢侈品；美味佳肴则只属于富人。我们可以在文献中读到，饥饿的法兰西农民常以树根和野草果腹，荒年时则饿殍遍地。农民的住宅只是一间四面漏风的小土屋，以茅草做屋顶，没有窗户，可谓家徒四壁，这样的居住条件对许多农民而言已经相当不错了。然而在屋内的泥土地面下，还潜伏着滋生瘟疫和致死的细菌。燃料是很宝贵的，所以在凛冽的冬夜，一定有许多饿着肚子的农民挤在稻草铺成的床上瑟瑟发抖。

诚然，当时也存在个别富裕的村庄或农民，这使我们对农民生活的阴暗印象有所改观。但总体上，贫苦的欧洲农民和农奴的悲惨生活，怎么渲染都不为过。他们才是真正为战争、歌剧院、宫殿和夜夜笙歌的宫廷生活买单的人。

2

18世纪的工商业

让我们把目光从农村转向城市，因为城市中有我们最感兴趣的资产阶级。16、17世纪，欧洲的工商业逐步扩张，并伴随着城镇生活的显著发展。小村庄逐渐发展为城镇，到1787年，居民超过1万的城镇达到78个。欧洲最大的城市伦敦，1685年的人口约为50万，1800年增至100多万。巴黎的人口至少是伦敦的一半，阿姆斯特丹早就是个大城市，而像汉堡、不来梅和法兰克福这样的德意志城镇是重要的贸易中心。

当时的城镇已经开始失去一些中世纪的特征。城区的延伸不再受制于高耸的城墙，宽敞的街道和赏心悦目的广场使新城区更具吸引力。旧的城市防御工事，不再用于防卫，如今成了散步的好去处。城市的主干道更加整洁，有时会被悉心地铺上鹅卵石。晚上，街道两侧的路灯散发着微弱但令人愉悦的光，因外出消遣或前往市政厅旁听冗长辩论而晚归的市民，心中也少了几分恐惧。

工商业使得城镇生活变得有滋有味。18世纪的手工业，远不止烤面包、做衣服、修鞋和制作家具，也非仅供城内消费，它还意味着大规模生产布料、钟表、鞋、珠子、餐具、帽子、扣子等商品并远销外地。这些商品的生产很多仍依赖旧的手工业行会制度。行会制度虽然在大不列颠土崩瓦解了,但仍留存于欧洲大陆。在法兰西,手工业行会的划分变得太过复杂,导致修鞋匠行会和制鞋匠行会之间、表匠和钟匠之间争吵不休。德意志的情况更加糟糕:行会如今变得贵族化,几乎成了世袭的公司。行会利用权势阻止一切竞争,强迫自己的学徒和帮工低薪或无偿工作,以确保获得高额利润。任何可能有损行会利益的技术创新也受到抵制:"有的帽商将丝绸和羊毛混合起来改进产品,却遭到同行的攻击;铅皮的发明者遭到水管工的反对;成功生产印花布的人,被染匠逼迫沿用过时的方法。"

在行会的规定之外,还有政府的规定。许多17世纪的政客曾游说国王立法促进工商业发展。法兰西的柯尔柏给出了重商主义的经典诠释——通过规范和鼓励制造业来创造财富。为了让法兰西的染匠获得手艺高超的名声,他发布了三百多条改进染布业的指导规范。当大不列颠商人肆无忌惮地利用劣质织物搅乱市场时,法兰西却对棉线的质量、布料的宽度和纺织的精度都做出了细致的规定。据说,1787年法兰西对制造业的各种规范足够填满八卷本的大部头。其他国家虽不像法兰西这样事无巨细,但也同样相信这种政策是明智的。柯尔柏不满足于只为旧产业制定规范,他还想培植新产业。他给予那些引进新产业的商人特权,授予他们贵族头衔,提供税收豁免、大笔补贴和其他优待。

然而就总体而言,柯尔柏这样的重商主义者的措施遭到了经济学家的批评。这些规定给许多行业造成诸多不便和损失,而赐予新企业的特权通常是以牺牲更因地制宜、更有效益的产业去扶植那些不稳定、不适宜的工业。我们不可能估算出柯尔柏所大力扶植的产业为法兰西创造了多少财富，也不可能知道如果放任产业自由发展会怎么样。但我们也不能因为重商主义的弊病明显，收益难以估算，就将之彻底否定。

和制造业一样，商业也受到种种限制和旧习俗的阻碍。糟糕的道路状况阻碍了商品在全国流通。在通过骑士的城堡、桥梁或城镇大门时，通常必须缴纳通行费。一个国家的不同省份之间的贸易往来也要征收关税。商品价格因此居高不下：一桶葡萄酒从奥尔良运到诺曼底（法兰西西北部的两个省）价格增长了二十倍。

根据前面对18世纪商业和殖民战争的介绍，尤其是法兰西和大不列颠之间的那些战争，我们已经知道，重商主义观念仍然在对外贸易中占据主导地位。我们曾提到为排除外国竞争而制定的高额保护性关税，提到大不列颠为鼓励航运业发展而颁布的几个《航海条例》。我们也提到，欧洲主要借助特许公司，通过垄断与西印度群岛利润丰厚的贸易来获利。东印度公司、哈得逊湾公司、荷兰东印度公司和法兰西印度公司，只是特许公司中最著名的几家。这些公司当时仍然垄断着与大多数非欧洲国家的贸易。

关税和特许公司可能带来诸多方面的不利影响，但商业发展还是摆脱了所有限制。新大陆用皮货、木材、烟草、棉花、水稻、糖、朗姆酒、糖蜜、咖啡、染料、黄金和白银，换来了黑奴、制造品和东方商品。数以百计的船只满载着商品，往返于广阔的大西洋水域。远东的香料、珠宝、茶叶和纺织品装满了坚固的东印度商船。大不列颠和荷兰商船队在波罗的海的贸易运输中也发挥了重要作用，插着欧洲各国旗帜的商船沿着欧洲的海岸往来穿梭。18世纪伊始，大不列颠的国际贸易额达到了九亿多美元，法兰西的贸易额约为大不列颠的三分之二，整个18世纪的贸易总量翻了两番不止。

人们很难认识到工商业的扩张有多么重大的历史影响。正是得益于工商业的急剧扩张，殖民帝国相继出现，战争不断爆发，数以百万计的农民放弃了耕作，人口稠密的城市大量涌现。但最为重要的是，这样的扩张赋予了资产阶级力量。

商人、银行家、批发商、富有的行会首领，甚至不那么富有的商店主，构成一个独特的中间阶层；在他们之上，是享有特权的教士和贵族；他们之下是无权无势的农民和工匠，或者其他体力劳动者。这个中间阶层常被法兰西人称作资产阶级，因为他们主要居住在有城堡的村镇。这个阶级在欧洲最重要的商业国家——大不列颠——最为强大，在法兰西要弱不少，而在工商业不那么发达的国家，比如德意志、奥地利和俄罗斯，那就更弱小了。

资产阶级在工商业领域叱咤风云，在其他领域同样也很有影响力。律师几乎都来自资产阶级家庭。法官、地方官员、监狱看守、政府秘书、督办，官场上下都是资产阶级家庭的后代。条件更好、资历更老的资产阶级家庭以自己的财富、影响力和教养为荣，他们阅读最新的科学和哲学书籍，偶尔批评过去的宗教观点，喜欢讨论宪制和政治经济学问题。

有了财富和学识，野心也就自然而然地产生了。资产阶级想获得与他们在商业和行政管理中地位相称的权力和特权。纨绔子弟唯一拿得出手的就是他们那发霉的城堡和陈旧的贵族头衔，但他们却处处凌驾于那些富有聪明的人之上，这令当时的资产阶级难以忍受。为什么最尊贵的地位、油水最多的肥缺，以及政府和军队中最显赫的职位都与他们无缘，难道拥有冠冕堂皇的头衔就代表一个人更优秀吗？

资产阶级渴望在政治上有更直接的发言权。在大不列颠，富商的儿子们常被封为贵族，商业阶层的利益在议会中得到了充分体现。但在法兰西，封建贵族更加傲慢和排外，其政体观念也与资产阶级的观念不合拍。商人们都在指责法兰西王室的奢侈浪费。于是有意见认为，只有让法兰西国民议会中的资产阶级代表来管理财政，并依据商业利益制定关税、贸易法和处理外交关系，法兰西的局面才会好转。

3

特权阶级

迄今为止，在分析18世纪的社会和经济状况时，我们已经关注到了最底层的农民和手工业者，以及市民阶层或资产阶级——也就是法兰西的第三等级和大不列颠的平民。严格说来，他们都是非特权阶层或非贵族阶级。社会金字塔的顶端是留给特权阶层的，即教士和贵族，他们分别构成了第一和第二等级。现在我们的注意力要转向他们。

特权阶级只占人口的极少数。在法兰西两千五百万居民中，贵族大概不超过十五万，教士不足十三万，因此大约每百人中只有一人属于特权阶级。这一小部分上层阶级在社会地位、财产和特权方面有别于普罗大众。贵族出身的人，即贵族之子，天生就被认为要优于其他人，因而不屑与下等人结婚。这些人被尊为"大人""阁下"，居于普通人之上。他们的服饰比普通人的更华丽，胸前佩戴着象征荣誉团体的徽章，马车上骄傲地装饰着祖传的纹章。他们"高贵"的出身，保证了他们能够跻身宫廷和上流社会，能够在教会或军队中平步青云。

比荣誉标志更实在的是贵族和教士们的财产，每个贵族都传给长子一座城堡或庄园，还有一片可以收取地租或封建捐税的或大或小的领地。主教、修道院院长和大主教通过选举或任命获得教职而非通过继承，且由于他们不得结婚，也就不能将职位传给子女。但在教会财产尚未被新教徒没收的国家，"教会王公"通常终身掌握丰厚的财产。斯特拉斯堡主教的年收入约为五十万法郎。城堡、教堂、宫殿、贵重的法袍、价值连城的画作、金质的圣餐杯、大片土地的地租、向教徒收取的什一税——这些便是教士的财富。据估计，教士和贵族拥有法兰西五分之一的财富，而全欧洲三分之一的土地、二分之一的收入和三分之二的资本都掌握在教会手中。

贵族家庭拥有成千上万英亩土地，垄断了教会和军队的高级职位。不仅如此，他们还能得到国王赐予的赏赐、津贴、专卖权和高薪的闲差，在法兰西尤其如此："一个年轻人，有一份每月三千六百美元薪水的工作，其唯一的职责就是每年签到两次。"

前两个等级拥有如此多的财富，对国家财政的贡献却不大。（在政府任职的资产阶级，通常也获得了税收豁免权。）法兰西教会声称拥有税收豁免权，但每年向国王赠送数百万美元的礼物，不过这些礼物还不到其收入的百分之一。贵族们同样认为缴纳直接税是对其高贵血统的侮辱，并想方设法地逃避间接税，把主要负担留给了下层人民，尤其是农民。

所有这些优待、特权和豁免，在中世纪的欧洲或许被视为是对贵族和教士的恰当回报。毕竟那时候，贵族要保护手无寸铁的农民不受猖獗的盗匪伤害，而教会负责传播知识，鼓励农业，发展艺术，还要照料穷人、病人和旅行者，更要负责履行宗教职责。但早在18世纪以前，封建贵族保护人民的职责已移交国王，不再发挥作用的世袭贵族就只是人民的包袱和国王装点门面的工具。那些较富裕的贵族，一生都生活在城市或宫廷，很少从事生产，他们只会创造异常精致的恭维话，或者作一首无可挑剔的十四行诗。他们的品行也绝非出类拔萃——18世纪品行不端几乎成了时尚——但他们在礼仪方面无可挑剔。

与此同时，这些领主的乡村地产则交由铁石心肠的代理人掌管，这些代理人唯一的任务就是从农民身上压榨钱财，让农民在使用磨坊、桥梁和烤炉时多付点儿钱，千方百计克扣，以便交给领主更多的钱。

比较贫困的贵族——乡绅，很难过上如此奢侈的生活，也因此留在了家乡。他们有时会与村民交朋友，为村民的孩子充当教父，或者邀请穿着笨重靴子但心情愉悦的农民到城堡的庭院里跳舞。但他们的生活通常很无聊，整日靠打猎、喝酒和聊天打发时间。

在大不列颠以及罗马天主教国家，高级神职人员和低级神职人员之间也存在类似且更加明显的差异。沉湎酒色的年轻贵族常常被任命为主教或修道院院长：他们将自己的职位视作利益之源，但从没想过要履行任何神职义务。当年收入二百五十万里弗尔的红衣主教罗昂以穷奢极欲的作风震撼法兰西宫廷时，许多寒酸但很虔诚的乡村神父，每年只有不到一百五十美元的不稳定收入，他们却在艰难维持生计的同时，尽可能为慈善尽一点儿微薄之力。

4

18 世纪的宗教和教会

统治中世纪的伟大的教会组织，不再是欧洲唯一的教会，但仍然是最引人注目的。正如我们在第三章中看到的，虽然 16 世纪的新教革命使北欧国家建立起了独立的教派，但罗马天主教仍然是意大利、西班牙、葡萄牙、法兰西、奥地利、奥属尼德兰、巴伐利亚、波兰和瑞士一些州的主要宗教，而爱尔兰、波希米亚、匈牙利、亚洲和美洲的大部分人口也信奉天主教。

正统的罗马天主教徒坚信基督教的教义和圣礼，从教会的戒律和世俗教士那里寻求精神上的指引、归正和安慰。教皇、枢机主教、宗主教、大主教、主教、堂区神父和执事等世俗等级并没有停止其"在世界上"的虔诚劳动，当然神职人员中也不乏愿意放弃世俗欢愉的热忱灵魂，他们以修士、修女或托钵修士（又称乞食修士）等戒律教士的身份，过着更圣洁的生活。

罗马天主教会内部的组织变革，远没有其与世俗国家的关系的变化剧烈。许多新教统治者如今只把教皇当作意大利的统治者（别忘了，教皇作为世俗君主统治着意大利中部），以及一个不受欢迎的宗教派系的首领。而罗马天主教徒要么受到迫害，要么像在大不列颠那样，被剥夺了政治权力和公民权利。另一方面，教皇也很难将那些否认教会的精神使命并没收教会世俗财产的人视为朋友。

即便在罗马天主教国家，教皇的权力也有所削弱。关于应该由教皇还是国王掌握主教、修道院院长和其他教会高级官员的叙任权，这一古老争议终于以有利于国王的方式解决了。教皇同意承认国王的任命，但这些人得是"虔诚且合适的"人选，而作为回报，教皇通常会从新任命的高级教士那里获得一笔钱（"首岁捐"）。教皇很少再征收其他税，但虔诚的罗马天主教徒继续上缴"彼得税"作为一种甘心祭，主教们偶尔还为了教皇的利益而自愿缴税。同样，在其他方面，教会的权力也被削弱了。曾经隶属教会法院管辖范围的案件，如今大部分都由王室法院受理（但是，亵渎神明、藐视宗教和异端罪仍然由教会法院审理）；向罗马教廷上诉的权利也受到限制；涉及低级教士的案件由民事法庭审理。最后，未经国王批准，教皇敕令不得在国内发布。这些措施极大地限制了教皇特权，但对于数百万农民和卑微的工人来说，这些限制几乎没有意义，他们还是像父辈那样做弥撒，忏悔，接受圣礼。

除了对人的灵魂有不可估量的影响，教士还是罗马天主教国家公民生活中的一个重要因素。教育大都由教士掌管，他们也管理医院，救济穷人。婚礼若未曾按照正统仪式举行，婚姻会被视为无效，而且依照法律，非基督教婚姻所生的孩子不能继承财产。未被赦免的异教徒，死后不得安葬在天主教墓地。

我们已经在前文讲过教士的税收豁免权、教会的财富，以及高级教士崇高的社会地位——这一地位更接近富裕的世俗贵族，而非虔诚的"上帝的仆人"。但我们还没提及教会在打压异端方面的影响。

理论上，罗马天主教仍然是天主教国家的国教。信仰统一仍然被认为是政治团结的关键。国王在加冕时仍然忠诚地宣誓，要铲除异端教派。18世纪上半叶，西班牙数以百计的异教徒被宗教裁判所定罪，烧死在火刑柱上。直到20世纪末，宗教不宽容的情况才有所缓解。在法兰西，1685年路易十四撤销了《南特敕令》。在18世纪，人们可以在法兰西法令书中发现这样的法条：参加新教仪式的人将被贬作苦役奴隶，禁止给予顽固的异教徒医疗救助，以及反宗教书籍的作者应被处死等。然而，这类法律并未得到严格执行，18世纪下半叶，频繁的宗教迫害在法兰西逐渐消失。但宽容并不意味着平等，在法兰西，数十万胡格诺宗教徒仍然没有完全的公民权利和政治权利。

18世纪，罗马天主教会的权力被削弱，主要是由四个因素导致的：（1）水火不容的新教派系的存在；（2）王权和民族主义情绪增长，削弱了教皇的权力和国际主义精神；（3）一些高级教士懒惰、权欲熏心；（4）内部分歧的出现。前三个因素前面已经讲清楚了，下面有必要对第四个因素做一下解释。

第一个争议来自某个名叫科内利乌斯·詹森（1585—1638）的佛兰德主教的教义。他的教派被称为詹森派，在巴黎附近的罗亚尔港拥有修道院（男女修道院各一个）。詹森派汇集了一众热忱的门徒和有能力的传道者，他们的教育工作和改革热情使他们与耶稣会产生了冲突。耶稣会指控詹森派为异端，认为詹森的教义——因信称义——归根结底与加尔文的宿命论差不多。这一争论持续了好几年。著名的数学家和物理实验家布莱斯·帕斯卡尔（1623—1662）雄辩而博学地为詹森派辩护，但耶稣会说服了路易十四，并摧毁了这个罗亚尔港的小殖民地。四年之后，教皇发布了一份名为"公牛大敕令"（1713）的著名诏书，明确将詹森派的教义贬斥为异端邪说，但该教派并未消失，之后主要存在于荷兰。许多正统罗马天主教徒也对"公牛大敕令"表达了不满，认为其谴责太过广泛和严苛。

第二个争议是对教皇权威的质疑。此争议集中在了德意志神学家约翰·尼古劳斯·冯·霍恩泰因身上，他是特里尔的辅理主教，其最著名的作品出版于1763年（他托名"费布朗尼乌"写的）。费布朗尼乌试图复兴15世纪的"大公会议运动"——这与支持"高卢派教会自由"的"高卢主义"运动极为相似。这些"自由"阐述了涉及1682年法兰西宣言中的两大主张：(1) 教皇无权废黜或以其他方式干涉世俗君主；(2) 在精神事务上，主教公会议高于教皇。这种趋向民族主义和代议制教会政体的双重运动，遭到了耶稣会的强烈反对，他们坚持主张教皇权力高于一切。耶稣会的反对者，把这种向"山的那一边"的罗马教廷寻求终极权威的做法称为"越山主义"（教宗权力至上论）。越山主义和费布朗尼乌主义之间的斗争，几乎发生在所有欧洲天主教国家，直到19世纪，教宗权力至上论的性质仍然是个悬而未决的问题。

18世纪末，耶稣会遭到镇压（1773），这导致越山主义严重受挫，但持续时间并不长。两个多世纪以来，耶稣会成员中涌现了大量知名的校长、布道家、辩论家和传教士。但在18世纪，耶稣会越来越多地涉足世俗事务，权力和财富被滥用，其涉及的政治纠葛招致了改革派大臣的不满，而一些传教士的私生活过于放纵。

这致使耶稣会遭到镇压,首先是在葡萄牙(1759),随后是其他国家,最终,1773年,教皇下令将其彻底解散。(俄罗斯并未镇压耶稣会,故而耶稣会士得以保留了下来。1814年8月7日,教皇发布敕令,恢复了整个耶稣会,如今,耶稣会在许多国家蓬勃发展。)

接下来,我们谈谈大不列颠的盎格鲁宗。值得铭记的是,亨利八世的宗教改革使盎格鲁宗完全独立于教皇,而沙皇伊丽莎白时期的《三十九条信纲》,明确了盎格鲁宗教义的地位。盎格鲁宗是大不列颠、爱尔兰和威尔士的国教,在苏格兰和大不列颠的殖民地也零星散布着信徒。与法兰西的罗马天主教会一样,盎格鲁宗在除苏格兰以外的不列颠群岛享有特权、拥有巨额财富,可以向盎格鲁宗和非盎格鲁宗教徒收取什一税。这个教派拥有强烈的民族性,独立于教皇,不受外国影响,富有爱国主义精神,而保留着与罗马天主教类似的等级制。和法兰西一样,主教们通常拿着薪水却不履行职责,而教区牧师满怀热忱但穷困潦倒。

在对待其他教派时,盎格鲁宗表现得并不是很宽容。在大不列颠,不从国教的新教徒(加尔文宗)1689年被允许公开礼拜(《宽容法案》),但未经议会特许,他们仍不能担任文职、军事或政治职位。施洗、出生和死亡登记、结婚仪式,只能由盎格鲁宗修士主持完成才算合法。非盎格鲁宗教徒被牛津大学拒之门外,也无法获得剑桥大学的学位。

处境最惨的是罗马天主教徒。在大不列颠,他们几乎没有公民权、政治权或宗教权。根据1700年的一项法律(于1778年废除,但其前提是罗马天主教徒必须否认教皇的世俗权以及罢黜国王的权利),罗马天主教徒必须宣誓放弃弥撒,否则就会失去自己的财产，主持弥撒的神父将会被判处终身监禁。在爱尔兰，"爱尔兰教会"（盎格鲁宗）的教徒很少（即使在19世纪，在爱尔兰将近六百万人口中，也只有大约五十万盎格鲁宗教徒），而占当地人口五分之四的罗马天主教徒，不但宗教权严重受阻，还被剥夺了政治权，不仅屈从于新教徒的经济利益，还被迫缴纳什一税以供养大不列颠的主教和教区牧师，而这些主教和教区牧师却经常住在大不列颠，因为他们的教区居民全都是天主教徒。

不从国教者，有许多不同派别。上面已经谈到了加尔文宗的长老会和"分离派"。除此之外，还出现了几个新的教派。浸礼宗是17世纪分离主义者的产物。在加尔文宗的神学和公理会的教会制度的基础上，浸礼宗还加入了为成人施洗、浸礼和宗教自由的教义。

18世纪，一群否认基督神性的人，与通常的新教、传统天主教分道扬镳，脱离了盎格鲁宗，在科学家约瑟夫·普利斯特利的推广下而崭露头角，并逐渐被称为"一位论"派。该教派直到1844年才在大不列颠得到承认。

与传统形式背离最严重的教派是乔治·福克斯创立的公谊会（教友会）。乔治·福克斯是一位织布工的儿子，他的追随者松散地组建起公谊会，经常被嘲讽为贵格会教徒，因为他们坚信，真正的宗教离不开深切的情感和灵魂的震撼。虽然遭到严重迫害（1685年，多达1460名公谊会成员被关进乐大不列颠的监狱），但公谊会在本国和殖民地的影响力越来越大。在殖民地，公谊会成员建立了宾夕法尼亚（1681）。他们拒绝宣誓，使用古怪的"thee"（你）和"thou"（我），着装朴素严肃，习惯在宗教会议上沉默地坐着，直到某位成员的灵魂受到震动才开始发言，这些都让他们成为最奇特的一个群体。他们认为，神职人员、施洗和弥撒是对自发宗教的破坏。他们表示，战争会放任非基督徒的残酷、自私和贪婪，因此他们不愿意打仗，他们也强烈反对奴隶制。

卫理公会运动直到18世纪才兴起。1740年，一群认真的牛津大学学生戒除了无聊的娱乐活动，开始全面培养热情、虔诚和慈善的宗教理想，因而被称为"卫理公会"。他们的首领约翰·卫斯理（1703—1791），是一个精力旺盛的人。他早上4点起床，无时无刻不在工作，生活节俭，一年只花28英镑，他会探访监狱，并劝诫同辈要虔诚。卫理公会的领导人是虔诚正统的盎格鲁宗教徒，但他们急于"把《圣经》的圣洁传遍大地"，因此既在教堂也在开阔的田野上布道。卫斯理和其他伟大的演说家，唤起了成千上万的矿工、囚犯和蒙昧织布工的情感，常常让他们感动得落泪。据说约翰·卫斯理举行过4万多场布道。

卫理公会的传教士逐渐与盎格鲁宗疏远，自立为一支新的不从国教派系的"异端教派"，剔除了许多盎格鲁宗的仪式。不过，他们的布道影响力非常大，许多虔诚的卫理公会的教士四处奔波，向下层民众布道。这一福音运动意义重大，因为它表明，一个新的产业工人阶层已经成长起来，他们没有教会的扶持，也没有国家的保护。在后面的工业革命中，我们会听到更多有关他们的故事。

在18世纪，路德宗是丹麦（包括挪威）、瑞典和德意志几个邦的主要宗教，特别是普鲁士、萨克森和不伦瑞克。路德宗保留了许多古老的仪式和主教制。然而，教会的土地已经被世俗化，路德宗的牧师依靠甘心祭和国家津贴生存。在普鲁士（后来，在

1817年，普鲁士的路德宗和加尔文宗信徒在王权的压力下合并，组成了福音派教会。根据国王的说法，这并不是两种新教信仰的融合，而仅仅是一种表面联合）、丹麦和瑞典，教会承认国王是其总主教或最高首脑。

茨温利派和加尔文宗通常被称为归正宗或长老会，与路德宗相比，他们对罗马天主教神学和仪式的偏离更为彻底。它们认为主的晚餐只是一种纪念性仪式，废除了祭坛灯、十字架和固定的祈祷文，由牧师或长老法庭掌管教会。在18世纪，长老会仍然是苏格兰和北尼德兰的主要宗教。法兰西的胡格诺宗，瑞士说法语的加尔文宗和说德语的茨温利派，以及德意志南部众多的公理会派，仍然代表着加尔文和茨温利的归正宗。（关于俄罗斯的东正教，见上文。一个名叫尼康的牧首在17世纪引入了一些仪式上的改革。）

18世纪有一个非常显著的特征，就是出现了大量基督教"怀疑者"。在基督教会相对漫长的历史中，不乏改革者，他们抨击具体的教义或者弊病，但在此之前，除了15世纪的意大利人文主义者，还从未有过如此庞大、如此具有影响力的群体试图攻击基督教信仰的根基。在17世纪的最后二十五年，一些英格兰哲学家被发现科学规律的热情所感染，不断将新的科学方法应用于宗教。他们声称，《圣经》是不可信的，教会的教义和仪式，即便不是真的有害，也是无用的，真正的宗教很自然地存在于人类中，与超自然的启示无关。他们认为，上帝已经创造了宇宙，并为之制定了法则。他不会为了回应渺小的人类的愚蠢祈祷而破坏这些法则。人类侍奉上帝的最佳方式，是不信奇迹、摒弃"迷信"，按照自然法则来生活。只是这种法则是什么，很大程度上需要人们用常识来判断。

结果，自然神论（这些新学说主体部分的称谓）的积极面在模糊中消失，其消极面——对正统基督教的单纯否定——极大地占据了人们的思想。

自然神论从大不列颠传入法兰西，其重要性，尤其是对法兰西而言，主要体现在以下几个方面：（1）对于最具智慧和最有影响力的阶级中的大部分人来说，自然神论摧毁了他们对教会的敬畏，为法国大革命的宗教实验奠定了基础。（2）它给予了哲学家动力，使他们发展出伟大的体系，并且在建立法则方面表现出惊人的智慧和自信，这些法则可以解释人类生活的"为什么""是什么""从哪儿来""到哪儿去"的问题。（3）虽然质疑了某些宗教的作用，但也要求宽容所有的宗教。（4）自然神论导致对宗教漠不关心的人大幅增加。人类因为太懒惰或太愚昧，无法了解自然神论的哲学基础，所以他们就用自然神论的观点来为他们对宗教的蔑视辩护，对很多人而言，怀疑和智慧似乎是同义词。我们在这里讲述了自然神论对18世纪的宗教状况的重要影响。在接下来的部分，我们将看到，自然神论如何成为时代之科学和求知精神不可或缺的一部分的。

5

18世纪的科学和知识发展

我们已经在前面的章节中说到，16世纪的科学和艺术蓬勃发展。然而，18世纪的伟人几乎全都投身科学，而当时的艺术家们太虚伪，满脑子想的都是如何取悦肤浅愚蠢的朝臣，没能创造出太多有价值的作品。诚然，戏剧作品数量众多，但都是在刻板地模仿经典作品。同样缺乏创造力，模仿之风盛行的领域还有雕塑、绘画和诗歌。但它们有一个优点：如果一位法兰西画家缺乏力度和创造力，他至少可以把在人工湖边垂钓的美丽女人描绘得高雅迷人。的确，"高雅"将18世纪从呆板的模仿和愚蠢的卖弄中拯救了出来：香水、蕾丝和红木往往比绘画或大理石雕像更擅长表达优雅。动作优美的绅士礼，措辞得体的赞美，穿着长筒丝袜的廷臣表现得像是艺术家，其举止不输于雕刻家。人们也不禁感叹，路易十四的座椅不是用来坐的，而是用来瞻仰的，因为弯曲的桃花心木椅腿太纤细了，雕花镀金的椅背靠起来也很不舒服。座椅和精致的绅士们一样高雅而无用。

18世纪的科学家们的成就更为可观。他们从17世纪的哲学家弗朗西斯·培根和勒奈·笛卡儿那里学会了质疑一切，学会了通过实验求得新知，以及大胆地思索。他们说，你不能盲目相信上帝，你必须先证明他的存在。如果你想了解身体的构造，只相信希波克拉底或其他希腊权威的说法是不行的，你得亲自剖开兔子，亲眼看看心脏和肺藏在皮肤之下的什么地方。仔细观察和独立思考是新科学方法的两大原则。

在17、18世纪，新科学发掘了许多伟人，其中艾萨克·牛顿爵士（1646—1727）或许是最杰出的一位。牛顿来自大不列颠小乡村的一个贫寒家庭，从小就展现出不凡的智慧。在剑桥大学时，他所表现出的数学天赋震惊了他的教授，以至于年仅二十三岁就获得了教授职位。

牛顿十分崇拜笛卡儿，他也像笛卡儿一样，投身于实验和形式数学的研究。他在制作风车、风筝和水钟时展现出的少年才智，现在被转用于更严肃的目的。和同时代的其他科学家一样，他在自己的实验室里用化学品做实验，并尝试用不同的透镜、棱镜和反射镜组合，直至设计出一个可用于观测星星的巨大的望远镜。

牛顿最伟大的成就是在天文学方面。伽利略、哥白尼和其他研究者已经得出结论，地球只是众多绕太阳公转的球体之一，而太阳反过来也只是无数太阳中的一个，因为每颗恒星都是一个太阳。如今，牛顿想知道是什么将这些巨大的球体固定在太空的某一位置上，因为它们似乎是在没有任何可见的支座或支撑物的情况下，沿着明确且固定的轨道运动。据说，这位伟大的哲学家通过观察一个掉落的苹果，获悉了问题的答案。据他推断，这种让苹果掉落到地上的无形力量必然也控制着月亮、太阳和其他恒星。正如苹果被拉向地面一样，地球也被拉向太阳，但它同样受到其他恒星的吸引，每一颗恒星都是一个太阳，由于太过遥远，它们看上去是那么小。结果，地球既没落到太阳上，也没落到任何一颗恒星上，而是沿着固定轨道围绕太阳运动。

这映射出一个原理——宇宙中的每个天体都受到其他天体的吸引，牛顿将这一原理称为万有引力定律。牛顿定律（实际上只是个严密的猜测，但因为它似乎很有效，所以我们常称之为"定律"）用一个简单的数学公式（"引力的大小与两个物体质量的乘积成正比，与两个物体之间的距离的平方成反比"）表达了出来，据此，物理学和天文学被发展成为数学科学。当现代天文学家预测日食、讨论彗星的轨道时，或当一个物理学家说他已经称量过了地球的重量时，他们都或直接或间接地依靠了牛顿的发现。

牛顿个人成就非凡，虽然很少有人可与之比肩，但其光辉也无法掩盖其他一众科学家和发明家的伟大成就。与牛顿同时代的德意志哲学家戈特弗里德·威廉·冯·莱布尼茨（1646—1716），详细论述了一个新的、有价值的数学分支——微积分（牛顿在这项成就上也做出了贡献），并证明这对现代工程有重大贡献。与此同时，有关神秘的电势能的第一批实验正在进行：本杰明·富兰克林（1706—1790）的电学研究。富兰克林发现闪电只是一种电学现象，他发明避雷针的成就也家喻户晓，无须赘言。两位著名的意大利物理学家路易吉·伽伐尼（1737—1798）和亚历山德罗·伏特伯爵（1745—1827）的成就虽然鲜为人知，但他们的工作为物理科学的发展做出了巨大贡献，每当现代的电工提到"伏打电池"，或者当铁皮匠谈到"镀锌铁"时，他们就永远值得我们怀念。同一时期，氢气球的制造首次取得了重大进展，人类从此开启了对空气的征服。此外，在18世纪，约瑟夫·普利斯特里（1733—1804）、安托万－洛朗·拉瓦锡（1743—1794）和亨利·卡文迪什（1731—1810）奠定了现代化学的基础；氧气被发现，水被分解为化学元素，现代化学的命名法也由此诞生。同样，在医学和外科手术方面，著名的苏格兰外科医生和解剖学家约翰·亨特（1728—1793），以及"近代生理学之父"、瑞士教授阿尔布雷希特·冯·哈勒（1708—1777）完成了开创性工作；18世纪的医生发现了血液循环，这让疾病的治疗方式变得更加智能和有效；在18世纪行将结束之际，大不列颠医生爱德华·詹纳（1749—1823）证明了恐怖的天花可以通过接种疫苗来预防。科学探险家，比如大不列颠航海家詹姆斯·库克（1728—1779）船长和法兰西水手路易斯·德·布干维尔（1729—1811），将人类的地理知识极大地拓展到当时尚不为人知的南太平洋地区。此外，这些探险家常常把陌生的热带动植物样本带回国，这为动物学和植物学提供了丰富的素材，而这两门学科也在法兰西人乔治·德·布封（1707—1788）和瑞典人卡尔·林奈（1707—1778）的努力下，成为重要科学。

自然科学在18世纪迅速发展的一个原因是科学家空前受欢迎，他们受到前所未有的青睐。国王为科学家提供了丰厚的津贴，大不列颠大臣为他们提供了报酬丰厚的职位，小国家的君主赠予他们价值不菲的礼物。几乎每个欧洲国家都公费修建了配有笨重望远镜的引人注目的天文台。各地的有识之士组建了"学院"或"学会"。成立于1662年的伦敦"皇家学会"，听取了其成员在数学、天文学和物理学方面的最新成果报告。法兰西学院的成员从路易十四那里获得了津贴，甚至把牛顿视为他们的荣誉成员之一。

此前的人们从未对科学如此感兴趣，也从未有过这样的学习机会。印刷术当时很发达，学术团体和天文台都出版了众多知识领域的最新发展报告。刚刚问世的百科全书声称书中涵盖了所有有关新科学的最新知识。书籍对普通人来说太昂贵，但中产阶级和众多贵族是可以负担的。的确，成为一名学者、科学家和哲学家，涉足化学领域，甚至拥有一个小型实验室或望远镜，以及在朋友面前炫耀知识，成为一种时尚。

黄金时代似乎正在到来：人类的思想似乎正从几个世纪的沉睡中醒来，要去探索世界，揭开生命的谜团，发现宇宙的秘密。思想家们坚信，只需要稍加思考就能把世界从罪恶、无知和迷信中拯救出来，于是他们大胆地攻击宗教和道德中的棘手问题，批判政府、社会和教会，并指出了一条通往人间天堂的新的道路。

这种趋势，或者说热忱，通常被称作"理性主义"，因为其拥护者试图让每件事理性化或合理化。其最重要的代表人物出现在了1675—1725年的大不列颠。他们撰写了许多著作，探讨深奥的哲学问题，我们不会对此有多大兴趣，但他们的一些观点非常具有现实意义，这些想法可能在约翰·洛克（1632—1704）的著作中表达得更为明显。洛克认为：（1）所有政府都是或者都应该经过被统治者同意而存在——即经过一种"社会契约"；（2）教育应该更加普及；（3）不应该让迷信和宗教形式主义掩盖了"自然法则"和"自然宗教"；（4）除了无神论者，所有人都应享有宗教宽容。

这些大不列颠哲学家的思想，对法兰西的影响注定要比对大不列颠大得多。贵族狂热地追捧这些思想，中产阶级中有其热忱的信徒，能言善辩的伏尔泰、狄德罗和卢梭则成了其使徒。

在18世纪的知识界中，最著名的人物无疑是弗朗索瓦·马利·阿鲁埃，或者换成他给自己取的名字——弗朗索瓦·M.A.德·伏尔泰（1694—1778）。伏尔泰从小便能巧妙地改写诗歌，而且他对自己的天赋十分清楚。一板一眼的父亲并不喜欢儿子写诗，尤其是当小弗朗索瓦用本应学习法律的时间来写诗时。但小弗朗索瓦有自己的想法，他喜欢在欢乐的社交场合展现自己的聪明才智，并喜欢用诙谐的押韵诗讽刺国家大臣的怪癖或法兰西摄政王的愚蠢。

伏尔泰犀利的言辞和辛辣的笔锋给他带来了源源不断的祸患。摄政王以诽谤罪让他蹲了一年巴士底狱。几年后，他又因为冒犯贵族被人打了一顿，并被再次送进了巴士底狱，之后他又在大不列颠流亡了三年。

有时候，他是巴黎的偶像，受到启蒙哲学家的欢迎和朝廷的宠爱；有时候，他又会因触怒当局而沦为逃亡者。他一生中的大部分时间都待在洛林的西雷庄园中，那里有他的情妇、他的书、写到一半的戏剧和他的实验室——伏尔泰也和其他启蒙哲学家一样，必须玩一把科学。在这里，他时刻准备着，一旦国王要抓他，他就马上逃出国境。有一段时间，他住在德意志，受到腓特烈大帝的庇护，但在对待这个脾气暴躁的国王时，他既不圆滑也不顺从，所以很快便为了逃离国王的怒火而离开了柏林。他造访过俄罗斯的叶卡捷琳娜大帝，还在日内瓦住过一段时间，但即使在那里，他也没能与地方行政官和平相处。

这种与既定权威的冲突只会增加他的声望。此外，他在大不列颠流亡的三年（1726—1729），意义巨大，因为他亲身体验了大不列颠的理性主义。他从小就不相信宗教"迷信"，而大不列颠的思想家给予了他一种成熟的哲学。他对大不列颠朋友的思想充满热忱，写下了《哲学通信》，这本书是自然神论哲学的胜利，也是对教会和社会的尖锐批判。

伏尔泰此后一直秉持的观点，正是大不列颠理性主义者长期以来的观点。伏尔泰推崇实验科学，又自诩有能力推导出"自然法则"，而这些法则被认为是人性、宗教、社会、国家和整个宇宙的基础。伏尔泰是一个典型的自然神论者，他认为创造了天空中无数星辰并为宇宙制定了永恒法则的上帝，是不会关心普通人的灵魂的。他认为，所有的神父都是骗子，圣礼是毫无意义的虚礼，但他又不愿彻底摒弃宗教。伏尔泰常说他信奉"自然宗教"，但从未对此进行过充分解释。事实上,他更感兴趣的是摧毁而不是重建,他乐于嘲笑天主教会的神父、教义和仪式,却不愿将人们引向一个更好的宗教。同样,他对政府和社会的批判,大都局限于对当下时代状况的严厉谴责,而没有提出一种替代方案或实际的改革建议。他对大不列颠制度的推崇最务实,可他从未解释过如何将大不列颠的"自由"移植到法兰西。

伏尔泰并不是一个极具独创性的思想家。但是,他所创作的无数的悲剧、喜剧、历史、散文和书信,使他成为无愧于这个时代的最多才多艺、最有成就的作家。不过,伏尔泰的"近百卷"作品今天却很少有人去读。这些作品的确机智诙谐,文风优雅,但肤浅也是不争的事实。他认为,很多认真的人耗尽一生研究的问题,他看一眼就能理解。他能迅速完成一部悲剧作品,或者利用闲暇时间写就一部自命不凡的历史作品。虽然他并不总是精准的,但一直很聪明。

伏尔泰在八十四岁时曾进行过一次著名的巴黎之旅:一个精神抖擞的老人,脸上布满皱纹,不再年轻的眼睛炯炯有神地望着我们,对仰慕者的奉承之语充满骄傲,他在诙谐的对答中散发出愉悦的光芒。女士们称他是最有趣的"老愤青",他的确是个愤世嫉俗的老家伙。他的毕生事业就是嘲讽,但他无疑也是欧洲思想界的独裁者。他的讽刺天赋,以及对长期弊病的无畏攻击,使人们对他又恨又怕又敬佩。他赋予了旧制度基调和特性。

伏尔泰并不是唯一一个散布不满情绪的人,名气稍逊一筹,但同样才华横溢、多才多艺的德尼·狄德罗(1713—1784)也是其中一位。他的伟大成就是主编了《百科全书》,将所有人类知识汇集于一套丛书中，这一直是过去几代欧洲人最想做的事。狄德罗与当时最杰出的数学家、天文学家、科学家和哲学家一起编纂了一部十七卷（画册增刊不算在内）的作品，致力于总结那个时代学术界的最新研究成果。在1765年出版时，《百科全书》的订购量已超过了四千册。事实证明，《百科全书》不仅是学术的里程碑，也是一份激进主义的宣言。该书的编者都是理性主义和自然神论的信徒（一些人甚至走得更远，实际上否认了上帝的存在），他们对当下宗教、社会和科学观点的批判为新思想赢得了众多信徒。

伏尔泰和百科全书派（对《百科全书》编者的称呼）的使命是传播知识、破除偏见，尤其是宗教方面的偏见。孟德斯鸠、卢梭、贝卡里亚和亚当·斯密提出了具体实用的改革建议。

孟德斯鸠（1689—1755）是法兰西的一个贵族律师，他学习自然科学，崇拜牛顿，是18世纪在政体理论实践方面最著名的作家。在《波斯人信札》，尤其是在《论法的精神》（1748）中，他提出，政体是个复杂的东西，要想成功，就必须适应民族特性。理论上，他倾向于共和制，美国的宪法有意识地借鉴了他的许多理论。在具体实践方面上，他对大不列颠的政体评价很高，虽然其中潜藏着诸多众所周知的弊病，但他仍希望法兰西能效法模仿大不列颠。中庸成为孟德斯鸠的信条。

让-雅克·卢梭（1712—1778）是一位更加激进的改革者。卢梭的人生大部分是错位的。他当过侍从、佣人、家庭教师、秘书、乐谱抄写员和蕾丝工匠，但都失败了。他漂泊于都灵、巴黎、维也纳和伦敦，以道德败坏而臭名昭著——对爱情不忠贞，将孩子送进孤儿院。他穷困潦倒，虚伪作态，愤世嫉俗，在人生最后几年，精神也出了问题。

但是,这个对如何过好自己一生一无所知的人,却对别人的生活产生了奇妙影响。尽管他的一生肮脏卑劣,但也不是没有美好豁达的时候。在别人只是研究自然时,他已经爱上了自然。他喜欢望着纯净湛蓝的天空,醉心于柔软青翠的田野和形态优美的树木,而且并不羞于承认这一点。当哲学家们赞颂智力时,情感被人们扔在了脑后:卢梭提醒18世纪的人们,毕竟欣赏日落和解决代数问题一样理智。卢梭有着诗人的灵魂。

于他而言,正确的感觉与正确的思想一样重要,在这方面,他与理性主义者意见不一,后者认为只有常识才是有价值的。卢梭是自然神论者——他最多只是模糊地相信"上帝,无论他是什么样的,他都创建了宇宙和万物的秩序"。但是,他厌恶哲学家冰冷的推理,在这些人眼中,上帝更关心无数繁星是否遵循他的永恒法则,而不愿意屈尊帮助卑微的凡人处理琐事。"伟大的哲学家们!"卢梭呐喊道,"你们创造的这些简便之法,解放了上帝的工作,他得多么感激你们啊!"卢梭再次警醒我们,"远离那些带着解释自然的幌子在人们心中播下为人所不齿原则的人(伏尔泰及其同僚),他们表面上的怀疑论比神父的教义还要僵化百倍……"卢梭并不是正统的基督徒,也不是冷静理性的自然神论者,他只是认为"爱上帝胜过一切,爱邻居如爱自己,这便是一切的法则"。

卢梭谴责哲学家的不作为,他亲眼见过穷人的苦难并感同身受,他也觉察到了知识分子往往对这些苦难十分冷漠。科学和学问似乎只会让人变得更加自私。的确,于他而言,无知的农民似乎比自大的学究更谦虚、更高尚。在热情洋溢的抗议书——《论科学与艺术》（1749）中，卢梭谴责知识是自私和腐败的标志，因为它被用来满足富人傲慢幼稚的好奇心，而不是用来纠正穷人的错误。

在他看来，与其让少数最狡猾、最残忍和最贪婪的人奴役其他人，不如让所有人都成为野蛮人。他之所以偏好这种观点，是因为他热爱自然，鄙视18世纪社会中愚蠢的卖弄和空洞的伪善。他喜欢憧憬这样的时代：（必须承认，卢梭这里憧憬的时代或许从未存在过）人人自由平等，没有人声称独占上帝为所有人创造的土地，没有战争的杀戮，没有税收的压迫，没有哲学家欺骗人民。

在一篇名为《论人类不平等的起源和基础》（1753）的文章中，卢梭试图说明，虚荣、贪婪和自私是如何扎根于这些"简单的野蛮人"心中，强者是如何为自己圈占出一块块土地，逼迫弱者承认私有财产权。卢梭认为，这便是人类不平等和强者欺压弱者的真正起源，这一私有财产法则"代表了少数野心家的利益，自此全人类便受制于劳动、奴役和苦难"。

在《社会契约论》（1761）中，这一观点被应用于政治。社会契约论并不新鲜，但卢梭却让其广为人知。他认为，政治、法律和社会惯例都是协议或契约的结果，在历史的朦胧曙光中，社会成员自愿受其约束。所有政府最终都依照这一社会契约，按照人民的意愿行使权力。因此，法律应由人民投票决定。共和国是最好的政体，因为它最易感知人民的意愿。这种"人民主权"或民治的思想，在卢梭去世十四年后，法兰西人民创建共和国时，就已经寓于人民心中了。

卢梭所呼吁的"回归自然"，还有另一个方面。他认为，应该允许孩子遵循他们的天性，而不是被强迫学习。孩子们应该学习实际、有用的知识，而不是拉丁语和希腊语。"让他们学习长大成人后一定会用到的，而不是一定会忘记的知识。"

卢梭作品的影响力，很难界定。诚然，正统天主教徒和自然神论派哲学家都谴责他，但他亦有众多追随者，有资产阶级，也有贵族。"回归自然"成为当时的时尚，宫廷妇女假装过着"自然"的生活，装模作样地去钓鱼。他的社会契约论，以及财富不应被少数人瓜分和人民应该自治的观点，成为法国大革命时期的精神激励，并扩散至全欧洲。

改革精神不仅适用于反抗教士、贵族、君主制以及错误的法律和教育体系，也适用于反对司法制度。在当时，最野蛮的"刑罚"一直在实施。偷了几先令的扒手可能被绞死（在大不列颠）；如果罪行更严重，犯人会被打断骨头，仰面缚于车轮上，在众目睽睽下和嘲笑声中痛苦地死去。意大利侯爵贝卡里亚（1738—1794）在《论犯罪与刑罚》（1764）中指出，这种刑罚不仅残酷野蛮，而且防止犯罪的效果还不如及时、有效的较温和的刑罚。贝卡里亚的观点是现代法律的基础，虽然死刑仍然存在。

在另一个领域——经济领域，哲学家们也在检视旧秩序，并一如既往地质问："它合理吗？"我们已经多次提到，大多数欧洲政府在过去长期遵循重商主义策略。但在18世纪，路易十五宫廷里的资产阶级医生弗朗斯瓦·魁奈向朋友宣称重商主义是完全错误的。他成为一个自称为"经济学家"的哲学小团体的中心，他们认为国家的财富来自农业和采矿，制造商和贸易商并没有生产出新的东西，这些人仅仅是交换或运输商品。因此，不应对制造和商人征税和设置障碍，对他们应该自由放任——"让他们做自己想做的"，赋税由农民去交。自由放任主义在法兰西最重要的信徒是杜尔哥（1727—1781），作为路易十六的财政大臣，他试图废除对关税和商业的限制，但他的努力只取得了部分成功。

此外，一个曾造访法兰西并结识了魁奈的苏格兰人，将这些新观点传输到了海峡对岸。他就是"政治经济学之父"——亚当·斯密。亚当·斯密很赞同那时的哲学精神，以及"自然权利""自然宗教"和"自然法则"。他是格拉斯哥大学的"道德哲学"教授，按照魁奈提出的方法，他构建出了一套政治经济学体系，即国家财富增加的法则。亚当·斯密的名著《国富论》于1776年问世，正好是美国独立那年。此书是一份工业独立宣言，它让每个人、每个劳动力雇主、每个商品销售商都能不受阻碍地追求个人的商业利益，因为这样做，所有人的利益都会被"一只看不见的手推动着"。他认为政府应废除一切垄断（但他支持股份制垄断和海运条例，这导致他的观点有些矛盾），取消一切贸易限制、关税和加诸工业的负担。只有这样，国家的财富才能真正增加。

亚当·斯密的观点听起来很合理，而且论点颇具独创性，因此，他的学说逐渐有了影响力，并在19世纪上半叶取得了相当大的胜利。在实践中，废除了对工业的限制注定会放任大多数自私雇主的贪婪残忍，富裕了资产阶级，而下层阶级却比以往更加悲惨。"国富"将变成资产阶级之富。但与此同时，重商主义也会被其摧毁。

至此，我们已经介绍了18世纪欧洲的社会、宗教和文化情况。我们眼前掠过的，有耕种田地的穷困潦倒的农民，要求权力的富裕的商人，挥霍着生命和财富的浅薄的贵族，忽视自己职责的世俗主教，虔诚的低级牧师或神父，拒绝战争的清醒的贵格派，认真探索太空的天文学家，喜欢讽刺神职人员的自然神论者，渴望改革的资产阶级哲学家……最后上场的是身着皇袍的国王和身着朝服的大臣。我们要重开一章来介绍他们。这是我们最后一次在国王身上耗费如此多笔墨。

第十三章

18世纪的欧洲政治

在上一章我们看到，18世纪的社会结构是建立在不公、贫困和苦难之上的。我们听到了资产阶级的控诉，听到了他们对改革的呼声。哲学家纵然呼吁改革，但只有国王才能授权改革。因为他掌握着所有的政治权力，是绝对君主。

几乎每一个重要的欧洲国家都是如此。只有在大不列颠，人民才被认为有权参与政治，欧洲大陆的伏尔泰和孟德斯鸠都向英格兰寻求政治范式。让我们和他们一起了解一下大不列颠的君主（立宪）制的独特构成，看一下其他欧洲国家是如何满足改革要求的。

1

大不列颠君主（立宪）制

18世纪的大不列颠君主立宪制是什么？首先，它是大不列颠（包括威尔士）的国家政体。其次，它也涵盖了苏格兰地区，因为自1603年起，苏格兰和英格兰就为同一个国王统治，根据1707年的《联合法案》，两国联合组成大不列颠王国，拥有共同的国王和议会。

这样，英格兰君主制就成了英格兰（包括威尔士）和苏格兰的联合政体。但除此之外，国王还有许多属地：王室殖民地〔1800年的王室殖民地有纽芬兰（1583）、巴巴多斯（1605）、百慕大群岛（1609）、冈比亚（约1618）、圣克里斯托弗（1623）、尼维斯（1628）、蒙特塞拉特（1632）、安提瓜（1632）、洪都拉斯（1638）、圣卢西亚（1638）、黄金海岸（约1650）、圣赫勒拿岛（1651）、牙买加（1655）、巴哈马群岛（1666）、维尔京群岛（1666）、直布罗陀（1704）、哈得逊湾领地（1713）、新斯科舍（1713）、新不伦瑞克（1713），以及魁北克、安大略和爱德华王子岛（1763）、多米尼加（1763）、圣文森特（1763）、格林纳达（1763）、多巴哥岛（1763）、福克兰（1765）、皮特凯恩（1780）、英属海峡殖民地（1786及以后）、塞拉利昂（1787）、新南威尔士（1788）、锡兰（1795）、特立尼达岛（1797），东印度公司统治下的马德拉斯（1639）、孟买（1661）和孟加拉（1633—1765）〕和爱尔兰。大不列颠至少在理论上给这些属国任命了总督，制定了法律，向其征收税款，但它们只是属地，并非大不列颠不可分割的一部分。

我们得简单解释一下英格兰王室治下的爱尔兰的政治地位。早在12世纪，英格兰国王们就开始征服这个岛，他们以大量流血牺牲和各种手段换来对这个地方的长期控制。17世纪，克伦威尔镇压了一次极其严重的叛乱，并鼓励英格兰和苏格兰的新教徒移居爱尔兰北部和东部，从而霸占了信仰罗马天主教的爱尔兰土著的土地。自中世纪以来，爱尔兰便开设有议会，但从15世纪末开始，这个议会的议案需要得到英格兰枢密院批准才能生效，并且从17世纪中叶起，这个议会就排除了罗马天主教徒。然而，在1782年，大不列颠忙于美国独立战争，爱尔兰新教徒获得了制定自己的大部分法律的权利,十年后,天主教徒不能进入议会的限制被撤销。从1782年至1801年,爱尔兰一直维持着这种半独立的状态,但一个新教少数派实际上控制了爱尔兰议会,惹得爱尔兰罗马天主教徒和大不列颠政府都很不满。于是,在1800年爱尔兰发动了一场起义,并于1801年通过了《联合法案》,据此,大不列颠和爱尔兰组成联合王国。从那以后,在联合王国议会(通常被不严谨地称为英格兰议会)中,由二十八名上议院贵族和一百名下议员代表爱尔兰。

因此可以说,除了爱尔兰短暂的半独立时期(1782—1801),英格兰议会不仅统治着英格兰,还统治着爱尔兰和王室殖民地。我们现在就来揭晓,大不列颠君主制是如何进行统治的。

理论上,国王仍然是王国的统治者。所有法律的制定、条约的缔结、政府官员的任命,都以他的名义进行。和其他君主一样,他有枢密院为他提供建议,有大臣(财政大臣、国务卿、大法官等)巨细靡遗地监督着中央政府的运行,但这大都只是形式上的。事实上,大不列颠的国王已经丧失了大部分权力,仅有尊严尚存,他们正在变成傀儡。

自1215年《大宪章》签订之后,英格兰人一直在向他们的君主索取书面承诺,根据这些承诺,国王要交出某些权力。在"议会制在英格兰的胜利"一章中我们已经描述过了英格兰人在17世纪那些激动人心的场景中所取得的最大进步。除了正式文件,许多习俗和惯例慢慢发展起来,它们如同被写在羊皮纸上一般神圣而有约束力。这些对王权的成文法限制和习俗限制,统称为"英格兰宪政"。

这部宪法从四个重要方面限制了王权：（1）剥夺了国王的征税权，取而代之的是国王得到一笔津贴——"王室专款"，用于王室开支。比如，威廉三世每年有七十万英镑的津贴。（2）国王既无权自行制定法律，也无权阻止违背其意愿的法律的制定。国王对议会法案的否决权理论上仍然存在，但在安妮女王之后就没再行使过。（3）国王失去了对司法系统（即各级法院）的控制权：他无法罢黜法官，即使法官的判决不利于他。1679年的《人身保护法》规定，任何被投入监狱的人都应被告知原因，并得到公正的法律审判。（4）国王未经议会同意，不得保留常备军。这些限制让英格兰成为一个"有限"而非"绝对"的君主制国家。

从国王手中夺取的权力，如今转交议会实施。17世纪的宪政冲突，不仅让议会成员享有了言论自由，还让议会得以全权负责征税、立法、任免法官，以及从根本上决定战时及和平时期的政策。议会甚至在一次著名的事件中（1689）自行剥夺了一位君主的"神圣统治权"，另立新君，且颁布法令，明确禁止罗马天主教徒成为英格兰的国王。

法兰西哲学家看到如此多的权力集中于一个代议制机构，不禁对"英格兰自由"大加赞赏。如果这些观察家们调查得再仔细一点，他们可能会惊讶地发现，议会只是名义上代表英格兰人民。

正如我们在前面的章节所看到的，议会由两个立法会议或"两院"组成，任何一院都不能未经另一院同意而制定法律。坦白说，上议院代表的是贵族，是不民主的。其成员包括"神职议员"（富裕且具有影响力的盎格鲁宗主教），以及"世俗贵族"或称上院贵族（古代封建贵族傲慢的后裔），或者最近才被国王封为贵族的百万富翁的傲慢的继承人。(严格来说,上院贵族是在上议院拥有世袭席位的有爵位的贵族。乔治三世册封了许多上院贵族:至他去世时为止,其总人数已超过三百。)这些自大的绅士大都是地主,作为一个阶级,他们与法兰西的廷臣一样自私和不民主。

但是,法兰西哲学家回应道,人民的代表在下议院,即平民院,上院贵族只是为了稳定政府的。我们来看看。

至少有一点可以确定,那就是在18世纪,大多数不列颠人民在选择他们的"代表"时没有话语权。在乡村,"郡选议员"应由选举产生,各郡或县都有两人。但只有地租年收入达40先令的人才有投票权,40先令是一笔相当大的数目,这笔钱在当时能买到比现在多得多的东西。而能够投票的人通常害怕独立投票,因此常将选票卖给富有的贵族,这样一来,许多郡选议员实际上是由土地贵族——富裕且有封号的领主——提名的。

城镇或"选邑"的情况更糟,并非所有的城镇都有代表。此外,在可以选举两名成员进入下议院的城镇,人们并未按照法律规定的选举方式选举,而是按照各选邑自己的习俗进行选举:由贵族市政团选举代表,或者由行会控制选举,或者那些拥有投票权的所谓"自由民"(当然人人都是自由的,"自由民"是特指市政团成员的术语)以每张约5英镑的价格出售自己的选票。总的来说,城镇代表是由一些富有的政治家任命的,而普通学徒和工匠只能日复一日在岗位上工作。据估计,下议院的大多数席位由不到1500人控制着。

在许多地方,贵族或市民阶层甚至不经过正式选举就任命了他们的代表。在有竞争冲突的地方,贿赂决定选举结果。在激烈的选举中，投票持续40天，在此期间，选票价格可能炒到25英镑或更高。购买选票也没有风险，因为投票过程是公开的，任何人都能通过投票记录了解投票的情况。一次选举通常要花费几千英镑。

这些问题总结起来就是，农民和工匠普遍没有投票权，而选举方式催生了腐败，但这还不是全部。国内各地区之间的代表权分配，既无规律，也不合理。老萨勒姆曾是一个繁荣的乡村，被授予代表席位，但后来这个乡村消失了，只能看见一座孤独的山丘，没有任何一个不列颠人可以解释，为什么这里仍然有两个代表席位存在。同样的原因，沿海城镇敦维奇也没必要在议会拥有代表。很久以前，海岸下沉，如今，泛着咸味的海浪冲刷着这个城镇的断壁残垣。康沃尔的博斯尼是一个只有三间村舍的小村庄，却拥有两个代表席位。

当这些"衰败选邑"继续享有代表权时，伯明翰、曼彻斯特、利兹和谢菲尔德等人口稠密的城市却遭到忽视。它们随着工业的发展而崛起，而老城镇则衰落了。然而，自查理二世时代一直到19世纪30年代，议会的代表制都没有发生任何变化。因此，在18世纪，议会既不代表社会的不同阶级，也不代表大多数人民。政治是绅士的游戏。坐在上院的贵族在下院有自己的傀儡。詹姆斯·劳瑟爵士在下院有九个门徒，他们常被称作"劳瑟的九柱戏"。当时一位著名的政客描述了这种门徒的处境。"他能坐在这里，是托这个贵族或那个公爵的福，如果他不听从收到的指示，就会被认为不讲诚信。"

在诸如此类情况下，不难理解，议会的席位是如何像歌剧的包厢或证券交易所的座位一样被买卖的。这些深谙世故的下议员，花了不少钱才买到代表人民的特权，也难怪他们会通过收受贿赂来补偿自己。即便他靠仅存的一点良知拒绝了金钱贿赂，也会接受一个薪水丰厚、职责较少（除了跟着投票）的公职，以此补偿自己。

多年来（1714—1761），一群聪明的辉格党人将腐败艺术践行得格外成功。前面的章节提到，前两任乔治国王将国内事务委托给辉格党最突出的领导人——罗伯特·沃波尔爵士，沃波尔任命自己的辉格党友人担任国家要职。同样，我们看到，在同一时期，内阁制的理念变得越发稳固。正如沃波尔任命友人担任国家要职，后来的政客也将自己的支持者送入体制内。十几位掌权的领导人常常举行内阁会议，提前决定要向议会提交哪些提案，这种做法虽尚未固化，但已成了习惯。如果内阁赞成的一项措施遭下议院驳回，那么该内阁党派的首领通常会卸任，由他任命的大臣也会追随他的脚步辞职。换句话说，内阁是一体的，行动一致，要辞就一起辞。

如果政府事务全都由内阁处理，如果内阁依赖下议院多数党的支持，那国王还能做些什么呢？显然，国王能做的事情很少！

乔治一世和乔治二世并不讨厌内阁制政府：它让一切变得简单而方便。但乔治三世（1760—1820）决心让自己的权力变得有存在感：他要主持内阁会议，并以贿赂的方式打击辉格党；因为不满大臣的政策而多次要求大臣辞职。

除了收买来的朋友，乔治三世还拥有很多热忱尽责的支持者。乡绅和信仰盎格鲁宗的教士，不愿意让议会中腐败的辉格党政客掌权，他们希望能有一位勤勉的君王来统治国家。这些人成了托利党的支柱，他们有时候自称"国王之友"。有了他们的支持，再加上大笔贿赂，乔治三世得以让他的心腹大臣诺斯勋爵掌权十二年（1770—1782）。但我们已经知道，美国独立战争导致诺斯勋爵下台，在接下来的一两年，政治陷入混乱。1782—1783年间，旧辉格党和托利党不幸分道扬镳，改革精神切实地为政党之争注入了一种新元素。

当然，要说哪个国家需要改革，自然是1783年的大不列颠王国。这个国家到处是靠救济度日的乞丐，穷人被关进济贫院，眼看着自己的孩子被送进工厂；水手被绑去皇家海军；农场工人几乎像农奴一样受缚于土地；超过两百种罪行以死刑论处，比如偷窃一先令或砍倒一棵苹果树；宗教不宽容泛滥——贵格会成员入狱，罗马天主教徒被排除在公职和议会之外。爱尔兰则正在被控制议会的自私顽固的少数群体所毁灭。

但王国的"改革者"并不太关心这些问题。一些无私的改革者谴责贩运黑奴，但这些恶行距离大不列颠的海岸还很遥远。改革运动主要针对的是议会的腐败，其支持者包括憎恨拥有"口袋选邑"（由政治"赞助人"任命代表的选邑）的大辉格党人的小乡绅以及地位较低的新兴的资产阶级。至于小商店主和贸易商，尤其是像伯明翰这种新工业城镇的富有制造商，认为议会并没有代表自己的利益，于是发出了纯洁政治和改革代表制的呼声。

改革情绪快速蔓延。18世纪60年代，约翰·威尔克斯掀起了一场声势浩大的改革讨论。他虽然有斜视眼，品行不端，但是个很具说服力的新闻编辑。他批判过乔治三世的政策，曾当选议员。在遭到下议院驱逐时，他坚称人民有权选举他，无论下议院是否愿意。他的崇拜者很多，他们高喊"威尔克斯与自由"，选举他为伦敦市长，让他能用自己的观点说服更多人。

四家报纸的创办进一步推动了这场改革运动。报纸自行报道议会的辩论情况，在传播信息的同时也散布了不满情绪。然而，报纸的活动遭到了一些限制。政府通过实施旧法律，把诽谤国王者投入监狱或流放国外，同时，每张报纸要征收2.5美元的印花税（1789）。

在新的影响下，许多辉格党人变成了改革的支持者。由于乔治三世用贿赂手段对他们进行了打压，于是辉格党人想借改革之名重建他们和议会的权力。这些辉格党人中，查尔斯·詹姆斯·福克斯（1749—1806）是最出名的。福克斯的父亲教过他赌博，他很快就沉迷其中，他因打牌和赛马而长期身无分文。无数个夜晚，他纵情于声色；无数个早晨，酩酊大醉的他才刚刚睡过去。他与放荡的王位继承人的密切关系，在伦敦引发了流言蜚语。虽然福克斯口才了得，能力卓越，但他放纵的生活妨碍他成为一名成功的改革者。他的朋友都知道他是个坦率冲动、对所有受压迫者怀抱同情之心的人，他们绝对相信，福克斯是真诚希望实现议会改革、完善宗教宽容和废除奴隶贸易的。但是，陌生人难以将他的私人生活和公共言论协调起来，而他又缺乏政治手腕，常常触碰别人的逆鳞。

尽管有各种缺点，福克斯还是将改革事业推进了一大步。在一个改革俱乐部的帮助下，他主持召开了一次大型群众会议，会议起草了一份自由主义改革纲领，该纲领将成为未来几代大不列颠王国激进政治家的口号。纲领包括如下六项要求：(1)所有成年男子都有投票权；（2）各区代表人数与其人口成正比；（3）议员要有薪资，要使穷人能够接受选举；（4）废除议员的财产资格；（5）采取无记名投票；（6）议会每年选举一次。

这些改革不是由福克斯完成的，而是由一位更年轻的政治家小威廉·皮特（1759—1806）完成的。他是著名的查塔姆伯爵的次子。小皮特七岁时便说："我要像父亲一样在下议院发言。"在整个童年和青年时期，他都将这一抱负放在心上，学习和练习演讲，研究辩论术。二十一岁时，他已经是一个瘦高而有些弱不禁风的青年，但说话铿锵有力，满腹雄心壮志，自信满满。他在下议院获得了一个席位，成为詹姆斯·劳瑟的"九柱戏"之一，并很快赢得了下议院的尊重。他是当时最年轻、最有前途的政治家，但他起初是辉格党人。

各种机缘巧合下，年轻的小皮特组建一个新的政党——"新托利党"。他诚实严谨，真诚拥护议会改革，因而获得无代表权的资产阶级和反对"领袖政治"者的支持。另一方面，乔治三世任命他为首席大臣，虽然暂时未得到下议院多数议员的支持，但他仍然稳居高位，赢得了那些"支持国王对抗议会"的托利党乡绅和教士的尊重。最后，他本人道德高尚（除了长期酗酒），支持人们心中的善良国君反对腐败的政治家和赌徒福克斯，于是，小皮特就成了所有尊崇"品性高洁"之人的偶像。

在1784年的议会选举中，小皮特大获全胜。这一年，他成了首相，拥有议会两院大多数人的忠诚，得到了皇室的青睐，还有民众的支持。他在伦敦的格劳斯大楼受到款待，斯特兰德大街的店主们为他们点亮住所的火烛，人群向着他的马车欢呼喝彩。

改革似乎指日可待：骇人的奴隶贸易有所缓解，新闻自由扩大了，将"衰败选邑"的代表权移交给新城镇的法案出台了。

毋庸置疑，如果不是法兰西出了事，小皮特的改革还会继续推进，法国大革命在这个关键时刻让他有了警惕之心，害怕同样的革命也在王国爆发。大不列颠政府和上层阶级立即脱下改革者的外衣，严厉镇压一切沾染了革命气息的事物。

在了解了18世纪的大不列颠政府之后，我们现在可以得出两个重要结论。第一，尽管大不列颠的君主制在法兰西哲学家眼中是政治自由的模范，但实际上，它既腐败又充满压迫。第二，大不列颠的改革精神似乎一度与法兰西一样积极，一样前途光明，但海峡对岸的革命动乱把这种精神从这个岛国吓跑了。

2

开明专制君主

在群众的推动下，进步和改革精神逐渐在大不列颠王国及其议会中慢慢显现了出来。在欧洲大陆，这种精神发生了转变，因为国家显然不是由议会统治的，而是由受上帝恩典的君主统治的。因此，在法兰西、普鲁士、奥地利、西班牙和俄罗斯，问题向来都是："陛下是残忍、奢侈和守旧的君王，还是能干、思想开明的君王？"

恰巧在18世纪，大多数欧陆统治者都是后一种类型——认真尽责，心存善意。坐在奥地利、普鲁士、西班牙、葡萄牙、托斯卡纳、撒丁、巴伐利亚和瑞典王位上的，都是才能卓越的君王，不追求肆意无度的个人快乐，而是一心为国家谋福祉。

他们就是开明专制君主。他们是专制君主、绝对统治者，不允许任何削弱王权的企图，相信应由一人铁腕治国，不相信大多数人的民主统治。但他们在专制中结合了开明，他们忧思国家荣耀，也关切人民的福祉。18世纪绝对君主制和理性主义的发展联合起来，造就了开明专制君主。正因如此，"开明"（即哲学的）君主一词常用于称呼这些试图用理性之光进行统治的独裁者。

最成功的一位开明专制君主是普鲁士的腓特烈二世。在"18世纪的德意志"一章中，我们已经看到他是如何对战全欧洲，为普鲁士赢得声望和权力的。现在我们将看到的是，他如何努力用科学方法治理国家。

腓特烈二世很自然地适应了18世纪求知若渴的氛围。他从小就喜欢阅读法兰西戏剧，违背父亲的意愿学习了拉丁语，脑中装满了自然神论哲学家的观点，他似乎更可能成为一个梦想家，而不是统治者。然而，父亲腓特烈·威廉一世极度希望他能成就伟业，而不是作为一个吹长笛、会写诗的哲学家度过一生，父亲要求他熟悉复杂详细的财务报告和无聊单调的官方交易记录。年轻的腓特烈学会了处理大大小小的政务，在1740年继位后，他不仅开明，而且勤奋。

年轻的国王对自己的职责有着清晰的概念，他甚至用法语写了一部有关统治理论的著作。他认为："君主之于他所统治的国家，就像大脑之于人，他的职责是站在整个国家的立场去看、去思考、去行动，他须用一切可利用之优势来促成其发展。""君主并非绝对统治者，只是国家的第一公仆。"腓特烈二世的确是普鲁士的第一公仆，他早上五点起床，处理公务直至十一点，然后下午参加会议或检阅军队。

他辛勤工作，为的是让普鲁士成为欧洲一流的、治理得最好的国家。他小心谨慎地监督法官，确保其不做出错误判决或收受贿赂。他委派法学家编纂法律，使之通俗易懂，以免有人因无知而违反法律。他废除了对疑犯严刑逼供的旧例。

和司法一样，教育也引起了他的关注，他创办小学，让尽可能多的子民至少学会读写。在宗教事务上，腓特烈二世允许极大的个人自由，因为他是自然神论者，与同时代其他自然神论者一样，他也信仰宗教宽容。

他认为，提升人民的生活水平，比司法、教育和宗教宽容还要重要。如果他的统治没给农民和商人带来"好日子"的话，他会认为自己是失败的。他鼓励工业，促进丝绸生产，邀请外国勤俭的农民定居普鲁士，修筑运河，排干沼泽，将之改为肥沃的牧场。如果国家部分地区因战争陷入荒芜，当和平到来时，腓特烈二世会给农民发放种子，让他们用自己的战马犁地。他建议领主通过种植果树来改善庄园，鼓励农民种植芜菁作为牲畜的饲料。他采取诸多措施为农民减轻经济负担，因为（腓特烈二世自己公开说的）如果一个人整天在田地里劳作，"他就不该被税收官逼至绝境"。

税赋仍然很沉重，但人人都知道，国王没有乱花钱。腓特烈二世并不是会在草包廷臣身上浪费钱财的人，他孜孜不倦地检查所有账目，官员不敢铺张，因为怕承受肉体惩罚，或者遭受君王的毒舌嘲讽。

正是在这种非凡的经济制度和周密的计划之下，普鲁士才能养活一支二十万人的军队，并用侵略政策拿下西里西亚和三分之一的波兰领土。腓特烈二世只愿意在军队上肆意花钱，就连在这个领域，他也要确保普鲁士能回本。不懈的操练、严格的纪律、最新式的武器和训练有素的军官，使普鲁士军队成为18世纪欧洲令人羡慕和恐怖的存在。

在详述腓特烈二世似乎成功地运用理性和常识统治了国家时，我们几乎要忘了他对哲学的热爱。我们有必要在结束腓特烈二世的部分之前讲一下这个方面，因为开明专制只是这位哲学君主的其中一面。他喜欢一边吹长笛，一边思考如何智胜玛丽亚·特利莎；他乐于在面对无聊的报告和请愿书时，做出机智诙谐的答复；他喜欢与志趣相投的友人坐在一起讨论诗歌、科学和戏剧。诚然，他并不支持冉冉升起的新秀诗人莱辛和歌德，他认为他们的作品粗俗乏味。但他邀请法兰西文人来到柏林，为柏林科学院注入了新的活力。甚至连伏尔泰都一度是腓特烈二世的座上宾，这位普鲁士国王命"哲学家国王"伏尔泰修改他用法语写的蹩脚的诗。

当腓特烈二世在用行动证明"君王是国家第一公仆"时，叶卡捷琳娜二世正在俄罗斯假扮开明专制君主。在叶卡捷琳娜二世创造非凡帝业的过程中，她还抽出时间给法兰西哲学家们写赞美信，给伏尔泰送礼物，邀请狄德罗辅导他的儿子。她假装成思想开明的君王，愿意讨论在俄罗斯制定宪法或解放农奴的可行性。学校和学院相继成立，法语成了俄罗斯上流社会的用语。

但在内心深处，叶卡捷琳娜二世并没有进行真正改革的欲望，对农民也没什么怜悯之心。她将皮鞭重重地甩在虔诚的改革者赤裸的后背上。她荒淫无度，毫不在意婚姻制度的约束。因为这样那样的理由，承诺的宪法从未成文，农奴的命运实际上变得更加悲惨。女沙皇在给莫斯科总督的信中这样写道："亲爱的总督，别抱怨俄罗斯人不渴求教育。如果我创立学校，那不是为了我们，而是为了保持我们在欧洲舆论中的地位。要是哪天我们的农民想要受到启蒙，你我都将地位不保。"这清楚地表明，虽然叶卡捷琳娜二世希望成为别人眼中的开明专制君主，但她的内心却并不是这样想的。她的真实性格直到法国大革命爆发才得以显现出来，届时，她将煽动起一场反对改革的改革运动。

不过，还有一些开明专制君主无疑是满怀真诚的。卡洛斯三世与他的能臣，对西班牙做出了许多改变〔卡洛斯三世曾是那不勒斯国王（1735—1759），他在那不勒斯也推行了许多改革〕：镇压耶稣会；有效遏制狂热的宗教裁判所；在马德里街道部署警察；鼓励德意志农民定居西班牙；修筑道路和运河；鼓励发展制造业；赞助科学；壮大舰队，舰船的数量几乎翻了一番。卡洛斯三世在位近三十年，他去世时，西班牙的财政收入增加了两倍，人口也从原来的七百万增加到一千一百万。

卡洛斯三世的邻居，葡萄牙的约瑟夫一世，治下有著名大臣庞巴尔。庞巴尔既是一位积极的政治家，又是典型的哲学家。在约瑟夫一世的统治下，葡萄牙的工业、教育和商业同西班牙一样蓬勃发展。瑞典的古斯塔夫三世（1771—1792）同样赞助工业，并被誉为工人之友。在意大利，撒丁国王正解放农奴。而在托斯卡纳，哈布斯堡皇帝约瑟夫二世的弟弟利奥波德公爵正在实施一些重要的改革。

奥地利大公、神圣罗马帝国皇帝约瑟夫二世，将开明专制理论发挥到极致。他是所有开明专制君主中最热忱的，但也是最失败的一个。他鲜活地展示了这代哲学家国王的目标与弱点。

在我们了解约瑟夫二世的帝业之前，有必要先知道他的母亲玛丽亚·特利莎为哈布斯堡的领土所做的一切。我们知道，她勇敢地捍卫了世袭领地，抵御了腓特烈大帝的狼子野心。她通过瓜分波兰得到了加利西亚和摩尔达维亚，部分弥补了失去西里西亚的损失。我们下面要谈一谈她的国内政策。

玛丽亚·特利莎把曾经由省议会投票派遣的军队，整合为一支国民军；将德语定为军官的官方用语；在民政上也开始推动以德语代替拉丁语；削弱宗教修会的特权以壮大政府；教皇关于镇压耶稣会的诏书得到实施；改造大学，建立详细完备的中小学体系，该体系一直延续到1869年，中间几乎没有变化。

玛丽亚·特利莎开启的大多数改革路线，她的儿子都延续了下去。但在两个重要细节上，她与她的儿子以及一般的开明专制君主都不同。第一，她是政治家，而非哲学家。她并未尝试大规模改革，或盲从精良的理论，而是引入切实可行的温和措施治疗弊病。她很谨慎，避免冒犯子民的偏见或传统。第二，玛丽亚·特利莎是个虔诚的罗马天主教徒。爱子民对她而言不是理论，而是宗教职责。玩世不恭的腓特烈大帝可能会嘲笑信仰，叶卡捷琳娜二世可以视道德为无物，但是，玛丽亚·特利莎坚持在一个怀疑的时代做一名虔诚的基督徒，在生活放纵已成为时尚的时代坚持洁身自好。

玛丽亚·特利莎的长子约瑟夫二世〔神圣罗马帝国皇帝（1765—1790）和哈布斯堡领土唯一统治者（1765—1790）〕，自小便是一名罗马天主教徒，虽然受到卢梭著作的强烈影响，但从未脱离教会。

不过,他的指导原则既非宗教,也非利害。他说:"我以哲学为帝国的立法者:它的逻辑原理将改变奥地利。"

这位年轻的统治者决心消灭所有不公,救济受压迫者,激励那些曾经受到践踏的人。他的抱负非常高尚,他旨在使奥地利成为一个强大、统一和繁荣的王国,他要成为人民的恩人,保护制造商,解放农奴。奥地利将被重塑成卢梭期望的样子——除了卢梭人民主权的基本观点。

遗憾的是,评判约瑟夫二世时不能只看到他的善意,因为他根本不适合推行大规模改革。他的观点来自法兰西哲学家,而不是现实生活。他十分自信自己的理论是对的,不愿听取别人的意见。他没有耐心,立刻就要将他的理论大规模运用起来,容不得半点儿耽搁。他无视偏见,不顾传统和一切政治利害,匆忙踏上了改革之路。

奥地利一直以来就是天主教的堡垒,其统治者也都是天主教的支持者,但这些对约瑟夫二世而言并不重要。他强硬要求教皇诏书未经他准许,不得在他的领土上发布;他任命主教,还没收了教会的土地。侧祭坛和各种徽章都被从教堂撤走,这样做并不是因为它们无用——谦逊的基督徒仍然会在侧祭坛前向上帝祈祷,而是因为皇帝认为侧祭坛是迷信的象征。在他的命令下,古老而受人尊重的旧仪式遭到更改,许多修道院被废除,教士要在皇帝控制的学校接受训练。而且出乎意料的是,异教徒和犹太教徒不仅获得宽容,事实上还获得了与正统天主教徒相同的权利。

这些措施很多无疑还是可取的,其中一两项本来可以在不引发骚乱的情况下完成,但约瑟夫二世试图进行彻底改革,这就震惊并激怒了教士以及那些虔诚热爱自己宗教的人民。

他的政治政策在构思或实施时都不够明智,主要有以下三点:(1)他想将领土东扩至黑海,南扩至亚得里亚海,并计划用遥远的尼德兰换取邻近的巴伐利亚。(2)他希望废除所有省议会以及其他地方残余的独立势力,由忠诚于他的官员来统一管理所有领土。(3)他的目标是激励下层人民,打压傲慢的贵族,实现人人平等,但所有国民又都忠于他们开明而全能的统治者。

第一条政策带给他的只有灾难深重的战争。他的巴伐利亚计划遭到腓特烈大帝阻挠,腓特烈大帝假意充当起德意志各小国的保护者。在巴尔干半岛,他的军队打了很多仗,但收获寥寥。

他的行政政策与领土目标一样不顺利。玛丽亚·特利莎采取过一些措施来简化其对异质领地的治理,但她明智地允许匈牙利、伦巴第和尼德兰保留某些传统和自治形式,并且竭尽全力赢得匈牙利人民的忠诚和信心。反观约瑟夫二世,他将全体匈牙利人珍视的圣伊什特万王冠带到了维也纳;废除了匈牙利议会或国会的特权;大手一挥建起了一个新的政府体系。他将国土分割成十三个省,每个省都交由一个军事指挥官管理。每个省又被分为区或县,再往下细分为市镇。地方特权不再存在,全国皆由维也纳统一管理。自此,军队采用普鲁士模式,农民被迫服役。德语成为整个哈布斯堡领土的官方语言。这些理论上都很好,但实践中遭遇了巨大失败。奥属尼德兰不愿失去地方自治权,发动起义;蒂罗尔同样如此;匈牙利出现了愤怒的抗议者。地方自由和传统不会因一道帝国法令就被废除。

最后,在尝试重建社会的过程中,约瑟夫二世陷入了困境。

他下令让所有农奴成为自由人,农民有权不经领主同意而结婚,有权出售土地,以及用一笔固定地租代替一周4天的强制劳役。贵族和农民都要承担税收——均缴纳土地收成的13%。约瑟夫还打算进一步帮助农民,因为他说:"我永远不忍心剥削200个本分的农民,让他们向一个无所事事的领主缴纳超出他们应缴数额的钱。"他计划让所有人享受免费的基础教育,鼓励工业,让所有子民都富裕幸福。

但是,农民不喜欢强制军役,而且误解了他的改革;贵族不愿被剥夺封建权利;中产阶级被他鼓励工业的错误尝试激怒了;教士反对他的宗教政策。他在位仅十年,却遭到很多人憎恨,无人敬爱;他在国外遭遇挫败,国内又有人民起义。

在这位失望的改革者弥留之际(1790),身边连个安慰的朋友或亲人都没有,也难怪他叹息道:"我苦心孤诣,心悦者寥寥,不感恩者众矣。"他下令取消大部分"改革措施",用一句沮丧的句子作为墓志铭:"躺于此处者,心怀善意,然一事无成。"(这句墓志铭并不全对,至少奥地利的农奴得到了他给予的部分自由。)

约瑟夫二世并不是唯一遭遇挫折的开明专制君主。开明专制的致命缺陷是没能博取人民的同情和支持。约瑟夫二世这样的绝对君主,试图将改革强加于人民,无论他们喜欢与否。结果,他们的措施很难留存下来,人民并不领情。

如果所有国王都拥有腓特烈大帝那样的卓越才能和智慧,开明专制也许还在流行。问题在于,即使像约瑟夫二世这样善意的君主,也往往不从实际出发,更何况许多君主都无善意。在普鲁士,腓特烈大帝的继承者腓特烈·威廉二世既无能力,也无人格魅力,他软弱的统治致使腓特烈大帝的成果付诸东流。其他国家也发生了同样的事，软弱者继承了能干者之位，无度的挥霍浪费了经济成果，腐败毁掉了改革工作。居心不良的绝对君主对人民的压迫是相当可怕的。

3

法兰西君主国

在法兰西，绝对主义的邪恶面之露骨，是其他国家无法相比的。18世纪，法兰西政府江河日下，最终改变它的不是和平的改革，而是暴力的革命。

从实际情况来看，法兰西人民总体上过得要比大多数德意志人或意大利人好。法兰西仅次于大不列颠王国，拥有人数众多、家产丰厚和智力一流的资产阶级，其农民的地位略微高于其他欧陆国家的农奴。但就物质生活而言，法兰西人比他们的邻居好不了多少，这让他们对政府多有指摘。下层阶级并没有全部被折磨成心灰意冷、斗志全无的奴隶，相反，这些人中尚有许多不屈不挠的农民和精打细算的工匠，他们希望能过上更好的日子，对社会的不公和政府的腐败深恶痛绝。资产阶级更不愿为专制统治折腰；他们人数众多，不缺智力、财力和影响力，他们能看出王权统治中的弊端，并希望能在政府中获得发言权。因此，法兰西人民更能敏锐地感知到问题，也更容易憎恨丧失公允、玩忽职守的君主。

让我们来看一下18世纪的法兰西存在哪些令人痛心的弊病，这样就能了解沉溺享乐的专制君主——路易十五（1715—1774）的罪孽究竟有多么深重。

法兰西的行政体系混乱，充满压迫。理论上，它很简单——国王就是政府。正如路易十五这番傲慢之言："我集君主大权于一身……独享立法权……我的子民唯听命于我；国家权力与利益，必系于我之权力与利益，且唯我可掌握。"

但实际上，国王并不能独自制定法律、维持秩序和征收税款，尤其是当他还把时间花在打猎或赌博上时。他很享受挥霍国库，掺和战争，偶尔干涉一下大臣工作的生活。因此，还是有必要将实际要务交由一个复杂的王室官员体系，或者说，一个不成体系的体系。

最高级别的官僚机构是御前会议。其成员包括六名要臣和约三十名委员，协助君主监督处理国家事务——发布法令、商议外交政策、征税和处理无数来自地方官员的报告。

御前会议又有许多地方代表。其中，执行官和司法总管虽然已无实权，但其职位的存在让事情变得复杂。而省长是富态的绅士，薪俸丰厚，工作清闲。大部分地方行政权则落入了督办及其代理之手。三十四名督办——所谓"法兰西三十僭主"——均由国王的大臣担任，在各自的辖区（财政区省）都是小的专制君主。

督办的权力很大。他决定每个村和纳税人应承担多少份额的地方税。他在自己辖区的各个堂区都有代表，通过他们监督警察、治安维护和军队招募的情况。督办会在凶年恶岁时救助穷人。修建教堂，抑或修复市政厅也都需要他的批准。御前会议下令修路后，由督办和他的手下领导工作，召集农民出工。手握这些权力，难怪督办会被称为"大人"。

御前会议、督办和督办代理这套系统，本来很简单，但因其他众多政治机构各自主张拥有某些传统权力而被复杂化了。

首先是巴黎高等法院，它主要是一个登记王室法令的司法机构。如果高等法院不喜欢某个法令，可以拒绝登记，除非国王召开"御前会议"，即国王亲临高等法院，亲自命令其登记自己的法令。

接下来是某些省的三级会议或议会。（这类省被称作三级会议省，包括布列塔尼、郎格多克、普罗旺斯、鲁西荣、多芬、勃艮第、弗朗什－孔泰大区、阿尔萨斯、洛林、阿图瓦、佛兰德斯、科西嘉岛等。这些三级会议省的地方议会并不代表全体居民。其他没有残余自治机构的省，被称作财政区省，包括法兰西岛、奥尔良、香槟－布里、缅因、安茹、普瓦图、吉耶纳－加斯科尼、利穆赞、奥弗涅、里昂、波旁、图尔奈、诺曼底、皮卡第等。）这些中世纪的残余机构，并不制定法律，但有权在省内各堂区间分摊税款、监督修路和收税。

最后是城镇的政府，它很特殊。旧行会，如今只包括一小群最富有的市民，负责选举出一个市政委员会，管理城镇财产，任命税收官，确保市政厅维修工作的进行，并监督收取进城商品的关税。不难发现，市政委员会和督办之间出现了权力重叠，可能会引发混乱局面，尤其是在不同城镇的委员会的性质及权力千差万别的情况下。由于各城镇的市长不是由委员会选举产生的，而是由国王任命的，这使得问题变得更加复杂。

在农村地区，督办系统和地方残存的自治机构之间，存在着同样的冲突。教堂钟声敲响，全体村民聚集到村庄广场，就像城镇会议或社区集会那样，或选出军役税的收税员，或向督办请愿修复神父的住所或桥梁。

现在，读者或许开始意识到，法兰西行政体系的主要特征就是混乱。御前会议、高等法院、省三级会议、省长、执行官、督办、督办代理、市长、市政委员会和村民会议，这些职能相互重叠的机构自然把普通百姓搞得晕头转向。这套体系，或者不成体系的体系，没有保障自由，而是催生了腐败和混乱。专横跋扈、敲骨吸髓的王室官员，在管理上不遗巨细。所有的政务处理都取决于这些官员是正直勤勉，还是卑鄙乖戾。每个小官向自己的上级递交长篇累牍的报告，但普罗大众并不清楚官场上的事，只得尽最大可能猜测政府表面上不合理的行为到底有什么道理。如果一名督办对某个村子增税，什么都不知道的村民，会将此举归咎于官员贪污腐败或徇私枉法。抑或，当时景艰难，或者一座不牢固的桥梁坍塌，村民们也会将责任归到政府身上，因为，政府越是神秘有权势，就越有可能为所有不幸承担责任。

行政机构的混乱并不是18世纪法兰西唯一的问题。度量衡、货币、通行费和国内关税，都没有统一或简单的标准，但最混乱的是法律和法院。

在某个城镇合法的行为，常常在距离其不到五英里远的另外一个城镇就变得不合法了。法兰西不同地方加起来，总共有将近四百套/部法律有效力。某些地区仍保留着古罗马法，还有些地方实施的法律来自早期的德意志部落。很多法律都没有正式形成成文法，而成文法律多为拉丁文而非法文，因而，只有非常博学的人才懂法，普通百姓只能在黑暗中跌跌撞撞地前行。此外，法律充斥着不公和残忍。罪犯可能被砍下一只手或耳朵，或者被割掉舌头，可能会遭遇烙刑或灌铅刑。相比车轮刑的漫长折磨，绞刑算是一种便宜的死法了。

法院系统几乎和混乱的法律一样糟。法院包括王室法院、封建法院、教会法院、财政法院和军事法院等，只有博学的罪犯才知道自己会在哪个法院受审。特别重要的案件可以上诉到该地区的最高法院——高等法院，全国共有十三个，声誉最高的是巴黎高等法院。

尽管法院数量众多，但正义却很少得到伸张。被冠以莫须有罪名的人，在严刑拷打下，最终承认了他们从未犯下的罪行。公众不允许旁听庭审，所以没人知道判决的依据是什么，法官也不对自己的裁决做出解释。民事诉讼从一个法院上诉到另一个，可能要拖上好几年，直到双方都家财散尽。律师更想从客户身上榨取大笔钱财，而不是为他们伸张正义。

王室法院法官的品性，让混乱的法律和相互冲突的司法管辖权变得更糟。许多法官是富裕的资本家，他们的官职都是从国王手里购买的。只要出高价，就可能买到法官的职位或高等法院的席位，这些职位不仅终身有效，还可以世袭。据估计，有五万户资产阶级家庭拥有这类司法职位：他们形成了一类低级贵族，免于某些税收，且以自己的荣誉为傲。当这位"法官"顶着华丽的假发，身着宽大的丝绒长袍出现，身后还跟着托袍的侍从，他的邻居们自然是眼红不已。难怪这些资产阶级法官被称为"穿袍贵族"。

"穿袍贵族"必须以某种方式捞回他们自己买官和买袍所花的

钱。买官是为了利益，也为了荣誉。因为诉讼费和罚金是交给法官的，精明的法官绝不会不捞上一笔就让案子这么过去的。间接利益更为丰厚。如果 A 先生胜诉，不出意外的话，A 先生会心甘情愿地向判案法官奉上一份丰厚的礼物。至少，这是法官的说辞。但事实是，法官被贿赂了，买卖正义就像买卖法官职位一样，是司空见惯的事。

贪污腐败不仅限于行政部门和法院，军队也同样受到了污染。军队中有外国雇佣兵、从农田里勉强拉来的农民，以及城市贫民窟中的混混，每年逃跑的人成千上万。如果指挥得当，心怀不满的军队或许可以派得上用场，但事实并非如此。军官数量当然是够的——平均每一百五十七名士兵就有一名将领，但这些军官都是些什么人呢？放荡不羁的军官们拿着军饷却从不理会军队，中尉沉湎酒色，也不操心和训练自己的军队。军队选拔指挥官更看重血统出身，而非能力。从没见过战场的伯爵可以直接被授予军职，比如弗龙萨克公爵七岁就是陆军上校了。

混乱的行政体系，陈旧的法律，腐败的地方行政官和一支无组织的军队，法兰西君主国的弱点一览无余，但真正威胁其存在的是混乱的财政——因为一个没有钱的政府就像离开水的鱼一样无助。

破坏性的战争、耗资巨大的军队、奢华的宫殿、穷奢极欲的路易十四宫廷，给大帝的继任者留下了高筑的债台、空虚的国库、不堪重负的人民。如果说哪个国家最需要谨慎节俭，那必然是 18 世纪的法兰西君主国。

但是，国王的大臣根本就没有费心整理账目。账单收据肆意堆砌，没人知道国库欠了多少钱，还剩多少，就连国王自己也说不出每年会负债多少，只要还能继续，金钱就会被肆意挥霍。

国王所需的金钱数额，本就让税收变得相当沉重，而糟糕的税收分摊和征收方式又加重了负担。王室收入主要来自三个渠道：王室领地、直接税和间接税。

王室领地，以国王为领主和君主的土地，收入丰厚，但越来越少。

直接税是财政的支柱，因为只要人民支付得起，它就可以一再增加以满足财政需求。直接税有三种、军役税、人头税和二十分之一税。二十分之一税，是一种对法官工资、贵族地租、工匠收入和农民农产品征收百分之五所得税的税种（理论上是百分之五，事实上在路易十六统治时期达到了百分之十一）。教士完全免于此种税，势力较大的贵族和资本家想方设法降低自己的收入评估，最重的负担则都落在了贫困人群身上。人头税是所有人都要交的，根据纳税人所属的阶级而缴纳不同税额，共二十二个等级。比如，女佣每年支付的人头税是三里弗尔十二苏。〔一里弗尔约等于一法郎（二十美分），一苏等于一美分。〕

最重要也最令人痛恨的直接税是军役税，或叫地税，基本上只对农民征收。由御前会议分摊给各个督办，再由督办分摊给辖区内的各个村庄。村民会议选举出收税官，收税官根据每位村民的支付能力，负责向其收取一份税额。在这种方式下，为了少交点税，每位村民都竭尽所能表现得穷一点；整个村子也要看上去破败不堪，以便少分摊点儿税额，而有势力的政客常常能为他所在的地区争取到减免。

第十三章　18世纪的欧洲政治

间接税虽然不那么重,但也令人深恶痛绝。酒、金属制品、纸牌、纸和淀粉都要征税,而最令人厌恶的是盐税。七岁以上的人,每年须以相当于实际价格十倍的价格向政府的盐场购买七磅盐。(当然,一些省份的盐税更高更繁重。)只有政府代理人可以合法卖盐,走私犯会被处以重罚或送去做船奴。这些间接税通常会被"包出去",也就是说,政府会把征税权卖给一群投机商,让他们能征多少就征多少。这些投机商被称为"总包税人"——法兰西可以看作是他们的农场〔从语源学上说,法语中与"farm"对应的词汇"ferme"不一定与农业有关,还可以指用一笔固定金钱(firma)换取某个特权,比如征税权〕,而钱就是农产品。他们的工作完成得很出色。向政府交纳完税款,包税人还剩下几百万法郎,可以用作贿赂或给某些重要人士送礼,或者留给自己。因此,财政就损失了数百万法郎。

征税不是解决危机的长久之道,也不能总是如此征税。法兰西农民被封建捐税、什一税和王室税压得直不起腰。所得税、间接税、通行费、国内关税以及国王卖给宠臣的专卖权,让资产阶级怒不可遏。非特权阶级承担税赋,而贵族和教士却几乎免税,这种情况还要持续多久,没有人知道,但不满的迹象已经显现,不容忽视。

路易十四(1643—1715)在其漫长的统治即将终结之际,感知到了危机。这位年迈的君王,临终前躺在病榻上,高烧让他的脸色潮红,他把五岁的曾孙兼继承人,也就是未来的路易十五叫到床边,说道:"我的孩子,你即将为大国之君。切勿忘记你对上帝的责任,切记,你的一切皆他所赐。定要与邻为善,别效仿我尚武好战，也别效仿我奢靡无度。行动之前定要与人商议。尽早救民于水火，以尽我未尽之职责。"

这是很好的建议，但路易十五只是个孩子，被大臣们玩弄于股掌之中。前面的章节我们讲过，在摄政王奥尔良公爵的统治下（1715—1723），法兰西与西班牙开战，财政因投机行为而混乱不堪；在弗勒里的统治下（1726—1743），法兰西涉足波兰王位继承战争（1733—1738），奥地利王位继承战争（1740—1748）也开打了。

1743年，九十岁的弗勒里去世，路易十五宣布独立执政，但他不是腓特烈大帝。在议会桌上，愚钝的路易十五"张着嘴，没说出个所以然来，也毫无想法"。国事看起来实在太枯燥，路易十五将大部分国事都留给旁人处理。

但唯有一件事，路易十五从未厌烦，那就是享乐。比起爱摆架子的大臣，他更喜欢美女，他把大部分时间都花在了女人身上，剩下的时间要么打猎，要么赌博。虽然路易十五已经结婚了，但漂亮脸蛋还是很容易让他坠入爱河，他曾先后痴迷于沙托鲁公爵夫人、蓬皮杜夫人和杜巴丽夫人。对于自己的情妇，他乐于赠予奢侈贵重的礼物——赐予她们地产和头衔，让她们住在凡尔赛宫，甚至允许她们掺和政治，为了取悦情妇，毁灭国家也在所不惜。

路易十五的品性也反映在了他的宫廷里。冷落妻子、彻夜赌博、嘲笑美德、奢靡无度成了一种时尚。凡尔赛宫里充满欢声笑语，女士们比以往更加浓妆艳抹，男士们越发肆意挥霍。

但是，凡尔赛宫不是法兰西。法兰西被战争和赋税毁了。路易十四曾说"定要与邻为善"，但自他去世后，法兰西发动了四场战争，以损失惨重的七年战争（1756—1763）为高潮，此战中，法兰西商业被毁，殖民地被夺。（1766年和1768年法兰西相继正式吞并洛林和科西嘉岛，这给了路易十五些许安慰。）债务成倍增加，赋税节节攀升。由于战争、无度的挥霍和差劲的治理，路易十五使法兰西成了一个破产的国家。

抱怨声此起彼伏，抗议声不绝于耳，无论如何，路易十五也无法让人民闭嘴。批评政府的作家被关进了监狱，激进的作品被没收或烧毁，但批评之声仍未消失。反对派不经审讯，就可以被用逮捕密令直接投入巴士底狱（国王有时会将空白的逮捕密令交给或出售给宠臣，以便他们也能将敌人囚禁起来）。然而，反对王室的声音却有增无减。反对征税的势力主要集中在巴黎高等法院。巴黎高等法院拒绝登记国王的法令，即便是在路易十五愤怒地宣布他不会容忍高等法院干涉他的特权之后，高等法院也没有让步。斗争越发激烈，最终法兰西十三个高等法院都被取缔了（1771），取而代之的是新的王室法院。

但反抗只是暂时被压制住了，路易十五知道，更严重的麻烦正在酝酿之中。他越来越不敢公开在巴黎不满的群众中乘车而行，农民阴沉着脸向他致敬。国库空虚，君主制摇摇欲坠。但路易十五既不觉得自己有责任，也不在乎。他玩世不恭地强调："只要我在，国家就一定会延续下去。我的后人定能顾好自己。"

他的继承人是他的孙子路易十六（1774—1792），一位年仅二十岁的软弱君王，虽然正直善良，但缺乏智慧和意志力。路易十六过于笨拙羞涩，无法威严地把控宫廷；又太愚笨懒惰，掌控不了大臣。他喜欢从宫殿的窗户里射杀外面的小鹿，或者在自己的王室木工间里制作门锁，政务都交由大臣处理。

起初，人们对他寄予厚望，因为伏尔泰的朋友、百科全书编者之一的杜尔哥是财政大臣（1774—1776），改革也迫在眉睫。人们希望能解除工商业的桎梏，将自由放任主义变成当下的规则；进行财政改革，下调税赋。教士和贵族不再享有免税特权，废除食品税，免除农民修路的强制劳役。但杜尔哥的改革激起了声势浩大的反对声。贵族和教士不希望被征税；廷臣憎恨任何减少津贴的措施；包税人也恐惧这个改革派大臣；工业垄断寡头对此担惊受怕；农民误解了他的意图，于是爆发了暴乱。当1776年杜尔哥被罢黜时，所有人似乎都松了一口气。

杜尔哥是个理论家，而他的继任者是个商人。雅克·内克是巴黎精明的瑞士银行家，出席内克太太宴会的都是巴黎的名流要士。在任职的五年里（1776—1781），他将商业方法运用到了王室财政中。他从银行家朋友那里借来了四亿法郎，并改革税费，降低开支，还仔细审计了账目。1781年，他发布了所谓"财政报告"。银行家们欢呼雀跃，王室财政的秘密终于公之于众〔"报告"的法语名Compte Rendu，其实其名字并不准确。内克为了让自己的财政管理获得赞誉，美化了事实〕，内克被捧上了天。

当内克的巴黎朋友欢呼时，他的宫廷敌人正准备让他下台。当时，内克改革和王室经济的最大敌人是王后玛丽·安托瓦内特。她是一位奥地利公主，玛丽亚·特利莎的女儿，在法兰西人民眼中，她始终是令人讨厌的外国人——他们称呼她为"那个奥地利人"。玛丽王后是哈布斯堡和波旁王朝灾难性结盟（蓬皮杜夫人推动的，也是七年战争的导火索）的活象征。当财政大臣们一脸严肃地对着赤字绞尽脑汁时，快乐的玛丽王后正在购买新裙子和珠宝，给

第十三章 18世纪的欧洲政治

朋友送礼，举办私人戏剧演出，参加赛马会和假面舞会。这个无忧无虑的王后对政治并没有多大兴趣，但当她的朋友抱怨内克吝啬时，她立刻要求罢黜内克。

玛丽王后的所有要求都得到了满足，因为仁慈心善的路易十六不忍剥夺他美丽轻率的王后和她迷人的朋友们——高贵的法兰西贵族——的快乐。他们的快乐花费不菲，而谄媚的新财政大臣卡隆只能以高利率的新贷款解决这些烦恼。

从法兰西的角度看，路易十六在位期间最愚蠢的行为就是介入美国独立战争，这是毁灭性的举动。美国独立了，大不列颠王国战败了，法兰西人证明了自己的英勇和骑士精神，但当冲动的拉法耶特侯爵协助美国赢得自由归来时，却发现法兰西已千疮百孔，财政濒临崩溃。从1783年战争结束到1789年法国大革命爆发，所有可能的财政应急措施都尝试过了，但都徒劳无功。

向所谓特权阶级——教士和贵族——征税或许会有所帮助，历任财政大臣都这样劝告国王，但这完全违背了旧制度的精神。如果没了特权，必须像平民一样交税，那成为一名教士或贵族又有什么好处呢？向所有人一视同仁地征税本身就是一场革命，摇摇欲坠的神权君主制寻求的是改革，不是革命。

然而到了1786年，有息负债已达六亿美元，政府每年至少负债两千五百万美元，财政官员在协商新贷款时面临着极大的困难，必须做点什么了。路易十六使出最后一招，他于1787年召开了一次显贵会议——由一百四十五名主要贵族、主教和地方行政官参加，妄想他们能同意向特权阶层征税。然而，显贵们并没有自我牺牲精神，他们只谈到要废除强制修路劳役，投票成立省议会，罢黜财政大臣卡隆。至于征税的问题，他们认为应该交由三级会议决定。这些对财政并无实质性帮助。

接任卡隆的新财政大臣洛梅尼·德·布里安大主教礼貌地谢过这些显贵后，让他们回家了。他许下了很多美好承诺，使人们暂时燃起了希望，并筹集到了一笔新贷款。巴黎高等法院和其他高等法院在路易十六统治初期就已经恢复了，但它们很快就识破了这位文质彬彬的大臣的诡计，坚决拒绝登记新的贷款或税收。在民众的支持下，高等法院紧接着起草了一份权利宣言，声称依据宪法，财政补贴只能由代表国家的古老的三级会议来授权。这在政府看来就像是革命，于是高等法院再次被废除。这一举动激起了极大愤慨，巴黎和其他城市聚集了激动的人群，士兵拒绝逮捕法官。真正的革命来了！路易十六惊慌失措，焦虑不安，屈服于民众召开三级会议的呼声。

尽管人人都在津津乐道地谈论着三级会议，议论这个机构将会做出什么伟大之举，但几乎没有人知道三级会议是什么。大多数人都听说过，法兰西曾有一个由教士、贵族和平民组成的代表机构，有些类似于大不列颠王国的议会。但这个议会已经近两百年没有召开过了，只有学者和律师知道过去的三级会议是什么样子的。尽管如此，人们还是认为，除此之外，没有什么办法能将法兰西从毁灭中拯救出来了。1788年8月，路易十六在与有识之士商议过后，诏令选举三级会议代表，并于次年5月召开。

三级会议的召开为法兰西的神权君主制下达了死刑执行令，这意味着绝对主义已经失败了，国王破产了。如今，不彻底的改革和蹩脚的经济措施再也进行不下去了。大革命就在眼前。

第 十 四 章

法国大革命

18世纪上半叶蓬勃发展的政治体制和机构，都起源于更久远的时代。人们只是对它们进行了绝对必要的改造，以适应不同地方和不断变化的形势。同样，西欧始终存在着同样的社会阶级，这些阶级——王室、贵族、教士、市民阶层、手工业者、农民——保持着自古以来约定俗成的关系。每个人都生来就属于自己的阶级，或套用一句俗语，就是"上帝给予他在现世所处的地位"，而质疑阶级差异的神圣性本质，如果不是彻头彻尾的亵渎，也是非常愚蠢的。

只要社会相对静止固化，这样的观念就能大行其道，可一旦人类社会活跃和进步起来，这种想法就岌岌可危了。前面强调过，随着贸易和工业的发展，市民阶层或资产阶级的人数、财富和影响力急剧攀升，自然会导致社会机器运转失灵。商人、律师、医生、教授和文人，开始嫉妒贵族和教士，反过来，他们也受到贫穷的市民和受压迫的农民的嫉妒。随着思想和研究的进步，各阶级的有识之士开始怀疑，旧的政治和社会秩序是否适合新的环境和新的关系。旧制度是为旧需求服务的，它能否满足新的需求？

针对这个问题，18世纪的哲学家明确给出了否定答案。那个时代的科学家们做了大量的工作来宣扬宇宙是按照不变的自然法则在运行，人必须运用理性能力行事。很快，哲学家就将科学家的观点应用到了社会现状上。他们问："这合理吗？"或者"这是理性的吗？"孟德斯鸠坚称神权君主制是不合理的。伏尔泰嘲笑教会和教士荒谬无理。卢梭认为阶级不平等就没有理性可言。贝卡里亚提出，对个人自由的肆意或残酷干涉不符合自然或理性的要求。

哲学并没有直接促成变革，它只是人们越来越相信变革是明智的一种表现。哲学反映了一种根植于许多人内心深处的信念：旧政治体制和社会等级差异曾经很管用，但现在应该彻底改变以适应新的秩序了。各国都或多或少地听到了这种激进哲学的声音，但最先重视的却是法兰西。

1789—1799 年，法兰西发生了一系列事件，民主学说代替了神权君主制，阶级差别理论让位于社会平等理论。这些事件加在一起，构成了我们所说的法国大革命，由于它们深刻影响了 19 和 20 世纪的所有政治思想和社会行为，因而被称为大革命。

大革命为何发迹于法兰西？可以从法兰西的历史中找到线索。法兰西是最早完善神权君主制理论，并进行实践的国家；国内的社会矛盾也比别的国家更尖锐；相对较高的教育水平和更深入的启蒙运动，掀起了一股具有破坏性的批评政治和社会状况的风潮。路易十四通过把最沉重的负担加诸法兰西人民身上，为他的专制统治赢得了荣耀与声望。自私放纵的路易十五, 更进一步盘剥国家，这也醒目地暴露了旧制度的先天不足。路易十六，尽管有着虔诚的希望和良好的意愿，却无法让现状与旧制度相契合。一个又一个王室官员懊恼地发现，单纯的"改革"是徒劳无用的。要扫除几百年来附着在这个国家的众多弊病，需要一场"革命"。

首先，必须摒弃任何将法国大革命比作17世纪英格兰革命的想法。诚然，英格兰人分别处死和流放了一位国王，又明确限制了王权，"建立起议会制"。但英格兰革命并未建立真正的代议制，更别说承认民主理论了。投票权并非所有人自由行使的自然权利，而是赋予特定群体的一种特权。英格兰革命也并没有带来社会巨变，它首先影响的是政治层面，再就是宗教和教会层面，从未明确触及社会层面。实际上，18世纪英格兰的社会阶级与16世纪并无二致，除商人外，各阶级间的关系也大致相同。

回顾1789—1799年这十年间法兰西发生的事件，我们就能明显看出，相比英格兰革命，法国大革命是何等激进、影响是何等深远。本章结尾将旨在阐述这次大革命的意义。接下来，我们将专注于讲述大革命的主要事件。

故事自然分为两部分：第一，1789—1791年，绝对主义的神权君主制相对和平地转变为君主立宪制，伴随着个人权利的界定和社会秩序的深刻变革；第二，1792—1799年，君主立宪制转变为共和制，大不列颠首次真正尝试民主，与此同时，对外战争不断，国内局势不稳。无论哪个部分的故事都不简单，因为有五个不同的相关群体同时扮演了重要角色。

首先，受益于旧制度的权贵反对破坏旧制度。这些旧制度的朋友包括：王室，为首的是王后玛丽·安托瓦内特、国王的兄弟普罗旺斯公爵以及阿图瓦公爵；大批高级教士和贵族，也就是特权阶级。这些人不经过一番挣扎是不会放弃特权的，尤其是他们长期以来一直被灌输这种特权是神授的。他们受形势所迫，不得不勉强同意召开三级会议，但只愿意接受最温和的改革措施。他们憎恨且恐惧革命或者革命的思想。不过，革命终将在他们的牺牲下实现。

其次，资产阶级在旧制度延续的情况下损失最大，而在改革取得成功的情况下获益最多。在1789—1799年法兰西的立法机构中，他们占据了大多数席位。他们通过的法令往往代表的是自己阶级的利益，这不但让保王党惧怕不已，也没有让下层阶级满意。不过，大革命真正的成果是来自资产阶级议会。

再次，工匠和穷困潦倒的城市平民，尤其是巴黎人民，将经历没有面包的艰难岁月。他们期待议会能干出一番伟业，斥责王室阻碍革命。他们抛头颅洒热血，起初是为了保卫议会不受王室控制，后来则是为了将议会置于自己的控制之下。没有他们的合作，大革命不会成功。

此外是大量愚昧的农民。从来没有人会想到，他们能有想法或激情，他们一直默默承受着压迫，如今，他们将开口发声，并展现出不寻常的力量。他们将揭竿而起，反抗贵族压迫者，烧毁城堡，甚至不惜以死抗争，吃惊的资产阶级和上层阶级这才注意到他们，这也间接给大革命的成果打上了深刻的社会烙印。

最后，不要忽视了外国君主，因为他们会对事态的发展产生了浓厚兴趣。如果法兰西人民可以摧毁神权君主制的根基，推翻整个旧制度的社会构架而不受惩罚，那么普鲁士人、奥地利人或俄罗斯人距离做同样的事还会远吗？出于对路易十六的一点担心，更多出于对自己的担心，这些君主以"兄弟"相称，并派遣多国联军对抗法国大革命。就在此时，大革命将迎来成功，因为除少数特权阶级之外，所有阶层都将团结起来，为法兰西的事业而奋斗，而法兰西的事业也将顺理成章地成为人类的事业。资产阶级、市民、农民都将奔赴前线，革命的法兰西也将在军队中诞生。据此，大革命不仅在法兰西获得胜利，还将传播到欧洲最远的角落。

1

绝对主义在法兰西的终结（1789）

故事开篇时，法兰西还是那个经路易十四完善和路易十五盘剥的绝对主义的神权君主制国家。社会阶级还是在第十二章中讲过的那个样子。但是，旧制度的一切不容乐观。乡村地区，沉重的赋税让人喘不过气来。在城市，粮食匮乏，工资微薄。资产阶级中弥漫着对上层阶级的嫉妒，对时下批判哲学的欣赏，以及由衷钦佩海峡对岸大不列颠看似更乐观的社会政治状况的情绪。法兰西债台高筑，国家很大一部分收入必须用于支付公共债务的利息，就连路易十六的朝臣都发现他们的津贴、油水和闲差已经不如以前了。当特权阶级开始感到经济拮据时，财政无疑已陷入困境。

事实上，此前两章提到的导致法国大革命的所有重要原因，归根结底可概括为路易十六政府的经济窘境。国王和大臣已经采取了旧制度下所有的应急之策，除了一个权宜之计——召开三级会议。或许，国家三个主要阶级的代表能为国王提供建议，让财政得以改善，同时，神权君主制和神圣的社会等级区分亦能毫发无损。

带着这种简单改革的想法，1788年，路易十六宣布，次年5月在凡尔赛召开三级会议。三级会议当然不是一个革命机构。尽管法兰西君主已经有一百七十五年没召开过三级会议了，但理论上它仍然是旧政府的一个合法组成部分。1302年，法王"美男子"腓力召开了三级会议，自此便不定期召开，直到1614年。三级会议由三个独立部分构成，首先投票选举出三个等级的代表——教士、贵族和平民（第三等级）。各等级作为一个整体单独投票，两个等级联合起来就能左右局势。通常，教士和贵族联合起来，以多数票压制平民。一直以来，三级会议的职能一直是咨询性的，而非立法性的，国王常常无视或违背会议通过的法令。三级会议在权力和组织方面，都与英格兰议会有着本质区别。三级会议从未真正质疑过王权的至高无上性。

在1788—1789年的冬天，全法兰西依照旧惯例进行了三级会议的选举工作。同样，依照惯例，国王请代表就他们熟悉的地方的情况撰写报告，指出弊病，并提出适当的补救措施。

全国各地提交的报告书中，满是抱怨，令人震惊。选举结束后，显然，大多数法兰西人渴望和期待的改革远超他们君主的预想。诚然，这些被称作陈情书的文件，在文字上并没有革命色彩：它们极其一致地表达了对君主国的忠诚和对国王的效忠，上千份陈情书中，没有一份含有暴力改革的威胁性字眼。但在精神上，这些陈情书颇具说服力，它们都反映了哲学所倡导的理念：人们理性要求对政府和社会进行根本的、彻底的改革。第三等级的陈情书，尤其注重旧制度下长期存在的社会不平等和弊病。显然，如果第三等级的代表贯彻其选民的要求，那么投票批准政府的额外税收就得延后了，要等调查彻底完成，解决多数人的诉求之后，才允许征税。

总的来说，第三等级的代表很重视陈情书。他们是受过教育的聪明人，他们中有三分之二是律师或法官，还有许多是学者，只有十位可能被归为下层阶级。很多人仰慕王权被削弱的大不列颠政治体系，而他们的阶级利益又与法兰西君主国盛行的政策直接对立。第三等级很有头脑，不会盲目听从国王的命令。

在三级会议最早的历史上，第三等级的社会和政治地位相对较低，"美男子"腓力宣称，其成员的职责就是"听从、接受、同意和执行国王给他们的命令"。但在14至18世纪，资产阶级的社会地位大幅提升，人数和财富增加，更加开明，在经商方面经验更加丰富。渐渐地，资产阶级比起贵族或教士，更有权代表国民的大多数。路易十六似乎也在一定程度上承认了这种权利。他规定，第三等级的代表人数应等于第一、第二等级人数的总和。国王的让步，自然被平民推论为他们将在1789年的三级会议上发挥最重要的政治影响力。

1788—1789年冬天选举出的第三等级代表，幸运地拥有了两位能干的领导人——米拉波和西耶斯，两位或在官职上，或在出身上，属于上层阶级，但他们很乐意被选为非特权阶级的代表。有了这样两位领导，很难想象，第三等级还会在将来温顺地扮演微不足道的角色。

米拉波（1749—1791）的父亲是个心直口快但心地善良的老侯爵，他在教育孩子方面不太成功。年轻的米拉波曾经任性难管，肆意妄为，他的父亲多次向国王请求，希望监狱能克制他的坏习气。

从监狱出来的米拉波很快又再次坠入新的深渊，最终，他在法国大革命中找到了机会，表达了他对宪政的真切信仰，也为他那近乎超人般的精力提供了一个宣泄口。他从三级会议召开到1791年去世为止，一直是法兰西最突出的人物之一。疾病和监狱，把他壮硕的身体掏空了一半，他浓密杂乱的眉毛和大脑袋让人印象深刻，看上去有些邪恶狰狞。他能很快找出问题并给出解决方案，还拥有震撼人心的演讲天赋，这些都是无人能敌的。

相比之下，神父西耶斯（1748—1836）的魄力稍逊一筹，但更老练圆滑，对于基督教和神职事务并不怎么投入，反而积极关注时下的怀疑与批判哲学，以及实践中的政治和外交术。在三级会议召开前夕，正是西耶斯的小册子为第三等级提供了施政纲领。"第三等级是什么？"西耶斯问道，"是一切。它在迄今为止的政治秩序中是什么？什么也不是！它要什么？要获得地位！"

1789年5月，三级会议在凡尔赛召开，而此时第三等级的地位仍未正式确立。国王用浮夸的仪式和苍白的讲话接待了他的顾问们，但国王和整个宫廷只打算聚焦财政事务的意图很快就暴露了出来，体制还是照旧，三个等级因此"按等级"投票，即分开投票，因而第三等级尽管代表人数翻倍，依然是以一票对特权等级的两票。绝大多数贵族和大部分教士，尤其是高级教士，对此举双手赞成。而另一边，平民开始提出，将三级会议合并为一个整体，每位成员一票，这种"按人头"投票的方式标志着真正的代表制在法兰西建立。平民等级还提出，议会应立即考虑对整个政府进行大改革，以拉法耶特为首的一些自由派贵族和大批教士，尤其是教区神父赞同平民等级的观点，民意也无疑倾向于这边。

1788年，农作物歉收，随之而来的是异常严酷的寒冬。农民陷入极度悲惨的困境，城市食物短缺，巴黎尤甚。人民的苦难日益严峻，这为平民等级所提的要求增添了最具威胁性的砝码。

谈到宪法问题，由于担心会对政治和社会造成重大影响，双方争执了一个月。国王优柔寡断，不愿得罪任何人。但是，特权等级不妥协的态度和朝廷重臣的犹豫不决最终将事态推向了极致。1789年6月17日，第三等级庄严宣布成立国民议会。三天后，当第三等级代表来到凡尔赛宫的大厅时，他们发现大门被锁上了，门口还有军队把守，他们被告知大厅正在修理。显然，国王终于准备亲自介入这场争论了。接着，平民掀起了一场名副其实的革命。在米拉波和西耶斯的领导下，他们来到附近一个大型公共建筑，这里被当作马场或网球场。怀着强烈的兴奋之情，他们伸出手，以"国民议会"成员的身份宣誓，在为法兰西起草出一部宪法前绝不解散。"网球场宣誓"是法国大革命真正的开端。未经国王批准，其实是在公然违背王命的情况下，仅仅经过国民代表宣告，古老封建的三级会议就转变为了国民议会，职责是为法兰西建立宪政。"网球场宣誓"宣告了绝对主义神权君主制的终结，以人民意愿为基础的君主立宪制由此开始。

在这种情况下，国王会做什么呢？他可以用武力镇压叛乱的平民，但他的财政问题恐怕就无法解决了，法兰西人民也不会容忍这种行为，还很可能导致一场毁灭性的内战。留给他的唯一一条路，就是打虚张声势牌。他无视"网球场宣誓"，以威严的姿态命令三个等级分开坐，"按等级"投票，但平民们并没有被吓倒。如今，很多教士和一些贵族也加入其中，公开叫板王权。他们用米拉波振聋发聩的话语表达了他们的反抗："我们按照人民的意愿来到这里，除非刺刀在喉，否则绝不离开。"软弱但心眼不坏的路易十六立刻默许了。"网球场宣誓"事件过去正好一周，路易十六撤销了他先前的法令，命令三个等级坐在一起，"按人头"投票。

1789年7月1日，大革命第一阶段完成。贵族、教士与平民一起开会，三级会议变成了国民制宪议会。然而目前，两个重要问题尚未解决。第一，议会如何确保国民自由不受王室阴谋和武装部队的破坏？第二，议会的改革将朝向什么方向发展？

很快，王室自己给出了第一个问题的答案。早在7月1日，王室军队从各要塞沿东部边境逐步向巴黎和凡尔赛进发，显然，国王想震慑国民议会，让其更加听话。国民议会以庄严的口吻要求遣散王室军队。国王断然拒绝，并罢黜了受人民欢迎的财政总长内克。（内克曾在1788年恢复财政总长的职位。）接下来，巴黎人民拯救了国民议会（7月9日改为制宪议会）。

巴黎人民在真实需求的推动下，本能地感到自己的目标和制宪议会是一致的。一位名叫卡米尔·德穆兰（1760—1794）的优秀记者，以一番颇具说服力的慷慨陈词，鼓动巴黎人民迅速武装起来。连续三天，这座城市一片混乱。商店被抢，王室官员遭驱逐，商业陷入停滞。第三天，1789年7月14日，乱民涌向巴黎东部，那里矗立着阴郁的王室堡垒和巴士底狱。虽然自路易十六继位以来，巴士底狱就没再关押过政治犯，但它仍然被视为波旁王朝专制的象征和对巴黎自由的严峻威胁。如今，人民要占领它，将其中的武器弹药用于保卫制宪议会。巴士底狱的卫戍部队人数少，气势弱，补给不足，王室官员又优柔寡断。几个小时内，乱民便占领了巴士底狱，卫戍部队中的一些瑞士雇佣军被屠杀。

巴士底狱陷落，这是大革命进程中的第一次严重暴动。它明确无误地表明：人民支持制宪议会，而不是国王。这次事件为议会法令注入了力量。不仅如此，巴黎几乎独立于王权控制，因为骚乱期间，杰出的公民已经自行组织起自己的政府和军队。新的地方政府——所谓"公社"——由巴黎各区的民选代表组成，他们曾选举代表出席三级会议。这本身就是市政府的一场革命：用民选官员代替王室代表和陈腐的行会代表。公社的权力由一支在民众中征集的民兵保护，称国民自卫队，公社很快便招募到四万八千名新事业的支持者。

巴士底狱的陷落是再明显不过的标志，连路易十六都明白。他立即撤回王室军队，召回内克，承认巴黎新政府，明确任命自由派的拉法耶特领导国民自卫队。他亲自探访巴黎，对他无法阻止的一切赞赏了一番，并戴上红白蓝三色帽徽——红色和蓝色象征首都巴黎，白色象征波旁王朝——这三色是法兰西新的国家代表色。法国人至今仍然把7月14日——巴士底狱陷落纪念日，作为法国独立日来庆祝。

在一段时间里，改革似乎可以畅通无阻地进行下去。制宪议会的自由有了支持和保证。巴黎平静了下来，重新进入相对安定的状态。国王显然已经汲取了教训，但改革者的胜利未免来得太容易了。路易十六或许庄严地宣了誓，戴了奇怪的帽徽，但他的性格本质上依然懦弱。他的好品质——心地善良、疼爱妻子、忠于朋友——继续被滥用。王后极力反对制宪议会的改革政策，憎恨任何削弱王权的行为。她的一帮宫廷朋友和宠臣，享受惯了丰厚的津贴和多彩的娱乐活动,对于生活质量下降非常不满。廷臣和王后联合起来,利用了好品质的路易十六。这种情况下,懦弱的国王会怎么做呢?他完全沦为了身边人的工具。

结果,王室重新密谋武力对抗顽固的议会代表和他们的盟友——巴黎人民。这一次,他们计划将王室军队从佛兰德斯的要塞召回。1789年10月1日晚,凡尔赛的近卫军长官准备了晚餐,款待前来的士兵,他们大口喝酒,高唱保王党歌曲。这次"狂欢"的消息像野火般蔓延到巴黎,在这里,饥荒和苦难比以往任何时候都更甚。这座城市在忍饥挨饿,而凡尔赛却在大快朵颐。人们相信,新的军队出现在凡尔赛,不仅会终结制宪议会的独立性,还会让巴黎继续食不果腹。于是巴黎人民更激动了。

10月5日,一个从未见过的奇怪场景出现了。穷困潦倒的巴黎妇女排成长列,其中还有些男扮女装的人,她们因恐惧、饥饿和愤怒而骚动,以树枝和棍棒为武器,高喊着:"面包!面包!面包!"妇女们散乱地沿着十二英里的公路向凡尔赛进发。她们要去向国王索要面包。拉法耶特和他的国民自卫队,无力或不愿镇压巴黎的骚乱,远远地跟在去凡尔赛的妇女们后面。

当拉法耶特到达王宫时,妇女们已经将王宫包围了起来,她们咆哮咒骂,喊着要么给面包,要么拿命来,只有从佛兰德斯赶来的王室军队的坚硬的刺刀阻止了她们对王宫的入侵,但即便这些正规军也渐渐支撑不住了。拉法耶特立即出面挽救局势。他命令王室军队返回驻地,自己的军队接下艰巨任务:保卫王室的财产和生命,为妇女们提供一夜的食宿。可即便他采取了各种防御措施,这依然是疯狂的一夜。街道上骚乱不断,在破晓前不久,一群乱民一度闯入王宫，摸索到了王后的寝宫。可恨的玛丽·安托瓦内特匆忙逃走了，不过她的私人近卫军中有好些人在混战中被杀了。

10月6日早上，拉法耶特安顿好人群，向他们保证会提供食物，关键时刻，在宫殿的阳台上，王室成员——国王、小王子、小公主和王后，出现在拉法耶特身边，全都戴着三色帽徽。乱民们安静了下来。这位受人尊敬的将军俯下身，殷勤地轻吻了玛丽·安托瓦内特的手，人群大声欢呼。显然，连王后也加入了大革命。巴黎人很高兴，准备打道回府。

相比前一天来时的旅程，10月6日从凡尔赛回巴黎的旅程更奇特，也更有意义。妇女、国民卫队、骑着白马的拉法耶特和一群贫民仍然还在，但这次，人群中多了一辆笨重的马车，里面坐着路易十六和他的妻儿，因为巴黎人坚称，不应再让国王自由地待在凡尔赛无人监视，任其在那里策划对抗法兰西人的阴谋。队伍中一直回荡着这样的呼声："我们有了面包师和他的妻子，还有个小厨师，现在可以吃上面包了。"于是，路易十六永远地离开了气派恢宏的凡尔赛宫，来到了巴黎寒酸的住所。

巴黎又一次从王室威胁下拯救了制宪议会，制宪议会立即跟着国王迁至巴黎，以偿还欠巴黎的人情债。1789年10月之后，革命的舞台和动力不在反动的凡尔赛，而在激进的巴黎。

"巴士底狱陷落"和"妇女进军凡尔赛"是两次生动的事件，确保了制宪议会的独立性不受王室武装部队和其他阴谋的破坏。与此同时，针对我们前面提出的另一个问题——"议会的改革将朝向什么方向发展？"广大人民已经给出了答案。

自从三级会议召开后，国家的日常行政工作就陷入了停滞。人民期待大变革，拒绝支付传统的税收和关税，国王出于对制宪议会和人民起义的恐惧，不敢贸然动用武力强制征税。

地方官员不知道该听命于制宪议会还是国王。制宪议会在一段时间内都忙于宪法问题，忽视了规范地方政府，国王又总是畏首畏尾。所以，在1789年夏天，旧制度下的机构在法兰西各地接连消失，因为人民不愿保留它们，政府也无力将其实施下去。7月的巴黎起义和巴士底狱陷落释放了信号，类似的行动也在其他地方发生：其他城市和城镇也用新的民选官员代替旧王室和行会代表，并组织起自己的国民卫队。与此同时，人民的直接行动传到了乡村地区。在大多数省份，被压迫的农民组织起来，袭击或烧毁了可恶的贵族城堡，尤其竭尽全力毁掉了带有封建或奴役色彩的所有权契约。修道院大都遭到洗劫掠夺。一些不走运的领主被杀，其余被赶到了城镇或被赶出边境。在全国性的混乱中，地方政府的旧体系彻底坍塌，督办和省长卸任。旧法院，无论是封建的还是王室的，均停止运作。1789年夏天，法兰西绝对主义正式终结，10月中央政府从凡尔赛转移到巴黎只是确认了这一既成事实。

无论此前制宪议会的改革政策是什么，代表们今后面临的都不再是理论，而是事实。如今，除了纯粹的政府和行政改革，还要进行彻底的社会改革。大革命既要触及政治层面，也要触及社会层面。

2

旧制度的终结：
制宪议会（1789—1791）

三级会议变为制宪议会后，法兰西事实上就成了君主立宪制国家，最高权力掌握在国家的民选代表手中。1789年10月至1791年9月，制宪议会在巴黎召开，力图拨乱反正，从衰败凋零的旧法兰西中塑造一个新的法兰西。任务艰巨，但成果显著。虽然在此期间，制宪议会受到了巴黎民众的不小影响，但过程还是相对和平稳定的，所取得的成果是大革命以来最重要、最持久的。

暂时不考虑恐惧的王室、受惊的贵族和教士、意志坚决的农民和兴奋的市民，也不过分拘泥于时间顺序，让我们把目光聚焦于制宪议会，看看它在1789—1791年这关键的几年主要做了哪些工作。

制宪议会的第一个伟大成果是在法律上摧毁了封建制度和农奴制，这是迈向社会平等的一大步。我们知道，7月时制宪议会仍然在凡尔赛，乡村地区的王室官员已经不再行使职权，在一场场令人震惊的暴动中，农民毁掉了大量城堡。起义和骚乱的消息从各省传来，议员们忧心忡忡。1789年8月4日，一个特别调查委员会呈递了一份长报告，其中讲述了人民起义的惨状，每个人都坚信，应该立即做点什么了。

当制宪议会正讨论发表一份宣言平息动乱时，一位贵族——拉法耶特的亲戚——起身表示，农民攻击上层阶级的财产和特权，是因为这些财产和特权代表了非正义的不平等，解决方法不是镇压农民，而是废除不平等。制宪议会立刻被这番话打动，宣布向各阶级平等征税，废除封建捐税和劳役。接下来的场景几乎前所未见。贵族和教士竞相放弃旧制度赋予的权利，废除狩猎法，撤销庄园法庭，废除农奴制，取消什一税和一切形式的教会特权，停止卖官鬻爵。所有特权，无论属于哪个阶级、城市或省份，都在喷涌而出的狂热中被清除干净。特权大屠杀在8月4日持续了一整晚。一周内，许多独立的措施汇集成令人难忘的"废除封建制"的法令，并在11月获得国王批准。许多改革派大臣多年来费尽心力都没能达成的目标，制宪议会在几天内便完成了，至少理论上如此。这个所谓《八月法令》，承诺要消解法兰西的旧社会。

我们习惯将这些社会巨变归因于特权等级的热忱、慷慨和自我牺牲。热忱是肯定有的，但到底是出于慷慨还是恐惧就难说了。这些贵族和教士第一次真正被农民吓到了，他们的"慷慨"背后很可能是恐慌。同样，想有所牺牲，还得有可以牺牲的东西。而农民已经强制夺取了《八月法令》赋予他们的近乎一切，所以贵族能做的，顶多就是通过法律宣布放弃这些特权。实际上，制宪议会的法令不过是对既定事实一种法律上的统一承认。

此外，贵族或许认为，慷慨地默许农民的第一次要求，就会避免他们得寸进尺。总之，他们积极投身制宪议会的工作（1789年8月5日至11日，议会颁布的一系列法令总体上就是为许多被废除的封建捐税提供某种财务补偿。直到1793年7月，也就是《八月法令》颁布近四年后，所有的封建捐税和权利才得以在无补偿或赔偿的情况下依法废除），以防止更多社会立法出台。议会之外，贵族都不愿意接受特权和财产的丧失：绝大多数贵族表示要抗议并企图煽动内战，当这样的企图失败后，他们便离开法兰西，加入了敌国阵营。

《八月法令》具体由哪些人负责，我们没必要知道，但需要知道"废除封建制法令"是整个法国大革命最重要的成果。自此以后，法令的受益者都是大革命的忠实朋友，受损者都是大革命的强烈反对者。

制宪议会的第二项重大成果是保障了个人权利与自由。法兰西的旧社会和政体正在消亡。新的社会和政体应建立在什么基础上呢？大不列颠有《大宪章》和《权利法案》，美利坚有《独立宣言》，法兰西现在有了《人权宣言》（即《人权和公民权宣言》）。这份文件反映了卢梭的哲学精神，包含了英美宣言的部分条款，是法国大革命的施政纲领，并极大地影响了19和20世纪的政治思想。下面是其中最著名的几句话："人生而自由，权利平等。""自由、财产、安全和反抗压迫是天赋的不可剥夺的人权。""法律是公意的表达。每一个公民皆有权亲自或由其代表去参与法律的制定。法律对于所有的人，无论是施行保护或是惩罚都是一样的。""除非在法律所确定情况下并按照法律所规定的程序，任何人均不受控告、逮捕与拘留。"宗教宽容、言论自由和出版自由得到肯定。人民控制财政，全体国家官员要对人民负责。最后，在议会中占压倒性多数的有产阶级的影响在《人权宣言》的结尾部分显现了出来："财产是不可侵犯与神圣的权利，除非合法认定的公共需要对它明白地提出要求，同时基于公正和预先补偿的条件，任何人的财产皆不可受到剥夺。"

制宪议会的另一大成就是建立了统一的新行政体系。古老混乱的省、各级政府、督办、三级会议省、财政区省、高等法院和执行官辖区被全部废除。国家重新划分为八十三个省，面积和人口大致相同，以自然环境命名，如河流或山脉。各省下分为区、县和市镇——这种划分一直沿用到今天。地方政府的领导不再由国王任命，而由人民选举，赋予民选的地方委员会广泛权力。在全国各地建立新的法院体系，法官和行政官员一样，由人民投票选出。计划统一和简化盛行于各地区的纷繁的法律，不过这项工作直到拿破仑·波拿巴时期才完成。

另一项与制宪议会有关的重大事件是规范公共财政。上文曾提到，财政紊乱是国王召开三级会议的原因。制宪议会初期，紊乱变成混乱，无法强制征收直接税，间接税被废除，无法说服银行家发放新贷款，为了将国家从破产中拯救出来，制宪议会只能采取孤注一掷的手段。为获得资金，制宪议会强力打击了旧制度的主要支柱之一——天主教会。我们知道，教会至少拥有法兰西五分之一的土地，如今，制宪议会决心没收这些富饶的教会领土，用它们作为发行纸币——指券——的担保。作为大规模没收教产的部分补偿，国家向教士支付固定薪资。就这样，只用了一招，国家的财政压力就解除了，教会丧失了权力的重要来源，教士对新秩序产生了依赖。但是纸币越发越多，渐渐超出了担保的价值，这给国家带来了新的麻烦，不过目前，最大的危机已经过去。

制宪议会针对教会的政策和法案或许是大革命中效果最差但最致命的成果。不过，这些政策法案很难不这么激进。教会似乎与旧绝对主义的法兰西的命运密不可分；教士是一个享有特权的阶级，而制宪议会的领袖和绝大多数成员又都信仰时下的怀疑主义、自然神论和反基督教哲学思想。1789年11月，教会财产被没收。1790年2月，修道院和其他宗教场所被废除。4月，宣布了绝对宗教宽容政策。1790年8月，《神职人员民事组织法案》颁布，据此，裁减后的主教和神父组成民事机构：由人民选举，国家支付薪水，脱离教皇的统治。12月，在制宪议会的逼迫下，国王勉强同意签署一项法令，强制所有教士庄严宣誓，遵守《神职人员民事组织法案》。

教皇已经对没收教会财产和驱逐修士的做法提出了抗议，现在更是谴责《神职人员民事组织法案》，并禁止天主教徒宣誓效忠。由此，双方展开直接对峙。宣誓的教士被教皇绝罚，拒绝宣誓的教士失去工资，还面临吃牢饭的威胁。此前，大多数低级教士无疑是同情大革命的，他们本身很穷，又目睹了农民的疾苦。不过自此之后，他们在自己的信仰和对国家的爱之间，只能二选一了。他们顺从自己的本心，或煽动农民反对革命，或移居国外（不愿宣誓的教士被称为"未宣誓教士"。那些离开法兰西的教士，与贵族移民一起被称为"流亡者"），进而加入对本国事态发展很不满的群体，伺机破坏制宪议会的成果。与世袭贵族一样，天主教会也成了法国大革命的坚定反对者。

就在这些大刀阔斧的改革和变革中，制宪议会正稳步起草一部成文宪法，这部宪法明确规定了政府机构及其职权，定义了新的君主立宪制。1791年，宪法完成，国王签字后——他别无选择——立即全面生效。这是欧洲首部成文宪法，在时间上只比美国宪法晚一点。（美国宪法起草于1787年，于法兰西三级会议召开的 1789 年生效。)

这部宪法名为《1791 年宪法》,和美国宪法一样,规定"三权分立",也就是立法、执法和司法职能分属立法、行政和司法三部门。这个观点曾由孟德斯鸠阐述,并对 18 世纪的法兰西和美国宪法的制定产生了深刻影响。

立法权赋予议院,称"立法议会",其成员通过复杂的间接选举系统产生(即人民投票选出选民,选民再投票选出议员)。资产阶级制宪者对下层阶级的不信任,不仅表现在这种对直接选举的限制上,还体现在投票特权只能由"积极的"公民行使,也就是说只有纳税的公民才有投票权,另外,只有有产者才能担任公职。

名义上,行政权属于世袭国王。在这点上,很多法兰西改革者认为自己是在模仿大不列颠政体,但事实上,他们却使王权的地位连装饰品都算不上了。的确,他们授予国王延迟执行立法机构议案的权力——所谓"搁置否决权",但他们剥夺了国王对地方政府、陆海军和教士的一切控制权,甚至不允许国王的大臣们参加议会。1789—1791 年,王权的影响力在法兰西急剧衰退。

我们对制宪议会工作成果的概述就到这里。从整体上看,其对旧制度造成的巨大破坏令人印象深刻。没有哪个立法机构在同样短的时间内有如此大的破坏力。旧的政体、地区划分、财政系统、司法和法律规范、教会组织,以及最重要的土地所有制形式——农奴制和封建制,全都被摧毁了。但所有的破坏并非出于一时的疯狂,数个世纪以来,它们一直在缓慢而痛苦地酝酿着。陈情书中大量深思熟虑的投诉就预示这一点。导致旧制度崩溃的不仅是议会的法令,也有人民强烈的意愿。

第十四章 法国大革命

3

君主立宪制的实施：
立法议会（1791—1792）和对外战争的爆发

1791年，在公众的热烈欢呼下，君主立宪制正式实施。许多人认为，法兰西正迈入一个和平与繁荣的新纪元。然而，对新制度的成功怀抱过大希望的人们，注定要很快陷入巨大的失望之中。新政府遇到了各种各样的困难，人们在情绪和行为上越发走向极端，仅一年，君主立宪制就让位于共和制。共和制的建立是法国大革命的第二个重要阶段。为什么共和制是可能的，甚至是不可避免的？我们审视一下1792年法兰西的政治情况便可知晓。1792年是君主立宪制的试验期，也是向共和制的过渡期。

并非所有法兰西人都愉快而安心地接受了制宪议会的工作成果。一些异见者认为议会做得太过，而另一些认为做得还不够。前者被称为"反动派"，后者被称为"激进派"。

反动派包括大量旧的特权贵族和未宣誓教士。贵族大多是在暴力萌芽之初就离开了法兰西——大概在巴士底狱陷落和各省农民起义的时候。许多神职人员也同样背井离乡，因为议会的反教权措施使他们无法再遵循信仰的指引了。这些人被称作反动流亡者或"叛乱分子"，他们聚集在北部和东部边境，尤其是在莱茵河上的科布伦茨。他们拥有一位颇具影响力的领导人——国王的弟弟阿图瓦伯爵。他们通过报纸、小册子和阴谋不断煽动人们反对新政权，他们渴望拿回自己的特权和财产，希望将一切尽可能恢复到1789年之前的状态。

反动派在国内也不乏支持者。据说，在巴黎被严密监视的王室，支持反动派的行动。制宪议会最能干的领导米拉波一直劝说国王接受大革命的改革，不要支持边境外的骚动。万一国王在巴黎待不下去了，米拉波建议国王撤至法兰西的西部或南部，在那里集结保王党。但不幸的是，心力交瘁的米拉波在1791年4月过早地离开了人世。仅仅两个月后，王室就把米拉波的警言抛之脑后。路易十六和玛丽·安托瓦内特企图摆脱巴黎人的监视，他们乔装打扮后，逃出首都，径直前往东部边境，显然是要与流亡者会合。在边境附近的瓦雷纳，逃亡的王室被认出，并被遣返回巴黎，自此，巴黎对他们而言不再是首都，而是监狱。虽然路易十六随后庄严宣誓，遵守宪法，但民众对他的支持已经伴随着他失败的逃跑而消失，他的妻子——那个讨厌的"奥地利女人"，被严重怀疑与流亡者及外国政府暗中勾结。人们对玛丽·安托瓦内特的憎恨之情达到空前高度。国王最大的弟弟普罗旺斯伯爵在逃跑方面比国王成功，1791年6月，他躲过侦查，与阿图瓦伯爵在科布伦茨会合。

如果反动派只限于流亡者和王室的话，是不太可能制造出什么大麻烦的。然而，他们在国内也获得了众多民众支持。制宪议会里有一个小群体支持他们的观点，为了妨碍制宪议会的工作，他们往往会提出最不切实际的政策。保守的声音还存在于大城市的上层和富裕阶层。在法兰西西部一些地区，尤其是布列塔尼、旺代（普瓦图）和安茹，农民对大革命存在敌意：对天主教的极度虔诚让他们受到未宣誓教士的影响，对城镇居民的阶级敌意也让他们相信，资产阶级推动的大革命本质上是对资产阶级有利的。在1791—1792年，旺代骚乱频发，最终此地公然爆发了针对激进派的叛乱。

相比反动派的叛乱，对1791年的政治局势威胁更大的是激进派——那些认为大革命还不够彻底的人。城镇的贫苦工人与资产阶级间的利益冲突，是这场激进运动爆发的真正原因。后者有头脑、有财富、受过教育，他们在制宪议会中占有压倒性的席位；前者身份低微、穷困潦倒、蒙昧无知，但他们构成了城市人口的主体，尤其是巴黎的。他们不仅意识到了自己的悲惨境遇，还横下心来要改善这种境遇。这些所谓"无产阶级"，虽然在制宪议会中没有直接代表，却天真地期望能从这个机构的工作中获得最大利益。在一段时期，资产阶级和无产阶级合作无间：资产阶级在制宪议会推进改革，无产阶级用武装暴力维护制宪议会的自由；他们都参与了攻占巴士底狱、建立公社，以及将政府从凡尔赛搬到巴黎的行动。只要面临共同的大敌——王室和特权阶级，他们就能亲密合作。

可是，当大革命第一阶段结束，王权被成功削弱，贵族和教士的众多特权被废除后，两个旧日盟友——资产阶级和无产阶级——之间的裂痕就凸显出来了。制宪议会的各种改革议案都是由资产阶级制定的，他们在这些改革中获得的利益远远超出了其他阶级。旧的王权和封建限制的废除，这刺激了他们的贸易和工业发展。增加的财富也让他们得以收购违法流亡者的地产以及被没收的教会土地。他们还有效控制了中央和地方政府的所有部门。当然，农民也获益不少，但比起资产阶级还是小巫见大巫。在法兰西所有阶级中，城市无产阶级似乎是获益最少的。诚然，书面文件理论上保证了他们的某些"权利与自由"，但又为他们的物质财富做了什么呢？他们没有得到任何财产，挣钱糊口方面也没有变得更轻松。到了1791年，他们改善境遇的希望似乎与1789年一样渺茫，因为资产阶级制宪者规定，只有纳税人可以投票，只有有产者可以担任公职。从此，无产阶级直接参与执政的机会被切断，他们不再怀疑，在大革命第一阶段，他们只是换了一批主人，资产阶级踩着贵族和教士上位，而他们自己依然遭受着践踏与压迫。彻底改革宪法，制定代表无产阶级想法的激进法律，成了无产阶级的方针。如果其他手段都失败了，他们将不惜采用暴力以达到目的。

并非所有资产阶级都完全赞同1791年的解决方案，但少数有思想有名望的资产阶级选择与无产阶级结盟。或许大多数时候，资产阶级唾沫横飞地谈论自己对"人民"的爱，为他们的悲惨遭遇痛哭流涕，对他们做出各种选举承诺，都是出于自私的个人野心。但也有些真诚无私的资产阶级，他们信奉卢梭极端的民主理论，被底层人民的悲惨境遇深深触动。正是在这些人的领导下，无产阶级变得越发激进，最后试图以武力在法兰西建立民主制度。

激进运动以巴黎为中心，如今王室住在这里，立法机构在这里开会。为了恐吓前者并控制后者，激进运动通过煽动性报纸、粗制滥造的小册子和激烈的演讲在1791年和1792年间迅速发展。在革命"俱乐部"的支持下，激进运动推进的速度更快。

这些俱乐部是政治和社会骚动的集中地。它们起源于"饮食俱乐部"，一些代表因为想要一起吃饭而在凡尔赛组建了这种俱乐部，随后这个概念不断发展，到了1791年，巴黎几乎所有咖啡馆都成了政治家和爱国者们聚集的地方。虽然一些俱乐部是绝对的立宪派，有些甚至是公然的反动派，但更多的、影响力更大的还是激进派俱乐部，比如科德利埃俱乐部和雅各宾俱乐部。前者以"人权和公民权之友社"之名组建起来，建立之初就非常激进，招募的成员是巴黎最重要的革命分子。后者成立之初是"宪政之友社"，早期成员有米拉波、西耶斯和拉法耶特，但后来在罗伯斯庇尔的领导下，转型为一个与科德利埃俱乐部同样激进的组织。有趣的是，两个激进派俱乐部的大名均来自修道院，因为他们经常在这两个被没收的修道院里开会。

激进运动从巴黎辐射到全国各地。小册子和报纸是散播消息的广播。雅各宾俱乐部与法兰西其他城镇的分支俱乐部或兄弟社团定期通信。全国各地的激进派都为同样的热忱所激励，都有杰出的组织协助。

在激进派的主要领导人中，这里主要介绍三位——马拉、丹东和罗伯斯庇尔。无论从出身还是所受的教育来看，他们都属于资产阶级，但他们成了无产阶级的喉舌。在后来大革命的一系列事件中，他们都扮演了重要角色。

如果马拉（1742—1793）从未对政治产生过兴趣，也没有在大革命中受人瞩目，那么他或许会成为历史上的一位科学家或文学家。他曾是一名医生，因为精湛的医术和对物理学的贡献，他获得了苏格兰圣安德鲁斯大学的名誉学位。有段时间，他曾一度为阿图瓦伯爵效力。三级会议的召开将他的注意力转向公共事务。他在多本小册子中激烈批驳当时盛行于法兰西的一种观点：国人应该采用类似于大不列颠的宪政。旅居大不列颠的几年里，他看到那个国家正被寡头政治统治，虽然这种政治采用了自由形式，表面上代表国家，实际上却借用权势促进狭隘的阶级利益。他认定，真正的改革必须惠及全体人民，并且只能通过人民的直接行动来实现。1789—1792 年，作为《人民之友》主编的他，始终让这一简单明了的信息出现在报纸的字里行间。他以激烈的言辞攻击王室、教士、贵族甚至资产阶级的议会。他不依附任何党派，也没有细致的方针，为了这项使命几乎牺牲了一切。贫穷、痛苦或迫害都不能封上他的嘴。他被迫藏匿于地窖和下水道，因此染上了皮肤病，却仍狂热地呼吁巴黎人民把命运掌握在自己手中。到了 1792 年，马拉成了当局恐惧和憎恨的人，也成了巴黎民众热爱和尊敬的人。（1793 年 7 月 13 日，一个名叫夏绿蒂·科黛的吉伦特派狂热分子刺杀了马拉。）

丹东（1759—1794）和马拉一样激进，但表现得更像政治家，他被称作"资产阶级里的米拉波"。丹东是农民的儿子，他学过法律，获得了御前会议的律师一职。大革命爆发前，他不仅是著名的青年律师，还是一个主张自由主义、喜欢读书，拥有幸福家庭生活的人。和米拉波一样，他也拥有强健的体格和洪亮的声音，是一位高超的辩论家和有说服力的演说家；但与米拉波不同的是，在将观众的热情激发到最高点时，他自己却始终冷静自持。与米拉波一样，他并不关注自己阶级的福祉，而是热衷为下层阶级争取利益：贵族阶级的米拉波投身于资产阶级的事业，资产阶级的丹东投身于巴黎无产阶级的事业。在米拉波的帮助下，丹东在大革命初期崭露头角，并开始热忱拥护真正的民主。1790 年，他与马拉、卡米尔·德穆兰一起创立了科德利埃俱乐部，在1791—1792年领导俱乐部进行了反抗王室和君主制的活动。作为巴黎公社一位有影响力的成员，他极力煽动民意支持共和主义。丹东是个粗人，胆子很大，但他既不贪污腐化也不残忍嗜血。

马克西米连·罗伯斯庇尔（1758—1794）没有丹东那么务实，比马拉更远离无产阶级，但他所具备的品质使他成为倡导民主与共和的最杰出的代表。罗伯斯庇尔是爱尔兰一个资产阶级家族的后裔，曾是卡米尔·德穆兰在巴黎大学法学院的同学，他曾在家乡阿拉斯城从事律师工作，且小有成就。他被任命为刑事法官，但因为无法忍受死刑而很快辞职。在密友圈中，他是有名望的作家、演说家和花花公子。1789年，他入选第三等级代表，与那个群体最极端的激进派——米拉波轻蔑地称呼他们为"三十个声音"——坐在一起。罗伯斯庇尔把卢梭的著作一页不落地读完了，并对这位哲学家的教义深信不疑，到了可以为之付出生命的地步。他相信，他们终将成功，一定会让法兰西和全人类重获新生，带着此种信仰，他准备好努力奋斗。由于在制宪议会中缺少支持者，米拉波的性格又过于强势，罗伯斯庇尔无法在制定新宪法的问题上施加过多影响力，因此，他开始转头寻求巴黎人民的支持。他随之成为雅各宾俱乐部的成员，在1791年俱乐部较为保守的成员退出后，他成了领导者。自此，雅各宾俱乐部成为建立社会民主（尽管直到1792年8月，俱乐部才致力于共和主义）最有效的工具，罗伯斯庇尔则是传达神谕的祭司。罗伯斯庇尔从来不是一个现代意义上的煽动者：他一直是地地道道的绅士和有修养的人，诚挚而真实。虽然费尽心力为无产阶级谋取"权利"，但他从未迎合过他们的品味，直到生命的最后一天，他仍然穿着旧社会长及膝的短裤和长筒丝袜，戴着假发。

现在我们能明白为什么君主立宪制失败了。没有伟大的领导人来指导它，引导它通过狭窄的海峡，它注定要在反动派和激进主义的夹缝中求生存。面对罗伯斯庇尔、丹东和马拉这些无畏而坚定的攻击者，它束手无策。

1791年10月1日，随着第一次立法议会召开，新政府成立。问题随即出现。立法议会成员对议会程序毫无经验，因为已退休的制宪议会有一条不幸的自我禁忌条例（罗伯斯庇尔提出的）：禁止制宪议会任何成员进入新议会。立法议会代表们的观点五花八门，他们慷慨陈词，彼此争执不休。此外，立法议会很快与国王发生了冲突，国王试图利用宪法赋予的搁置否决权阻碍议会的活动。与这些问题交织在一起的，还有旺代农民起义引发的群众骚乱、流亡贵族和未宣誓教士在东部边境发出的愤怒威胁、巴黎无产阶级和其他大城市不间断的暴动。

尴尬的外国局势令本就困难重重的君主立宪制变得更加举步维艰。不要忘了，所有重要的欧洲国家现在依然严守着旧制度的社会体系，除大不列颠外，都信奉神权君主制。法兰西以外的地方，目前尚未出现"民意"这样的东西，当然，下层阶级也没有显示出任何支持革命的迹象。只有大不列颠出现了君主立宪制，法国大革命初期，不列颠人骄傲地认为，他们海峡对岸的邻居正在努力模仿他们的政治体系，因而对革命进程是支持的。但当大革命明显越走越远，旨在实现伟大的社会平等，成为一场代表社会底层阶级的群众运动时，就连大不列颠也对其展开了攻击。1790年年末，埃德蒙·伯克在法兰西发表了《对法国大革命的反思》，对革命的新趋势法发出尖锐责难，对保守主义极尽赞美之词。虽然许多强有力的思想家很快逻辑清晰地反驳了伯克的轰动之作，其中便有杰出的托马斯·潘恩，不过，伯克的著作长期以来被认为是大不列颠官方恐惧社会平等和"群众暴动"的经典表达。这本著作同样得到了欧洲大陆君主的支持，他们视其为对自身立场的有力辩护，俄罗斯的叶卡捷琳娜二世赞扬了作者，波兰的傀儡国王高度赞扬了他并赐予了一枚奖牌。此后，欧洲的君主、贵族和教士将法国大革命视为是对其政治和社会特权的威胁：如果大革命传到下层阶级，或将对欧洲造成与法兰西一样大范围的严重破坏。"开明专制君主"真诚希望能造福人民，但他们一想到，人民如若要造福自己会做出些什么，就感到不寒而栗。

有些欧洲君主之所以对大革命的进程惴惴不安，是有特殊理由的。西班牙和两西西里王国的波旁家族与法兰西统治家族一脉相承，后者的权力有任何削弱，都定将对前者的国内地位和国外政策造成灾难般的影响。另外，法兰西王后玛丽·安托瓦内特来自奥地利哈布斯堡家族，她的家族利益一定程度上处于危险之中。在奥地利，有远见但不切实际的约瑟夫二世于1790年去世，玛丽·安托瓦内特的另一个哥哥继位——精明能干而情感淡漠的皇帝利奥波德二世。利奥波德二世巧妙摆脱了前任君主留给他的国内外窘境，然后把目光转向法兰西事务。妹妹不断向他发出疯狂的呼吁，恳求他协助路易十六对抗革命分子。他曾艰难地镇压过奥属尼德兰的起义，他知道这里充斥着大革命的教义，很多居民希望并入法兰西。作为神圣罗马帝国的首领，他必须将革命动乱清除出德意志，保护边境省份不受法兰西入侵。所有这些原因让利奥波德二世成为旧制度在欧洲的最大支持者，也顺便成为法兰西保王党事业的最重要支持者。

如今，皇帝碰巧在普鲁士找到了一个古怪的盟友。1786年，腓特烈大帝去世，普鲁士王位传给了一个明显能力较差的统治者——腓特烈·威廉二世，他不仅纵情享乐，而且宗教热忱异常高涨。他忽视了腓特烈·威廉一世和腓特烈大帝尽心竭力建立起来的卓越的军事机器，把大笔财富挥霍在艺术、宠臣和情妇身上。他极端的新教正统观念弄得国家疲惫不堪。外交事务上，他一反前任君主富有远见的政策，与奥地利结盟，致使普鲁士沦为德意志的二流国家。1791年8月，腓特烈·威廉二世与利奥波德二世共同发表《皮尔尼茨宣言》，大意是，两国君主把恢复法兰西的秩序和君主制视为有利于"所有欧洲君主共同利益"的目标。这份宣言不过是虚张声势，因为德意志盟国的军队尚未做好战争准备，但其中义正词严地表达的意图——外国专制君主将干涉法兰西的国内事务——激起了法兰西爱国者和革命者极度强烈的仇恨。

与虚张声势的奥地利和普鲁士君主打仗，这是法兰西几个重要派系求之不得的。玛丽·安托瓦内特和她的宫廷党羽逐渐认识到，战争有助于他们的反动事业。如果盟军获胜，法兰西的绝对主义将在武力下恢复。如果法兰西获胜，将有助于王室的声誉，使他们能借助宪法恢复权力。同样，立宪派也支持战争，他们是拉法耶特领导的资产阶级党派，忠诚拥护1791年的政治解决方案。军事成功可以团结法兰西人民，巩固宪法的地位，同时拉法耶特期望获得战无不胜的指挥官这一个人荣誉。最后，绝大多数激进派也呼吁战争。在他们看来，自由君主制似乎会因此而彻底垮台，法兰西会因此而建立共和国，欧洲的民主原则也会因此而取得全面胜利。为什么不煽动所有欧洲人民反对他们的君主呢？法兰西的事业应该是欧洲的事业，法兰西应该成为新制度的传教士。

所有这些国内外重要问题，最终都要由立法议会来解决，可它代表的政治观点却是五花八门。七百名成员中，有四百名没有党派立场，他们根据个人好恶独立投票，其他议员则分为斐扬派和雅各宾派两个阵营。斐扬派属于立宪派，总体上支持1791年的政治解决方案，但倾向于加强王权，他们是议会中的保守派。雅各宾派得名于巴黎的著名俱乐部，他们是激进派，许多人暗中怀有共和情结，所有人都希望进一步削弱路易十六的宪政权力。不过，在王权应该如何削弱的问题上，雅各宾派又分成了两派。人数较多的一派，由于其中最主要的成员来自吉伦特省，因此统称为吉伦特派。他们的观点是，应该明确证明现有政府的无能之后，再进入革命的下一阶段。他们主张战争，认为这是羞辱现有君主政体最有效的手段。雅各宾派中人数较少的一派，大都来自巴黎，倾向于不冒险打仗，而是主张通过直截了当的民众行动对君主制体系进行彻底的改革。由于后来这一小撮人在国民公会中坐在较高的凳子上，因此被称为山岳派（这个名字直到1793年才开始普遍使用），他们代表了马拉、丹东和罗伯斯庇尔等人的总体观点。

在立法议会的各党派或团体中，组织最严密的是吉伦特派。其成员主要从各省招募，他们年轻、热情，怀抱着从古希腊和古罗马共和国借鉴的宏大但有些不切实际的思想。他们有教养、口才好、热爱祖国。巴黎律师布里索（1754—1793）是他们崇拜的领导人和组织者。韦尼奥（1753—1793）是他们中有涵养、有说服力的演说家。他们有优秀的学者兼哲学家孔多塞（1743—1794），有一流的军事天才迪穆里埃（1739—1823）。才华横溢的罗兰夫人（1754—1793）把自己雅致的家贡献出来，作为他们讨论政治的理想据点。

在国内事务上，立法议会几乎一事无成。一切事务都让位于对外战争问题。斐扬派和吉伦特派发现彼此意见竟出奇地一致。只有马拉和罗伯斯庇尔反对战争，担心这样下去会造就一个军事独裁者。马拉在《人民之友》中发出警告："我们这些信奉自由的人，对成功的恐惧甚于对失败的恐惧，这让我们备受折磨……我们害怕某位将军在胜利后加冕为王，然后领导凯旋之军进攻首都，成为专制君主。"但是，极端激进派的忠告没有什么用。

狂热的吉伦特派控制了政府，要求利奥波德二世把奥军撤出法兰西边境，并将流亡者驱逐出神圣罗马帝国的领土，但皇帝对此无动于衷，于是1792年4月20日，吉伦特派大臣说服路易十六宣战。拉法耶特任最高指挥官，法兰西人准备奔赴战场。虽然利奥波德二世碰巧在这时候去世了，但他的儿子兼继承人——皇帝弗兰茨二世——继承了他的政策。弗兰茨二世和普鲁士的腓特烈二世很快在科布伦茨召集起一支八万人的军队，准备入侵法兰西。1792年的战役，只是二十三年后肆虐整个欧洲大陆的大战的第一阶段，是革命与反革命力量较量的开始。

法兰西人充满热情。他们感到自己在为一项事业而战——为自由、平等和民族主义而战。男人戴上红色的自由帽，没有武器的就带着长矛赶赴前线。从马赛来的军队唱着新的自由赞美歌来到巴黎，这是鲁热·德·利尔刚刚在斯特拉斯堡为法军谱写的歌——鼓舞人心的《马赛曲》，未来的法兰西国歌。但热情大概是法兰西人唯一的资本了。他们的军队无组织，无纪律，补给少，武器差，而要塞又年久失修——拉法耶特的野心比能力大。

战争一开始，法军就节节败退。入侵奥属尼德兰的企图以惨败告终。在东部边境，联军在不伦瑞克公爵的领导下不费吹灰之力就打开了一条通往巴黎的道路。巴黎人群情激愤，人们怀疑王室将军事计划泄漏给了敌人。在接连的失败下，这种怀疑变得越发可信。6月20日发生了一场大规模游行示威。一群市井妇女、工匠、运煤工和瓦工涌向王室住所，一边推搡一边威胁国王和王后。虽然没发生暴力事件，但巴黎无产阶级的怒气已经很明显了。可路易十六和玛丽·安托瓦内特就是不吸取教训。尽管他们一再郑重声明没有通敌，但实际上始终与入侵军队保持秘密联系。国王恳求外国统治者帮助他镇压自己的人民，王后向联军将领提供了法军的作战计划。君主立宪制在战争的压力下运转失灵了。

4

法兰西第一共和国的建立：
国民公会（1792—1795）

1792年7月25日，联军总司令、执拗的不伦瑞克公爵（1735—1806）向法兰西人民发表了一份宣言。他宣称自己的目的是"终结法兰西国内的无政府状态，阻止对国王和教会的攻击，重建法律权威，恢复国王现在被剥夺的安全与自由，使他能再次实施属于他的合法权利"。吃了豹子胆的公爵继续宣称，被俘虏的法军"将被视为敌人，按谋反和扰乱公共和平罪予以处置"，并且，如若任何一位王室成员遭受哪怕一丁点的伤害，他的奥普联军将"对巴黎采取军事打击，并彻底摧毁这座城市，让巴黎体会永生难忘的报复，罪魁祸首将受到应有的惩罚"。这份愚蠢傲慢的宣言决定了法兰西君主制的命运。这是法兰西王室与外国联军结盟的铁证，他们不仅企图阻碍大革命的进一步发展，还妄图颠覆已取得的成果。所有爱国的法兰西人，无论是否支持革命，当时都对外国人威胁干涉本国内政愤怒不已。1792年8月9日—10日的暴动，是法兰西人民给不伦瑞克公爵的答复。

那几天，巴黎无产阶级发动起义反抗自由君主制。他们建立激进的革命公社，取代了资产阶级公社，丹东成为领导人。他们入侵王宫，屠杀瑞士卫队，国王及其家人被迫逃往议会大楼。8月10日，残余的受到恐吓的议员投票罢免了国王，授权全国男性立即投票选出一个国民公会，为法兰西制定一部新宪法。

从8月10日国王停职到9月21日国民公会召开，法兰西几乎处于无政府状态。王室被监禁在阴森的唐普勒监狱。常规政府机关陷入瘫痪。拉法耶特反抗巴黎暴动，向联军投降。

联军依然攻入了法兰西，人们的恐惧上升为恐慌。而国家的最高控制权落入了革命公社之手：丹东成了实际独裁者。激进派面前剩下的唯一安全之路，就是威吓住国内外的敌人。丹东的政策很简单，他说："依我看，阻止敌人的方法是震慑保王党。大胆，再大胆，更大胆！"9月2日，联军入侵凡尔登的消息抵达巴黎，这是首都开始大规模屠杀保王党的标志。连续五天，不幸的保王党被拖出监狱，经由一个自行成立的司法机构裁决后，交给了一群刽子手。不分等级、性别或年龄，无论男人、女人还是小孩，贵族还是地方行政官，神父还是主教——所有被怀疑支持保王党的人都遭到屠杀。据估计，大屠杀的受害者有两千人到一万人不等。

与此同时，丹东向法兰西军队注入了新的生命和精神。迪穆里埃代替拉法耶特成为最高指挥官。9月20日，联军在瓦尔密首次遭遇挫败。

当国家得救、不伦瑞克撤退的消息送达巴黎那天，国民公会召开。在高昂的情绪下，成员一致通过决议，"废除法兰西的王权"；并规定，共和国元年从1792年9月22日正式开始。国民公会对流亡者发布永久驱逐令，很快又决议由国民公会对国王进行审判。

这届国民公会召开了三年（1792—1795），其工作构成了大革命的第二个重要阶段。它的工作本质上分为两个方面：（1）在对外战争中取得一系列重大胜利，从而将大革命第一阶段（1789—1791）令人瞩目的社会改革延续了下去；（2）基于民主原则建立了共和制政体。

国民公会召开之初所面临的难题，或许是历史上任何立法机构都无法与之相比的。（1）决定如何处置被罢黜监禁的国王；（2）组织国防，击退入侵的外敌；（3）镇压国内叛乱；（4）为国家组建一个强大的政府；（5）完成并巩固大革命初期的社会改革；（6）制定一部新宪法，建立永久的共和制度。国民公会孜孜不倦地处理所有问题，并取得了很大成功。在接下来的少量篇幅中，我们将依照上述顺序一一讲述这些问题，不过，很多问题都是公会在同时处理。

在介绍公会的工作前，简单介绍一下这个机构的人员构成。选举理论上实行普选，但实际上，除去漠不关心或遭威逼恫吓的人，实际投票者只占全体选民的十分之一左右。结果，激进派在人数上占据了绝对优势，他们虽然在基本的共和制理念上达成一致，但在细节上产生了分歧。国民公会的右边坐着近二百名吉伦特派成员，包括布里索、韦尼奥、孔多塞和引人关注的托马斯·潘恩。这些人主要代表大资产阶级，思想比行动激进，他们热切渴望一个民主共和国，但同时又不信任巴黎和无产阶级。坐在对面高凳子上的近百名山岳派成员，如今是雅各宾派唯一的成员，他们在思想、语言和行动上极端激进，是卢梭的门徒，成员包括丹东、罗伯斯庇尔、卡诺和圣茹斯特。坐在山岳派和吉伦特派中间的是所谓平原派，公会真正的大多数，他们没有自己的政策或信仰，通常依照形势要求来投票。机智圆滑、左右逢源的神父西耶斯就属于平原派。一开始，平原派可能是偏向吉伦特派的，但随着时间的推移，巴黎人民对于任何反对他们山岳派盟友的言论日益不满，于是渐渐地，平原派认为应该转向左翼了。

国民公会面临的第一个严峻问题是如何处置被罢黜的国王。一个放有贿赂制宪议会成员账目的铁箱子被发现，再加上路易十六在法兰西和外国敌人间充当两面派的嫌疑几乎板上钉钉（在处决国王后，发现了国王向其他国家君主寻求帮助的信件），这位可悲的羸弱君王的厄运已然注定。1792年12月，他接受了国民公会的审讯，以387票对334票被判处死刑。在投多数票的人中，有国王的表亲奥尔良公爵，一个热忱的激进派，被称为"平等的菲利普"。1793年1月21日，路易十六在革命广场（今天的协和广场）被砍头，就在骄奢淫逸的前任君主路易十五被推翻的雕像附近。赴死时从容不迫的姿态，是他统治期间的最佳表现。

与此同时，奥地利和普鲁士的入侵势头已经远去。瓦尔密战役后，迪穆里埃追击撤退的外国军直至莱茵河对岸，并将战争打进奥属尼德兰，那里的大部分人将法兰西人视为拯救者。迪穆里埃轻松进入了布鲁塞尔，很快控制了整个国家。将欧洲人民从旧制度下解放出来，对法兰西而言，这似乎是一项很轻松的任务。

军队轻松战胜邻国后，国民公会有了胆量，计划将自由与改革传遍全欧洲，并于1792年12月颁布了重要法令："法兰西宣布，将所有拒绝自由平等或放弃自由平等的人视为敌人，将希望维持、召回君主和特权阶级，或与之协商的人视为敌人；另外，在共和国军队踏足的领土上，除非人民主权和独立得以确立，除非人民采纳平等原则，建立一个自由民主的政府，否则法兰西不会签署任何条约，也不会放下武器。"

如此一来，法兰西革命分子就是在给全欧洲的君主下战书，把民主和旧制度变得水火不容，他们踏出了危险的一步。虽然许多邻国的人民无疑支持大革命的目标和成果，但较远国家的君主和特权阶级，比如俄罗斯、奥地利、普鲁士，甚至西班牙和大不列颠，仍然被人民的爱国精神和绝对忠诚严密保护着。

此外，1793年1月路易十六被处死，这也加剧了即将到来的严峻斗争的惨烈程度。法国保王党的反应也引发了在旺代爆发的内战。当时最有才干的将领迪穆里埃，因不满当局而投奔了奥地利人。就在这个时候，带着恐惧和仇恨的君主们组成了可怕的联盟，企图推翻法兰西共和国。除了已经参战的奥地利和普鲁士,大不列颠、荷兰、西班牙和撒丁也加入其中。

法兰西再一次处于守势。联军再次占领了比利时和莱茵各省,直指巴黎。1793年春天的局势似乎与去年夏天一样危急。但事实证明,共和制是比自由君主制有效得多的政体。如今,革命的法兰西高唱着《马赛曲》,打着"自由、平等、博爱"的旗号,欣然走上战场。如果外国势力取胜,资产阶级市民在大革命初期获得的社会和经济利益就将受到威胁,因此他们现在为国防工作出钱出力。工匠和农民从大革命的成功中有所得,并期望得到更多,因此他们现在为革命事业奉献出了生命。为伟大理想英勇奉献的精神激励着新兵奔赴前线。

但拯救法兰西的不仅仅是一腔热忱,还有高效的巴黎中央政府。国民公会拥有一流的军事和管理天才卡诺(1753—1823)。卡诺品行高尚正直、英勇无畏、热爱祖国、脚踏实地,他投入到了组织共和国军队的工作中。他一刻不停地忙碌着,准备作战计划和报告,呈递给国民公会,征集义勇军和民兵,训练之后,紧急送往前线。在杰出的财政大臣罗贝尔·兰代(1746—1825)的辅助下,卡诺才得以负担起大批士兵的吃、穿和装备。他亲自视察军队,用谆谆教导赋予他们力量和决心。真正的"全民皆兵",第一次出现在现代历史上。

卡诺的工作与"特派代表"的工作相辅相成,后者是国民公会的激进派成员,负责严密监视法兰西各军队的将领和行动,有权将任何有嫌疑的或者失败的指挥官送上断头台,并且负责向中央政府不断传递军事信息。渐渐地,一群新的、优秀的共和派年轻将领崭露头角，其中最突出的是意志坚定的莫罗（1763—1813）、严苛的皮什格鲁（1761—1804）和英勇的茹尔当（1762—1833）。

就这样，法兰西遇到了曾让路易十四瞠目结舌的庞大的反法联盟。法兰西荡平了外敌，打到尼德兰、莱茵沿岸、萨伏依和比利牛斯山对面，法兰西大获全胜，以至于卡诺的著名头衔"防御组织者"被恰当地改为了"胜利的组织者"。当然，限于篇幅，我们不可能详细讲述1794—1795年的精彩战役。只需要说明一点就够了：当1795年国民公会休会时，第一次反法联盟已经解散。可怜的西班牙国王卡洛斯四世，低声下气地与这个处死他波旁表亲的共和国缔结联盟。根据单独订立的《巴塞尔和约》（1795），普鲁士将莱茵河左岸的控制权交给了法兰西，但而后从波兰身上获得了补偿；荷兰的奥兰治总督威廉五世被罢黜，他的国家变成巴达维亚共和国，与法兰西结盟。法兰西军队全面占领奥属尼德兰及莱茵河沿岸的其他领土。新法兰西在短短两年内，似乎就实现了路易十四一生的追求。只有大不列颠、奥地利和撒丁还维持着与共和国的武力对抗。

不要忘了，共和国在对外作战的同时，也镇压了国内的严重叛乱，这让对外战争的胜利显得更加辉煌。反动派煽动者以反对卡诺征兵为由，在旺代挑起农民起义，企图借此恢复君主制，重建罗马天主教会。守旧派和资产阶级反对巴黎无产阶级的激进主义，在相距较远的重要城市发动了起义和暴动，比如里昂、马赛和波尔多。国民公会官员带着对外作战的认真和决绝，并且更加不留情面，将所有起义和暴乱一举荡平。到了1795年，整个法兰西，除流亡者和秘密谋反者之外，几乎都坦然地接受了这个共和国。

这些令人惊叹成就的真正原因在于国民公会建立了一个强大的中央政府，且该政府实施了恐怖主义政策。

1793年春天，国民公会将法兰西最高行政权委托给一个特别委员会"救国委员会"，共九名（后来是十二名）成员。这个小机构包括了雅各宾派领导人卡诺、罗伯斯庇尔和圣茹斯特，他们秘密行动，指挥国家大臣，任命地方官员，负责全国的行政工作。它受命履行多重职责。此外，它还必须处理外交关系，监督军队，争取法兰西人民的积极支持。它勤勉而有效地开展了各种活动。

救国委员会的国内政策，常被描述为"恐怖主义"，而其在1793年夏天到1794年夏天的主要工作，常被形容为"恐怖统治"。这段时期太过惊悚血腥，许多作家一直以来倾向于将其视为大革命的高潮，并且将"自由、平等、博爱"描述成用鲜血铸就的。然而事实上，恐怖统治只是大革命中不可避免的事件，就此指责法兰西人杀人成性也是不公正的。在同样的情况下，很难说类似的场景不会在维也纳、柏林、马德里甚至伦敦上演。不要忘了，伟大的原则和意义深远的改革正受到国内外敌人的威胁。对共和国的领导人而言，在这样的情况下，法兰西上下需要团结一心。一个分裂的国家不可能战胜统一的欧洲。救国委员会认为，法兰西向世界展示统一战线的唯一途径，就是要让新制度的反对者感到恐惧。恐怖就少不了流血杀戮。

救国委员会施行恐怖政策主要依靠治安委员会和革命法庭。前者被赋予警察权力，负责维护全国的秩序；后者则负责审判和谴责任何涉嫌对共和国不忠的人，二者都对救国委员会负责。国民公会颁布了《嫌疑犯法令》，宣布将强制逮捕贵族出身的人、在大革命以前担任官职的人、与流亡者有任何瓜葛的人，或者无法出示签发的身份证明的人。

有了这些专制独裁工具，法兰西在断头台[1]的铡刀下进行着革命。据估计，恐怖统治期间，约有2500人在巴黎被处决，其中包括玛丽·安托瓦内特、"平等的菲利普"和罗兰夫人。

恐怖统治蔓延到各省。各地纷纷设立革命法院，寻找嫌疑人并将其定罪。里昂市冒险反抗革命政府，结果城市部分摧毁，数百名市民被处死。在南特，旺代起义的回声久久不息，残忍的雅各宾派代表卡里耶，用破旧的船载着不满群众，把他们拖到卢瓦河沉河。各省死亡的总人数不详，但可能已经达到1万人。

死于革命法庭之下的人数，显然无法与19世纪众多大战中任何一场牺牲的人数相比。恐怖统治最令人惊奇的是，它的拥护者和支持者在面临如此巨大的风险时，竟然没有做出更可怕的事情。

在恐怖统治时期，比屠杀保王党和反动派更具灾难性的是激进派不同派系间针锋相对的争吵，以及一个党派为了一己之私而摧毁另一党派的举动。吉伦特派试图阻止处死国王，故而向各省寻求帮助以对抗巴黎的暴乱，而迪穆里埃也背叛了国家——基于这些，在巴黎无产阶级看来，吉伦特派与反动派是站在一起的。

因此，1793年5月31日，巴黎工人在马拉的领导下起义，两

---

1 断头台，在两根直立的杆子之间架着一把大刀，犯人被压在平板上，推至两杆之间，铡刀落下，瞬间人头落地。这个设备是一位名叫吉约坦的仁慈医生发明的，他希望能在死刑中推行一种迅速致死的工具，代替用斧子砍头的笨拙过程。——编者注

天后迫使国民公会驱逐了29名吉伦特派成员。1793年10月,这些人中的首领,包括布里索和韦尼奥,被送上了断头台。接着,1794年3月,曾极端镇压巴黎基督教会、宣扬无神论的巴黎公社的领导人,被丹东和罗伯斯庇尔的追随者处决。然后到了4月,丹东终于对恐怖统治感到厌倦,建议实行温和统治,于是这位令人敬畏的天才,以及他的朋友卡米尔·德穆兰,都被送上了断头台。罗伯斯庇尔享受了短暂的独裁,在此期间,他试图实践卢梭的理论,但并无成效。最终,1794年7月,根据国民公会的决议,他和圣茹斯特一起被送上了断头台。这是反抗的开始。

罗伯斯庇尔的死结束了恐怖统治。不过,恐怖统治的目的已经达成。大革命在法兰西存活了下来,法兰西在欧洲存活了下来。热月政变结束了恐怖统治,让国民公会得以自由地制定一部永久的共和宪法。随后,反动派和极端激进派都有过一些动作,但被轻松镇压了。威胁国民公会的最后一次巴黎人民起义,被一位年轻指挥官、青涩的炮兵上尉用一发"葡萄弹"有效地平息了(1795年10月),这名指挥官名叫拿破仑·波拿巴。

在对外战争和国内争端期间,甚至在恐怖统治期间,国民公会仍在推进大革命初期的社会改革。正如代表资产阶级的制宪议会摧毁了旧制度造成的不平等,代表群众的国民公会力图终结财富的不平等。新领导人让大革命一度呈现出明显的社会主义特征:流亡者的财产被没收充公;法律规定了谷物的最高价格;大地产被分割成两三英亩大小的地块,卖给贫农,按年分期支付一小笔钱;废除所有地租,且不给业主补偿。马拉说:"富人长期对穷人敲骨吸髓,如今他们将遭到毁灭性的惩罚。"

第十四章 法国大革命

国民公会的一些改革达到了荒谬的程度。人民执着于追求平等,不再有"先生"这种称谓,每个人都被称作"公民"。在玛丽·安托瓦内特葬礼开销的官方记录上,只有简单的一笔——"公民卡佩的遗孀棺材费用五法郎"。华丽的服饰与贵族头衔一起消失,曾经专属于特权阶级和绅士的长筒丝袜和长及膝的短裤(短套裤),被只有底层工人阶级(无套裤汉)在穿的长裤广泛取代。为了清除对基督教历史的怀念,将每年重新划分为十二个月,每月三个星期,每星期十天,每个第十天是休息日,每年年终剩下的五六天为无套裤汉日,是国家法定假日,月份的名称也发生了改变。该革命历法自1792年9月22日共和国建立之日生效。

许多改革是长期以来迫切需要的,且被证明具有不朽价值。比如,以十进制(即以公制为基础)建立方便统一的度量衡系统,这个系统被推广到说英语民族之外的地区。再比如精密的公立教育系统,这是由哲学家孔多塞(1743—1794)侯爵创立的,虽然曾因更紧迫的问题而被延迟,但它仍然是现代法兰西免费公共教育制度的基础。还比如,1794年9月实施的政教分离,次年实行的敬拜自由,以及恢复教会供基督徒敬拜,其条件是教士要遵守国家法律,并计划为全国制定一部单一的综合性法典。虽然法典直到拿破仑独裁时期才完成,但国民公会开了头,并且将现代法兰西特有的一项基本继承原则写入其中——任何人不得将财产只留给一位直接继承人,而不给其他继承人,所有孩子必须平等地继承财产。此外,废除关押欠债人的惯例,终结黑人奴隶制,保护女性的财产主张权,与男性一视同仁。最后,新的共和宪法弥漫着政治民主思想。

罗伯斯庇尔倒台后（热月政变），国民公会不再推动代表无产阶级的改革，并且越来越受到温和大资产阶级的影响。国民公会废除针对嫌疑犯的法律，修改粮食法，取缔革命法庭，将革命广场更名为协和广场。1795年，路易十六唯一的幼子死于狱中，沉重打击了保王党。法兰西似乎坚定地朝着共和政体走去，不过这个政体并不极端激进，而是温和的，因为如今，它是建立在资产阶级而非无产阶级的基础之上。

5

督政府（1795—1799）以及共和制向军事独裁的转变

法兰西第一共和国的宪法是国民公会在任期最后一年起草的，那时候公会已经转由资产阶级控制。这部宪法于1795年生效，因此被称为《共和三年宪法》。立法权赋予间接选举的两院——五百人的下院拟议法律，二百五十人的元老院审核与颁布法律。资产阶级对下层阶级的不信任再次表现出来：将选民资格限制在至少在一个地方居住一年的纳税人。共和国的行政权授予一个五人机构，称督政府，由立法机关选举，每年改选一人。督政府负责监督执法，任命国家大臣或内阁，内阁对督政府负责。

制宪议会制定的宪法服务于自由君主制，而国民公会的宪法服务于共和制。不过，从内容与存在时间上看，共和国并没有比君主立宪制好到哪里去。在《1791年宪法》时期，路易只做了不到一年的立宪君主；在《共和三年宪法》时期，督政府只统治了不到四年（1795—1799）。

督政府失败的主要原因有两个：第一，国内困难重重；第二，军事势力崛起，出现了一个战无不胜、雄心勃勃的将军。这两个原因都必须说一下。前者证明法兰西需要另一种形式的政府来应对局势；后者则暗示了新政府的性质。

六年激进的革命剧变后，团结法兰西人民需要一个才能卓越的人付出艰辛实在的努力。但督政府成员几乎无一例外，是资质平平之辈（正直真诚的卡诺，是唯一有能力的成员，但1797年被排挤出了督政府），善于钻营腐败。他们把个人利益放在国家福祉之上。

督政府时期是阴谋诡计盛行的时期。议会中众多保王党成员蠢蠢欲动，他们之所以还没起来推翻宪法，只是因为害怕督政官的暴力手段。另一边，巴黎的激进分子拥有了一位热忱的领导人——巴贝夫（1760—1797）。他宣称，大革命过去一直朝着有利于资产阶级的方向进行，尽管无产阶级抛头颅洒热血，却仍然贫穷如初，唯一能救赎他们的是强制实现财富均等和消除贫困。这些激进分子——现代社会主义的先驱——发动了一场起义，结果遭到镇压，巴贝夫于1797年被处死。

就在热忱的激进分子和坚定的反动派联合起来共同对抗令人不满的督政府时，国家财政再次陷入绝境。贪污在征税和所有公共支出中大肆泛滥。督政府在内政中挥霍无度，除此之外，百万大军的财政开支也必不可少。巴黎依旧贫困，物质匮乏，不得不依赖国家供给。制宪议会发布的指券，起初只是作为临时应急之策，后来却一直沿用，到了1797年，指券的总面值已经达到约四百五十亿里弗尔。指券大幅贬值，到了1796年3月，三百里弗尔指券才相当于一里弗尔现金。1797年，国家宣布局部破产，三分之二的公债暂停支付利息，债券停止流通。共和国面临着与1789年绝对君主制相同的财政危机。

只有在对外战争方面，督政府才能有所作为。督政府执政时，法兰西仍在与奥地利、撒丁和大不列颠打仗。总体作战计划是，一支法军横跨莱茵河对岸进发，穿过德意志南部进入奥地利；另一支军队翻越阿尔卑斯山脉，经意大利北部到达维也纳。领导莱茵方向军队的是皮什格鲁、茹尔当和莫罗等老将，指挥意大利作战军的是年轻的、初出茅庐的拿破仑。

此时的拿破仑尚未在政治或战争中取得显著成绩。据说他完全支持大革命，虽然在罗伯斯庇尔倒台后，他竭力否认与极端激进分子有任何瓜葛。1793年，他巧妙地将不列颠人逐出土伦，收获了一些声望。1795年，在巴黎极端分子的起义中，他保护了国民公会，因此被誉为"法律与秩序之友"。1796年，他与约瑟芬·博阿尔内结婚，约瑟芬的前夫是一位革命派将军，她本人与一位督政官是知交，这让拿破仑更有机会在政治和军事上挥洒热忱，施展才能。

同年（1796），法兰西的老将们试图攻入德意志，却反复受挫，而这位年仅二十七岁的年轻指挥官，却将奥地利人一举扫出意大利。他以闪电般的速度、极具感染力的热忱、出色的战术和非凡的勇气，跨越阿尔卑斯山脉，击败撒丁人，一年之内，挫败五支奥军，占领了意大利北部的所有要塞。撒丁被迫将萨伏依和尼斯割让给法兰西共和国,当拿破仑的军队到达维也纳时,奥地利屈服,与这位令人惊叹的共和国将领签订了条约。根据《坎波福尔米奥条约》(1797),法兰西获得奥属尼德兰和爱奥尼亚群岛;奥地利获得古威尼斯共和国,作为对其牺牲的部分补偿,但同意不干涉意大利其他地区;在拉施塔特召开一场会议,重新划分神圣罗马帝国的版图,以补偿莱茵河左岸领土被法兰西占领的德意志君主。

1796—1797年的战役,史称第一次意大利战役,开启了拿破仑此后一系列轰动的军事行动,这些行动使他成为现代傲视群雄的战士。战役迫使第一次反法联盟解散,奥地利和撒丁跟随西班牙、普鲁士和荷兰的脚步,缔结了对法兰西共和国相当有利的和约。只有大不列颠还在继续对抗督政府。

第一次意大利战役还带来了一个同样直接但更为凶险的结果,那就是拿破仑一夜成名。他成了法兰西谈论最多的人,人民对他啧啧称道;督政府虽害怕他,但也奉承他,而各种政治信仰的阴谋家都在寻求他的支持。人民对督政府的尊重日益下降,而对拿破仑的实力和才能越发信任。

1798年,当这位受欢迎的英雄提出,他想率领一支法兰西远征军去埃及阻断大不列颠与印度之间的联系时,不受欢迎的督政官员们终于松了口气,欣然同意。1798年的埃及战役十分壮观,但没有起到决定性作用。拿破仑向士兵们发表了激动人心的演讲。他喊话金字塔,要让其见证法兰西人的英勇。他对穆斯林慷慨陈词,诉说伊斯兰教的美丽与真实以及其与法兰西进行自由贸易的好处。他鼓励士兵仔细研究古埃及史。(正是这支埃及远征军的一位军官发现了著名的罗塞塔石碑,据此破译了象形文字。)不过,他的真实战绩与他送回国内的过度美化的报告并不相符。拿破仑在叙利亚受阻，在一场大型海战中，著名的大不列颠海军上将纳尔逊勋爵大败法军，并在尼罗河三角洲河口有效阻止了法军的增援部队。

所幸的是，拿破仑将军避开了大不列颠战舰，回到了法兰西。所有法兰西人都相信，他的这次远征极其成功，并且相信，督政府的工作毫无成效。在拿破仑远征期间，法兰西的国内事务越来越糟。新的阴谋层出不穷，财务和社会混乱加剧，大规模对外战争再次发生。

《坎波福尔米奥条约》签订后，督政府一直积极奉行一项政策：在法兰西周围建立一圈附属共和国。其实在和约签订前，荷兰就已经变成了巴达维亚共和国。法兰西现在又利用各种借口，把米兰公国或伦巴第变为奇斯帕达纳共和国；寡头统治的热那亚变为利古里亚共和国；教皇国变为罗马共和国；两西西里王国变为帕尔瑟佩诺共和国；瑞士联邦变为赫尔维蒂共和国。

由于这些共和国政府都模仿法兰西，并与法兰西结盟，因此欧洲君主再次受到刺激，要摆脱威胁他们的危险。大不列颠、奥地利和俄罗斯组成第二次反法联盟，在大不列颠大臣小皮特的慷慨解囊下，他们得以将大批军队投入战场。

1799年，第二次反法联盟取得节节胜利，法兰西被赶出意大利，大多数附属共和国分崩离析。拿破仑的第一次意大利战役几乎徒劳无功。这位法兰西战争英雄也许已经预见到了这种情况，他打算善加利用此事为自己谋利。

至少在拿破仑出发远征埃及时，法兰西还是繁荣强盛、备受尊重的胜利者。然而，当他于1799年10月9日登陆弗雷瑞斯时，

第十四章 法国大革命　　495

看到的却是一个破产、战败和备受羞辱的法兰西。难怪当他从弗雷瑞斯回到巴黎时,一路上受到列队欢迎。绝大多数法兰西人深信,他是时代选中的那个人。

这位年轻的征服者从埃及回来后不到一个月,就在民意的支持下推翻了督政府的统治。他与神父西耶斯(也是其中一位督政官)巧妙密谋,命令一支忠于自己的军队包围议会,雾月18—19日(1799年11月9—10日),在武力威胁下,督政府倒台,拿破仑任命自己为最高军事指挥官。这场国内风波(政变)后,新的宪法很快颁布,据此,拿破仑将军成为法兰西共和国第一执政。

雾月十八日政变,事实上结束了法国大革命。三级会议在凡尔赛召开十年六个月后,法兰西的议会制和人民政府倒在了刀剑之下。马拉和罗伯斯庇尔的预言实现了:军国主义代替了民主主义。

6

法国大革命的意义(1789—1799)

法国大革命的十年,是议会、宪法、起义和战争的十年,现在,我们应该对这十年的真正意义有所了解。如今,一位巴黎游客可能会被公共建筑和教堂上醒目的黑体字所震撼:自由、平等、博爱。这便是革命派在自己家园里写下的文字,他们认为这几个字反映了大革命的真正意义。

这些文字的意义因人而异,对保王党和古板的天主教徒(特权贵族和教士),对许多惊魂未定的农民,对所有反动派而言,这些文字绝对是可憎的、亵渎神明的、肮脏的、无人性的和不爱国的。对开明无私的资产阶级，对于穷困的城市工人，对许多梦想家和慈善家，对于所有极端的激进派，这些文字不过是一个朦胧的梦幻泡影，只是昙花一现，或许还隐约预示着未来可能降临的美好生活。在极端的反动派和激进派之间的是占据国民大多数的大量资产阶级和农民，我们应该试着站在他们的角度理解这三个象征性词汇的含义。

"自由"意味着某种政治理想。自此以后，政权不再是神权专制，而是依照被统治者的主权意志、按照宪法来行使。人民不再事事听命于国王，而是取得了任何国家或社会都不得剥夺的个人自由，包括信仰自由、敬拜自由、言论自由和出版自由等。法国大革命还宣布，私有财产的自由是人与生俱来的权利。

"平等"包含了大革命的社会活动，如废除特权、终结农奴制、破除封建制。它宣布法律面前人人平等，希望赋予每个人平等追求人生和幸福的机会，虽然这点基本没有实现。

"博爱"象征着那些想让世界变得更美好、更快乐、更公正的人之间的兄弟情谊。在法兰西，"博爱"体现为爱国主义和民族情绪的爆发。雇佣兵不再为专制君主的王朝扩张而战。从此以后，全民皆兵，在"博爱"的光荣旗帜下战斗，捍卫他们认为符合国家利益的一切。

政治自由、社会平等、民族爱国主义——这三个词对于时至今日仍在法国大革命中寻求激励的人而言，是历久弥新的箴言。

第十五章

拿破仑时代

1799—1814年的欧洲历史，实际上就是法兰西的历史，而这段法兰西历史，也可视为拿破仑的个人传记。这位专横的人物完全主导了该时期的历史进程，因此这个时代被理所当然地冠以他的名字。拿破仑时代一跃成为现代最重要的时期之一，它除了在战争艺术方面出现了革命性改革，还在两个方面取得了令人难忘的成果：（1）它将革命理论应用于法兰西实际政治，建立了许多流传至今的不朽的制度；（2）法国大革命的革命理论在全欧洲广泛传播，自此这场运动不再是地方性的，而是普遍性的。

在拿破仑时代的头五年（1799—1804），法兰西在形式上仍然是一个共和国。正是在这几年里，拿破仑将军作为第一执政，巩固了国家，保护了大革命的不朽成就。从1804年到1814年，法兰西成为一个依靠军事力量建立和维持的帝国。这段时期，正是这位民族英雄——为自己加冕的法兰西皇帝拿破仑一世，通过战争、征服、吞并或结盟等手段，将法兰西的思想广泛传播到整个欧洲。在我们讲述颇具建设性的执政府或这个改宗帝国的主要事件之前，我们先来了解一下拿破仑的性格特点。

1

执政府时期的法兰西共和国（1799—1804）

1799年，拿破仑发动政变，在法兰西攫取了个人权力，那时候，他才三十岁，个子不高，中等身材，寡言少语，意志坚定，他的眼睛呈冷灰色，举止有些笨拙。他的童年十分有趣。1769年8月15日，拿破仑在科西嘉岛的阿雅克修出生，此时法兰西刚从热那亚手中买下该岛，但还没有完全平息科西嘉人发起的顽强的反抗。拿破仑出生于一个显赫且人口众多的意大利家庭，本名拿波里昂内·迪·波拿巴尔蒂，他和科西嘉其他贵族家庭的儿子一起进入法兰西公立学校读书。因此，他在布里埃纳和巴黎接受了良好的军事教育。他很早就展现出了对数学、历史和战争学的浓厚兴趣，虽然沉默寡言，但雄心勃勃，且善于察言观色。

青年时期，拿破仑梦想成为恢复科西嘉独立的领导人，不过，法国大革命的爆发为他的热情和野心提供了更广阔的战场。已经成为工程师和炮兵的拿破仑，加入了雅各宾派，至少表面上，他是支持大革命的，他在夺回土伦（1793）和保卫国民公会（1795）的战争中还被委以重任。不过，直到第一次意大利战争——这时候他顺带将自己的姓氏改成了法语的"波拿巴"，他才获得了法兰西共和国最杰出将领的至高声誉。

前面已经讲过，拿破仑如何利用自己的声望成为其第二故乡的主人的。这在很大程度上是因为当时的法兰西政治为他提供了一个非同寻常的机会，但这位年轻将领自身的一些特质也很重要。

首先，他对自己的能力深信不疑。他野心勃勃，自私自负，总是在思考和计划如何变得举世闻名。他信奉宿命论，甚至有些迷信，他认为有一股看不见的力量在引导着他获得更高更大的荣誉。他说服同僚相信他是"天选之人"。其次，拿破仑拥有满足其野心的有效手段，因为他让自己成了士兵们的偶像。他会在睡前反复回忆各军团的名字，甚至军团中士兵的名字，他将这些名字保存在记忆的某个角落，当他想激励某个士兵时，这个习惯就派上了用场。他以同僚的口吻与部下谈话，说起大家"一起立下的战功"，这让部下很开心。再次，拿破仑是个敏锐的观察家和聪明的批评家。聪明如他，知道在1799年，法兰西大部分人已经厌倦了软弱的政府和无休止的政治纷争，这个国家渴望一个实干家来治疗创伤，他本能地认为这个人就是他自己。然后，拿破仑是一个不择手段的政治家。他知道自己想要什么，因此随时准备并愿意采取任何手段来达到目的。他不崇尚什么理论或原则，不惧上帝也不怕世人，不怕流血杀戮，没有什么可以阻止他为自己的野心而努力。最后，他的身体里流淌着充斥着诗歌和艺术的血液，这虽然有些自相矛盾，但也让他更感性，这对他很有帮助。他梦想着帝国和胜利，陶醉于宫廷和上流社会，由衷地崇尚学问。他对士兵的演讲感情丰沛，既精彩又鼓舞人心。他在戏剧方面的敏锐直觉让他的所有公开行为都极为得体。在撒谎和欺骗这些高难度艺术上，他从未被超越。

这就是发动雾月十八日政变（1799年11月9日）的人。履新后，他做的第一件事是颁布宪法，该宪法是他与神父西耶斯一起草拟的，用于代替《共和三年宪法》。新宪法将军事独裁隐藏在了民主形式的面纱之下。宪法任命了三个"执政官",第一个是拿破仑自己,他负责任命参政院。参政院从普选出的名单中确定一个保民院和立法院。第一执政除了处理内政外交事务和管理军队,还负责审核通过参政院拟议的所有法律。保民院只负责讨论法律,但不进行表决。立法院负责对法律进行表决,而不进行讨论。参政院的职能类似最高法院,负责裁决所有关于宪法的问题。一部承认普选原则的成文宪法就此出炉,但归根结底,国家一切权力都集中在第一执政,也就是拿破仑·波拿巴身上。

这份文件随即被提交全民投票表决。由于各阶级对督政府都深恶痛绝,又对拟定宪法的这位军事英雄有着莫大信任,因此宪法以压倒性的多数票通过,此后,该宪法在法兰西历史上被称为《共和八年宪法》(1799)。

法兰西国民之所以轻易地默许了这种明显的篡位行为,其中一个原因是国家正面临着严重的外敌威胁。之前我们已经讲到,第二次反法联盟军队于1799年推翻了《坎波福尔米奥条约》定下的解决方案,占领了意大利和莱茵河谷,如今正准备攻入法兰西。第一执政立即感觉到,他将面临与1796年的法兰西相同的局面。

第二次反法联盟包括大不列颠、奥地利和俄罗斯。拿破仑通过糖衣炮弹和外交手段,不仅很快让俄罗斯退出,还鼓动半疯癫的沙皇保罗重启针对大不列颠的北方武装中立同盟,同盟包括俄罗斯、普鲁士、瑞典和丹麦。与此同时,拿破仑准备发动第二次意大利战争,对付奥地利。他出其不意地率领一支法军翻越崎岖冰封的阿尔卑斯山脉,1800年6月,他率军攻入肥沃的波河河谷和马伦哥,大败敌军。几个月后,莫罗率领的军队又在德意志南部的霍亨林登打了一场漂亮的胜仗，法国在意大利的战果得以巩固。于是，奥地利再次求和，随之签订的《吕内维尔条约》（1801）重申并加强了《坎波福尔米奥条约》的条款。

同时，英法也正设法终止自1793年起两国僵持不下的战争状态。虽然法军在欧洲战场节节胜利，但纳尔逊勋爵（1758—1805）领导的大不列颠舰队战胜了法军，保住了大不列颠的海上霸主地位。尼罗河海战（又名阿布基尔湾海战，1798年8月1日）获胜后，纳尔逊切断了法兰西赴埃及远征军的补给，最终逼迫其投降（1801）。1801年4月2日，纳尔逊疯狂炮轰哥本哈根，破坏了北方武装中立同盟。然而，尽管大不列颠在海上战绩卓著，但在欧洲大陆上，法兰西共和国还是所向披靡。在这种情况下，1802年3月，双方在亚眠签订条约，据此，大不列颠承诺归还战争期间占领的除锡兰和特立尼达岛以外的殖民地，承认在吕内维尔定下的欧洲大陆解决方案。《亚眠条约》只是英法长期战争中的一次短暂休战。

至此，执政府为法兰西创建了相对有利的和平局面。在制服所有外敌后，法兰西的领土扩张到莱茵河，与西班牙、巴达维亚、赫尔维蒂、利古里亚和奇斯帕达纳共和国结盟，第一执政现在可以自由地将其非凡的组织和管理才能投入到国家内政当中。在执政府时期（1799—1804），拿破仑为法兰西制度的发展做出了伟大和不朽的贡献。

统治期间，拿破仑自称"革命之子"，是"自由、平等、博爱"这一新理念的继承者。他在法兰西的地位得益于大革命，他也向法兰西声明要保护大革命的成果。但在实践中，第一执政只保护了平等和博爱，没有保护自由。他声称："法兰西人需要的是平等，而不是自由。"因此，在社会秩序方面，拿破仑坚决废除了特权、农奴制和封建制度，并希望所有法兰西人都拥有平等的正义、权利和晋升机会。但在政治秩序方面，他实行与路易十四一样彻底的专制，只是不那么明目张胆。

《共和八年宪法》将中央政府的一切立法权和行政权都交到了拿破仑手上，随后的一系列法案又把法院置于他的控制之下。1800年，全国的地方政府都听命于他。制宪议会授予各省和较小地区（行政区）民选机构的广泛权力，改由第一执政任命的省长和副省长行使，他们均对第一执政负责。地方民选议会继续存在，但每年只召开两周，且只负责税收摊派问题，省长或副省长可能会向其咨询意见，但民选议会无法对行政部门进行严格监督。每个小城镇的长官都由省长任命；居民人数超过十万的城市，其警察直属中央政府；人口超过五千人的城市，其市长由拿破仑任命。

在这种政治体制下，人民在政治事务上几乎没有直接发言权，不过，这种形式的显著优势是，它能确保中央政府的法令迅速、统一和军事化地实施。这可以说是黎塞留创办的督办系统的延续。但至少在地方政治制度上，法兰西人民还是很保守的，这一点可以通过下面这个事实看出：尽管法兰西在19世纪经历了共和国、帝国、君主国、共和国、帝国和共和国的一系列变革，但拿破仑的省长和副省长制度一直沿用至今。

拿破仑在国内改革上也对中央集权展现出同样的热忱，以牺牲理想主义的自由为代价，实现了改革的彻底和高效。他的各种改革——财政、教会、司法、教育，甚至公共事业，彰显的都是常胜将军的决心而不是坚定的革命者的信念。这些改革，是为了适应个人独裁的意图和策略而对革命遗产进行的改造。

不要忘了,财政混乱是导致绝对君主制和督政府垮台的直接原因。从一开始,拿破仑就力图防止这样的情况再次发生。他谨慎征税,充盈了国库;厉行节约,严惩贪官;军队所到之地,强迫当地人供给食宿,以减少公共开支。他在财政改革方面的最大成就是建立了法兰西银行(1800),法兰西银行自此成为世界上最健全的金融机构之一。

大革命遗留给拿破仑的另一个严重问题是,国家与罗马天主教的纷争。革命派严厉的反教权措施使法兰西众多虔诚的天主教徒受到排挤,拿破仑决心赢回他们的政治支持。经过漫长细致的协商,教皇庇护七世和法兰西共和国达成协议(1801),教皇同意执政府没收教会财产并取缔修道院,而第一执政承诺由国家支付神职人员的工资;主教由第一执政提名,由教皇授予教职;神父由主教任命。这样一来,法兰西天主教会就完全成了世俗政府的一个部门,比路易十四时期还要彻底。1801年的《教务专约》规范了政教关系,这种安排对法兰西政府很有利,因而这种政教关系一直延续到了1905年。

开明的自由主义者的最大希望,就是扫除旧制度下众多法律体系所造成的混乱和矛盾,将国家的法律精简为一部简单而统一的法典,让每个有阅读能力的司法人员都能知晓什么是合法的,什么是违法的。1791年宪法许诺了这项工作。国民公会实际上已经启动了这项工作,但由于革命派领导人精力被分散,加之受委托的律师天生谨慎,于是一直拖着没完成。直到雷厉风行的拿破仑插手,此事才有了实质性进展。他把优秀的法律顾问召集到身边〔这些法律专家中的佼佼者是康巴塞雷斯（1753—1824），他是第二执政〕，督促着这些人埋头苦干，并于1804年完成了一部伟大的民法典，后来又制定了《民事诉讼法典》《刑事诉讼法典》《刑法典》和《商法典》。这些法典意义重大。它们的形式简洁雅致，不仅在法兰西受到欢迎，也受到欧洲大陆大部分国家的好评。此外，法典保留了大革命最有价值的社会成果，比如公民权平等、宗教宽容、继承权平等、解放农奴、土地自由、依法逮捕制度和陪审团审判制度等。的确，许多严酷的惩罚措施仍然被保留了下来，女性地位也明显低于男性，但总体而言，法兰西的这套法典是当时世界上最便利、最开明的法律。拿破仑被奉为第二个查士丁尼，是完全合理的。

带着同样的动机和热情，第一执政推动了重要的教育改革。基于孔多塞几年前的铺垫，一个宏大的公共教育体系建立了起来。（1）各市镇开设小学或初等学校，由省长或副省长统一监督；（2）中学或文法学校，要专门教授法语、拉丁语和基础科学，无论是受助于国企还是私企，都必须接受政府的管理；（3）各个重要城市开设高中或高等学校，由国家任命的老师教授高等学科；（4）专科学校，比如技校、文职学校和军校，也纳入政府管理；（5）创办法兰西大学，以维持整个新教育体系的统一性，其主要管理人员由第一执政任命，除非获得这所大学的许可，否则任何人不得开办新学校或公开授课；（6）在巴黎开设一所师范学校，为公立学校培养教师。所有这些学校的教学，都要以天主教会的教义为基础，要忠于国家元首，服从法兰西大学的章程。纵然拿破仑一直在努力，但由于缺少资金和有经验的世俗教师，新的教育体系阻碍重重，到拿破仑时代结束时，法兰西超过一半的孩子仍然在私立学校就读，其中大部分是天主教会创办的学校。

拿破仑还热衷公共工程和基础设施建设。此项开支很少，因为大多数工作是由战俘完成的。此举也极大地改善了国内的交通和贸易手段，提升了大多数阶级的经济福利。现代法国拥有的高质量高速公路，很大程度归功于拿破仑。1811年，他修建的宽阔的军用公路已多达229条，其中最重要的30条，从巴黎一直延伸到法国领土的各个角落。两条绝妙的阿尔卑斯山公路，将巴黎与都灵、米兰、罗马和那不勒斯连接起来。他还修建了许多重要桥梁；完善了以前的运河网和水路；排干沼泽，加固堤坝，阻止了沙丘沿海岸线蔓延；扩大并加固主要港口，包括军港和商港，尤其是瑟堡港和土伦港。

除了这些实用的工程，人们的生活也得到了理想化的改善。他对国家宫殿进行了修复和扩建，拿破仑时期的圣克卢宫、枫丹白露宫和朗布依埃宫都堪比宏伟的凡尔赛宫。他还想办法美化了巴黎市；设计宽阔的道路；用珍贵的艺术品装点刚修建完成的卢浮宫，这些珍品全都是拿破仑从意大利、西班牙或尼德兰带回来的战利品。在执政府时期，巴黎成了欧洲的娱乐城。巴黎的人口也在拿破仑时代几乎翻了一番。

第一执政还希望恢复法兰西的殖民帝国。1800年，拿破仑说服西班牙政府，把密西西比河以西的广袤领土——路易斯安那，重新割让给法兰西。随后，他又派自己的妹夫勒克莱尔将军率领一支两万五千人的军队，维护法兰西对海地岛的主张。但拿破仑的殖民冒险以失败告终。在海地，勒克莱尔企图重建奴隶制，但遭到黑人的顽强抵抗，其组织者和领导者是卓越的黑人军事天才杜桑·卢维杜尔。经过一场决定性的激战，勒克莱尔提出了妥协方案。在法兰西人言之凿凿的保证下，杜桑放下了武器，然后他就被逮捕了，并被送到了法兰西，1803年在狱中去世。这种背信弃义的行为激怒了黑人，他们重新发动叛乱，残暴异常。一支大不列颠舰队的出现让法兰西的处境更加窘迫，于是法兰西在1803年11月自愿放弃了海地岛。同时，与大不列颠开战的预期促使拿破仑在1803年4月将整个路易斯安那卖给了美国。

除去这些草率而不幸的殖民开拓活动不谈，可以说，第一执政的统治还是相当成功的。他诚信治国，官员任命得当，再加上其麾下有塔列朗这样完美的外交官和富歇这样不知疲倦的警务部长，因此取得了人民的信任。他快速取得了第二次反法同盟战争的胜利，而后明显倾向和平政策，这都为他带来了声誉。他对国内事务所进行的全面彻底改革，也为他赢得了不同阶层——商界、资产阶级、农民和虔诚的天主教徒的支持。

只有两个群体阻碍了拿破仑彻底掌控法兰西，不过这两个群体的人数和地位都在不断下降。一个群体是雅各宾派的余党，他们不承认大革命已经结束了。另一个群体是保王党，他们一直渴望推翻大革命的一切成果。在执政府时期，这两个派系都只能运用密谋和诡计。他们企图暗杀第一执政，结果让拿破仑更受人民欢迎。1804年年初，拿破仑发现了保王党的阴谋，他立即对这些人展开了彻底的报复。牵涉阴谋的皮什格鲁将军遭逮捕后不久，就被发现勒死在了狱中。莫罗无疑是法兰西仅次于拿破仑的最优秀的将领，却同样被指控为同谋，作为坚定的雅各宾派，他逃亡到美国才躲过了严酷的惩罚。但拿破仑并不满足于这些成果，他决定彻底震慑一下保王党：在德意志土地上，他带兵抓捕了年轻的波旁亲王——当时的昂基安公爵，在没有任何证据的情况下处死了他。

1802年，经过公投，拿破仑获任终身执政。他之后要做的就是把终身执政变成世袭的，并更改名号。1804年，参政院提出了这一变更，并在民众投票中获得压倒性支持。1804年12月2日，古老的巴黎圣母院大教堂举行了盛大仪式，在专程从罗马赶来的教皇庇护七世的见证下，拿破仑将皇冠戴在了自己头上，加冕为法兰西皇帝拿破仑一世。

2

法兰西帝国及其领土扩张

帝国的建立绝非法兰西历史的一次中断。人民主权原则仍然得到了承认，大革命的社会成果依然完好无损，"自由、平等、博爱"这几个有魔力的字眼仍然在公共建筑上骄傲地绽放光芒，三色旗依旧是法兰西的国旗。

当然，还是有一些外在变化的。"公民"的称谓再次被"先生"取代；共和历逐渐失效；拿破仑的家属成为"高官显贵"；接受新制度的革命派将军晋升为"帝国元帅"；旧的贵族头衔被恢复，还出现了新头衔。

法兰西的外在变化也在周边的附属国身上得到了体现。在进行对外改革的过程中，拿破仑还要供养他的家人。他把巴达维亚共和国变成了荷兰王国，交给了弟弟路易；把汉诺威、普鲁士和德意志西北部的一些领土划出来，组成了威斯特伐利亚王国，交给弟弟杰罗姆；其哥哥约瑟夫坐上了两西西里王国波旁王朝的王座；奇斯帕达纳共和国成为意大利王国，拿破仑任国王，他的继子欧仁·博阿尔内任总督；皮埃蒙特和热那亚都并入法兰西帝国。

如前所述，执政府奉行和平政策。拿破仑对内部事务大刀阔斧的改革已经完成，法兰西得到巩固，绝大多数市民变成皇帝的忠诚支持者。针对帝国的不利批评，都被组织严密的秘密警察和严格的审查制度所扼杀。拿破仑对国家的控制是如此彻底，以至于决定性的特拉法尔加海战失败，直至帝国陷落竟没有一家法兰西报纸提及。渐渐地，这位科西嘉岛冒险家的帝国专制主义变得与波旁家族的绝对君主制一样僵化。事实上，拿破仑还改编了著名的波舒哀主教在路易十四时期编写的天主教教义问答书，并下令让全国儿童阅读。通过教义问答书的部分摘录，可以清楚地看出拿破仑希望得到怎样的评价。

"问：基督徒对他们的统治者有哪些义务？具体来说，我们对皇帝拿破仑一世有哪些义务？"

"答：基督徒对统治他们的君主，尤其是我们对皇帝拿破仑一世，负有爱戴、尊重、顺从、忠诚、服军役，以及为保护皇帝和捍卫他的皇位而交税的义务。我们还应该为他的安全、法兰西精神上和世俗上的繁荣祈祷。"

"问：我们为什么要对皇帝履行这些义务？"

"答：首先，上帝创造了各个帝国，并按自己的意愿将它们散

第十五章 拿破仑时代

布于各地，上帝通过赋予皇帝在和平和战争中的才能，确立了皇帝作为我们君主的地位，同时，皇帝也是上帝权力和形象的人间化身。因此，尊重和侍奉皇帝，就是尊重和侍奉上帝。其次，因为我们的主耶稣基督用言传身教教导我们如何对待我们的君主。耶稣一出生就遵守恺撒·奥古斯都的诏令，他缴纳了规定的赋税，且命令我们要把属于上帝的东西归还上帝，属于恺撒的东西归还恺撒。"

"问：我们应该如何看待那些不对皇帝履行义务的人？"

"答：根据使徒保罗的说法，他们是在违抗上帝的命令，将自己置于永恒的诅咒之下。"

在镇压国内敌人，获得人民效忠之后，拿破仑皇帝终于可以满足他对外扩张和追求荣耀的本能了。他已经在法兰西所向无敌，也将要在欧洲叱咤风云。他在和平领域的雄心已经达成，所以他希望在战争领域取得更大的成功。因此，帝国意味着战争，就像执政府意味着和平一样。假设拿破仑能收敛野心，继续把才能全部用于追求不那么轰动的和平领域的成功，那么他又会为法兰西取得什么样的成就呢？这种假设是毫无意义的，因为拿破仑根本不是那样的人。他为自私的野心而生，也靠自私的野心而活。

帝国十年（1804—1814）战事不断。基于本章的篇幅，要展开讲述错综复杂的战争是不可能也不合适的。本章只呈现漫长战争中对整个欧洲历史有意义的事件，因为拿破仑战争的目的是将革命遗产传播到欧洲，而作为战争主要推动者的拿破仑只是顺带实现了这一目的。

帝国建立之时，英法间因《亚眠条约》中断的战争，已经再度打响。英法两国初起争端，是因为英格兰君主国反对法国大革命过度发展，尤其反对处决路易十六。毫无疑问，大多数不列颠人民仍在幻想，他们与法兰西人的冲突，就是为了反抗以拿破仑为代表的革命。但对于大不列颠和法兰西的政客以及有影响力的阶级而言，这场冲突早就具有了更深的意义。这是一场经济和商业战。大不列颠不仅记得法兰西给予美洲造反者的帮助，还下定决心，不让法兰西重新夺回其在18世纪失去的殖民帝国和商业地位。大不列颠努力维持着对海洋的控制，以及与之相伴的对于贸易和工业的垄断。如今，拿破仑将法兰西的影响力扩展至尼德兰和荷兰、莱茵河沿岸以及整个意大利，甚至成功与西班牙结盟，大不列颠面临失去所有这些地区宝贵的商业特权的威胁，而拿破仑野心勃勃的殖民计划进一步引起了大不列颠的警觉。因此，1803年5月，大不列颠对法兰西宣战。重新开战的直接借口是，拿破仑拒绝停止干预意大利、瑞士和荷兰。

拿破仑欢迎战火重燃。他明白，在彻底粉碎大不列颠的势力之前，他所有的欧陆计划都岌岌可危，殖民地和商业计划也将毫无希望。若能羞辱海峡对岸这个庞大的对手，法兰西资产阶级将享有最稳固的财富保障，而他自己的政治支持就主要来自这个阶级。1803—1804年，拿破仑为武装入侵大不列颠做着充分的准备。英吉利海峡沿岸，渐渐聚集起耗资不菲的大批运输舰和护卫舰、庞大的军队和充足的补给。西班牙被迫为法兰西强悍的军备贡献出自己的资源。

作为回击，大不列颠派遣了一支精锐舰队前往英吉利海峡，掠夺法兰西的商业，袭击从美洲来的西班牙财宝船。小皮特，这位对法兰西革命持有强烈偏见的代表，重新回到大不列颠内阁。

小皮特不愿让大不列颠军队冒险对抗拿破仑那些久经沙场的老兵，他情愿用大把钞票怂恿欧陆国家与拿破仑对抗。1805年，大不列颠、奥地利、俄罗斯和瑞典组成了第三次反法联盟，小皮特是这个联盟的主心骨。

显然，奥地利对《吕内维尔条约》和《坎波福尔米奥条约》十分恼火。法兰西在意大利的主导地位引起了弗兰茨二世的注意，当时在他若有若无的高贵头衔"神圣罗马帝国皇帝"之上，又新加了"奥地利世袭皇帝"的头衔，而拿破仑突然称帝惹怒了他。

在俄罗斯，拿破仑的狂热崇拜者沙皇保罗被暗杀，1801年，思想活跃但易受影响的亚历山大一世继位。亚历山大一世早年便对革命哲学和自由主义思想产生了浓厚兴趣，并多少有些人道主义情怀。如今，小皮特跟他吹风，并辅以黄金诱惑，斥责拿破仑是自由的敌人、人类的罪人。于是，沙皇的军队与奥军联合，1805年秋天，联军穿过德意志南部，向莱茵河推进。

小皮特竭力拉拢普鲁士，而普鲁士国王腓特烈·威廉三世胆小怕事，犹豫不决，但在拿破仑的劝诱下（利用汉诺威的归属问题），威廉三世不顾人民的抗议宣布中立。巴伐利亚和符腾堡因惧怕奥地利，与拿破仑公开结盟。

在第三次反法联盟军威胁法兰西东部边境之前，拿破仑放弃了攻打大不列颠的军事计划，撤销了他在大西洋沿岸部署的大量军备，以他惯常的急行军速度，带领训练有素的军队在符腾堡的乌尔姆镇附近突然向奥军发动猛攻。1805年10月20日，奥军指挥官及五万士兵在这里投降，通往维也纳的道路向法军敞开了。

就在法兰西赢得这场轰动性的胜利后，第二天，法军在一场同样轰动甚至更关键的海战中败北。10月21日，法兰西和西班牙的联合舰队从加的斯港出发，与纳尔逊勋爵率领的大不列颠舰队遭遇，在特拉法尔加角附近发生一场恶战，联合舰队被全线击溃。纳尔逊勋爵在这场冲突中丧生，但从那天起一直到拿破仑时代终结，大不列颠在公海上的霸主地位一直未曾动摇过。

海上权力已经丧失，拿破仑没有时间伤感，他只能加紧推进他在欧陆上取得的优势。占领维也纳后，他转而向北进入摩拉维亚，1805年，弗兰茨二世和亚历山大一世在那里聚集了一支俄奥大军。1805年12月2日，拿破仑加冕为帝的纪念日——用他的话说，这一天是他的幸运日。当天，他在奥斯特里茨以压倒性优势击溃联军，这是史上最大规模的战役之一。

乌尔姆战役和奥斯特里茨战役的直接结果是，奥地利被迫退出第三次反法联盟。1805年12月下旬，弗兰茨二世和拿破仑签订了《普莱斯堡和约》，根据和约，前者将威尼斯割让给意大利王国，承认拿破仑为意大利国王；将蒂罗尔割让给巴伐利亚；把德意志西部边远省份割让给符腾堡。巴伐利亚和符腾堡都变成了王国。丧权辱国的《普莱斯堡和约》，让奥地利损失了300万国民和巨额收入，奥地利自此沦为一个二流国家。

在一段时间内，奥地利退出第三次反法联盟所导致的损失，似乎完全可以由普鲁士的加入得到充分补偿。

由于拿破仑拒绝从德意志南部撤军，以及在转让汉诺威问题上的无谓讨价还价，胆小的腓特烈·威廉三世终于在勇敢爱国的妻子——美丽的路易丝王后——的鼓励下，于1806年冒险向法兰西宣战。然后，抱持着对腓特烈大帝过去声誉的盲目自信，还没等到俄军前来支援，老派的不伦瑞克公爵就率领约11万普军精兵向拿破仑的15万沙场老兵发动进攻。1806年10月14日的耶拿战役证明，相比普军老旧的战略和军事组织，拿破仑的策略和法军的热忱占据了绝对优势。耶拿战役不仅仅是普鲁士人的一次失败，它同时也是普鲁士军事威望的一次溃败和彻底崩塌，这可是普鲁士人在18世纪用无数鲜血换来的。拿破仑成功进入柏林，占领了普鲁士王国的大部分领土。

只剩下俄罗斯人没解决了。冬天在东普鲁士作战是很糟糕的，一直到1807年6月，在弗里德兰，拿破仑才得以像在奥斯特里茨击败奥地利人、在耶拿击败普鲁士人那样，战胜了俄罗斯人。沙皇亚历山大一世立即求和。在提尔西特尼曼河中央的一个木筏上，拿破仑和亚历山大一世商讨了法兰西、俄罗斯和普鲁士的和约条款。拿破仑的人格魅力和意料之外的慷慨让容易感动的沙皇为之倾倒。拿破仑未索取俄罗斯一寸领土，只要求其承诺将大不列颠排除在欧陆贸易之外。亚历山大一世还获许任意处理芬兰和奥斯曼。沙皇激动地呐喊："什么是欧洲？""如果不是你我，它在哪里？"不过，普鲁士必须为法俄皇帝联盟付出代价。波兰的部分领土从普鲁士分裂出来，成为华沙大公国，由拿破仑谄媚的盟友萨克森选帝侯管辖。普鲁士被剥夺了一半领土，被迫将军队裁减到4.2万人，在支付完巨额战争赔款前，还必须让法军驻扎在其国土上，普鲁士因此沦为一个三流国家。《提尔西特条约》挫败了第三次反法联盟，使拿破仑成为欧陆霸主。只有大不列颠和瑞典还没放下武器，现在，拿破仑可以借丹麦和俄罗斯之力来对付瑞典了。

1808年年初，一支俄军没有宣战就越过了芬兰边境，与此同时，一支丹麦军队准备从挪威边境入侵瑞典。倒霉的瑞典国王古斯塔夫四世（1792—1809）发现，即便有大不列颠的支援，他所能做的也只是击退丹麦人。弱小的芬兰军队孤立无援，在极端劣势下英勇抗争一番后投降，1809年，整个芬兰和阿兰群岛被正式割让给俄罗斯。然而，芬兰并没有作为一个被征服的省并入俄罗斯，因为芬兰人民英勇不屈，也因为沙皇亚历山大一世睿智慷慨。芬兰长期保持着独立的宪法，被视为一个以沙皇为大公的半独立大公国。就这样，瑞典失去了它古老的芬兰公国，仅被允许保留波美拉尼亚的一小部分地区，但得付出屈辱的代价——与拿破仑和解，将大不列颠商品排除在其所有港口之外。同年，古斯塔夫四世被迫让位于他的叔叔卡尔十三世（1809—1818），一个意志薄弱、没有子嗣的老头，他被说服任命拿破仑的元帅贝尔纳多特将军为继承人。无疑，拿破仑希望从此以后能像主宰其他欧陆国家一样主宰瑞典。诚然，海上霸主大不列颠尚未被征服，但作为欧洲笑柄的大不列颠陆军，在奥地利、普鲁士、俄罗斯和瑞典都曾遭遇挫折的地方也难获成功。

　　提尔西特战役之后的一年可以视为拿破仑事业的巅峰。这位科西嘉冒险者成为法兰西的皇帝，其领土从波河延伸至北海，从比利牛斯山和教皇国延伸到莱茵河。法兰西内部团结，爱国情绪高涨，大革命成果丰硕。拿破仑也是意大利国王，意大利的疆域囊括了富饶的波河河谷和古威尼斯领土，由一位总督管辖——他的继子兼法定继承人欧仁·博阿尔内；教皇是拿破仑的朋友和盟友；他的哥哥约瑟夫掌管那不勒斯王国；弟弟路易和继女霍顿斯是荷兰的国王和王后；妹妹埃莉萨是小国卢卡的女王；西班牙和丹麦国王是他的崇拜者；俄罗斯沙皇如今跟他称兄道弟；重建后的波兰成为他的征兵站；普鲁士和奥地利沦为二三流国家。法兰西在德意志地区的影响力急剧增长。

事实上，正是在德意志，拿破仑的成就尤为突出。在他的影响下，德意志许多旧的政治和社会制度土崩瓦解。早在1801年，德意志邦国的数量已经开始减少。《吕内维尔条约》签订后，神圣罗马帝国议会采取紧急措施，对于因莱茵河左岸领土被并入法兰西的统治者给予相应赔偿，对德意志南部国家给予"补偿"。经过1801—1803年的艰苦谈判，议会（通过一个名为《帝国代表重要决议》的法令）授权在整个德意志南部大规模没收教会土地和自由城市，结果，莱茵河以东112个曾经独立的邦国不复存在，莱茵河西岸将近100个邦国被并入法兰西，这样一来，德意志国家的数量突然从300多个减少到不足100个。和普鲁士一起受益的德意志邦国主要是南部的巴伐利亚、符腾堡和巴登，拿破仑想用它们来制衡奥地利和普鲁士。他没有失望，在第三次反法联盟战争中（1805），他得到了这三个国家的大力援助，而这三个国家也得到了实实在在的回报，巴伐利亚和符腾堡的统治者被封为王侯。

1806年是德意志历史上具有划时代意义的一年。7月19日，莱茵联邦正式成立，拿破仑是其保护人。巴伐利亚和符腾堡的国王，巴登、黑森-达姆施塔特和伯格的大公，美因茨大主教和9个小诸侯实际上脱离了神圣罗马帝国，接受了拿破仑的保护，他们承诺用一支6.3万人的军队支持拿破仑。8月1日，拿破仑宣布不再承认神圣罗马帝国，8月6日，哈布斯堡皇帝弗兰茨二世脱下了祖辈戴了几个世纪的皇冠。一众法兰西国王和政客——弗朗索瓦一世、亨利四世、黎塞留、马萨林、路易十四——的工作，就这样被拿破仑圆满完成。神圣罗马帝国终于迎来其实早已崩溃的结局，其末代皇帝不得不满足于他的新头衔——奥地利世袭皇帝弗朗索瓦一世。骄傲的哈布斯堡王朝的尊严在拿破仑面前荡然无存，波旁王朝也是如此。1806年，不仅是奥地利的耻辱，也是普鲁士最难堪的时刻。

到了1808年，所有德意志国家都受制于拿破仑。普鲁士被夺走一半领土，不得不听命于征服者的命令。莱茵联邦得到了扩大和巩固。拿破仑以普鲁士、汉诺威、不伦瑞克和黑森的领土为代价，在德意志北部和西部创建了一个威斯特伐利亚王国，并赐予其兄弟杰罗姆统辖。伯格大公国由拿破仑的庶民妹夫约阿希姆·缪拉统治。最重要的是，在法兰西皇帝统治所及之地，奉行所有公民在法律面前一律平等原则，封建制和农奴制被废除，《拿破仑法典》的原则和训诫得到传播。

这是拿破仑权力的真正巅峰。从1799年11月的那天一直到1808年，这位成功的将军推翻腐败可耻的督政府的故事就是和平与胜利的壮丽篇章。无论同时代的人和后人如何评价他的动机，毋庸置疑的是，在这九年里，他向法兰西和欧洲展示出了他所标榜的自己——"革命之子"。正是他，在第二次和第三次反法同盟战争期间，巩固了米拉波、卡诺等爱国志士的功绩，并永久保留了大革命期间法兰西在财产、法律、宗教、教育、行政和财政领域的成果。他或许收缩了自由的概念，却通过自己的掌权拓宽了平等的意义，并通过对国民军队的感情倾注和精力投入，深化了博爱的含义。正是他，秉承革命传统，把欧洲的神权君主吓得心

第十五章　拿破仑时代

惊胆战，并以巨大的声势撼动了整个欧洲大陆，摧毁了整个中欧和南欧旧制度下的政治和社会体制。他让革命的理念稳固扎根并广泛传播，以至于欧洲的专制君主同盟无力与其对抗。1791年，利奥波德二世和腓特烈·威廉三世梦想逆转人类发展的时钟，将法兰西恢复到1789年之前的状态，所幸的是，这一梦想被击碎了。但与此同时，专制君主也有展现身手的机会。

3

法兰西帝国的覆灭

1808—1814年，在这可怕的六年里，拿破仑的权力日渐衰落。他最终失败的原因也不难理解。他在建立这个拥有附属王国和公国的伟大帝国时，离不开一些有利因素，而从长远来看，这些因素正是帝国衰弱和不稳定的重要原因。首先是个人才能因素。拿破仑无疑是个天才，但他也是人。他的年龄越来越大，身体越来越臃肿，不太经得起劳累，也更喜欢富足舒适的生活。另一方面，每一次新的成功都坚定了拿破仑对自己能力的信心，进一步刺激了他对权力的渴望，直到他的野心泛滥，自负到了狂热的地步。他越来越不愿意听取别人的意见，就连塔列朗和富歇这些精明的阴谋家也越来越不受他的信任，法兰西的舞台上不能再出现其他演员，但是在繁忙的那几年，有太多的事要做，仅凭一己之力难以负担，哪怕是最优秀的皇帝也不行。

拿破仑体制的第二个严重缺陷是以军队为根基。当大革命处于最黑暗的险境中时，国民公会之所以能抵挡外敌入侵，靠的是热血民兵的英雄主义和献身精神，激励他们的是一种庄严的信念：他们是在为自己的土地和家庭而战，为法兰西人及全人类的权利而战。他们在鲁热·德·利尔振奋人心的战歌激励下，组成了一支团结一致的队伍，将专制君主的雇佣骑兵打得屁滚尿流。拿破仑接手的正是这样一支军队，军队帮助他赢得了最初的辉煌战绩。统治期间，他一直在试图保持军队的革命热情，他谈到了军队的"使命"和"命运"以及自由、平等、博爱，希望能维持军队的英勇传统和责任感，他甚至为军队增加军饷和荣誉头衔。但渐渐地，几乎在不知不觉中，大革命的无私理想在法兰西军队中让位于拿破仑个人对荣耀和光彩的自私追求。一年又一年，致命的战争不断发生，爱国的义勇军人数持续减少，拿破仑日益频繁地征兵——将成千上万的法兰西年轻人从国内和平的生产性工作中强行调走，把他们的尸骨撒向欧洲大陆的各个角落。

拿破仑的军队也没有保持成分的单一性。军队原来主要是法兰西人，但随着帝国的不断扩张，其他民族以属国或盟国的形式加入，军队中出现了波兰人、德意志人、意大利人、荷兰人、西班牙人和丹麦人。由于人员构成不一，军队很容易就失去原来的特点，变成雇佣兵混合体。许多法兰西人仍然相信，他们是在为自由、平等和博爱而战，他们与敌人的接触是将大革命理论传向欧洲的最有效途径，但不可否认的是，拿破仑将军队驻扎在敌人或盟友土地上，从而保护本国资源的做法，为法兰西人、大革命和他自己招来了极度仇恨。这种仇恨在被剥削国家的人民中间产生了一种真切的爱国主义情怀，尤其是在德意志和西班牙。法兰西宣扬的自由平等理念，起初是一种神圣承诺——将他们从神权统治者的压迫中解救出来，如今，他们用同样的理念名正言顺地揭竿而起，反抗外国军事压迫者的专制主义。大革命的信条自由、平等、博爱是拿破仑以武力向欧洲专制君主投掷的回旋镖，而欧洲暴君则以加倍的力量回击他。

拿破仑本人的性格、他的军事需求，再加上"大陆封锁令"和民族起义，让拿破仑的帝国只是现代历史上的一个插曲。现在我们来解释下大陆封锁令，看看它是如何对整个欧洲的民族爱国主义情绪产生影响，最终导致这位科西嘉冒险家垮台的。

大陆封锁令通常指的是拿破仑和大不列颠之间的一种奇怪的战争对峙。到了1806年，形成了这样一种有趣的局面：大不列颠是无可争议的海上霸主，而拿破仑是无可辩驳的欧陆霸主。尼罗河海战、哥本哈根海战和特拉法加海战对大不列颠的意义，就犹如马伦哥会战、奥斯特里茨战役和耶拿战役对法兰西的意义。一方面，法兰西舰队以及丹麦、荷兰和西班牙舰队的覆灭，有效阻止了拿破仑入侵大不列颠；另一方面，大不列颠的陆军还不够强大，无法在陆地上成功对付拿破仑，而大不列颠长期资助的欧洲国家又在拿破仑的威慑下被逼就范。显然，不管是法兰西还是大不列颠，都无法通过普通的军事手段击败对方，但双方又都不肯讲和。奥斯特里茨战役的消息让小皮特十分失望，乃至于1806年1月猝然去世。于是，有才能的辉格党人查尔斯·詹姆斯·福克斯接替其成为大不列颠外交大臣，他真诚地想与拿破仑和谈，却没能成功。同年9月，福克斯去世时，双方未能达成任何友好协议。

1806年10月，法兰西在耶拿取得大捷，这让大不列颠和普鲁士的处境雪上加霜。次月，拿破仑乘胜追击，对宿敌大不列颠展开全面进攻，不过战争不是发生在军事领域，而是经济领域。不要忘了，经过17和18世纪一系列旷日持久的王朝和殖民地战争，大不列颠已经成为全球首屈一指的商业国家：其船主、水手和贸易商的人数都超过了其他国家。同样，正如我们在接下来将看到的，正是大不列颠开启了18世纪的工业革命——制造业的一次大跨步，促进了一个强大的工业阶级的成长，使得大不列颠能够以更低的成本大量制造低廉的产品，并以更低的价格在国内外销售。工业迅速成为大不列颠财富的基础，商业阶层正在获得新的力量和影响力。因此，拿破仑的新战役必须对准"小店主之国"（拿破仑对大不列颠的蔑称）。

在头脑清醒、逻辑清晰的拿破仑看来，问题的本质显而易见。由于没有海军，又无法动用精锐的陆军，他必须攻击大不列颠的软肋——工商业。如果能阻止大不列颠商品进入欧洲大陆，他就剥夺了敌人的主要市场。摧毁了大不列颠制造商，让成千上万的大不列颠工人失业，这样群众就会揭竿而起反抗政府，大不列颠将被迫按照拿破仑的条件与他媾和：总之，他将毁掉大不列颠的工商业，然后获得有利的和平。这是一场豪赌，因为拿破仑肯定已经意识到，关闭港口会导致欧陆人民不能购买更便宜、制作更精良的大不列颠产品，他们可能因此提出抗议，并在共同的经济冲击下，武力逼迫他按照大不列颠的条件媾和。这是一场风险很高的赌局，但是一旦赌赢，获益将是巨大的，而拿破仑是一个不折不扣的赌徒。1806—1812年，拿破仑和大不列颠之间的斗争是一场经济拉锯战。战争的关键是，大不列颠政府能否获得本国人民的支持，以及拿破仑能否依靠整个欧洲大陆的通力合作。

大陆封锁令在督政府时期和执政府初期就有预兆，但直到1806年11月的《柏林敕令》出台，大陆封锁令才得以真正确立并实施。拿破仑在敕令中宣布，对不列颠群岛开启封锁状态，从大不列颠及其殖民地来的船只禁止进入法兰西及其盟国港口。随后的《华沙敕令》(1807年1月)、《米兰敕令》(1807年12月)和《枫丹白露敕令》(1810年10月)巩固和拓展了《柏林敕令》。《米兰敕令》规定，即便是从大不列颠港口或大不列颠军队占领国港口起航的中立国船只，法兰西战舰或私掠船也有权扣押。《枫丹白露敕令》甚至规定，没收和公开烧毁所有在拿破仑属国发现的大不列颠商品。

大不列颠政府当时由卡斯尔雷勋爵和乔治·坎宁等政客主导，他们以著名的《枢密令》(1807年1月—11月)回应了这些敕令。《枢密令》宣布，大不列颠有权扣押所有与法兰西或其盟国交易的船只，并进一步规定，在某些情况下，中立国船只必须在大不列颠港口停靠。由此，双方展开直接对峙。拿破仑不允许盟友或者中立国进口大不列颠商品，而大不列颠则不允许其他国家与法兰西及其盟国进行贸易。但无论怎样，中立国都是最大的受害者。这场纷争注定将造成深远的影响。

大不列颠凭借海上力量，更易于实施《枢密令》，而拿破仑要全面实施他的敕令就力有所不逮了。当然，大不列颠与中立国也有矛盾。然而，在1807年，一支大不列颠远征军炮击哥本哈根，俘获了丹麦海军的残部，致使丹麦为维护其政治和贸易独立所做的努力都失败了。从那时起直到1814年，丹麦一直是拿破仑的忠实盟友。大陆封锁令让美国人攫取了一部分运输贸易，收益颇丰，大不列颠于是积极利用《枢密令》打击美国人，双方的不满情绪日渐高涨，最终导致了1812年的英美战争。但总的来说，大不列颠与中立国的矛盾，比拿破仑与中立国的矛盾要少。封锁令给欧陆人民带来了深重灾难，人民随之对拿破仑发起了暴风般的反抗，相比之下，同时期大不列颠的困境实在是不值一提。而且，大多数不列颠人一直坚持为拮据的政府提供精神和物质支持，并且从未动摇过。

拿破仑的失败就在于此。事实证明，实力不允许他广泛而彻底地实施大陆封锁令。在很多情况下，为了避免遭到反对，他允许了很多例外。即便他能说服所有欧陆国家同时对大不列颠关闭，并且连续关上好几年，他还面临着打击走私和防止海关人员受贿的艰巨任务，就连在他有效管制下的法兰西及周边国家，走私和受贿的情况也很严重。但是，要让所有欧陆国家与他站在同一阵线，一起和大不列颠打经济战，是一项艰巨的任务，他随后的所有政策都服务于这项任务。

我们知道，通过《提尔西特条约》（1807），拿破仑从沙皇和普鲁士国王那里获得了排斥大不列颠商品的承诺。他自己则亲自监督这些敕令在法兰西帝国、意大利王国、莱茵联邦和华沙大公国的实施。哥哥约瑟夫负责那不勒斯，弟弟杰罗姆负责威斯特伐利亚，妹妹埃莉萨和弟弟路易分别在托斯卡纳和荷兰执行他的意志。1808年与瑞典战争的结果是，所有斯堪的纳维亚港口都对大不列颠关闭了。拿破仑一心在教皇国实施敕令，并对与法兰西天主教会有关的问题采取高压政策，这导致他与教皇庇护七世发生了冲突，庇护七世是个温文尔雅却有胆量的人，他敢于绝罚这位欧洲的领头人，但庇护七世很快就被剥夺了世俗统治权，被捕入狱。庇护七世先是被关在格勒诺布尔，然后是萨沃纳，最后在枫丹白露——在那里他受尽屈辱，这种状态一直持续到1814年。1809年，拿破仑正式将教皇国纳入法兰西帝国。次年，路易·波拿巴为了荷兰人民的福祉，明确表示他宁愿损害哥哥的利益，也要让大不列颠商品进入荷兰。拿破仑毫不留情地罢黜了他，荷兰也被并入了日益庞大的法兰西帝国。自此，荷兰人不得不承担征兵和沉重的税收负担。

与此同时，拿破仑特别关注葡萄牙和西班牙对大不列颠商品的封锁，这两个国家的政治情况似乎有利于他的计划。自1703年《梅休因条约》签订起，葡萄牙在此后的一百多年中一直与大不列颠保持着密切的贸易关系。条约准许大不列颠的毛织品进入葡萄牙，作为回报，大不列颠制定了有利于葡萄牙的葡萄酒出口到大不列颠的差别关税，这为葡萄牙这种重要商品提供了一个良好的市场，并在很大程度上占据了法兰西的葡萄酒市场。拿破仑此前就试图破坏大不列颠和葡萄牙的贸易关系，还一度取得了成功（1801年，作为第一执政的拿破仑说服西班牙攻打葡萄牙，目的是撤销《梅休因条约》，并让葡萄牙承诺与大不列颠公开为敌。这对葡萄牙的贸易造成了致命打击。1804年，葡萄牙政府用金钱向拿破仑争取来了法兰西对其中立地位的正式承认），但直到《提尔西特条约》签订后，他才开始认真对待这件事。他正式要求葡萄牙遵守大陆封锁令，并没收了葡萄牙国内所有不列颠人的财产。这个小国的摄政王约翰亲王，先是提出抗议，并寻求大不列颠的帮助，后来经过再三考虑，最终还是拒绝了拿破仑的要求。而一支法西联军已经在赶来的路上了，他们准备强制贯彻拿破仑的要求。

拿破仑轻而易举地利用西班牙波旁王室的情况，实现了他对于葡萄牙和西班牙的企图。坐在西班牙王位上的是年迈的卡洛斯四世（1788—1808），他粗鄙、愚蠢、容易上当受骗。而其王后是个"说话如泼妇"的庸俗女人。他们的继承人斐迪南王子，是个二十出头、自负、不靠谱、爱吹牛的年轻人。他们的宠臣戈多伊才是西班牙真正的统治者——如果此时的西班牙还有统治者的话。戈多伊是一个虚荣、华而不实的冒险家，但受到王后的喜欢、国王的庇护，并因此遭到了继承人的妒忌。综合上述情况就不难理解，1795—1808年的西班牙只不过是法兰西的一个附庸国；也不难理解，拿破仑能在1807年获得西班牙国王的同意，瓜分葡萄牙，并将其中一大部分给了宠臣戈多伊。

于是，法兰西军队涌入西班牙，并于1807年10月入侵葡萄牙。12月1日，里斯本被占领，大陆封锁令开始实施，但前一天，葡萄牙王室已经出逃，在一支大不列颠舰队的护送下前往他们遥远的巴西殖民地。至此，拿破仑对西班牙和葡萄牙的真实意图才显露出来。

法军继续翻越比利牛斯山，占领了整个伊比利亚半岛。在西班牙，民众谴责国王无能，痛恨可恶的宠臣亵渎了国土，在指责声中，斐迪南王子积极站在了民众一边。起义接踵而至。为拯救戈多伊，卡洛斯四世宣布退位，让位于斐迪南七世（1808年3月17日）。拿破仑借口调解波旁王朝敌对派系间的争端，将卡洛斯四世、斐迪南七世和戈多伊哄骗到法兰西边境附近的巴约讷，威逼

第十五章　拿破仑时代

利诱西班牙国王和王子统统放弃对王位的主张。卡洛斯四世拿着拿破仑给的养老金到罗马养老；斐迪南七世在严密的军事监督下，被软禁在塔列朗的城堡六年；波旁家族对于西班牙的统治到此为止。拿破仑的哥哥约瑟夫·波拿巴立即坐上了西班牙的王位，妹夫约阿希姆·缪拉代替约瑟夫成为那不勒斯国王。

1808年7月，在法军的保护下，约瑟夫·波拿巴在马德里加冕。他立即给他的新子民送上拿破仑制度的福利：规定法律面前人人平等，赋予人们自由，废除封建制和农奴制，进行教育改革，关闭宗教裁判所，减少修道院，没收教会财产，改进公共设施，但同时也在强制实施大陆封锁令。

西班牙波旁家族的王位被拿破仑轻松拿下，王位到手的过程有多轻松，此时西班牙人民给他和他哥哥造成的阻力就有多大。1808年以前，这位科西嘉冒险者对付的主要是神权君主以及其旧式雇佣军，自此以后，他将面对真正的民族——他们同样受到激励法兰西人的坚定爱国主义的鼓舞，同样被革命热情所支配。西班牙人民鄙视他们懦弱叛国的先国王，憎恨突然成为新国王的"外国人"。西班牙人民对国家绝对忠诚：神父和贵族、平民和农民目标一致，他们达成了共识，不容许外国干涉本国事务。愤怒的起义在整个西班牙爆发。各省很快组织起革命委员会，招募军队，一场民族主义的反抗全面展开。1808年8月1日，约瑟夫被迫逃离马德里，法军则向比利牛斯山撤退。

更让法兰西人感到不安的是，大不列颠外交大臣乔治·坎宁立即承诺大不列颠将积极援助这一运动，他已经清楚地意识到这场运动的真正意义。他以振聋发聩的言辞宣布了大不列颠的政策，该政策将一直持续到拿破仑被推翻："我们将按以下原则行事：一个宣扬虚假的和平或公开宣战的国家，是所有国家的共同敌人，任何敢于起来反抗它的欧洲国家，将立即成为我们的盟友。"1808年8月1日，本着对这份宣言的忠诚，一支英军先后在阿瑟·韦尔斯利爵士和威灵顿公爵的领导下登陆葡萄牙，准备与葡萄牙人和西班牙人合作对抗法兰西人。这就是所谓半岛战争的开端，这场战争一直持续到1813年，其间几乎没有中断，它给拿破仑带来了前所未有的灾难。

英军登陆后，短短三周就占领了葡萄牙。拿破仑被这突如其来的逆转激怒，他亲自率军攻入伊比利亚半岛。他精力充沛，足智多谋，于1808年12月帮助约瑟夫在马德里复位，并将大不列颠主力军逐出了西班牙。然而，拿破仑的成功只是短暂的幻影。1809年年初，欧洲另一地区局势恶化，他被迫离开西班牙，留下意见不统一的元帅们去面对前所未有的困难，如果拿破仑不走，他也无法摆脱这一切。

法军在伊比利亚半岛遭遇的困难几乎是无法克服的。西班牙这个国家的自然环境造成一些非同寻常的障碍。首先，农田贫瘠和殖民地稀少导致补给不足，这也致使法军难以像过去那样在驻地生活。其次，西班牙北部地区冷暖交替频繁，再加上许多城镇卫生状况差，致使疾病在法军中间蔓延。最后，高峻陡峭的山脉从西北到东南横亘整个伊比利亚半岛，这种地形对于拿破仑惯用的大规模作战方式十分不利，却对西班牙人擅长的松散、无规律的游击战十分有利。除了自然环境的阻碍，当地人民强烈的爱国心，以及大不列颠提供的武器和训练有素的指挥官，对拿破仑来说都

第十五章　拿破仑时代

是不利因素。

民族革命的时代已经到来，不久，奥地利就吸取了西班牙的教训。自 1792 年以来，在欧陆国家对抗法兰西革命力量的战争中，奥地利统治者总是冲在最前面。1805 年和 1806 年的灾难与羞辱刺激了弗兰茨二世，他将复仇战争的准备工作委托给了查理大公和施塔迪翁伯爵（一位能干的政治家和外交家）。这直接导致：首先，奥地利开始贯彻一项彻底的军事改革计划，并废除了 18 世纪过时的方法。其新体系的主要特点是以"全民皆兵"为原则，战争组织和战术上则借鉴法兰西。其次，奥地利人民蓬勃热忱的爱国情怀觉醒了，尤其是被法兰西专制君主强行划归给巴伐利亚的蒂罗尔人的爱国热情。西班牙的战局似乎为奥地利有效出击法兰西提供了机会，但这是一次莽撞的尝试，事实证明推翻拿破仑的时机尚未成熟。1809 年 4 月 9 日，奥地利宣战，次日，查理大公率领一支精锐部队进军巴伐利亚。拿破仑暂时把西班牙的危机抛在脑后，以其一贯的迅雷不及掩耳之势发起进攻，一周之内逼迫查理大公退回维也纳。5 月中旬前，拿破仑再次入侵奥地利首都。但是，查理大公仍然没有动摇，5 月 21 日—22 日，他在距离维也纳不远的阿斯彭击败拿破仑，如果当时其他奥地利指挥官和其他国家能及时支援，这个科西嘉人可能就被推翻了，欧洲也会免于血雨腥风。结果却是，拿破仑获得了一次重要的喘息之机，他在 7 月 5 日—6 日夺得了瓦格拉姆战役的胜利。奥地利在瓦格拉姆战役中，虽不像奥斯特里茨战役那样全面溃败，但此役的决定性意义足以促使奥地利皇帝接受停战，奥地利皇帝在大不列颠的远征军战败后，接受了《维也纳和约》（或称《申布伦和约》，1809 年 10 月

14日）。根据和约，奥地利必须将加利西亚西部割让给华沙大公国，将加利西亚东部拱让给俄罗斯；将伊利里亚行省割让给法兰西帝国；把蒂罗尔和上奥地利一条狭长的土地归还给巴伐利亚。和约导致奥地利损失了四百五十万人口、一大笔战争赔款，并被迫承诺常备军人数不超过十五万，断绝与大不列颠的商业往来。为了进一步确保奥地利守规矩，也为了能拥有一个直接继承人，拿破仑不久之后宣布他与约瑟芬的婚姻无效，理由是他结婚时没有堂区神父到场，不正式。1810年年初，他迎娶了一位年轻的奥地利女大公——弗兰茨二世皇帝的女儿玛丽亚·路易莎。这步险棋起初似乎是成功的，次年，一个男孩儿出生了，获得了一个高调的称号——罗马王。但奥地利其实仍然对法兰西充满敌意，玛丽亚·路易莎后来背叛了拿破仑，他们的孩子也注定要因为这种矛盾的关系而备受煎熬。

与此同时，反抗拿破仑的民族革命快速发酵，普鲁士的反抗甚至比奥地利或西班牙的反抗更惊人。腓特烈大帝振奋人心的胜仗结束没多久，耶拿战役和《提尔西特条约》之辱就接踵而至，这对普鲁士人造成了双重打击。有些普鲁士政治家将国家的衰落归咎于欧洲君主国旧制度下的社会和政治情况。有心改革的腓特烈·威廉三世在这些政治家的帮助下于1807—1813年对普鲁士进行一系列的内部改革，其意义堪比1789—1795年的法兰西改革。

复兴普鲁士的最大功臣当数冯·施泰因男爵（1757—1831），其次是首相哈登贝格（1750—1822），二者都深受18世纪大不列颠思想和法兰西哲学的影响。1807年10月9日，施泰因在梅梅尔颁布了著名的《十月敕令》，废除了普鲁士的农奴制。确立了土地自由贸易，允许土地跨越阶级自由转手。这样一来，普鲁士农民就获得了人身自由,尽管他们仍必须向领主缴纳固定的地租。此外,所有行业和职位向贵族、平民和农民平等开放。施泰因的第二项重要措施是巩固内阁,并对公共事务的处理方式进行了全面改革,这些改革过于复杂,技术性太强,这里就不详细展开说明了。他的第三项重要措施是,基于自由而务实的原则,(1808年11月19日)授权所有人口超过800人的普鲁士城镇和农村地方自治权。施泰因无疑是想把最后一部法律作为基石,在此基础上建立一个宪政国家,但他失败了,普鲁士未来两代人都没能拥有一部成文宪法。1811年,哈登贝格继续致力于改善农民的状况,让他们成为自己部分土地的绝对所有者,而领主则拥有剩余部分,以作为领主失去封建税收和劳役的补偿。同一时期,沙恩霍斯特和格奈瑟瑙也对军队进行了改组,引入了全民义务兵役制,而拿破仑曾规定军队不能超过4.2万人,这条规定实则被规避了——当一支4.2万人的军队谙熟军务后,就会被另一支同样规模的军队取代。这样一来,所有身强力壮的普鲁士男性都在为预期中的解放战争做准备。

当然,拿破仑对于普鲁士的情况还是有所了解的,他提出了抗议,进行了威胁,并在1808年成功罢免了施泰因。但是,在随后三年里,这位令人敬畏的普鲁士改革家试图在奥地利煽起民愤,并给沙皇亚历山大一世吹风,使其与拿破仑反目。在此期间,拿破仑被其他事务缠身,无法把全部心思放在普鲁士持续发酵的民众变革上。通过图根邦德(又称"美德会")、美德同盟等爱国社团的努力,费希特和阿恩特等人著作的熏陶,威廉·冯·洪堡(1767—1835)卓越的教育改革,普鲁士的民族精神进一步觉醒。威廉·冯·洪堡的教育改革或许是效果最持久的,它为普鲁士的现代公立学校系统奠定了基础，也为世界带来了著名的柏林大学（1809）。

为"自由、平等、博爱"的神圣原则而战，不再是法兰西人的专利。法兰西不再是唯一一个捍卫自己家园、土地和权利的国家。到了1810年，拿破仑的专制统治对普鲁士人民的伤害比1792年黑暗时期奥地利和普鲁士君主对已解放的法兰西民族的暴政更加自私、更直接。普鲁士破产了，失去了一半的省份，不得不忍受外国驻军，承受庄稼被毁和贸易瘫痪的痛苦。在被迫实施大陆封锁令后，普鲁士人目睹了港口的衰败，眼睁睁看着停泊在港口的船只风化腐烂。他们用高价购买烟草，却买不到糖、咖啡和香料。他们怨声载道，不满情绪日益高涨，这对伤害他们的始作俑者来说可不是好兆头。

与此同时，西班牙的战事仍在继续。1812年，威灵顿公爵率领英西联军在萨拉曼卡大获全胜，夺取马德里，将约瑟夫和法军赶往北边的巴伦西亚。同年，西班牙激进组织学习了法兰西的革命理论，他们聚集在加的斯，为他们憧憬的新生国家起草了一部宪法。这份成文宪法虽然比美国宪法和法国宪法成文要晚，却更激进，并且长期以来被作为整个南欧地区自由主义宪法的模板。宪法首先在序言中致敬了"君主制的旧基本法"，然后规定了大革命的根本原则："主权本质上属于国家，因此制定根本大法的权力也完全属于国家。"立法权被赋予了一个由间接普选产生的一院制议会，任期两年。行政权被授予国王，由大臣行使。国王可以对议会的法案行使搁置否决权。宪法进一步宣布了个人自由和法律平等原则，并力图从根本上废除旧制度：对法院、地方行政、税收、军队和公共教育进行彻底改革。虽然宪法制定者申明"西班牙民族的宗教现在是，将来也永远是罗马使徒教会，并且它也是唯一的教会"，但他们坚持取缔宗教裁判所，并将教会财产世俗化。只有最坚定、最狂热的乐观主义者才会认为，如此激进的宪法会立即获得全体西班牙人民的理解和拥护，不过，可以确定的是，大陆封锁令必须废止，波拿巴家族必须离开，西班牙人或许会牺牲平等，但不会牺牲民族自由。

终于，拿破仑帝国的四个致命缺陷——拿破仑本人的性格、军队的特质、大陆封锁令和民族主义的兴起——痛苦地呈现了出来。此后，这些缺陷最终通过两场可怕的战争——俄罗斯战役和民族大会战导致了皇帝退位，而滑铁卢惨败为这段历史画上了句号。

拿破仑和沙皇亚历山大一世关系的破裂，引发了这些灾难。从1807年著名的提尔西特会面到令人难忘的1812年之间，发生了许多事，致使二人的关系不可避免地走向了破裂。提尔西特会面的目的是两位皇帝商讨如何瓜分世界，但作为联盟初级合伙人的亚历山大一世很快就发现，他的主要职责是帮助拿破仑把整个西欧和中欧置于法兰西帝国的控制之下，而他自己却不能随心所欲地处置俄罗斯的宿敌——瑞典、波兰和奥斯曼。诚然，亚历山大一世从瑞典手中夺取了芬兰（1809），但拿破仑迫使瑞典卷入了一场与大不列颠的战争（1810—1812），这样瑞典就成了法俄的盟友，这也导致亚历山大一世无法进一步吞并瑞典。同样，在法兰西的保护下，波兰以华沙大公国的名字复兴，这也让亚历山大一世有如芒刺在背。1809年的奥地利战争之后，波兰的版图面积扩张，这让亚历山大一世更加痛苦和恼火。而亚历山大一世对奥斯曼的战争，也不断受到法兰西的外交阻碍，以至于当《布加勒斯特和约》

最终签订时（1812年5月28日），俄罗斯得以将其南部边界拓展到普鲁特河依靠的是大不列颠的帮助，而不是法兰西的帮助。让亚历山大一世更为不满的是，拿破仑在奥尔登堡废黜了沙皇的一个亲戚，并强行将该公国并入了法兰西帝国。而拿破仑与一位哈布斯堡家族女大公的婚姻似乎巩固了法奥的盟友关系，这也让沙皇深感失望。

所有这些政治分歧原本都是可以化解的，如果不是大陆封锁令导致经济裂痕日益扩大的话。那时的俄罗斯几乎是单一的农业国家，对大不列颠商品有特殊需求，且心地善良、富有同情心的沙皇不忍心看着人民受苦和抗议。结果，俄罗斯渐渐放松了大陆封锁令，最终在提尔西特会面前与大不列颠恢复了正常的贸易关系。拿破仑无法也不愿承认这一简单的事实：俄罗斯局部摒弃大陆封锁令，不只是一个借口，也是战争的真正起因。要么为封锁令而战，要么放弃唯一可以与大不列颠继续战斗下去的方法，拿破仑别无选择。

1812年伊始，拿破仑积极备战，准备大规模进攻他的新盟友。在妻子的帮助下，他获得了奥地利宫廷的支持，奥方承诺派一支3万人的护卫队，护卫他入侵俄罗斯的右翼部队。在拿破仑的威胁下，瑟瑟发抖的普鲁士国王允许他率侵略军穿越普鲁士的土地，并支援2万骑兵护卫他的左翼。于是，一支庞大的远征军集结起来：约25万法兰西老兵、15万来自莱茵联邦的德意志士兵、8万意大利士兵和6万波兰士兵，还有来自荷兰、瑞士、丹麦以及塞尔维亚—克罗地亚的分遣队，这支强大的混合部队超过了60万人。

随着时间的推移，沙皇亚历山大一世也做了反击准备。他与大不列颠正式达成谅解。在大不列颠的调停下，他与奥斯曼媾和，消除了一个侧翼的敌人。他与大不列颠以及贝尔纳多特元帅签订了一系列条约。贝尔纳多特是瑞典王储，厌倦了拿破仑的控制。他承认沙皇对芬兰的主张，为沙皇提供一支瑞典支援军，作为回报，沙皇把挪威补偿给瑞典。在固执寡言的老将库图佐夫将军的率领下，一支40万人的训练有素的俄军奔赴战场。

1812年4月，战争似乎近在咫尺。在从容不迫地完成准备工作后，拿破仑于6月24日跨过尼曼河，入侵俄罗斯。拿破仑的计划是，要么在一场大捷中击溃敌人，早日逼迫敌人与自己签订有利的条约；要么慢慢推进，在立陶宛过冬，煽动俄罗斯人民起义，然后于次年夏天进军莫斯科，在俄罗斯的都城提出议和条件。俄罗斯人的作战计划则完全不同。沙皇了解他的人民，了解他们虔诚的宗教信仰和爱国热情，知道他们对拿破仑恨之入骨，不会叛乱。他同样十分清楚，很少有军队能成功通过横亘在尼曼河与莫斯科之间800英里的荒凉之地，大多会饿死在那里。亚历山大一世于是下令，不要冒险与法军决战，而是要不断撤退，尽可能诱敌深入，严寒艰苦的冬季对敌人所造成的伤害可比火药和子弹还要大。

因此，拿破仑惊讶和不安地发现，在渡过尼曼河后，俄军总是赶在他进攻前就撤退了，难以捉摸的敌人让他无法取得决定性的胜利。立陶宛人也不能容忍法军在他们那里待上整个冬天。深入俄罗斯后，拿破仑占领了斯摩棱斯克大要塞，但仍未能击溃俄军主力，于是，他做出了一个重大决定：立即向莫斯科推进。9月7日，库图佐夫将军在博罗季诺向拿破仑发起进攻，重挫他的军队，但一周后，拿破仑还是占领了莫斯科。博罗季诺战役，加上撤退俄军的不断骚扰，已经重创了拿破仑，但他在莫斯科仍有约10万大军可以调遣。

就在拿破仑成功进入莫斯科的当晚，这座城市因居民不慎而起火。集市上囤积的葡萄酒、烈酒和化学药品助长了火势，城内的兵营和粮食同时被毁，居民四处逃散，这座城市剩下的东西被法军和俄罗斯自己人洗劫一空。以莫斯科大火为起点，俄罗斯农民纷纷揭竿而起，反抗给他们国家带来如此灾难的外国人。由于缺乏补给，法军无法在一座空城过冬，而愤怒的农民和库图佐夫将军的分遣队又不断袭击法军，致使法军的处境十分艰难，反观库图佐夫所部却舒服地驻扎在南边不远处。在炸毁克里姆林宫的企图失败后，拿破仑被迫于10月22日撤出莫斯科，向尼曼河方向撤退。

撤离莫斯科是历史上最惨烈的事情之一。除了胜利追击的俄军对法军后方所进行的令人恼火的致命攻击，气候也极其恶劣，所到之处荒无人烟，连绵不断的倾盆大雨变成了肆虐的暴风雪，暴涨的溪水、大量废弃的辎重和巨大的雪堆一再阻挡法军的行军路线。这片夏季时遭受肆意践踏和掠夺的荒凉的土地，如今正冷酷地嘲弄着溃败的法军。这的确是一片荒凉贫瘠到无法用语言形容的土地。成千上万的法军疲惫不堪，纷纷倒在了路边，被埋葬在了皑皑白雪之下，他们的身体被献祭给了俄罗斯。撤退变成了溃败，如果不是内伊元帅领导的英勇的后卫部队付出了难以想象的牺牲，部队就全军覆没了。12月13日，只有不到5万残兵渡过了尼曼河，饥饿难耐、衣不蔽体的残军败将，狼狈逃往德意志避难。为了一个人的野心，足足50万条生命葬送在了俄罗斯。然而，面对如此惨状，这个人还厚颜无耻、极度自负地向饱受折磨的法兰西人民宣布："皇帝的身体从未如此健康过！"

曾经一度，亚历山大一世犹豫了。俄罗斯至少摆脱了拿破仑的侵害，乘胜议和或许对国家最有利，他也不会再冒任何风险。但是，他梦想成为欧洲舞台上的主角，成为被压迫民族的拯救者，再加上冯·施泰因男爵不断在他耳边吹风，最终，沙皇决定彻底推翻拿破仑。12月末，他与普鲁士指挥官约克将军签订协议，根据协议，普军与俄罗斯、大不列颠和瑞典军队合作，作为回报，普鲁士可以恢复到耶拿战役前的状态。1813年1月13日，沙皇率俄军跨过尼曼河，宣告欧洲人民获得自由。普鲁士国王腓特烈·威廉三世在人民的热烈欢呼中，很快批准了约克将军签订的协议，并于3月向拿破仑宣战。解放战争就此打响。

1813年，是德意志历史上的辉煌一页，但对拿破仑来说却是灾难性的。普鲁士旨在通过战争，把所有说德语的人民从法兰西的控制下解放出来。民族热情从普鲁士蔓延到了其他邦国。最后加入莱茵联邦的梅克伦堡，率先脱离出来。整个德意志北部和中部迅速陷入了人民起义之中，许多爱国人士应征入伍，普军不断壮大，并朝着南边的萨克森进发。奥地利既害怕拿破仑，又忌惮俄罗斯日益强大，于是调集军队，准备见机行事。面对这些不利情况，拿破仑采取了惯常的积极快速地应对的措施。在1812年底回到法兰西后，他就一直在疯狂地招募新军，加上入侵俄罗斯的残余部队，以及来自那不勒斯和德意志南部的援军，如今军队已达20万人，他准备用这支军队进攻萨克森。1813年5月2日，拿破仑在吕岑击溃了俄普联军，但由于缺少骑兵，他无法乘胜追击。5月20日至21日，他在包岑又取得了另一场胜利，但没有太大意义。而他在人数和战略上的劣势却越来越明显，他渐渐落了下风。

此时，在奥地利的友好调停下，停战协议达成。奥地利政府提出，恢复欧洲的全面和平，但前提是重建普鲁士；俄罗斯、普鲁士和奥地利重新瓜分华沙大公国；把伊利里亚行省重新割让给奥地利；解散莱茵联邦；解放德意志的汉堡和吕贝克两个港口。但拿破仑最想要的不是和平，而是一场决定性的胜利，他之所以接受这份停战协议，只是为增援意大利和法兰西的部队争取时间。然而，这种拖延对拿破仑来说是致命的，因为不断有俄普爱国人士涌向盟军阵线，他的增援部队寡不敌众。1813年8月12日，战争继续，奥地利因和约被粗暴撕毁，所以正式加入了对抗拿破仑的阵营。

现在，拿破仑在德累斯顿指挥着约40万人的军队，同时对抗波希米亚的施瓦岑贝格的25万奥军，西里西亚的布吕歇尔的10万普俄联军，柏林附近瑞典王储贝尔纳多特率领的10万瑞典、普鲁士和俄罗斯联军，还有至少30万的联军后备军。8月，在德累斯顿，拿破仑与施瓦岑贝格将军率领的奥军开战，他赢得了人生的最后一场胜利。随着手下将领的节节败退，拿破仑无力再续写个人传奇，他也逐渐被联军包围，最终在莱比锡陷入绝境。10月16日—19日，伟大的民族大会战在莱比锡打了三天。联军有30万人，而拿破仑只有17万，而且萨克森特遣队还在激战正酣时逃跑了。法兰西帝国是依靠军事力量建立起来的，因而莱比锡战役的结局也早已注定。拿破仑在那场战斗中损失了4万士兵、大量火炮和补给，还有3万法军被俘。两周后，他带着残兵败将渡过莱茵河回到了法兰西。德意志解放了。

民族大会战发生在莫斯科撤退之后不到一年的时间，这标志着拿破仑在法兰西之外势力的倾覆。他的帝国和附庸国像纸牌屋一样轰然倒塌。莱茵联邦解体后，各邦君主除一人之外，都急忙投靠了胜利的盟国。国王杰罗姆·波拿巴被赶出威斯特伐利亚。荷兰解放了，奥兰治的威廉重新回国即位。丹麦投降，根据《基尔条约》(1814年1月)，丹麦将挪威割让给瑞典，作为回报，丹麦获得了一笔钱财和瑞典的波美拉尼亚。奥地利轻松收复了蒂罗尔和伊利里亚行省，并占领了威尼斯和瑞士。就连约阿希姆·缪拉为保留那不勒斯的王位，也抛弃拿破仑与奥地利达成协议。只有波兰的华沙和萨克森国王仍然忠于拿破仑，但两国的领土都被盟军全面占领。

拿破仑只剩下残兵败将了，他所能招到的士兵要么年龄尚小，要么已经年迈，但他仍然徒劳地拖延着战争。1813年年末，奥地利说服多少有些意愿的盟友，给拿破仑提供了十分优惠的议和条件：法兰西可以保留"自然疆界"——以莱茵河、阿尔卑斯山脉和比利牛斯山为边界；拿破仑可以继续统治这片曾经让黎塞留或路易十四感到欣慰的土地。然而，这个极端自负之人的心意已决，他不要和平，只要胜利。他仍然梦想着征服普鲁士和俄罗斯。

1814年初，三支外国大军，总共四十万人，在沙皇、奥地利皇帝及普鲁士国王的率领下，入侵了法兰西北部，准备围堵巴黎。布吕歇尔率领德军沿摩泽尔河向南锡挺进；施瓦岑贝格率奥军在巴塞尔和新布赖萨赫渡过莱茵河向南进军；贝尔纳多特在尼德兰，将瑞典人、荷兰人和普鲁士人集结成一支北方大军。与此同时，威灵顿公爵率领英西葡联军，在维多利亚大败法军（1813年6月21日），将国王约瑟夫逐出了马德里，这也将拿破仑的士兵全部清除出伊比利亚半岛。接着，威灵顿公爵慢慢打过比利牛斯山，于是，在1814年春天，第四支胜利的联军到达图卢兹附近，从南部威胁拿破仑。一支在威尼斯和伦巴第作战的奥军，从第五个方向威胁着法兰西。

面对如此巨大的压力，拿破仑在1814年2月和3月这绝望的两个月里展现出了年轻时的卓越才能和不屈不挠的意志。如果说有什么不同的话，那就是他的智谋和快速进攻能力更胜一筹。每击退一个入侵者，他就会立即掉头冲向第二个。他如猛虎般的猛烈进攻令对手心生恐惧，以致在2月底，如果他选择求和的话，或许能维持法兰西1792年的疆界，但他要将战争进行到底。3月1日，四个大国——大不列颠、俄罗斯、奥地利和普鲁士——缔结了《休蒙条约》，结成长达20年的盟友，并承诺未经彼此同意不可单独与法兰西议和，并且在推翻拿破仑之前不得退出战争。缔约各方承诺出兵15万，大不列颠还承诺出资500万英镑。拿破仑的命运就此终结。

我们就不详细讲述1814年的精彩战役了。简单来说，拿破仑虽然一再顽强抵抗，但最终被联军攻破防线。3月31日，巴黎向联军投降，13天后，拿破仑与盟国君主签订了与他个人相关的《枫丹白露条约》。根据条约，拿破仑退位，并放弃其个人及家人对法兰西的一切权力，作为回报，他保有了厄尔巴岛的完整主权以及每年200万法郎的津贴，意大利的帕尔马公国被授予皇后玛丽亚·路易莎，拿破仑的家人也获得了每年250万法郎的津贴。7天之后，拿破仑与他的老近卫军依依惜别，前往厄尔巴岛。这个小岛紧靠托斯卡纳海岸，临近其故乡科西嘉岛，拿破仑在这里住了10个月，他给这座小岛带去了前所未有的活力，同时，他也在思考许多问题。

同一时期，法兰西正在拨乱反正。1793年，欧洲君主联合入侵法兰西，企图恢复波旁王朝的神权君主制以及特权阶级的传统权利，并企图将尚未成形的"自由、平等、博爱"原则扼杀在摇篮里。拿破仑时代最显著的意义在于：到了1814年，终于占领了法兰西的欧洲君主们不再要求将法兰西的社会或政治恢复到大革命之前的状态。他们主要反对的不是原则，而是拿破仑。联军能获胜，沙皇亚历山大一世的功劳最大，他是个开明君主，谙熟革命哲学，体察民意，渴望推行永久和平。法兰西风云人物塔列朗，在大革命时期和拿破仑时代扮演了重要角色，他希望保留法兰西的疆界，并坚信大多数法兰西人不愿再恢复绝对君主制。塔列朗和亚历山大一世达成谅解，并经各列强同意，以"合法性"的名义复辟波旁王朝，但波旁家族必须完全承认和确认大革命时期的主要社会和政治改革。同样，《巴黎条约》(1814年5月30日)也以"合法性"的名义规定，法兰西恢复到1792年的疆界，收回了拿破仑战争期间被大不列颠占领的几乎所有殖民地〔大不列颠保留了西印度群岛的多巴哥岛和圣卢西亚，以及通往印度的毛里求斯（法兰西岛）〕，并且不支付任何赔款。"合法性"是塔列朗的一个伟大主张，它为惨败的法国免遭瓜分提供了正当理由，如果说它恢复了波旁王朝，那也是恢复了君主立宪制，而非绝对君主制。

路易十六的"合法"继承人是他的弟弟普罗旺斯伯爵，一个愤世嫉俗、平庸无趣的矮胖的老绅士，他一直安静地住在大不列颠的一栋乡村别墅里，如今，他严肃低调地入主巴黎。新国王尽可能地保留了旧政体的所有形式：他的头衔是路易十八，是"上帝恩典的法兰西国王";他从1795年王储("路易十七")去世起计算自己的任期;用象征家族的白色和百合花代替革命的三色旗;他用神授的王权向法兰西人民颁布了一部宪章。不过,路易十八还没有蠢到和刻板到要坚持实质上的波旁王朝独裁统治,他出于仁慈颁布的那部《宪章》明确了大革命时期的个人自由原则,并建立了一个相对自由的法兰西政府。显然,这个患痛风的老人并不想拿脑袋去冒险,或者再度逃亡了。

当这个法兰西波旁成员别扭地游走在革命派与反动派之间时,另一位波旁家族成员——斐迪南七世——在西班牙复位,教皇庇护七世在罗马人民的欢呼中回到了他在台伯河畔的古老教廷。同时,皮埃蒙特和萨伏依回到了撒丁国王维托里奥·埃马努埃莱一世手中。欧洲很快就恢复了比较正常的态势。为了解决推翻拿破仑以后的领土问题,1814年秋天,各国统治者和外交官在维也纳召开了一次盛大的会议。

不到几个月,难得的平静突然被无情打破,拿破仑再次出现在欧洲舞台上。这也在意料之中,整个欧洲大陆对他来说都太小了,他又怎会满足于不起眼的厄尔巴岛。他也满腹怨愤,他没有拿到《枫丹白露条约》承诺他的津贴,写给妻子和孩子的信石沉大海,他成了弃儿。他意识到,法兰西和维也纳的局势对他的目标相当有利。正如他所料,伟大的帝国缩减到曾经的法兰西疆域,这让许多法兰西爱国人士感到不满,流亡者可能回归以及波旁朝君主不善待大军团老兵的传闻让这种不满情绪日益强烈。拿破仑很快确信,他能再次获得法兰西人民的忠诚。他知道,欧洲列强之间矛盾不断,在萨克森和波兰何去何从的问题上,俄罗斯和普鲁士联合起来,与另一边的奥地利和大不列颠争执不休，因此他推断自己不会再与欧陆联军遭遇了。如果需要打仗的话，从俄罗斯、德意志、大不列颠和西班牙回到法兰西的战俘，就可以为他提供一支远远超过他在1814年辉煌战役中所拥有的军队。

1815年2月26日，拿破仑带着一千两百人逃出厄尔巴岛，躲过大不列颠的警戒船后，于3月1日登陆戛纳，向北部进发。派去抓捕这个头号叛徒的军队在面对熟悉的制服和三角帽时，完全没有抵抗力，他们把自己的帽子扔到空中，高呼"皇帝万岁"。这位冒险者在各地收获了热忱欢迎，从而也证明了波旁家族不得人心以及拿破仑非凡的个人魅力。法兰西人民也只是凡人，他们用想象代替了理智。拿破仑不费一兵一卒，近卫军日益庞大，最终变成一支军队。"勇士中的勇士"内伊元帅曾宣誓效忠波旁王朝，向路易十八承诺把拿破仑带回巴黎关进牢笼，如今带着六千人倒戈，3月20日，拿破仑得意扬扬地进入首都。路易十八曾向议会保证，将誓死捍卫王位，如今却飞速逃向了比利时边境。

拿破仑为获得法兰西人民的坚定支持，立即发表了一份睿智的宣言：他来了，他要把法兰西从返乡旧贵族的暴行中解救出来；要确保农民占有土地；要维护1789年获得的权利，与想要重建17世纪等级特权和封建负担的少数人抗争；法兰西已经尝试过波旁王朝了，但它失败了；事实证明，波旁君主制无法与其最坏的支持者——神父和贵族——脱离；只有大革命打下的王位、建立的王朝，才能维持大革命的社会成果……他宣布，放弃战争和征服……从此以后，他将作为立宪君主来统治国家，并将立宪君主的位置传给自己的儿子。

拿破仑判断对了法兰西的态度，但错判了欧洲的行动。原本还在维也纳就和约条款争执不休的那些政客，在面对共同危机时立刻忘了彼此的分歧。四个大国正式更新了他们的联盟条约，迅速签署了一份宣言。"拿破仑违反了使他立身厄尔巴岛的协议，破坏了他唯一合法存在的权利。他重新现身法兰西，意图制造混乱和破坏，已经脱离了法律的保护。我们向全世界宣布，我们与他之间既无和平也无休战可言。因此，我们宣布，拿破仑·波拿巴被排除在公民和社会关系之外，他是世界和平的敌人和破坏者，为公众所仇恨……"

为了让威胁更有力度，联军匆忙率军攻向法兰西。威灵顿召集了一支超过10万人的军队，其中有不列颠人、荷兰人和德意志人，计划与布鲁塞尔附近布吕歇尔率领的12万普军协同作战。莱茵河附近有施瓦岑贝格率领的奥军。俄罗斯和德意志到处是行军的队伍。为对付这些军队，拿破仑召集了20万大军，1815年6月12日他率军离开巴黎前往比利时边境。他的计划是将敌人分开，各个击破，这与1814年的战役如出一辙，只不过规模更大。

拿破仑跨越边境，逼迫敌军退回滑铁卢。6月18日，拿破仑辉煌人生中的最后一场大战开始上演：他的军队被敌军的恐怖炮火击溃，老近卫军悲壮地聚集起来，发起最后一击，却也以失败告终；他的军队被威灵顿击败，在这一天结束之际，布吕歇尔的军队赶来，将拿破仑的失败变为一场彻底的溃败：所有这些都是最基本的军事史中的老生常谈。一直以来，人们习惯把滑铁卢战役当作世界上的决定性战役之一，从某种意义上说，这是有道理的，但不要忘了，鉴于整个欧洲团结一致的坚定决心，拿破仑是没有

第十五章　拿破仑时代

机会取胜的。即使他打败了威灵顿，他还要面对布吕歇尔。即使他打败了普军，他又必须立刻掉头迎战施瓦岑贝格和奥军。到那时，威灵顿已经等到了援军，会再度展开进攻，战争将不可避免地走向同一个残酷的结局。联军可以投入战场的兵力似乎无穷无尽，而拿破仑的兵力几乎已经耗尽了。从保护生命的角度看，拿破仑在滑铁卢的大败是一件幸事，1815年的第一场战役也是最后一场战役。经滑铁卢一役，大不列颠在声名赫赫的海上霸主之外再添军威，并最终让威灵顿声名远播，成为他那个时代仅次于拿破仑的最伟大的将军，难怪大不列颠要夸大和美化滑铁卢战役。（滑铁卢战役还有个有趣的支线，与约阿希姆·缪拉有关。这个狡猾的那不勒斯国王由于不信任联军的承诺，投奔了拿破仑。他的军队很快被奥军击溃，他自己先后逃到法兰西和科西嘉岛，但最终被俘并被处决。因为他的行为，波旁家族的另外一位成员——卑鄙的斐迪南一世——获得了他的王位。）

6月21日，战败的拿破仑垂头丧气地回到巴黎。就在那天，议会根据拉法耶特的动议，宣布开设常任机构，并接手了政府的所有事务。次日，拿破仑第二次退位，其子继位，在机敏的富歇巧妙运作下，法兰西临时政府重新开启与波旁家族的谈判。7月7日，联军重新占领巴黎，把年迈不安的路易十八"装在他们的辎重车中"带了回来。就这样，波旁家族狼狈复位，并将于未来十五年里反复在革命派与反动派之间寻求平衡。

7月15日，巴士底狱陷落纪念日的第二天，拿破仑抱着一丝能到美国避难的希望将自己移交给罗什福尔港的一艘大不列颠战舰的指挥官。本章讲述的这些激动人心的事件距离我们已有两百多年了，我们很容易认为，大不列颠政府可以放心地接待这位著名的俘虏，在大不列颠给予他一个避难所。他已经彻底名誉扫地了，不仅是在欧洲专制君主眼中，在绝大多数法兰西人眼中亦是如此，不管他昔日的野心还能燃起多大火焰，他再也不能威胁大不列颠的安全或繁荣了。但在1815年，大不列颠并不这么认为，这也是很正常的。对大不列颠而言，拿破仑一直以来都是一个比腓力二世或路易十四更麻烦、更危险的敌人。他们认为拿破仑是个拥有黑暗邪恶灵魂且不知悔改的小孩。"波拿巴将军"（大不列颠当局坚持这么称呼他）不被允许踏上大不列颠的神圣土地，他被送上另一艘大不列颠战舰，遣送到南大西洋满是岩石的圣赫勒拿岛。

拿破仑在圣赫勒拿岛生活了五年半，在那里，他有相当大的行动自由，并有一群亲密的私人朋友。他的生活就是在孤独的岛上散步，或与多疑拘谨的大不列颠狱卒赫德森·洛爵士争吵，或者撰写历史和战争方面的著作，以及向友人口述回忆录。这些回忆录后来由卡斯侯爵出版，其中的内容真假参半。这些回忆录将拿破仑描绘成一个真正的"革命之子"，他是按照法兰西人民的意愿登上大位的，目的是巩固"自由、平等、博爱"的光荣成果。根据拿破仑本人的口述，他一直是和平之友，是被压迫民族的朋友，是福音的创造者，这些福音源源不断地流向他的人民，直到他被大不列颠的诡计和欧洲专制君主的暴力挫败。拿破仑精明地预见到，欧洲的反动君主和政客们必将采取镇压措施，民众的不满情绪将日益高涨，他认为，在由此引发的剧变中，他的爱子有机会重建一个法兰西帝国。所以，他在遗嘱中加入了一个虔诚的要求，把他"葬在塞纳河畔，葬在他深爱的法兰西人民中间"。1821年5

第十五章 拿破仑时代

月5日，这位现代历史上最伟大的冒险家在圣赫勒拿岛逝世。

拿破仑的历史已经成为拿破仑传奇。人们越是缅怀他作为圣赫勒拿岛的崇高殉道者的功绩，真相就越是退居幕后，虚构的东西就越是大行其道。人们忘记了他的杀戮，只记住了他的荣耀，记住了他那不可征服的强大威力。法兰西村舍中挂着这位小个子军人的廉价画像；村民们为他们的英雄起了古怪可爱的绰号；在炉边和篝火旁，人们谈论着他在洛迪、奥斯特里茨和瓦格拉姆不真实的英勇故事。拿破仑从一个自私自利的专制君主变成了伟大又谦卑的人民之子。这样看来，他在圣赫勒拿岛的最后几年绝非毫无作为：这也再次证明笔杆子比刀剑更有力量——因为有一天，另一位波拿巴将因为拿破仑传奇的影响力，而非自己的英勇战绩，坐上法兰西的王座。

4

拿破仑时代的意义

如果现在，我们把目光从拿破仑的人生故事上移开，仔细审视以他的名字命名的整个时代的意义，我们就会被这个时代在政治与社会、在商业、在战争方面的多重成果所震撼。总体上说，这个时代是法国大革命的延续。1789—1799年，"自由、平等、博爱"原则一直是法兰西政治与社会制度的基石，而在1799—1815年，这些原则成为所有欧洲国家制度的基石。其中，最不被理解、使用最少的无疑是自由。诚然，执政府和帝国都是用人民主权的新理念取代旧的神权政治论的具体而实际的例子，归根结底，政府依赖于被统治者的认同。但是，在促进个人自由方面，拿破仑并不比18世纪的开明专制君主或是同时代的君主做得更多。为了争取资产阶级和农民的支持，拿破仑雄辩地重申了私有财产的神圣权利，并大肆宣扬信仰自由和敬拜自由的崇高权利，以此作为抵制教权的有力武器。而不那么有用的言论自由和出版自由，则被限制在军队和帝国可容忍的最狭隘的范围内。

平等的命运则完全不同。在所有并入法兰西或受拿破仑统辖的土地上，封建制和农奴制的形式与权利都被废除了，所体现的社会平等得到了保障。在整个德意志南部、尼德兰、伊比利亚半岛、意大利大部分地区以及法兰西，旧制度在社会方面发生了彻底的变革；国内的关税线路、私人道路、收费桥和内部贸易限制被一扫而光；在旧时代的大庄园里，贵族以及受缚于土地承担什一税、捐税及劳役的悲惨农民消失了，取而代之的是数量众多的农民阶层，他们拥有和耕种自己的田地，可以自由买卖或交换土地，也可以搬到发展中的城镇去。在不受拿破仑直接影响的地方，普鲁士冯·施泰因男爵的土地改革也反映了同样的时代精神。事实上，这些朝着平等方向发展的社会成果是拿破仑时代最永久的成就：尽管后来出现了反动，但恢复过时的封建制度的不平等是不可能的。

博爱或者民族爱国主义在拿破仑时期得到了显著的推动。革命者和拿破仑士兵的热忱从法兰西传播出去，不仅是在博爱业已存在的波兰、荷兰、葡萄牙、西班牙、大不列颠和俄罗斯，而且在德意志和意大利各邦都引起了人们的热烈响应。几百年来，这些地方的猜忌冲突不断，博爱似乎已被永久抹去。拿破仑时期在德意志历史上的意义是无法估量的。邦国数量减少、虚弱的神圣罗马帝国不复存在、普鲁士重建、解放战争、民族大会战、共同利益意识以及席卷整个德意志民族的爱国主义浪潮，预示着在几十年后，德意志将实现政治统一，建立一个强大的民族国家。意大利人也不乏类似的民族情感。意大利血统的拿破仑的声名鹊起、"意大利王国"的短暂建立、被赐予"罗马王"头衔的拿破仑的年幼继承人，以及整个意大利半岛的社会改革和爱国主义觉醒，所有这一切都预示着整个意大利人民的民族命运。

拿破仑时代的意义也体现在次要的政治事件中。沙皇终于获得了芬兰、波兰和远至普鲁特河的奥斯曼领土，从而完成了彼得大帝和叶卡捷琳娜大帝的事业，将俄罗斯的欧洲疆界拓展到今天的模样。瑞典获得挪威，并建立了一个新的王朝，这个王朝的国王是贝尔纳多特元帅（一位名不见经传的法兰西律师的有趣的儿子）的后裔，贝尔纳多特王朝一直延续至今。至于葡萄牙，1807年其王室逃到巴西，这造成了一个奇怪的结果，王室在自己的主要殖民地上进行王朝统治，而通过摄政管理母国。

在欧洲大陆之外，拿破仑时代也至关重要。美国独立战争严重动摇了大不列颠的海洋和商业霸权，大不列颠在大革命和拿破仑战争期间又重新夺回了这一地位。当然，美国继续保持独立。纳尔逊勋爵对法兰西舰队的巨大胜利，让大不列颠成为真正的海上霸王。它开始利用自己的海军优势，侵占它最想要的法兰西剩余的殖民地。这样，大不列颠便拥有了马耳他（1800）、圣卢西亚、多巴哥岛（1803）和毛里求斯（1810）。

同样，荷兰对法兰西的依附，虽然大多时候是非自愿的，但这也给大不列颠提供了机会，大不列颠趁机夺取了诸如锡兰（1795）、圭亚那（1803）和南非（1806）等荷兰的宝贵殖民地。遗憾的是西班牙波旁王朝对拿破仑的屈从也给了大不列颠一个类似的机会，使它可以占领一些西班牙殖民地，并迫使西班牙向其开放其他殖民地贸易：此时，大不列颠占领了特立尼达岛（1797）和洪都拉斯（1798），并派遣远征军突袭布宜诺斯艾利斯和蒙得维的亚（1806—1807）。在随后的半岛战争中，正如我们所看到的，不列颠人与西班牙人合作对付拿破仑，维护西班牙的自由，于是大不列颠停止了对西班牙殖民地的恶意入侵，但大不列颠却以另一种方式获利。西班牙殖民地——墨西哥、中美洲和南美洲大部分地区，由于波旁王朝的两位国王卡洛斯四世和斐迪南七世，以及国王约瑟夫·波拿巴和革命军之间的权力冲突，陷入了严重的统治混乱。结果，到了1814年，当斐迪南终于稳稳地坐上西班牙王位时，他却与殖民者杠上了，大多数殖民者曾宣称一直效忠他，如今，这些殖民者习惯了自由贸易和自治，他们决定将这种方式延续下去。西班牙殖民帝国的瓦解是拿破仑全球霸业的直接结果，除了殖民者本身，大不列颠是最大的受益者。总的来说，大不列颠获得新殖民地的目的，要么是为了加强对印度的控制，如马耳他、毛里求斯、锡兰和南非的殖民地；要么是为了与西属美洲发展贸易，如其他地区的殖民地。

大不列颠的海军优势及其商业和殖民帝国的扩张，是与大不列颠国内工业革命的快速发展同步进行的。在这个法兰西皇帝的军队从未涉足的国家，纺纱机和动力织布机、高炉和蒸汽机的高速运转才是拿破仑垮台的真正原因。